ERIK H. ERIKSON

Jugend und Krise

Die Psychodynamik im sozialen Wandel

ERNST KLETT VERLAG
STUTTGART

Aus dem Englischen übersetzt von
Marianne von Eckardt-Jaffé
Die Originalausgabe erschien unter dem Titel
IDENTITY · YOUTH AND CRISIS

Austen Riggs Monograph No. 7

DEM ANDENKEN VON
ROBERT P. KNIGHT UND DAVID RAPAPORT

Zweite Auflage 1974

Druck: Omnitypie-Gesellschaft, Stuttgart
Printed in Germany 1974
ISBN 3-12-902080-2 (Kart.)
ISBN 3-12-902100-0 (Ln.)

INHALT

VORWORT

Einer meiner Lehrer am Wiener Psychoanalytischen Institut in den späten zwanziger Jahren war Dr. Paul Federn, ein faszinierender Mann, ebenso einfallsreich in bezug auf neue Begriffe wie auf sprachliche Fehlleistungen. Zu jener Zeit wurde sein Begriff der „Ich-Grenzen« als wichtig aber undurchsichtig viel diskutiert. In einiger Verzweiflung baten wir Studenten ihn, uns so viele Seminarstunden nacheinander zu geben, als er für nötig hielte, um uns den Begriff zu erklären. Drei lange Abende hielt er durch und am Ende des letzten faltete er seine Papiere mit dem Ausdruck eines Mannes zusammen, der sich endlich verständlich gemacht hat, und fragte: »Nun — habe ich mich verstanden?«

Ich habe mir diese Frage mehr als einmal gestellt, während ich das wieder las, was ich über die Identität geschrieben habe, und ich beeile mich zu erklären, daß ich in diesem Buch keine endgültige Erklärung dafür geben werde. Je mehr man über diesen Gegenstand schreibt, desto mehr wird das Wort zu einem Ausdruck für etwas, das ebenso unergründlich als allgegenwärtig ist. Man kann ihn nur untersuchen, indem man seine Unentbehrlichkeit in verschiedenen Zusammenhängen feststellt.

Jedes Kapitel dieses Buches stellt also eine neue Überarbeitung eines größeren Essays aus den letzten zwei Jahrzehnten dar, ergänzt durch Auszüge aus Arbeiten, die etwa um die gleiche Zeit geschrieben wurden. Einige dieser Essays sind in einer Serie psychologischer Monographien mit einer Einführung von David Rapaport erschienen, was mir einen festen Platz in der psychoanalytischen Theorie zuweist, wie Rapaport sie vor einem Jahrzehnt sah. Ich habe es nie gelernt, mich in der Rolle eines Autors wohlzufühlen, der über menschliche Entwicklung schreibt und klinisches Beobachtungsmaterial als Teil seiner Beweisführung veröffentlichen muß. Aber diese Sache ist uns von Studierenden und Lesern aus den Händen genommen, ja fast gerissen worden. Denn Niederschriften, die ursprünglich für Fach-Kreise gedacht waren, haben ihren Weg in Lehrräume und Buchhandlungen gefunden und dürfen daher in einen revidierten Überblick, wie er in diesem Buch geboten wird, angemessenerweise aufgenommen werden. Auch ist solche Neugierde nicht in erster Linie morbid: In seiner Suche nach einer umfassenderen Selbstdefinition ist der heutige Studierende entschlossen, über menschliche Abweichungen ebenso wie über menschliche Variationen informiert zu werden, und das in hinreichendem Detail, um Identifikation, Einfühlung und Distanz zu ermöglichen.

Heute gibt es, über den üblichen Sammeltrieb hinaus, für den Arbeiter auf meinem Gebiet auch neue Gründe, die zerstreuten Arbeiten, die bisher noch nicht in einem Buch enthalten waren, zu sammeln und wieder drucken zu lassen. Einmal sind einzelne Essays und Aufsätze im Einfallsreichtum sich selbst immer voraus, während sie in bezug auf die Sicherheit der Grundlagen ja hinter ihrer Zeit zurück bleiben. Erst wenn man versucht, sie zu einem Buch zusammenzufassen, kann man wirklich erkennen, wovon jeder von ihnen handeln sollte und was sie allmählich zusammen zu bedeuten beginnen. Wenn man sie Jahre später noch einmal überarbeitet, ist es beunruhigend, sich selbst in verschiedenen Sprachen zu verschiedenen Zuhörerschaften sprechen zu hören, besonders wenn man vergessen hat, zu wem man — und gegen wen man — damals redete. Trotzdem habe ich jedem »Stück aus der Zeit« seinen besonderen Tonfall und dem Ganzen den Charakter eines Berichtes gelassen. Der Bericht verrät, daß ich zu der Art klinischer Arbeiter gehöre, deren Geist ein paar klinische Beobachtungen lange Zeit mit sich herumträgt. Derartige Beobachtungen sind, wenn man sie das erste Mal macht, immer durch eine Kombination des Erstaunens über das Unerwartete und doch auch durch eine Bestätigung des lange Erwarteten gekennzeichnet. Aus diesem Grund habe ich die Neigung, die gleiche Beobachtung vor verschiedenen Zuhörerschaften in unterschiedlichen Zusammenhängen darzustellen, wobei ich jedes Mal hoffe, daß das Verständnis sich vertieft.

Und schließlich stellt es für den Schreibenden über die menschliche Entwicklung einen speziellen Anschauungsunterricht dar, wenn er über die Identität schreibt oder geschrieben hat: er kann sich der Notwendigkeit nicht entziehen, sein eigenes Denken im Licht der akuten historischen Veränderung neu zu bewerten. Ich möchte tatsächlich den Versuch machen, in einem retrospektiven Prolog die einzigartige und oft launenhafte Anziehungskraft der Ausdrücke »Identität« und »Identitäts-Krise« während der beiden Jahrzehnte etwas aufzuhellen, in denen das Material, auf dem dieses Buch beruht, niedergeschrieben wurde. Der Leser seinerseits wird sein historisches Bewußtsein mobilisieren müssen, um zu beurteilen, welche Langzeit-Tendenz in diesem Buch durch die Entwicklungen unserer Tage bestätigt scheint, und welche Beobachtungen nur in ihrem vorübergehenden Rahmen überzeugend erschienen. Um ihm dabei zu helfen, habe ich die ursprünglichen Veröffentlichungen und ihre Daten am Ende des Buches aufgeführt (Seite 338 f.). Man wird feststellen, daß die letzte Eintragung die öffentliche Aufmerksamkeit vorwegnimmt, die sich gewissen neuen Formen der Selbstdarstellung und gewissen neuen inneren Abenteuern (einschließlich bestimmter chemischer) seitens des leidenschaftlichsten und gewaltlosesten Teiles der Jugend unserer Tage zuwendet. Das ist durchaus gut so. Denn nur ein langer Blick durch die Launen und Besessenheiten hindurch und an ihnen vorbei kann uns unter Umständen dabei helfen zu erkennen, auf welche jahrhundertealten Botschaften sie unsere Aufmerksamkeit lenken wollen. Auch das Problem der Gewalttätigkeit auf der Straße hatte seinen explosiven Höhepunkt noch nicht erreicht, als dies geschrieben wurde, aber auch hier fordert die Rolle des jugendlichen und des jungen erwachsenen Führers unsere gemeinschaftliche Aufmerksamkeit.

Wenn dies mein Unternehmen sich als lesbar erweist, so verdanke ich das der vorbereitenden Arbeit von Joan Erikson und Pamela Daniels. Pamela Daniels, Hauptassistentin in meinem Kurs über den »Lebenszyklus« in Harvard, hat die ursprünglichen Aufsätze durchgesehen und mit viel Geschick Wiederholungen auf ein notwendiges Minimum gekürzt und vorsichtig klargelegt, wovon sie wußte, daß es unsere Studenten verwirrte.

Joan Erikson gibt immer heraus, was ich schreibe. Niemand weiß besser, was ich sagen möchte, und niemand könnte mit mehr Sorgfalt darauf achten, daß ich es auf meine eigene Art sagen darf, und, wenn notwendig, in überlangen Sätzen. Aber dieses Buch legt auch Zeugnis ab für die Jahre unserer gemeinsamen Arbeit am Austen Riggs Center, wo sie ein neues »Aktivitäts-Programm« für die Patienten einrichtete. Dies Programm ist zu einem unentbehrlichen Gegenpart für meine Psychotherapie geworden und hat sich auch darin fruchtbar erwiesen, daß es die inneren Hilfsquellen junger Menschen in akuten Krisen nachprüfen und fördern kann.

Ich habe in jedem Kapitel dankbar auf andere Autoren hingewiesen, aber was ein Mensch, der über zwei Jahrzehnte praktiziert und lehrt, berät und reist, anderen an Dank schuldet, läßt sich nicht in kurze Hinweise zusammendrängen. Ich widme dieses Buch zwei Freunden, die gestorben sind, und ich tue das nicht nur, weil ich sie bitterlich vermisse, sondern weil sie, in dem was in diesem Buch lebendig ist, selbst lebendig sind, wie sie das auch in den Arbeiten anderer bleiben. Robert P. Knight war der medizinische Direktor und David Rapaport der Forschungsdirektor des *Austen Riggs Centers in the Berkshires.* Ein erstaunliches Paar, durch extreme Unterschiede in Herkommen und Aussehen, Temperament und geistigem Stil ausgezeichnet, haben sie doch zusammen, zusätzlich zu ihrer überragenden Arbeit als Einzelne, ein einzigartiges therapeutisches und theoretisches Zentrum errichtet, das zweifellos eines Tages seinen Geschichtsschreiber finden wird. Dort habe ich auch die längsten Perioden intimer Zusammenarbeit innerhalb der zwei Jahrzehnte erlebt, über die ich hier berichte.

Die Field Foundation hat dem Austen Riggs Center die Anfangssumme für die Untersuchung des Problems der Identität bewilligt; und ich schreibe dieses Vorwort während ich als erster Stipendiat der Field Foundation schon an einer anderen Aufgabe arbeite, an einem Buch über Gandhis mittlere Jahre. Später hat die Ford Foundation durch eine allgemeine Zuwendung an das Riggs Center weitere Möglichkeiten für Reisen und Forschung geschaffen. Für kleinere Forschungsaufgaben blieb die Shelter Rock Foundation eine ständige Stütze. Der Forschungsfundus für Psychiatrie dieser Foundation unterstützte meine Arbeit an dem Buch »Der junge Mann Luther«, das in gewisser Weise ja ein Genosse dieses Bandes ist, denn es wendet auf eine Lebensgeschichte das an, was ich hier in vielen Leben und Zeiten schweifend erforsche.

Dem Titel nach ist das vorliegende Buch aber ein Nachfolger von »Kindheit und Gesellschaft«. Da sie nahe Verwandte sind, enthalten alle drei Bücher Ähnlichkeiten und sogar Wiederholungen. Ich hoffe nur, daß sie als Familienähnlichkeiten — unter Freunden — verzeihlich sind.

Viele Augen und Hände haben die hier gesammelten Manuskripte ins Reine geschrieben und niemand mit mehr Geschicklichkeit und Fröhlichkeit als Ann Burt aus Santuit.

Cotuit, Massachusetts — *Erik Homburger Erikson*

ERSTES KAPITEL

»IDENTITÄT«

1.

Will man den Begriff der Identität einer Nachprüfung unterziehen, dann muß man seine Geschichte kurz umreißen. In den zwanzig Jahren, seitdem der Ausdruck zum ersten Male in dem besonderen Sinn verwendet wurde, wie er in diesem Buch besprochen werden soll, ist seine allgemeine Anwendung so vielfältig geworden und sein begrifflicher Zusammenhang so weitgespannt, daß es an der Zeit scheint, besser und endgültig abzugrenzen, was Identität ist und was nicht. Und doch bleibt das, was solch einen bestimmten Namen trägt, schon seinem Wesen nach, sich wandelnden historischen Bedeutungen unterworfen.

»Identität« und »Identitätskrise« sind im allgemeinen wie im wissenschaftlichen Sprachgebrauch zu Ausdrücken geworden, die einmal etwas so Umfassendes und scheinbar so Selbstverständliches umschreiben, daß die Forderung nach einer Definition fast kleinlich erscheint, während sie zu anderen Malen etwas bezeichnen, das zu Messungszwecken so eng definiert worden ist, daß die Allgemeinbedeutung verlorengeht und es ebensogut anders genannt werden könnte. Wenn — um ein Beispiel der weitergefaßten Verwendung zu geben — die Zeitungen Schlagzeilen bringen wie »Die Identitätskrise Afrikas« oder von der »Identitätskrise« der Pittsburgher Glasindustrie sprechen; wenn der scheidende Präsident der Amerikanischen Psychoanalytischen Vereinigung seine Abschiedsansprache »Die Identitätskrise der Psychoanalyse« betitelt; oder wenn schließlich die katholischen Studenten in Harvard ankünden, daß am Donnerstagabend pünktlich um 8 Uhr eine »Identitätskrise« abgehalten werde, dann scheint der Rang des Ausdrucks doch sehr zu variieren. Die Anführungszeichen sind ebenso wichtig wie das, was sie umschließen: jeder hat von Identitätskrisen gehört und das Wort erregt eine Mischung von Neugier, Heiterkeit und Unbehagen, die doch, eben wegen des Spieles mit dem Begriff der Krise, verspricht, sich als etwas nicht ganz so verhängnisvolles zu erweisen, wie es klingt. Mit anderen Worten: ein anregender Ausdruck hat begonnen, sich für eine ritualisierte Verwendung anzubieten.

Die Soziologen andererseits versuchen gelegentlich größere Spezifität zu erreichen, indem sie Ausdrücke wie »Identitätskrise«, »Selbstidentität« oder »sexuelle Identität« auf jeden meßbaren Gegenstand anzuwenden suchen, den sie gerade erforschen. Um der logischen oder experimentellen Manövrierbarkeit willen (und um in guter akademischer Gesellschaft zu bleiben) versuchen sie, diese Ausdrücke als Angelegenheit der sozialen Rolle, persönlicher Züge oder bewußter Selbst-Bilder zu behandeln, und scheuen die weniger leicht zu handhabenden und dunkleren Nebenbedeutungen des Begriffs — was oft aber auch die vitaleren bedeutet. Derartig wahllose Verwendungen sind tatsächlich so häufig geworden, daß kürzlich ein deutscher Kritiker des Buches, in dem ich den Ausdruck zum ersten Mal im Zusammenhang der psychoanalytischen Ich-Theorie gebrauchte, ihn das Lieblingsthema der amerikanischen Populärpsychologie nannte.

Mit Befriedigung aber kann man feststellen, daß die begriffliche Erfassung der Identität zu einer Reihe wertvoller Untersuchungen geführt hat, die, falls sie nicht deutlicher machen, was Identität ist, sich doch nützlich für die Sozialpsychologie erwiesen haben. Und wahrscheinlich ist es eine gute Sache, daß das Wort »Krise« nicht mehr zugleich eine drohende Katastrophe andeutet, was einmal ein Hindernis für das Verständnis des Ausdrucks zu sein schien. Heute wird er als Bezeichnung für einen notwendigen Wendepunkt akzeptiert, für den entscheidenden Moment, wenn die Entwicklung den einen oder den anderen Weg einschlagen muß, wo Hilfsquellen des Wachstums, der Wiederherstellung und weiteren Differenzierung sich eröffnen. Es zeigt sich, daß das auf viele Situationen anwendbar ist: auf eine Krise in der individuellen Entwicklung oder beim Auftreten einer neuen Elite, in der Therapie eines Einzelfalles oder in den Spannungen rapider historischer Veränderungen.

Wenn ich mich recht erinnere, wurde der Ausdruck »Identitätskrise« zuerst für einen speziellen klinischen Zweck in der *Mount Zion* Rehabilitationsklinik für Kriegsveteranen während des zweiten Weltkriegs benutzt, in einer nationalen Notsituation, die es Psychiatern verschiedener Überzeugungs- und Glaubensrichtungen, unter ihnen Emanuel Windholz und Joseph Wheelwright, erlaubte, harmonisch zusammenzuarbeiten. Die meisten unserer Patienten — so schien es uns damals — hatten weder einen Bombenschock erlitten noch waren sie zu Drückebergern und Simulanten geworden, sondern sie hatten durch die Zwangssituation des Krieges ein Gefühl der persönlichen Gleichheit in sich selbst und der historischen Kontinuität verloren. Sie hatten eine Schädigung der zentralen Kontrolle über sich selbst erlitten, für die, nach dem psychoanalytischen Schema, nur die »innere Organisation« des Ichs verantwortlich gemacht werden konnte. Daher sprach ich von einem Verlust der »Ich-Identität«[1]. Seit damals haben wir die gleiche zentrale Störung bei jungen, in schwerem Konflikt stehenden Menschen entdeckt, deren Verwirrungsgefühl eigentlich einem Krieg innerhalb ihrer selbst zuzuschreiben ist, und bei Rebellen und destruktiven Gesetzesbrechern, die mit ihrer Gesellschaft im Kriegszustand stehen. In all diesen Fällen hat der Ausdruck »Identitätsverwirrung« also eine bestimmte diagnostische Bedeutung, die Einfluß auf die Bewertung und Behandlung solcher Störungen haben sollte. Junge Patienten können gewalttätig oder depressiv, kriminell oder kontaktablehnend sein, aber es handelt sich bei ihnen um eine akute und möglicherweise vorübergehende Krise und nicht um einen Zusammenbruch von der Art, der einen Patienten all den bösartigen Folgen einer fatalistischen Diagnose auszuliefern pflegt. Und wie das immer in der Geschichte der Psychoanalyse der Fall gewesen ist, erwies sich das, was zuerst als gemeinschaftliches dynamisches Grundverhalten einer Gruppe von schweren Störungen erkannt wurde (wie etwa die Hysterien der Jahrhundertwende), später als pathologische Erschwerung, ungemäße Verlängerung einer oder Regression auf eine normative Krise, die einem bestimmten Stadium der individuellen Entwicklung »zugehört«. So haben wir zum Beispiel gelernt, dem Alter der Adoleszenz und des jungen Erwachsenen eine normative »Identitätskrise« zuzuordnen.

Ich habe, als ich von der ersten Verwendung des Ausdrucks »Identitätskrise« sprach, gesagt: »Wenn ich mich recht erinnere.« Vielleicht sollte man sich solcher Dinge erinnern können. Aber Tatsache ist, daß ein Ausdruck, der später so genau umrissen wird, anfangs häufig als etwas gebraucht wird, was man für selbstverständlich hält und wovon man glaubt, daß es auch andere für selbstverständlich halten. Das erinnert mich an eine der unzähligen Geschichten, mit denen Norman Reider uns zuverlässig die oft trüben Tage des Krieges aufhellte. Ein

---

[1] Erik H. Erikson, »Eine Kampfkrise bei einem Marinesoldaten«, in: Kindheit und Gesellschaft, [2] Stuttgart 1965 (Ernst Klett), S. 32—41.

alter Mann — so erzählte er — pflegte sich jeden Morgen zu übergeben, zeigte aber keine Neigung, deswegen einen Arzt zu Rate zu ziehen. Seine Familie brachte ihn schließlich dazu, sich in die *Mount Zion* Klinik zu begeben, um sich gründlich untersuchen zu lassen. Als Dr. Reider vorsichtig mit der Frage begann: »Wie geht es ihnen?«, bekam er prompt die Antwort: »Mir geht es gut, könnte nicht besser sein.« Und tatsächlich erwiesen sich die Bestandteile des alten Herren bei näherer Untersuchung in so gutem Zustand wie nur möglich. Schließlich wurde Dr. Reider ein wenig ungeduldig. »Aber ich höre doch, daß sie sich jeden Morgen übergeben?« Der alte Herr sah leicht überrascht aus und sagte: »Sicherlich, tut das denn nicht jeder?«

Wenn ich diese Geschichte erzähle, will ich damit nicht sagen, daß es sich bei der Identitätskrise um *mein* Symptom handelt, von dem ich einfach annehme, daß alle anderen es auch haben — obwohl natürlich auch daran etwas Wahres ist. Tatsächlich aber habe ich angenommen, daß ich einer Sache, die jeder zu irgendeinem Zeitpunkt gehabt hat, und die er daher bei denen wiedererkennt, die sie gerade durchmachen, den einleuchtendsten Namen gab.

Nach dem klinischen Ursprung dieses Ausdrucks zu urteilen, wäre es also durchaus vernünftig, die *pathologischen* und die *entwicklungsmäßigen Aspekte* der Sache miteinander in Verbindung zu setzen und zuzusehen, was die für eine Krankengeschichte typische Identitätskrise von der einer Lebensgeschichte unterscheidet. Diese Hervorhebung der individuellen Lebensläufe würde allerdings die anderen und weitreichenderen Verwendungen der Ausdrücke »Identität« und »Identitätskrise« um so verdächtiger erscheinen lassen, bloße Analogien darzustellen, die vor keinem Definitions-Gericht zugelassen würden. Daß katholische Studenten versuchen könnten, ihre Einzelkrisen zusammenzuwerfen, sie gemeinsam zu genießen und an einem Abend zu überwinden, hätte wenigstens humoristisch einen gewissen Sinn. Aber welche mögliche Beziehung könnte zwischen der Adoleszenz als solcher und dem Zustand einer afrikanischen Nation oder einer wissenschaftlichen Organisation bestehen? *Ist* das eine rein analoge Verwendung, wie man sie etwa in einem Gemisch von Stolz und Entschuldigung benutzt, wenn man von einer Nation feststellt, sie stünde in ihrer historischen und ökonomischen »Jugend« oder sie habe einen »paranoiden politischen Stil entwickelt«? Und wenn man von einer Nation nicht sagen kann, sie sei »jung«, kann dann ein Typus einer individuellen Identitätskrise von einem signifikanten Ausschnitt der jugendlichen Bevölkerung gemeinsam erlebt werden? Und weiter, um zur Verwendung des Ausdrucks »Identitätsverwirrung« als modische Liebhaberei zurückzukommen: Würden manche unserer Jugendlichen so offensichtlich verwirrt und verwirrend handeln, wenn sie nicht *wüßten*, daß man von ihnen eine Identitätskrise erwartet?

Die Geschichte der letzten zwanzig Jahre scheint darauf hinzudeuten, daß es klinische Ausdrücke gibt, die nicht nur von Diagnostikern, sondern auch von denen übernommen werden, die »überdiagnostiziert« wurden, in diesem Fall von einem Teil einer ganzen Altersgruppe, der eben unsere Ausdrücke wie ein Echo reflektiert und flammend einen Konflikt demonstriert, den wir ehemals für stumm, innerlich und unbewußt hielten.

2.

Ehe wir die Bedeutung dieses Echos unserer Ausdrücke zu verstehen suchen, lassen Sie mich einen langen Blick zurück auf unsere beruflichen und begrifflichen Vorfahren werfen. Heute, wo der Ausdruck Identität sehr viel häufiger auf etwas laut Demonstratives, auf einen mehr oder weniger verzweifelten »Feldzug«, oder eine fast beabsichtigt verwirrte »Suche« bezug nimmt, lassen sie mich zwei Formulierungen vortragen, die überzeugend aussagen, wie sich die Identität anfühlt, wenn man der Tatsache gewahr wird, daß man sie unzweifelhaft besitzt.

Meine beiden Zeugen sind bärtige patriarchale Gründerväter der Psychologien, auf denen unsere Gedanken und Überlegungen hinsichtlich der Identität beruhen. Als das *subjektive Gefühl* einer bekräftigenden *Gleichheit und Kontinuität* scheint mir das, was ich Identitätsgefühl nennen möchte, am besten von William James in einem Brief an seine Frau beschrieben zu sein [2]:

> Der Charakter eines Mannes ist an der geistigen oder moralischen Haltung erkennbar, in der er sich, wenn sie ihn erfaßte, am tiefsten und intensivsten aktiv und lebendig fühlte. In solchen Augenblicken gibt es in unserem Inneren eine Stimme, die spricht und sagt: »*Dies* ist mein wirkliches Ich!«

Solch ein Erlebnis enthält immer

> ... ein Element aktiver Spannung, als wäre man sozusagen sich selbst gewachsen und traute den äußeren Dingen zu, daß auch sie ihre Rolle spielen,

---

[2] The Letters of William James, hgg. von Henry James, Bd. I, Boston 1920.

so daß eine volle Harmonie entsteht, aber ohne jede *Garantie*, daß sie es tun werden. Laß es eine Garantie sein ... und die Haltung wird für mein Bewußtsein sofort stagnierend und antriebslos. Nimm die Garantie fort und ich fühle (vorausgesetzt, ich bin *überhaupt* in kraftvollem Zustand) eine Art tiefer enthusiastischer Wonne, eine bittere Bereitschaft, alles zu tun und zu leiden ... ein Gefühl, das, obgleich es eine reine Stimmung oder Emotion ist, der ich in Worten keine Form verleihen kann, sich mir als das tiefste Prinzip aller aktiven und theoretischen Entschlossenheit, die ich besitze, verbürgt.

James benutzt das Wort »Charakter«, aber ich nehme mir die Freiheit zu behaupten, daß er ein Gefühl der Identität beschreibt und daß er das in einer Weise tut, die im Prinzip von jedem Menschen erlebt werden kann. Für ihn ist dies Gefühl sowohl geistig wie moralisch, im Sinn jener Zeit der »Moralphilosophie«, und er erlebt es als etwas, das einem als eine Erkenntnis »überkommt«, fast als eine Überraschung, und nicht als etwas, nach dem man mühsam »geforscht« hat. Es ist eine aktive Spannung (statt einer lähmenden Frage) — eine Spannung, die außerdem eine Herausforderung »ohne Garantie« schaffen muß, statt einer, die in einem Geschrei nach Sicherheit untergeht. Aber wir wollen uns nebenbei daran erinnern, daß James über dreißig war, als er dies schrieb, daß er in seiner Jugend eine »Identitätskrise« von ehrlicher und verzweifelter Tiefe durchgemacht und deutlich formuliert hatte und daß er *der* Psychologe-Philosoph des amerikanischen Pragmatismus erst wurde, nachdem er mit einer Vielfalt kultureller, philosophischer und nationaler Identitäts-Elemente experimentiert hatte: daß er inmitten seiner Erklärung das unübersetzbare deutsche Wort »überhaupt« benutzte, ist wahrscheinlich ein Echo seiner konfliktreichen Studienzeit in Europa.

Man kann in James' Lebensgeschichte sowohl eine verlängerte Identitätskrise wie das Hervortreten einer »selbst geschaffenen« Identität in der neuen und expansiven amerikanischen Kultur studieren. Wir werden mehrfach auf James zurückkommen, wollen uns aber jetzt, um einer weiteren Definition willen, einer Aussage zuwenden, die eine Einheit der *persönlichen und der kulturellen* Identität bekräftigt, welche im Schicksal eines alten Volkes wurzelt. In einer Ansprache an die Mitglieder des Vereins B'nai B'rith in Wien im Jahre 1926[3] sagte Sigmund Freud:

Was mich ans Judentum band, war — ich bin schuldig, es zu bekennen — nicht der Glaube, auch nicht der nationale Stolz, denn ich war immer ein

[3] Sigmund Freud, »Ansprache an die Mitglieder des Vereins B'nai B'rith« (1926), Gesammelte Werke, Bd. XVII, London (Imago).

Ungläubiger, bin ohne Religion erzogen worden, wenn auch nicht ohne Respekt vor den »ethisch« genannten Forderungen der menschlichen Kultur. Ein nationales Hochgefühl habe ich, wenn ich dazu neigte, zu unterdrücken mich bemüht, als unheilvoll und ungerecht, erschreckt durch die warnenden Beispiele der Völker, unter denen wir Juden leben. Aber es blieb genug anderes übrig, was die Anziehung des Judentums und der Juden unwiderstehlich machte, viele dunkle Gefühlsmächte, umso gewaltiger, je weniger sie sich in Worten erfassen ließen, ebenso wie die klare Bewußtheit der inneren Identität, die Heimlichkeit der gleichen seelischen Konstruktion. Und dazu kam bald die Einsicht, daß ich nur meiner jüdischen Natur die zwei Eigenschaften verdankte, die mir auf meinem schwierigen Lebensweg unerläßlich geworden waren. Weil ich Jude war, fand ich mich frei von vielen Vorurteilen, die andere im Gebrauch ihres Intellekts beschränkten, als Jude war ich dafür vorbereitet, in die Opposition zu gehen und auf das Einvernehmen mit der »kompakten Majorität« zu verzichten.

Diese grundlegenden Feststellungen entstammen nicht theoretischen Arbeiten sondern individuellen Mitteilungen: einem Brief eines Mannes, der spät heiratete, an seine Frau; einer Ansprache eines schöpferischen Beobachters, der lange in seinem Beruf isoliert war, an seine »Brüder«. Aber in all ihrer poetischen Spontaneität sind sie Hervorbringungen geschulter Geister und daher fast systematische Beispiele der Hauptdimensionen eines positiven Identitätsgefühls. Der geschulte Geist eines Genies hat natürlich eine spezielle Identität und spezielle Identitätsprobleme, die häufig zu einer verlängerten Krise am Beginn seiner Laufbahn führen. Trotzdem müssen wir uns auf die Genies stützen, um zuerst einmal zu formulieren, was wir dann weiterhin als allgemein menschlich beobachten können.

Dies ist das einzige Mal, daß Freud den Ausdruck Identität in einer mehr als beiläufigen Art und tatsächlich in einem höchst zentralen ethnischen Sinn verwendet. Und wie wir von ihm erwarten dürfen, weist er unausweichlich auf einige jener Aspekte der Sache hin, die ich dunkel und doch vital nannte — tatsächlich um so vitaler, »je weniger sie sich in Worten erfassen ließen«. Denn Freuds »Bewußtheit der inneren Identität« schließt ein Gefühl bitteren Stolzes in sich, den sein verstreutes und oft verachtetes Volk durch eine lange Geschichte der Verfolgungen hindurch bewahrt hatte. Er ist in einer besonderen (in diesem Fall intellektuellen) Begabung verankert, die aus den feindseligen Beschränkungen der Möglichkeiten siegreich hervorgegangen ist. Gleichzeitig stellt Freud die *positive Identität* einer furchtlosen Freiheit des Denkens einem negativen Zug »der Völker, unter denen wir Juden leben« gegenüber, nämlich »Vorurteilen, die andere im Gebrauch ihres Intellekts beschränkten«. Es dämmert uns also, daß die Gruppenidentität einer Person relativ zu der einer anderen sein und daß der Stolz, eine starke Identität zu gewinnen, eine innere Emanzipierung von einer dominierenderen Gruppenidentität bezeichnen kann, wie etwa der »kompakten Majorität«. In der Behauptung, daß die gleiche historische Entwicklung, die die vorurteilsbeladene Majorität in der freien Verwendung ihres Intellekts beschränkte, die isolierte Minorität in intellektuellen Dingen stärker werden ließ, klingt ein exquisiter Triumph an. Auf all das müssen wir zurückkommen, wenn wir die Rassenbeziehungen besprechen[4].

Und Freud geht weiter. Er gibt beiläufig zu, daß er bei sich selbst eine Neigung zu »nationalem Hochgefühl« unterdrücken mußte, wie es bei den »Völkern, unter denen wir Juden leben« verbreitet war. Wieder kann, wie im Falle von William James, nur eine Untersuchung des jugendlichen Enthusiasmus Freuds zeigen, wie er dazu kam, andere Strebungen aufzugeben, zugunsten der Ideologie, die Methoden der Naturwissenschaft auf psychologische »würdige Kräfte« anzuwenden. Übrigens besitzen wir in Freuds Träumen einen wunderbaren Bericht von seinen verdrängten Selbsten (oder was James seine »aufgegebenen« oder sogar seine »gemordeten« Selbste nannte) — denn unsere »negative Identität« sucht uns bei Nacht heim[5].

3.

Die beiden Äußerungen und die Leben, die hinter ihnen stehen, dienen dazu, einige Dimensionen der Identität festzulegen und sie helfen uns gleichzeitig zu erklären, warum das Problem so allgegenwärtig und doch so schwer zu fassen ist: denn wir haben es mit einem Prozeß zu tun, der *im Kern des Individuums* »lokalisiert« ist und doch auch *im Kern seiner gemeinschaftlichen Kultur,* ein Prozeß, der faktisch die Identität dieser beiden Identitäten begründet. Wenn wir jetzt einen Augenblick innehalten und einige Mindesterfordernisse aufzählen, deren wir bedürfen, um die Komplexheit der Identität auszuloten, dann müßten wir damit anfangen, etwa dies zu sagen (und wollen wir uns Zeit lassen, es zu sagen): in psychologischen Ausdrük-

---

[4] Siehe achtes Kapitel.

[5] Siehe fünftes Kapitel, Abschnitt 5.

ken wendet die Identitätsbildung einen Prozeß gleichzeitiger Reflexion und Beobachtung an, einen Prozeß, der auf allen Ebenen des seelischen Funktionierens vor sich geht, durch welches der Einzelne sich selbst im Lichte dessen beurteilt, wovon er wahrnimmt, daß es die Art ist, in der andere ihn im Vergleich zu sich selbst und zu einer für sie bedeutsamen Typologie beurteilen; während er ihre Art, ihn zu beurteilen, im Lichte dessen beurteilt, wie er sich selbst im Vergleich zu ihnen und zu Typen wahrnimmt, die für ihn relevant geworden sind. Dieser Vorgang ist glücklicher- und notwendigerweise zum größten Teil unbewußt, ausgenommen da, wo innere Bedingungen und äußere Umstände zusammentreffen, um eine schmerzhafte oder stolze »Identitätsbewußtheit« zu vertiefen.

Weiterhin ist der beschriebene Prozeß ständig wechselnd und sich entwickelnd: im besten Fall ist es ein Prozeß zunehmender Differenzierung und er wird immer umfassender, während das Individuum sich fortschreitend eines sich erweiternden Kreises anderer bewußt wird, die für es Bedeutung haben, von der mütterlichen Person bis zur »Menschheit«. Der Prozeß »beginnt« irgendwo in der ersten echten »Begegnung« von Mutter und Säugling, als zweier Personen, die einander berühren und erkennen können[6], und er »endet« nicht, bis die Kraft eines Menschen zur wechselseitigen Bestätigung schwindet. Aber wie schon gesagt, hat der Prozeß seine normative Krise in der Adoleszenz und ist in vielen Hinsichten durch das determiniert, was voranging, und determiniert vieles, was folgt. Und schließlich können wir, wie sich jetzt zeigt, bei der Besprechung der Identität nicht das persönliche Wachstum vom Wandel der Gemeinschaft trennen, noch können wir, (wie ich in *Der junge Mann Luther* zu zeigen versuchte), die Identitätskrise im individuellen Leben und die zeitgenössischen Krisen in der historischen Entwicklung voneinander trennen, denn die beiden helfen einander zu definieren und sind in der Tat relativ zueinander. Ja, das ganze Wechselspiel zwischen dem Psychologischen und dem Sozialen, dem Entwicklungsmäßigen und dem Historischen, für das die Identitätsbildung von prototypischer Bedeutung ist, kann tatsächlich nur als eine Art von *psychologischer Relativität* verbegrifflicht werden. Eine gewichtige Sache also: ganz gewiß können bloße

[6] Joan M. Erikson, »Eye to Eye«, in: The Man Made Object, hgg. von Gyorgy Kepes, New York 1966 (Braziller).

»Rollen«, die austauschbar gespielt werden, bloße, ihrer selbst bewußte »Auftritte« oder bloße unentwegte »Haltungen« unmöglich die Sache selbst sein, obwohl sie vorherrschende Aspekte dessen sein können, was heute die »Suche nach Identität« genannt wird.

Angesichts all dessen wäre es offensichtlich falsch, bestimmte Ausdrücke aus der Persönlichkeits- und der Sozialpsychologie, die häufig mit Identität oder Identitätsverwirrung gleichgesetzt werden — Ausdrücke wie Selbst-Konzeption, Selbst-Darstellung oder Selbstachtung auf der einen, und Rollen-Ambivalenz, Rollen-Konflikt, Rollenverlust auf der anderen — das ganze zu untersuchende Gebiet übernehmen zu lassen, obgleich Teamwork-Methoden im Augenblick den besten Weg bieten, diesen Gesamtbereich zu erfassen. Was diesen Methoden allerdings bis jetzt noch fehlt, ist eine Theorie der menschlichen Entwicklung, die es unternimmt, einer Sache näherzukommen, indem sie herausfindet, woher und wohin sie sich entwickelt. Denn die Identität ist niemals als eine »Errungenschaft« in der Form eines Panzers der Persönlichkeit oder sonst als irgend etwas Statisches und Unveränderliches »festgelegt«.

Die traditionelle psychoanalytische Methode andererseits kann die Identität nicht ganz erfassen, denn sie hat keine Ausdrücke entwikkelt, um die Umgebung in Begriffe zu fassen. Gewisse Gewohnheiten des psychoanalytischen Theoretisierens, Gewohnheiten, die Umgebung als »Außenwelt« oder »Objektwelt« zu bezeichnen, können der Umgebung als einer durchdringenden Aktualität nicht Rechnung tragen. Die deutschen Ethologen führten das Wort »Umwelt« ein, um nicht nur eine Umgebung zu bezeichnen, die um einen her ist, sondern die auch *in* einem ist. Und tatsächlich sind, vom Standpunkt der Entwicklung aus, »frühere« Umgebungen für immer in uns vorhanden; und da wir in einem beständigen Prozeß leben, aus der Gegenwart »Früheres« zu machen, treffen wir niemals — nicht einmal als Neugeborene — als eine Person, die niemals eine Umwelt hatte, auf eine Umwelt. Eine der methodologischen Vorbedingungen, um die Identität zu erfassen, wäre also eine Psychoanalyse, die verfeinert genug wäre, um die Umwelt mit zu umfassen; die andere wäre eine Sozialpsychologie, die psychoanalytisch verfeinert ist; zusammen würden sie offensichtlich ein neues Feld begründen, das seine eigene historische Verfeinerung zu schaffen hätte. In der Zwischenzeit können wir nur versuchen festzustellen, wo ein historischer Moment oder ein Ereignis in einer Lebensgeschichte klarer wird, wenn wir das Vorhandensein von etwas wie einer Identitätsentwicklung annehmen. Und natürlich hilft es, im Detail niederzuschreiben, was für eine Einzelheit und warum und wie sie klarer zu werden scheint.

Aber wenn wir erst einmal eine historische Perspektive akzeptieren, dann stehen wir vor dem Problem, daß die Zitate, die ich als ein durch und durch stichhaltiges Motto angeboten habe, in Wirklichkeit an eine Art von Identitätsbildung gebunden sind, die in hohem Maß von den kulturellen Bedingungen einer seßhaften Mittelklasse abhängt. Freilich gehörten sowohl James wie Freud jener Mittelklasse der frühen industriellen Ära an, die vom Land in die Stadt oder von Stadt zu Stadt übersiedelte, und James war natürlich der Enkel eines Einwanderers. Trotzdem waren ihre Heimstätten und ihre Studien, ihre akademischen und ihre klinischen Assoziationen, selbst wenn sie in wissenschaftlicher Hinsicht revolutionär waren, in ihren Idealen und ihrer Moral höchst stabil. Es könnte gut sein, daß das, »was sich von selbst versteht« (ein Ausdruck, den Freud benutzte, um seine Haltung gegenüber der Moral zu charakterisieren), auch bestimmte, auf was für Gefahren man sich, fruchtbarerweise, damit einlassen kann. Und sie ließen sich auf Gefahren ein, die revolutionären Geister der Mittelklasse des 19. Jahrhunderts: Darwin, indem er gerade die Menschlichkeit des Menschen in Beziehung zu seiner tierischen Abstammung stellte; Marx, indem er das Denken der Mittelklasse selbst als klassengebunden bloßstellte; und Freud, indem er unsere Ideale und unsere Bewußtheit selbst bedingt durch ein unbewußtes Seelenleben sah.

Seit damals hat es nationale Kriege, politische Revolutionen und moralische Rebellionen gegeben, die die traditionellen Grundlagen aller menschlichen Identität erschüttert haben. Wenn wir Zeugen für eine radikal veränderte Bewußtheit der Beziehung von positiver und negativer Identität finden wollen, brauchen wir nur unsere historische Perspektive zu ändern und uns die farbigen Schriftsteller Amerikas heute anzusehen. Denn wie, wenn es weder in den Hoffnungen vergangener Generationen noch in den erreichbaren Hilfsquellen der heutigen Gemeinschaft etwas gäbe, was dazu beitragen könnte, das negative Bild zu überwinden, das die »kompakte Majorität« einer Minderheit vorgehalten hat? Dann muß, so scheint es, das schöpferische Individuum die negative Identität als die eigentliche Ausgangsbasis für die Wiederherstellung akzeptieren. Und so finden wir bei unseren amerikanischen Negerschriftstellern die beinahe ritualisierte Bestätigung der »Unhörbarkeit«, »Unsichtbarkeit«, »Namenlosigkeit«, »Gesichtslosigkeit« — einen »leeren Raum gesichtsloser Gesichter, tonloser Stimmen, der außerhalb der Geschichte liegt«, wie Ralph Ellison sagt. Aber die verantwortlichen Negerautoren fahren fort zu schreiben, nachdrücklich zu schreiben, denn die Dichtung, selbst wenn sie die Tiefe des Nichts zugibt, kann zu etwas beitragen, was einer kollektiven Gesundung nahekommt[7]. Das ist, wie wir sehen werden, eine universelle Tendenz bei den Ausgebeuteten. Es ist kein Zufall, daß eines der aufschlußreichsten autobiographischen Dokumente der Befreiung Indiens als Nation ebenfalls den »negativen« Titel *Autobiographie eines unbekannten Inders* trägt. Es ist nicht zu verwundern, daß bei jungen Menschen, die nicht zu literarischen Reflexionen neigen, derartig tiefverwurzelte negative Identitäten nur durch eine Wendung zu kämpferischem Verhalten, wenn nicht zu vorübergehender Gewalttätigkeit, reabsorbiert werden kann.

4.

Lassen Sie uns nun, von der günstigen Stellung von vor zwanzig Jahren aus, einen Blick voran werfen und, ohne Rücksicht auf Konzepte und klinisches Vorgehen, die heutige Jugend *sehen*. Jugend bedeutet, zu jeder Zeit, vor allem einmal den geräuschvolleren und sichtbareren Teil dieser Sub-Rasse, plus den stillen Leidenden, die den Psychiatern unter die Augen kommen oder die die Dichter zum Leben erwecken. Beim pittoreskesten Ausschnitt der jüngeren Generation sind wir Zeugen einer erbitterten »Identitäts-Bewußtheit«, die nicht nur unsere Formulierungen der positiven und negativen Identität über den Haufen rennt, sondern auch unsere Annahmen hinsichtlich des manifesten und latenten Verhaltens und bewußter und unbewußter Prozesse. Was uns tiefst relativ zu sein erscheint, wird von ihnen als relativistische »Kampfpose« vorgeführt.

Die Jugend von heute ist nicht die Jugend von vor zwanzig Jahren. Das würde, in jedem Zeitpunkt der Geschichte, jede ältere Person sagen, und es sowohl für neu wie für wahr halten. Hier aber meinen wir etwas, das eine sehr spezifische Beziehung zu unseren Theorien hat. Denn während wir vor zwanzig Jahren behutsam andeuteten, daß manche jungen Leute unter einem mehr oder weniger unbewuß-

[7] Siehe achtes Kapitel.

ten Identitätskonflikt leiden könnten, teilt uns ein bestimmter Typus heute in eindeutigen Ausdrücken und mit der dramatischen äußeren Darstellung dessen, was wir einst für innere Geheimnisse hielten, mit, daß sie, jawohl, in der Tat, einen Identitätskonflikt haben — und sie tragen ihn am Ärmel, aus Leder oder in der Mode der Jahrhundertwende. Sexuelle Identitätsverwirrung? Oh ja; manchmal, wenn wir sie eine Straße entlang gehen sehen, ist es uns, ohne taktlose Kontrolle, unmöglich zu sagen, wer der Junge und wer das Mädchen ist. Negative Identität? Oh, jawohl, sie scheinen alles sein zu wollen, wovon die »Gesellschaft« sagt, sie sollten es nicht sein: darin wenigstens sind sie »konformistisch.« Und was so phantasievolle Ausdrücke wie »psychologisches Moratorium« betrifft, so werden sie sich ganz bestimmt Zeit lassen, und das gehörig, bis sie sicher sind, ob sie irgendeine von den Identitäten haben wollen, die ihnen in einer konformistischen Welt geboten werden, oder nicht.

Aber ist das, worauf sie Anspruch erheben, genau das, was wir meinen? Und haben wir und das, was wir meinen, sich nicht auch mit den gleichen Ereignissen verändert, die den Status des Identitätskonflikts veränderten? Gerade diese Frage eröffnet eine psychohistorische Perspektive, die zu besprechen wir hier nur anfangen können. Aber anfangen müssen wir, denn die Beschleunigung der Veränderung in künftigen Generationen und in den augenblicklichen Bedingungen der Welt wird anhalten oder sich (um schleunigst unsere Sprachbilder anzupassen) mit uns fortbewegen — und uns überholen.

Auf eine Weise ist es höchst sinnvoll, daß die Altersgruppe, die niemals auf die Aktualität des Wachstums und der Teilnahme an dem, was die ältere Generation müde die »Realität« nennt, verzichten kann, auch die Generation sein sollte, die Theorie in Verhalten transponiert und uns zeigt, daß Lehren auch Handeln ist. Wir sagten schon, daß in der Jugendzeit die ideologische Struktur der Umgebung wesentlich für das Ich wird, weil ohne eine ideologische Vereinfachung des Universums das jugendliche Ich seine Erfahrung nicht entsprechend seinen spezifischen Fähigkeiten und seiner sich erweiternden Beteiligung organisieren kann. Die Adoleszenz ist also ein Stadium, in dem das Individuum dem historischen Tage viel näher ist, als es das in früheren Stadien der Kindheitsentwicklung war. Während die infantilen Vorläufer der Identität unbewußter sind und sich sehr langsam, wenn überhaupt, verändern, ändert sich das Identitätsproblem mit der historischen Periode: das ist tatsächlich seine Aufgabe. Wenn man also das Identitätsproblem diskutiert und seine Dimensionen in eben der Zeit schildert, in der man uns Klinikern zuhört, bedeutet das in die Kulturgeschichte hineinzuspielen oder, vielleicht, ihr Werkzeug zu werden.

So sehen wir vieles von dem, was wir zuerst als latent deuteten, in Schlagworten ausgedrückt, auf den Straßen demonstriert und in den illustrierten Zeitschriften ausgebreitet. Aber wenn die bisexuelle Verwirrung jetzt bei manchen jungen Leuten zu einer körperlichen Haltung und einer lärmenden Herausforderung geworden ist, bedeutet das, daß sie — als Generation — weniger klar in bezug auf wesentliche Geschlechtsunterschiede sind, oder gelähmt sind oder tatsächlich in ihrem Sexualleben ohne festen Halt? Ich würde das nicht glauben. Die traditionelle Typisierung des Geschlechts, gegen die sie sich wehren, war keineswegs ausschließlich vorteilhaft für das Sexualleben. Oder werden sie wirklich von ihren negativen Identitäten beherrscht, wie ihre demonstrative Respektlosigkeit zu zeigen scheint? Das würde ich keineswegs denken. Zugegeben, es befriedigt sie, daß ihre Eltern über ihr Äußeres bestürzt sind, denn die Zurschaustellung ist tatsächlich eine Deklaration, die auf irgendeiner positiven Identität beharrt, die nicht primär auf dem elterlichen Typ von Konformismus oder Anspruch beruht. Daß dieser Nonkonformismus seinerseits eine Bitte um brüderliche Bestätigung ist, und so einen neuen ritualisierten Charakter erwirbt, das ist Teil des Paradoxes aller rebellischen Identitätsbildung. Es gibt natürlich eine gefährlichere Demonstration wahrhaft negativer und häßlicher Möglichkeiten wie die, die bestimmte motorradfahrende Jugendliche mit dem Motto zur Schau stellen: wenn Du in eine Stadt kommst, sieh so abstoßend aus, wie Du kannst. Das kommt schon näher an die potentiell kriminelle Identität heran, die sich von der Ablehnung durch andere nährt, die nur zu bereit sind, sie zu bestätigen.

Manche jungen Leute scheinen tatsächlich zu lesen, was wir schreiben, und benutzen unsere Ausdrücke fast als Umgangssprache. Manchmal bestätigen sie bloß, daß wir zu wissen scheinen, worüber sie sprechen und ich bin nicht immer zu überlegen, um das nicht als Kompliment zu akzeptieren. Aber ich würde es auch als einen Aspekt des alten Spiels anerkennen, das Freud »passiv in aktiv verwandeln« nannte, und damit als eine neue Form des jugendlichen Experimentierens. Oft scheint die Demonstration zu erklären: »Wer sagt, daß wir unter einer Identitäts-›Krise‹ *leiden*? Wir wählen sie, wir haben sie aktiv, wir spielen: *wir machen sie geschehen.«* Das gleiche gilt für die Akzeptierung anderer, früher latenter Themen und vor allem für die immer bestehende Ambivalenz der Generationen. Während wir früher vorsichtig versuchten, empfindsamen jungen Menschen zu beweisen, daß sie die Eltern, von denen sie abhängen, zugleich auch hassen, kommen sie jetzt mit einer offen bösartigen oder gleichgültigen Ablehnung aller Eltern zu uns, und es ist schwierig, ihnen zu beweisen, daß sie sie in Wirklichkeit auch gern haben — auf gewisse Art. Und wenn wir ihnen das sagen, wissen es viele schon. Vielleicht stellt das eine neuere und offenere Form der Anpassung an die psychologische Aufklärung dar, die in der Vergangenheit scheinbar weniger gefährliche, da meist verbale Formen, verwendet hat: denn von Freuds frühesten Tagen an haben aufgeklärte Menschen sich an seine Einsichten angepaßt, indem sie die Namen ihrer Neurosen laut verkündeten — und außerdem ihre Neurosen beibehielten.

Dies Spiel dürfte in der Vergangenheit tatsächlich gefährlicher gewesen sein. Wollten wir eine Geschichte der Hysterie schreiben, so würden wir sicher feststellen, daß die sexuellen Wünsche, die verdrängt wurden, während die Hysterie den psychopathologischen Markt beherrschte, als Folge der psychologischen Aufklärung entschieden ans Tageslicht traten: die hysterischen Symptome wurden seltener und Charakterprobleme ersetzten sie. Was also in Freuds Tagen eine neurotische Epidemiologie mit sozialen Folgeerscheinungen war, wird heute zu einer Reihe von sozialen Bewegungen mit neurotischen Folgeerscheinungen. Das legt zumindest viele verborgene Probleme frei, so daß eine junge Generation, die angesichts der moralischen Abdankung ihrer Eltern dringlich ihre eigene Ethik und ihre eigene Art von Vitalität zu entwickeln sucht, sie gemeinsam prüfen und vielleicht bemeistern kann.

Gleichzeitig müssen wir Kliniker gegenüber der Möglichkeit wachsam bleiben, daß in all der blühenden Identitätsverwirrung viel von dem enthalten ist, was wir in jenen Tagen im Mount Zion Hospital als den Pinsk-Minsk-Mechanismus zu bezeichnen pflegten — ein zeitloserer Beitrag des jüdischen Witzes zum Verständnis der Winkelzüge des Unbewußten. Auf einem Bahnhof in Polen trifft ein Mann auf einen Geschäftskonkurrenten und fragt ihn, wohin er fährt. »Nach Minsk« sagt der und versucht wegzulaufen. »Nach Minsk?« ruft der erste ihm nach, »Du sagst ›nach Minsk‹, so daß ich glauben soll, Du fährst nach Pinsk! Du Lügner — Du fährst doch nach Minsk!«

Mit anderen Worten, manche Jugendliche, die eine etwas bösartigere Identitätsverwirrung zu haben scheinen, haben sie tatsächlich. Es hilft aber, wenn man weiß, daß dies zumindest die ihrem Alter angemessene Krise ist und auch, daß einige unter ihnen sie jetzt offensichtlicher haben, weil sie wissen, daß sie von ihnen erwartet wird. Trotzdem darf unsere klinische Wachsamkeit nicht ruhen, ob die Krise nun in Formen zutage tritt, die gerade Mode und im Schwang sind oder in psychoseartigen Zuständen, in Verhalten, das dem verbrecherischen ähnelt oder in fanatischen Bewegungen, in schöpferischen Kraftleistungen oder sogar in allzu sprunghaftem sozialem Einsatz. Wenn wir befragt werden, können wir nur versuchen, die Ich-Stärke des Individuums abzuschätzen, indem wir das Ausmaß, in dem sich bekämpfende infantile Stereotypien noch sein Verhalten diktieren, zu diagnostizieren und festzustellen suchen, welche Chancen der junge Mensch hat, sich selbst zu finden, indem er sich an irgendein ihn ganz in Anspruch nehmendes gesellschaftliches Problem verliert.

5.

Wenn man die heutige Jugend ansieht, dann vergißt man leicht, daß die Identitätsbildung, die in der Jugendzeit »kritisch« wird, in Wirklichkeit ein *Generationenproblem* ist. So dürfen wir nicht übersehen, was eine gewisse Aufhebung der Verantwortung seitens der älteren Generation zu sein scheint, die kraftvollen Ideale zur Verfügung zu stellen, die der Identitätsbildung in der nächsten Generation vorhergehen müssen — und wäre es nur, damit die Jugend gegen eine wohldefinierte Reihe älterer Wertsetzungen rebellieren kann.

Vor einiger Zeit wurde im Fernsehen eine Dokumentation gesendet, die sich mit jungen Leuten in Lexington, Massachusetts, befaßte. Ich vermute, daß diese Stadt ausgewählt wurde, weil sie die Wiege der amerikanischen Freiheit war. Die Dokumentation zeigte mit bemerkenswerter Offenheit, was mit den »freien« jungen Amerikanern geschehen ist, oder auf alle Fälle, wie sie sich öffentlich verhalten. Aber die Eltern waren kaum sichtbar. Zugegeben, es gab da eine Mutter, die ihr Haus den Heranwachsenden geöffnet zu haben schien, und zwölf bis fünfzehn Teenager kamen zusammen, um in ihrem Haus und Garten den Nachmittag zu verspielen oder zu lernen. Aber es wurde kaum ein Wort über die anderen Heimstätten geäußert. Die Eltern bekam man nur bei einer Versammlung zu sehen, die einberufen worden war, um über die Teenager zu diskutieren, als wären sie eine Invasion von einem anderen Planeten. Und das ist in der Tat die Art, wie die Jugend heute in den »Medien« dargestellt wird. Und diese Medien — das müssen wir feststellen — begnügen sich nicht mehr damit, Kommunikation zu übermitteln; frech und erfolgreich machen sie sich selbst zu Mittlern zwischen den Generationen. Das zwingt die Jugend manchmal dazu, Karikaturen der Widerspiegelung der Bilder zu sein, die sie mehr oder weniger experimentell »projiziert« haben, und treibt die Eltern weiter fort von den unheimlichen Vorgängen. Aber auch die elterliche Sanktion schwindet mit der elterlichen Empörung und man hat oft das Gefühl, daß die Jugend lieber festgesonnene Eltern los sein möchte (sozusagen), als keine zu haben, über die sich überhaupt zu reden lohnt. Denn wenn ich mich nicht irre, machen Eltern oft auf die Jungen den Eindruck, als wären sie selbst zu groß geratene Jungens und Mädchen geblieben, beschäftigt mit einer Welt von mechanischen Spielereien und käuflicher Macht, die ihnen erlaubt, die ganze furchtbare Frage der neuen Bedeutung der Generationen in einem technologischen Universum, einschließlich der Bombe und der Pille, zu umgehen.

Wo also *sind* nun einige der hauptsächlichen zeitgenössischen Quellen der Identitäts-Stärke? Unter zeitgenössisch verstehe ich eine Gegenwart mit einer antizipierten, *vorausgesehenen Zukunft,* denn wir müssen tun, was wir können, um klinische Gewohnheiten zu überwinden, die uns annehmen lassen, daß unser Teil getan ist, wenn wir die Vergangenheit geklärt haben. Ich will daher jetzt nicht bei dem Problem verweilen, was die traditionellen Überreste der Identitätsstärke sind — ökonomisch, religiös oder politisch; regional oder national —, die sich alle in dem Prozeß befinden, sich mit ideologischen Perspektiven zu vereinen, in denen die Vision einer vorausgesehenen und tatsächlich schon geplanten Zukunft des technologischen Fortschritts viel von der Macht der Tradition übernehmen wird. Und wenn ich diese Quellen »ideologische« nenne, so benutzte ich das Wort, um ein universelles psychologisches Bedürfnis nach einem System von Ideen zu bezeichnen, das ein überzeugendes Weltbild bietet.

Wir müssen zugeben, daß zumindest die unter uns, die damit beschäftigt sind, Krankengeschichten oder Biographien (die so häufig oberflächlich Krankengeschichten gleichen) zu verstehen, und die entweder junge Psychiater oder die humanistisch privilegierte Collegejugend unterrichten, häufig den Kontakt mit den Hilfskräften der Identität verloren haben, die der Majorität der Jugend zugänglich sind, deren Ideologie ein Produkt des Maschinenzeitalters ist; daß die Jugend im allgemeinen uns nicht braucht, und daß die, die uns brauchen, die von uns geschaffene »Patientenrolle« übernehmen. Noch auch scheinen wir zu denken, daß unsere Theorien sie mit umfassen müßten. Und doch müssen wir annehmen, daß Massen junger Menschen, sowohl hier wie in anderen Ländern, sowohl durch Begabung wie durch Gelegenheit, den technologischen Trends wie den wissenschaftlichen Methoden unserer Zeit nahe genug sind, um sich in ihr genau so zuhause zu fühlen, wie sich irgendjemand je im menschlichen Leben zuhause gefühlt hat. Ich meinerseits bin nie imstande gewesen, die Behauptung zu akzeptieren, daß der Mensch in der merkantilen Kultur oder in der Ackerbaukultur oder selbst in der Buchkultur im Prinzip weniger »entfremdet« gewesen sein soll, wie er es in der Technologie ist. Ich vermute, es ist unsere eigene retrospektive Romantik, die uns glauben macht, daß Bauern oder Händler oder Jäger weniger durch ihre Techniken determiniert waren. Um es in Ausdrücke dessen zu fassen, was gemeinschaftlich untersucht werden muß: in jeder Technologie und in jeder historischen Periode gibt es Typen von Individuen, die (»richtig« erzogen) die dominierenden Techniken mit ihrer Identitätsentwicklung kombinieren können und *werden,* was sie *tun.* Unabhängig von kleineren Überlegenheiten oder Unterlegenheiten können sie sich in der *kulturellen Konsolidierung* einrichten, die ihnen das an gemeinschaftlicher Bestätigung und vorübergehender Erlösung sichert, was darin liegt, Dinge gemeinsam zu tun und sie richtig zu tun — eine Richtigkeit, die durch die freigiebige Antwort der »Natur« bestätigt wird, sei es in der Form der erlegten Beute, der geernteten Nahrung, der produzierten Güter, des erworbenen Geldes oder der gelösten technischen Probleme. In solcher Konsolidierung und Anpassung werden tausend tägliche Aufgaben und Verrichtungen zu praktischen Grundmustern und verfallen spontanen Ritualisierungen, die von Führern und Geführten geteilt werden können, von Männern und Frauen, Erwachsenen und Kindern, von Privilegierten und Unterprivilegierten, von den speziell Begabten und von denen, die bereit sind, die Schmutzarbeit zu verrichten. Der springende Punkt ist, daß nur eine derartige Konsolidierung die Koordinaten für die Spannweite der Identitätsbildungen einer Periode und deren unerläßliche Beziehung zu einem Gefühl inspirierter Aktivität bietet, obgleich sie das für viele oder sogar die meisten nur leistet, indem sie abgeteilte Felder von prononcierter Enge, von erzwungenen Dienstleistungen und von begrenztem Status schafft. Jeder derartige Zusammenschluß wirkt, gerade aufgrund seiner praktischen Brauchbarkeit (der Tatsache, daß er funktioniert und sich selbst durch bloßen Brauch und Gewohnheit erhält) auch zugunsten eingewurzelter Privilegien, erzwungener Opfer, institutionalisierter Ungleichheiten und eingebauter Widersprüche, die den Kritikern jeder Gesellschaft deutlich werden. Aber wie solch eine Konsolidierung zu einem Gefühl des Eingebettetseins und des natürlichen Flusses gerade zwischen den Artefakten der Organisation führt; wie sie mithilft, irgendeinen Stil der Vollkommenheit und Selbstverherrlichung aufkommen zu lassen; und wie sie dem Menschen gestattet, gleichzeitig seinen Horizont zu beschränken, so daß er *nicht* sieht, was die neu gewonnene Vertrautheit der Welt zerstören und ihn allen Arten von Fremdheit aussetzen könnte, vor allem der Furcht vor dem Tod und dem Töten — all dem haben wir uns vom Standpunkt der Tiefenpsychologie aus noch kaum zugewendet. Hier müßte die Diskussion des »Ichs« neue Dimensionen annehmen.

Die Geschichte der Kulturen, Zivilisationen und Technologien ist die Geschichte derartiger Konsolidierungen, während nur in Perioden ausgesprochenen Übergangs die Erneuerer auftreten: die, die zu privilegiert in ihren Aussichten sind, um an das geltende System gebunden zu sein; die zu ehrlich oder zu sehr in Konflikt sind, um nicht die einfachen Wahrheiten des Daseins hinter der Vielfältigkeit der täglichen »Notwendigkeit« zu sehen; und die zu voll von Mitleid sind, um die »Armen« zu übersehen, die draußen gelassen wurden. Als Therapeuten und Ideologen verstehen wir, aufgrund unserer eigenen therapeutischen Ideologie, den obersten und den untersten Grenzbereich besser. Daher nehmen wir oft die breite Mitte als selbstverständlich hin, die uns um ihrer eigenen Gründe willen erhält. Aber insofern wir danach streben, zur »Normalpsychologie« beizutragen, müssen wir lernen, die kulturelle und technologische Konsolidierung zu verstehen, denn ihrer wird, immer wieder, die Erde sein.

Und immer geht mit ihr eine neue Definition des Erwachsenseins einher, ohne die jede Frage nach der Identität selbstgenießerischer Luxus ist. Das Problem des Erwachsenseins ist, wie man für jene *sorgt,* denen man sich beim Hervorgehen aus der Identitätsperiode verpflichtet und an die man sich gebunden fühlt und denen man jetzt *ihre* Identität schuldig ist.

Eine andere Frage ist, auf was der »typische« Erwachsene der Konsolidierung jeder Ära, um eines Stils des kulturellen Gleichgewichts und vielleicht der Vollkommenheit willen, zu verzichten in der Lage und bereit ist, und was an Verzicht er von anderen verlangt. Wenn man nach der Art urteilt, in der Sokrates, der Philosoph, in seiner Apologie das Gewebe der athenischen Konsolidierung bloßlegte, so hat er wahrscheinlich, ganz am Ende, nicht nur für sich selber den Tod als das einzige Heilmittel für den Zustand des Lebens bezeichnet. Freud, der Arzt, zeigte dem merkantilen und frühen industriellen Zeitalter, was für eine Verwüstung die verlogene Moral angerichtet hatte, nicht nur in seiner Ära, sondern in der gesamten menschlichen Geschichte. Damit begründete er das, was Philipp Rieff als die *therapeutische Orientierung* beschrieben hat, die weit über die klinische Heilung isolierter Symptome hinausgeht. Aber wir können nicht wissen, was die technologische Konformität dem Menschen *antut*, ehe wir nicht wissen, was sie *für* ihn tut. Die allgemein fühlbare Zunahme der bloßen Anzahl verwandelt natürlich zuerst einmal viele ehemalige Probleme der Qualität in Angelegenheiten der rein quantitativen Verwaltung.

Wenn die Mehrzahl der jungen Leute daher mit ihren Eltern in einer Art brüderlicher Identifizierung auskommen kann, so geht das, weil sie es gemeinschaftlich der Technik und der Wissenschaft überlassen, für eine sich selbst erhaltene und selbst beschleunigende Lebensform zu sorgen. Das würde es plausibel machen, daß von den Jungen sogar erwartet wird, daß sie sozusagen auf dem Marsch neue Werte entwickeln. Aber die Tatsache bleibt, daß die mit dem unbegrenzten Fortschritt assoziierten Werte, gerade weil er sowohl die Orientierung wie die Phantasie anspannt, häufig an unglaublich altmodische Ideen gebunden sind. So kann die technologische Expansion als der gerechte Lohn für Generationen schwer arbeitender Amerikaner gesehen werden. Man sieht keinen Grund dafür, expansionistische Ideale zu beschränken, solange — zusammen mit technischer Disziplin — der altmodische Anstand und die bestehenden politischen Maschinerien überleben, mit all ihrem heimatlichen Redefluß. Es besteht immer die Hoffnung (eine Hoffnung, die zu einem wichtigen Teil einer stillschweigenden amerikanischen Ideologie geworden ist), daß in Hinsicht auf irgendein möglicherweise eingebautes Übel im Wesen der Supermaschinen selbst, geeignete Bremsen und Korrekturen im richtigen Augenblick erfunden sein werden, ohne irgendwelche ungebührliche Investierung rastlos neuer Prinzipien. Und solange sie »funktionieren«, bieten die Supermaschinen, Organisationen und Vereinigungen eine genügend »große«, oder auf alle Fälle regulierbare Identität für alle die, die sich in ihnen und durch sie aktiv engagiert fühlen.

So ist auch der große Teil der Jugend, der keinen Grund sieht, gegen den Krieg in Vietnam zu opponieren, von einer Kombination aus Weltkriegs-Patriotismus, Antikommunismus, Gehorsam gegenüber dem Gestellungsbefehl und der militärischen Disziplin, und schließlich von der unerschütterlichen Solidarität beseelt, dem höchsten Gefühl unter Männern, das daher kommt, daß man auf die gleichen Vergnügen verzichtet hat, den gleichen Gefahren begegnet ist und daß man den gleichen verhaßten Befehlen gehorchen mußte. Aber es ist ein neues Element in all dem, das von der technologischen Ideologie her stammt und das aus einem Soldaten einen Experten macht, dessen Ausrüstung mechanisiert und dessen Treue eine fast unpersönliche technische Unterwerfung unter eine Politik oder Strategie ist, die ein bestimmtes »Ziel« in die Reichweite einer der bewundernswürdigen, zur Verfügung stehenden Waffen rückt. Zweifellos passen bestimmte »Charakterstrukturen« besser zu solch einer Weltsicht als andere, und doch ist im großen Ganzen jede Generation bereit, an einer Anzahl konsolidierter Haltungen innerhalb einer Lebenszeit teilzunehmen.

Aber bis eine neue Ethik den Fortschritt einholt, fühlt man immer die Gefahr, daß die Grenzen der technologischen Expansion und der nationalen Selbstbestätigung nicht durch gewußte Tatsachen und ethische Überlegungen, kurzum durch eine Gewißheit der Identität bestimmt sein könnten, sondern durch ein willkürliches und spielerisches Ausprobieren der Reichweite und der Grenzen der Supermaschinerie, die so anstelle eines Großteils des menschlichen Gewissens tritt. Das könnte zur Sklaverei im Überfluß für alle Beteiligten werden und scheint das zu sein, was die neue »humanistische« Jugend aufzuhalten versucht, indem sie ihre eigene Existenz »in Augenhöhe hängt« und auf ein wenig selbsterhaltende Qualität des Lebens drängt.

6.

Wenden wir uns nun einer anderen und vielen von uns vertrauteren ideologischen Quelle der Identität zu, nämlich dem Neohumanismus, der der Jugend ja die Identitätsprobleme so scharf ins Bewußtsein ruft. Diejenigen, die nach der verächtlichen Ansicht der in der technologischen Expansion konsolidierten Jugendlichen »pazifistische

Spinner« sind, sind die Humanisten, deren Stil der Konsolidierung auch ganz altmodische Gefühle und Ideale mitumfaßt (ihrem Äußeren nach scheinen sie oft aus einer mittelalterlichen Stadt im Untergrund hervorzukommen), während er den Idealen des zivilen Ungehorsams und der Gewaltlosigkeit gegenüber weit offen ist, die ihrerseits in ihrer modernen Form von Mahatma Gandhi ausgingen, aber keineswegs mit ihm endeten[8]. Hier geht die Opposition gegen gedankenlose Mechanisierung Hand in Hand mit der Ablehnung der Reglementierung und der militärischen Art der Begeisterung und mit einer empfindlichen Bewußtheit der existentiellen Individualität jedes Menschen in der Reichweite eines Zielfernrohrs. Diese und die technokratische Weltsicht müssen einander offensichtlich feindlich gegenüberstehen und sich abstoßen, denn die Akzeptierung auch nur eines Teiles einer Ansicht veranlaßt ein ins Gleiten geraten, das zu einer erneuten Umkehr der ganzen Struktur der Bilder führt. Daher stehen diese beiden Ansichten einander häufig so gegenüber, als wäre der andere *der* Feind, obgleich er Bruder sein kann, Freund — ja, man selbst auf einer anderen Stufe des eigenen Lebens.

Vor zwanzig Jahren haben wir voller Zögern Identitätsprobleme in Beziehung zu den ideologischen (denn Ideologie war damals ein höchst verdächtiger Ausdruck) Bedürfnissen der Jugend gebracht, ja wir haben tatsächlich viel von der akuten Verwirrung einer Art ideologischer Unterernährung zugeschrieben, vor allem bei dem Teil der Jugend, der zu spät gekommen war, um entweder die militärische Leidenschaft der Weltkriege »da drüben« zu teilen oder den Radikalismus der ersten Nachkriegsjahre hier. Wir sagten damals, die amerikanische Jugend sei antiideologisch und verherrliche statt dessen einen »way of life« — und zwar eine bequeme Lebensart. Wir hatten natürlich Sorge, daß der materialistische Trend, der durch die Technik so weitgehend verstärkt wurde, wenig Gegengewicht in einer Jugend finden würde, für die alle Ideologien politische und ausländische geworden waren, um so mehr, seit es dem McCarthyismus gelungen war, bei fast allen Amerikanern eine Furcht vor radikalem Denken hervorzurufen, die bis zu einer traumatischen Umformung einer früher einmal geschätzten Identität in eine negative ging.

Seit damals haben sich manche amerikanische Jugendliche in der

[8] Erik H. Erikson, »Psychoanalysis and Ongoing History: Problems of Identity, Hatred and Nonviolence«, in: The American Journal of Psychiatry, 122 (1965), S. 241—250.

Bürgerrechtsbewegung wie im Friedenskorps bewährt und haben gezeigt, daß sie ungewohnte Anstrengungen und Disziplin auf sich nehmen können, wenn sie von einer überzeugenden ideologischen Bestrebung berührt werden, die auf reale und universale Nöte gerichtet ist und dort zur Anwendung kommt. Tatsächlich hat sich die Jugend in so weltweiten Problemen wie dem Widerstand gegen die unbeschränkte Aufrüstung oder gegen die gedankenlose Zustimmung zur Eskalation des Krieges in Vietnam als weitsichtiger erwiesen als viele, viele Erwachsene. Zum Schrecken einer Elterngeneration, die sich vom McCarthyismus einer Gehirnwäsche hat unterziehen lassen, haben sie manche der von ihren Eltern preisgegebenen Ideale wieder eingesetzt.

Aber erst nachdem ich, so weit meine begrifflichen Mittel das erlauben, die Mehrheit der Jugend diskutiert habe, die aus dem ganzen ideologischen Paket der technologischen Expansion eine gewisse Stärke der Identität bezieht, kann ich von einem ausgewogeneren Standpunkt aus über unsere neu-humanistische Jugend sprechen. Denn bestimmt nicht immer eine Wechselwirkung zwischen einer neuen dominanten Klasse von *Spezialisten* — die, die »wissen, was sie tun« — und einer intensiven neuen Gruppe von Universalisten — die, die »meinen, was sie sagen« — die Identitätsmöglichkeiten eines Zeitalters? Und die, die es meinen, sorgen sich oft tief um eine dritte Gruppe und werden zu ihren Vorkämpfern — die Gruppe derer, die von allen Beteiligten vergessen worden sind. In unserer Zeit sind das die technologisch oder erziehungsmäßig Unterprivilegierten, die von allen Ideologien abgeschnitten sind, weil es ihnen an Fähigkeiten oder Möglichkeiten oder (natürlich) an beidem fehlt. In revolutionären Zeiten reichen sich die Überprivilegierten und die Unterprivilegierten oft die Hände, da sie beide am Rande der ungeheuren Konsolidierung der »kompakten Mehrheit« leben.

Die reiferen unter unseren jungen Humanisten suchen einen gemeinsamen Nenner im menschlichen Leben — eine Art von weltweiter Identität, die eine Brücke zwischen Überfluß und Unterentwicklung herstellt. Für manche Individuen, die unter anderen Umständen unfruchtbar rebelliert oder sich völlig zurückgezogen hätten, hat die Fähigkeit, ihren Konflikt in einer gesellschaftlich relevanten und aktivistischen Bewegung zu verwenden, zweifellos potentiellen therapeutischen Wert.

Der Protest der humanistischen Jugend reicht von edwardianischer Romantik und jazzigem Wandervogeltum bis zu der tief engagierten

»neuen Linken« und bis zu einer Identifizierung mit nacktem Heldentum irgendwo in der Welt, wo die »Maschinen« den Willen des Menschen niederzuwalzen suchen. Mit anderen Worten, die Proteste erstrecken sich vom reaktionären Widerstand gegen alle Konformität mit der Maschine bis zu einer Neuformulierung der menschlichen Rechte und Würden in einer irreversibel technologischen Zukunft. Wenn sie im Licht dieser Forderungen verwirrt und manchmal bizarr erscheinen, sollten wir uns daran erinnern, daß es die Tradition der Aufklärung war, die, während sie eine stabile Mittelklasse oder eine liberale Welt für gegeben ansah, alle Werte einer unerbittlichen Untersuchung unterwarf. Jetzt müssen die Jungen mit dem experimentieren, was von dieser »aufgeklärten« und »analysierten« Welt übriggeblieben ist. Die psychoanalytische Aufklärung zum Beispiel nahm an, daß die infantile Sexualität und die infantilen Perversionen zur Kenntnis der Öffentlichkeit gebracht werden könnten, mit der Empfehlung, anstelle jahrhundertealter Repression eine aufgeklärte Beurteilung zu setzen. Heute müssen die Perversionen, ja tatsächlich alle Arten von Perversität, ihre eigenen Grenzen der Attraktivität in der gedruckten Darstellung wie in der Ausführung finden. Daher kann, wo die elterliche Kombination von radikaler Aufklärung mit altmodischer Moralität versagt hat, nur eine relative Freiheit des Experimentierens seine eigene Korrektur finden. Aber ich glaube nicht, daß das Fragen und Suchen der Jugend dahin geht, daß einfach alles erlaubt sein sollte; ich glaube eher, daß sie nach neuen Wegen sucht, sich dem zu stellen, was wirklich zählt.

Zweifellos werden wir eine tragische Neubewertung der ersten Versuche der Jugend erleben, das Leben für sich selbst und durch sich selbst und gegen uns zu ritualisieren, und gleichzeitig der Art, in der die ältere Generation, angesichts derartiger Provokation und Herausforderung, zu bereitwillig und zu schnell auf ihre vitale Rolle als Zustimmende und Kritisierende verzichtet hat. Denn ohne eine gewisse Führerschaft — und, wenn nötig, eine Führerschaft, der man sich kräftig widersetzen kann — sind die jungen Humanisten in Gefahr, belanglos zu werden und damit zu enden, daß jeder Einzelne und jede Clique in absolut episodenhafter »Bewußtseinserweiterung« schmort.

Und nun von der Spekulation zur Utopie. Die Möglichkeit einer echten Polarisierung zwischen der neuen spezialisiert-technologischen Identität und der universalistisch-humanistischen muß aus dem einfachen Grund zugestanden werden, daß solch eine Polarisierung das Kennzeichen der Gesamt-Identität einer Periode ist. Eine neue Generation, die mit Selbstverständlichkeit in und mit dem technologischen und wissenschaftlichen Fortschritt aufwächst, wird durch die tägliche Konfrontation mit radikal neuen, praktischen Möglichkeiten darauf vorbereitet sein, radikal neuen Denkweisen Raum zu geben. Das könnte ein Verbindungsglied zwischen einer neuen Kultur und neuen Gesellschaftsformen bilden, das Formen des Ausgleichs zwischen Spezialisierung und neuer innerer Freiheit zuläßt. Und die neohumanistische Jugend wird eine gewisse Anpassung an das Maschinenzeitalter finden, an dem sie in ihren täglichen Gewohnheiten schon völlig teilnimmt. So könnte jede Gruppe in der anderen die Sensitivität oder die derbe Kraft erreichen, die schon zur Aktivierung bereitsteht. Polarisierung aber ist beständige Spannung und dynamische Wechselwirkung. Ich will damit nicht voraussagen, oder gar wünschen, daß die Klarheit der Opposition zwischen der technologischen und der neohumanistischen Identität verwischt würde, denn eine dynamische Wechselwirkung bedarf klarer Pole. Was ich andeuten möchte, ist vielmehr, daß die Jugend in all ihrer Vielfältigkeit ein gemeinsames Schicksal teilen wird, nämlich eine Veränderung im Generationsprozeß selbst. Wenn ich das sage, gebe ich damit meine Konzeption vom menschlichen Lebenszyklus oder vom Platz der Identität in ihm nicht auf. Ich will vielmehr zu bedenken geben, daß Unterteilungen in den Stadien, die für die Identität von größter Wichtigkeit sind, die Funktionen der Generationsbeziehung etwas anders verteilen werden. Schon heute wirkt die bloße Teilung in eine ältere, das heißt Eltern-Generation und eine jüngere, das heißt Nach-Eltern-Generation, wie Sie aus dem, was ich gesagt habe, wahrscheinlich entnommen haben, ziemlich überaltert. Der rapide technologische Wandel macht es für jede traditionelle Art, älter zu sein, unmöglich, so institutionalisiert zu werden, daß die jüngere Generation einfach hineintreten oder sich ihr in revolutionärer Weise widersetzen kann. Das Altern zum Beispiel wird (oder ist schon) eine ganz andere Erfahrung für diejenigen, die sich beruflich ausrangiert und überholt fühlen, als für die, die irgend etwas ein wenig Dauerhafteres anzubieten haben. Desgleichen wird das junge Erwachsenenalter in ältere und jüngere junge Erwachsene geteilt werden, wobei die nicht zu jungen und nicht zu alten Spezialisten wahrscheinlich in die Position der führenden Autoritäten rücken werden — jeder für die beschränkte Periode des Aufstiegs eines bestimmten Stadiums seiner Spezialität. Seine Macht wird auf manche Weise anstelle der Tradition (als der Zustimmung der Elternschaft) treten. Aber das bedeutet auch, daß die »jüngere Generation« deutlicher in die ältere und die jüngere junge Generation geteilt werden wird (oder es schon ist, wie ich nach meinen Beobachtungen als College-Lehrer bezeugen würde), wobei die Älteren weitgehend die Lenkung des Verhaltens der Jüngeren übernehmen werden müssen (und es mit Eifer tun). So bringt das relative Verschwinden der Eltern und der Auftritt der jungen erwachsenen Spezialisten als die dauernde und dauernd wechselnde Autorität eine Verschiebung hervor, durch die die ältere Jugend, gelenkt durch diese junge Autorität, zunehmend die Verantwortung für das Verhalten der jüngeren Jugend übernehmen werden muß — und wir die Verantwortung für die Orientierung der Spezialisten und der älteren Jugend. Dies aber können wir nur tun, indem wir eine altersspezifische *ethische* Fähigkeit bei der älteren Jugend anerkennen und kultivieren — die das wahre Kriterium der Identität ist. Daß wir diese latente Möglichkeit beständig vernachlässigen und nach guter väterlicher Weise sogar ableugnen, wird wahrscheinlich von der Jugend viel übler genommen als unsere pflichtschuldigen und schwachen Versuche, Ordnung durch Verbote aufrechtzuerhalten. Auf alle Fälle wird die Ethik der Zukunft sich weniger mit der Beziehung der Generationen zueinander beschäftigen als mit dem Wechselspiel von Individuen in einem Schema, in dem die ganze Lebensspanne enthalten ist, in dem in allen Lebensstadien neue Rollen für beide Geschlechter auftauchen und in dem ein gewisses Maß an Wahl und an Identität der gemeinsame Wert sein muß, der im Prinzip jedem Kind, dessen Geburt geplant wird, garantiert sein sollte — überall auf der Welt.

Da dies niemals wieder zu einer Angelegenheit der festgelegten Tradition werden kann, kann es vermutlich auch nicht die Aufgabe altmodischer »Bewegungen« sein. Beide werden durch neue soziale Erfindungen ersetzt werden, aber diese können nur aus einem neuen und jungen Gefühl der Ethik hervorgehen, das das vitale Moment im unerbittlichen Wechsel in Anschlag bringt.

7.

Nachdem ich mich so weit in utopischen Richtungen bewegt habe, will ich zum Schluß zur Vergangenheit des Menschen zurückkehren, und diesmal zu einer sehr langen Zeitspanne in seiner Entwicklung, nämlich der soziogenetischen Entwicklung — mit einem kurzen Blick zurück auf den Garten Eden.

Wie ist das Bedürfnis des Menschen nach individueller Identität entstanden? Vor Darwin war die Antwort klar: weil Gott Adam nach seinem Bilde geschaffen hatte, als einen Gegenspieler seiner Identität, und damit jedem Menschen den Ruhm und die Verzweiflung der Individuation hinterlassen hatte. Ich muß zugeben, daß mir keine bessere Erklärung eingefallen ist. Natürlich hat der Garten Eden viele utopische Formen angenommen, seit der Mensch aus der Einheit der Schöpfung ausgestoßen wurde — eine Ausstoßung, die die Identität des Menschen für immer an die Art seiner Mühen und seiner Zusammenarbeit mit anderen und an den technischen und gemeinschaftlichen Stolz gebunden hat.

Einmal arbeitete ein Neu-Engländer in seinem Garten, als der Pfarrer vorüberging und ihm zu dem gratulierte, was Gott und er gemeinsam zustande gebracht hätten, wovon solch löblicher Ertrag Zeugnis ablege. »Ha«, sagte der Mann, »und Sie hättens sehen sollen, als Gott sich allein darum kümmerte.« In solch einer Geschichte ist Gott nicht tot, sondern einfach auf seinen Platz verwiesen. Jede kulturelle Konsolidierung rund um einen technologischen Zustand hat ihre Art und Weise, Vertrautheit mit dem Unvertrauten zu schaffen. Der technologische und aufgeklärte Mensch allerdings scheint sich mehr als irgendeiner seiner Vorgänger zu schmeicheln, daß er das Universum für sich allein habe, und daß ein Experimenten zugeneigter Gott, der sehr nach dem Bilde des Menschen geschaffen ist, sich nur freut, ihm Platz zu machen. Auf alle Fälle habe ich von sehr klugen Männern (aber nie von einer Frau) gehört, daß es im Prinzip nichts in der Natur gibt, was der Mensch nicht zu verstehen lernen könnte. »Auch den Tod?« fragte eine Frau einen dieser metaphysischen Technokraten und er nickte mit einem rätselhaften Lächeln. Und, fuhr er fort, deswegen kann der Mensch im Prinzip alles in der Natur oder in seiner eigenen Natur so ändern, daß es jedem Entwurf entspricht. »Wessen Entwurf?« fragte die Frau. Wieder ein Lächeln. So ist es also Teil der Konsolidierung unserer Tage, daß der Mensch die Ewige Identität, die er an den (jetzt im Prinzip eroberbaren) Himmel projiziert hatte, reinternalisiert, und sich selbst im Entwurf einer fabrikmäßig hergestellten Identität neu herzustellen sucht. In Verbindung mit der Tatsache, daß der Mensch sich selbst heute auch vollständig vernichten — »un-machen« — kann, wird eine alle Menschen umfassende Identität aber zu einer unumgänglichen Aufgabe.

Dafür allerdings werden wiederbelebte Formen des Humanismus und Liberalismus nicht genügen. Ihre ursprünglichen Verfechter wußten nichts von den beiden schon erwähnten Dingen, der riesigen Bombe und der winzigen Pille, die, wenn sie dem Menschen nicht Macht über Leben und Tod geben, ihm doch zweifellos die Entscheidung in die Hand geben, wessen Leben und Tod es sein soll — Entscheidungen, die nach neuen »politischen« Formen rufen werden.

Das führt mich zu einer letzten Perspektive, die auf alle Fälle dazu beitragen wird, Licht auf die allumfassende Bedeutsamkeit des Identitätsproblems zu werfen und uns noch die besten Argumente dafür liefert, daß wir uns nicht zu früh mit irgendeiner Methodologie oder irgendeiner Definition zufriedengeben. Denn das Bedürfnis des Menschen nach einer psychosozialen Identität ist in nichts Geringerem verankert als in seiner soziogenetischen Entwicklung. Waddington hat einmal gesagt, daß es die Akzeptierung der Autorität ist, was die soziogenetische Evolution kennzeichnet. Ich würde anheimstellen, daß die Identitätsbildung davon untrennbar ist, denn nur innerhalb einer genau bestimmten Gruppenidentität kann echte Autorität bestehen. Der Mensch als Art hat dadurch überlebt, daß er in das, was ich *Pseudospezies* genannt habe, aufgeteilt wurde. Zuerst ist jede Horde, jeder Stamm, jede Klasse und Nation, aber dann auch jede religiöse Vereinigung zu *der* menschlichen Art geworden, die all die anderen für eine launenhafte und willkürliche Erfindung irgendeiner belanglosen Gottheit hielt. Um die Illusion, auserwählt zu sein, zu verstärken, anerkennt jeder Stamm eine eigene Schöpfungsgeschichte, eine Mythologie und später eine Geschichte: so wurde die Treue gegenüber einer bestimmten Ökologie und Moral sichergestellt. Man wußte nie genau, wie all die anderen Stämme ins Dasein getreten waren, aber da sie nun einmal existierten, waren sie wenigstens nützlich als Projektionsfläche für die negativen Identitäten, die das notwendige, wenn auch höchst unbequeme Gegenteil der positiven waren. Diese Projektion, in Verbindung mit ihrer Territorialität, gaben den Menschen einen Grund, einander *in majorem gloriam* abzuschlachten. Wenn man von der Identität also sagen kann, daß sie »eine gute Sache« in der menschlichen Entwicklung darstellt — weil gute Dinge diejenigen sind, die für das, was tatsächlich überlebte, notwendig gewesen zu sein scheinen — sollten wir die Tatsache nicht übersehen, daß dieses

System von totbringenden Teilungen mit der Funktion, jeder Pseudospezies ihre Überlegenheit über alle anderen neu zu versichern, weit überlastet war. Vielleicht wenden wir und unsere Jugend uns dem Gedanken über die Identität gerade deswegen zu, weil die Weltkriege gezeigt haben, daß eine Glorifizierung der Pseudospezies heute das Ende aller Spezies bedeuten kann, weswegen eine allumfassende menschliche Identität Teil der Voraussicht auf eine universelle Technologie sein muß. Und es ist auch diese Voraussicht, die manche der Majoritäten und der Minoritäten unter unseren Jugendlichen in *einem* Universum vereinen wird. Das aber bringt alle älteren Identitäten in tödliche Gefahr. »Ver-vorurteilte« Menschen werden daher, wo immer sie zuhause sind, ein mörderisches Nachhutgefecht liefern; aufsteigende Nationen und sogar alte, die sich in ihren »jungen« nationalen Identitäten angegriffen fühlen, könnten sehr wohl eine weltweite Identität verzögern und bedrohen.

So ist die Pseudospezies einer der düsteren Aspekte aller Gruppenidentität. Aber es gibt auch »Pseudo«-Aspekte in aller Identität, die den Einzelnen bedrohen. Denn die Entwicklung des Menschen beginnt oder endet nicht mit der Identität; und für den erwachsenen Menschen muß auch die Identität relativ werden. Die psychosoziale Identität ist notwendig als die Verankerung der vergänglichen Existenz des Menschen im Hier und Jetzt. Daß sie vergänglich ist, bedeutet nicht, daß sie verschwendet werden kann. Wenn Norman Brown denen, die nach einer Identität suchen, rät: »Geh verloren!« und Timothy Leary sagt: »Steig aus!«, dann möchte ich den Gedanken zur Erwägung stellen, daß man, um verloren zu gehen, sich selbst gefunden haben und um auszusteigen, drinnen und dabei gewesen sein muß. Die Gefahr des ganzen Existenzialismus, der jugendlich zu bleiben wünscht, ist, daß er die Verantwortung für den Prozeß der Generationen umgehen möchte und damit eine abortive menschliche Identität verficht. Wir haben aus der Untersuchung von Lebensläufen gelernt, daß jenseits der Kindheit, die die moralische Grundlage für unsere Identität liefert, und jenseits der Ideologie der Jugend nur eine erwachsene Ethik der nächsten Generation eine gleiche Chance garantieren kann, den vollen Zyklus des Menschseins zu durchleben. Und das allein erlaubt dem Individuum, seine Identität zu transzendieren — so wahrhaft individuell zu werden, als es je sein wird, und so wahrhaft über alle Individualität hinaus.

Wir ermessen also den sich erweiternden Zusammenhang des Identitätsproblems. Angefangen mit den Kriegsveteranen und mit schwer gestörten jungen Leuten sind wir dahin gelangt, eine normative Krise in der individuellen Entwicklung zu formulieren. Aus den Krisen verbrecherischer und gewalttätiger Ausbrüche ließ sich etwas von der Bedeutsamkeit der Identität im gesamten Schema der soziogenetischen Entwicklung vermuten. Und von der sozialen Gebundenheit der Identität sind wir zu der Vorstellung ihrer eigenen Transzendenz gelangt. Im folgenden wollen wir noch einmal diese Schritte in all den fragmentarischen Details unserer ursprünglichen Beobachtungen überschauen, so daß wir wenigstens wissen, woher wir kamen, als wir anfingen, den Ausdruck zu verwenden, und vielleicht sehen, wohin er uns noch führen könnte.

Wenn es sich um zentrale Aspekte der menschlichen Existenz handelt, dann können wir zu einem gegebenen Zeitpunkt nur das in Begriffe fassen, was für uns aus persönlichen, begrifflichen und historischen Gründen relevant ist. Und selbst während wir es tun, verändern sich die Gegebenheiten und die Schlußfolgerungen vor unseren Augen. Besonders in einer Zeit, wo unsere Begriffsbildungen und Deutungen zum Teil einer historisch ihrer selbst bewußten Szene werden und wo Einsicht und Verhalten sich gegenseitig mit einer Unmittelbarkeit beeinflussen, die kaum Zeit für die Bildung irgendeiner neuen »Tradition« läßt — in solch einer Zeit wird alles Nachdenken über den Menschen zu einem Experiment am Lebendigen. Die Neuheit des Seinerselbst-Gewahrwerdens des Menschen und seiner Aufmerksamkeit gegenüber diesem Gewahrwerden hat zuerst zu einer wissenschaftlichen Mythologie des Geist-Seelischen oder zu einer mythologischen Anwendung wissenschaftlicher Termini und Methoden geführt, als könnten und wollten die Sozialwissenschaften in einer kurzen Zeitspanne und angesichts unmittelbarer praktischer Ziele den ganzen langen Fortschritt der Naturwissenschaften von der Naturphilosophie zur reinen und angewandten Wissenschaft wiederholen. Aber der Mensch, der Gegenstand der psychosozialen Wissenschaft, hält nicht still genug, um sich in sowohl meßbare wie relevante Kategorien aufteilen zu lassen. Wenn wir hier die Arbeit zweier Jahrzehnte überblicken und diskutieren, dann können wir sie nicht als ein System vorlegen, von dem zu erwarten wäre, daß es abgetane Systeme überlebt, sondern nur als ein Stück begrifflichen Lebens, das durch die historische Relevanz und Konsequenz, die es für eine Spanne Zeit besitzt, sowohl begrenzt wie gesteigert wird.

ZWEITES KAPITEL

DIE GRUNDLAGEN IN DER BEOBACHTUNG

1. Das Notizbuch eines Klinikers

Die Erforschung des Ichs in der Psychoanalyse hat kaum begonnen, der Beziehung dieser »inneren Instanz« zum sozialen Leben Rechnung zu tragen. Menschen, die die Belange einer *ethnischen* Gruppe teilen, die Zeitgenossen in einer *historischen Periode* sind oder die in *wirtschaftlichen Unternehmungen* konkurrieren oder zusammenarbeiten, werden auch von gemeinsamen Bildern des Guten und Schlechten geleitet. Unendlich vielfältig spiegeln diese Bilder das kaum faßbare Wesen kultureller Unterschiede und historischer Veränderungen wider; in der Form zeitgenössischer Gesellschaftsmodelle gewinnen sie entscheidende Realität im Kampf jedes Einzelnen um Ich-Synthese — und im Versagen jedes Patienten. In der traditionellen Krankengeschichte sind aber gerade der Wohnort des Patienten, sein ethnisches Milieu und sein Beruf die ersten Punkte, die radikal verändert werden, wenn es darauf ankommt, seine persönliche Identität zu verschleiern. Man ist der Ansicht, daß das Wesen der inneren Dynamik des Falls dadurch unverändert bleibt. Man hält also die genaue Natur der Werte, die im Milieu des Patienten Gemeingut sind, als so nahe an der »Oberfläche« liegend, daß sie nicht unbedingt von »psychoanalytischem« Interesse sind. Ich will jetzt die Begründung für eine derartige Vernachlässigung noch nicht besprechen [1], sondern bloß Beobachtungen aus meinem Notizbuch bieten, die doch zu zeigen scheinen, daß zeitgenössische Gesellschaftsmodelle sowohl klinisch wie theoretisch relevant sind und nicht durch kurze herablassende Tribute an die Rolle, die »soziale Faktoren« »auch« spielen, beiseite geschoben werden können [2].

---

1 Siehe fünftes Kapitel.

2 In Fenichels umfassendem Buch, The Psychoanalytic Theory of Neurosis, New York 1945 (W. W. Norton), wird das Thema der sozialen Vorbilder erst gegen Ende des Kapitels über die seelische Entwicklung eingeführt, und dann in der Form einer Negation: »Weder der Glaube an ›ideale Modelle‹

Die allgemeine Vernachlässigung dieser Faktoren in der Psychoanalyse hat natürlich eine Annäherung an die Gesellschaftswissenschaften nicht gefördert. Sozialwissenschaftler und Historiker andererseits fahren fröhlich fort, die einfache Tatsache zu ignorieren, daß alle Individuen von Müttern geboren werden, daß jeder einmal ein Kind war, daß Menschen und Völker ihren Anfang in Kinderstuben nehmen, und daß Gesellschaften aus Generationen bestehen, die sich im Prozeß der Entwicklung von Kindern zu Eltern befinden, bestimmt, die historischen Veränderungen ihrer Lebensspannen in sich aufzunehmen und fortzufahren, Geschichte für ihre Nachkommen zu machen.

Nur die Psychoanalyse und die Sozialwissenschaft gemeinsam können am Ende den Verlauf des individuellen Lebens innerhalb der Szenerie einer sich wandelnden Gemeinschaft aufzeichnen. Von hervorragenden Psychoanalytikern, die im allgemeinen als Neo-Freudianer bezeichnet werden, sind in dieser Richtung ambitiöse Schritte unternommen worden, die die Bemühungen der »Ich-Psychologie« aber übergehen. Statt manches aus ihrer Terminologie zu übernehmen, die meiner Meinung nach einige grundlegende Freudsche Begriffe allzusehr einem neuen Gesprächsklima anpaßt, will ich mich hier darauf beschränken, eine Sammlung von Beobachtungen vorzulegen, die dazu beitragen könnten, den Weg für eine Neuformulierung der Beziehung des Ichs zur Gesellschaftsordnung zu bereiten.

Gruppen-Identität und Ich-Identität

a) Freuds ursprüngliche Formulierungen, die das Ich und seine Beziehungen zur Gesellschaft betrafen, hingen zwangsläufig vom allgemeinen Stand der psychoanalytischen Theorie zu der Zeit und von den soziologischen Formulierungen seiner Ära ab. Im Brennpunkt der Theoriebildung stand das »Es«, die triebhafte Kraft, die den Menschen von innen nötigt, während Freud sich in seinen ersten gruppenpsychologischen Diskussionen auf Beobachtungen über Massenverhalten bezog, die der nachrevolutionäre französische Soziologe Le Bon gemacht hatte. Das hat den nachfolgenden psychoanalytischen Diskussionen über Menschen-»Mengen« seinen Stempel aufgedrückt, denn Le

---

noch ein gewisses Maß an ›sozialer Furcht‹ ist unbedingt pathologisch.« Das Problem des Ursprungs des Über-Ichs aus den sozialen Gebräuchen wird erst auf Seite 463 im Kapitel über Charakterstörungen besprochen.

Bons Massen waren Gesellschaft im Rückprall, unsteter Mob, der die Anarchie zwischen zwei konsolidierten Stadien der Gesellschaft genoß und, in ihrem besten und schlimmsten Sinn, führerlose Mengen. Solch einen Mob gibt es; seine Definition ist gültig. Allerdings besteht eine weite Kluft zwischen diesem soziologischen Modell und dem psychologischen, das für die psychoanalytische Methode maßgebend ist — nämlich die Rekonstruktion der Geschichte des Individuums aus dem Beweismaterial der Übertragungen und Gegenübertragungen in einer strikt auf zwei Personen beschränkten therapeutischen Situation. Die resultierende methodologische Divergenz hat im psychoanalytischen Denken eine künstliche Überdifferenzierung verewigt zwischen dem isolierten Individuum, das fortwährend seine infantile Familienkonstellation auf die »Außenwelt« projiziert, und dem »Individuum-in-der-Masse«, das in dem untergeht, was Freud ein »unbestimmtes Aggregat« von Menschen nennt. Doch daß ein Mensch je psychologisch allein sein könnte; daß ein Mensch »allein« sich wesentlich von dem gleichen Menschen in einer Gruppe unterscheidet; daß ein Mensch in zeitweiligem Vereinzelungszustand oder wenn er sich mit seinem Analytiker allein unterhält, aufgehört haben sollte, ein »politisches« Tier zu sein und sich von der sozialen Aktion (oder Aktionslosigkeit), gleichgültig auf welcher Klassenebene, losgelöst hat — diese und ähnliche feststehenden Behauptungen bedürfen der sorgfältigen Überprüfung.

Der Begriff des Ich wurde also zuerst durch die Definition dieser beiden Gegenspieler, des biologischen Es und der soziologischen »Massen«, umrissen. Das Ich, das individuelle Zentrum der organisierten Erfahrung und des vernünftigen Planens, war dabei sowohl durch die Anarchie der Urtriebe wie durch die Gesetzlosigkeit des Gruppengeistes gefährdet. Wenn Kant als die Koordinaten des moralischen Bürgers »den gestirnten Himmel über ihm« und »das moralische Gesetz in ihm« bezeichnet, dann stellte der frühe Freud sein angstvolles Ich zwischen das Es in ihm und den Mob um es her.

Um die unsichere Moral des eingekreisten Individuums zu schützen, führte Freud innerhalb des Ich das Über-Ich ein. Auch hier lag die Betonung zuerst auf der fremden Last, die damit dem Ich auferlegt ist. Nach Freud ist das Über-Ich die Internalisierung all der Einschränkungen, denen das Ich sich beugen muß. Es wird dem Kind durch den kritischen Einfluß der Eltern und später der beruflichen Erzieher und durch »die unbestimmte Menge der Genossen«, die das

»Milieu« und »die öffentliche Meinung« ausmachen[3], »von außen aufgenötigt«.

Umgeben von derartig machtvoller Mißbilligung, wird der ursprüngliche Zustand naiver Selbstliebe beim Kind gefährdet. Es schaut sich nach Modellen um, an denen es sich messen kann, und sucht sein Glück darin, sich zu bemühen, ihnen zu gleichen. Wo ihm das gelingt, erwirbt es Selbstachtung, eine nicht allzu befriedigende Nachbildung seines ursprünglichen Narzißmus und Allmachtsgefühls.

Diese frühen begrifflichen Modelle haben weiterhin die Richtung der Diskussion und die Ziele der Praxis in der klinischen Psychoanalyse bestimmt, obgleich sich der Brennpunkt unserer Forschung auf eine Vielfalt genetischer Probleme verschoben hat, einschließlich von Beobachtungen, die die konstruktive Notwendigkeit einer sozialen Organisation in der Entwicklung des Individuums bestätigen. Von der Untersuchung der Auflösung des Ichs in einer amorphen Menge von anderen müssen wir uns dem Problem der eigenen Ursprünge des infantilen Ichs im sozialen Leben zuwenden. Statt zu betonen, was der Druck der sozialen Organisation dem Kind zu verweigern imstande ist, möchten wir klären, was die soziale Ordnung zuerst dem Säugling gewähren kann, indem sie ihn am Leben erhält und, während sie seine Bedürfnisse auf spezifische Weisen verwaltet, ihn in einen bestimmten kulturellen Stil einführt. Statt triebhafte »Gegebenheiten«, wie das ödipale Dreieck, als ein unabänderliches Schema für irrationales Verhalten beim Menschen hinzunehmen, erforschen wir die Art, in der Gesellschaftsformen die Struktur der Familie mitbestimmen; denn wie Freud gegen Ende seines Lebens feststellte: »Im Elterneinfluß wirkt natürlich nicht nur das persönliche Wesen der Eltern, sondern auch der durch sie fortgepflanzte Einfluß von Familien-, Rassen-, und Volkstradition sowie die von ihnen vertretenen Anforderungen des jeweiligen sozialen Milieus.[4]«

b) Freud hat gezeigt, daß die Sexualität mit der Geburt beginnt und er hat uns auch das Handwerkszeug dafür hinterlassen, die Tatsache nachzuweisen, daß das Sozialleben mit dem Anfang jedes Individuums beginnt.

---

[3] Sigmund Freud, »Zur Einführung des Narzißmus« (1914), in: Gesammelte Werke, Bd. X, London (Imago).

[4] Sigmund Freud, »Abriß der Psychoanalyse« (1938), in: Gesammelte Werke, Bd. XVII, London (Imago), S. 69.

Dieses Werkzeug läßt sich auf die Untersuchung sogenannter primitiver Gesellschaften anwenden, wo die Kindererziehung in ein festumrissenes ökonomisches System und in ein kleines statisches Inventar sozialer Vorbilder integriert zu sein scheint. Die Kindererziehung in solchen Gruppen ist die Methode, mit deren Hilfe die grundlegenden Arten der Organisierung der Erfahrung in dieser Gruppe — oder was wir als Gruppenidentität bezeichnen — den frühen körperlichen Erfahrungen des Kindes übermittelt wird, und durch sie dem Anfang seines Ichs.

Lassen Sie mich zuerst den Begriff der Gruppenidentität durch einen kurzen Hinweis auf anthropologische Beobachtungen illustrieren, die H. S. Mekeel und ich 1938 gemacht haben[5]. Wir beschrieben damals, wie in einem Abschnitt der Reedukation des amerikanischen Indianers die historische Identität des Sioux-Indianers als Büffeljäger der beruflichen und Klassen-Identität seines Erziehers, des amerikanischen Zivilbeamten gegenübersteht. Wir wiesen darauf hin, daß die Identitäten dieser Gruppen auf extremen Unterschieden in geographischen und historischen Perspektiven (in der kollektiven Ich-Raum-Zeit) und auf radikalen Unterschieden in den ökonomischen Zielsetzungen und Mitteln (im kollektiven Lebensplan) beruhen.

In den Überresten der Sioux-Indianer-Identität ist die prähistorische Vergangenheit eine machtvolle psychologische Wirklichkeit. Der besiegte Stamm hat niemals aufgehört, sich so zu verhalten, als wäre er von einem Lebensplan geleitet, der aus der passiven Resistenz gegen eine Gegenwart besteht, der es nicht gelingt, die Identitäts-Reste der ökonomischen Vergangenheit zu integrieren, und aus Träumen von einer Wiederherstellung, in der die Zukunft in die Vergangenheit zurückführen, die Zeit wieder ahistorisch würde, die Jagdgründe grenzenlos und die Herden der Büffel unerschöpfbar — einer Wiederherstellung, die wieder das ungebunden zentrifugale Leben jagender Nomaden zuließe. Ihre föderierten Erzieher andererseits predigen Werte mit zentripetaler und lokalisierter Zielsetzung: Heimstätten, Herde, Bankkonten, die alle ihre Bedeutung von einem Lebensplan beziehen, in dem die Vergangenheit überwunden ist und in dem das volle Maß der Erfüllung in der Gegenwart einem immer steigenden Lebensstandard in der Zukunft aufgeopfert wird. Der Weg

5 Erik H. Erikson, »Jäger über der Prärie«, in: Kindheit und Gesellschaft, Stuttgart 1965 (Ernst Klett), S. 110—161.

in diese Zukunft geht nicht über die äußere Restauration sondern über die innere Reform.

Offensichtlich muß jeder Einzelpunkt der menschlichen Erfahrung, wie er von einem Mitglied einer dieser Gruppen erlebt und wie er von Mitgliedern beider Gruppen geteilt oder diskutiert wird, entsprechend seinem Platz auf den Koordinaten dieser jetzt nebeneinander existierenden Pläne definiert werden. Im primitiven Plan haben die Menschen eine direkte Beziehung zu den Quellen und Mitteln der Produktion. Ihre Werkzeuge sind Verlängerungen des menschlichen Körpers. Kinder dieser Gruppen nehmen an technischen und magischen Unternehmungen teil; für sie können Körper und Umwelt, Kindheit und Kultur wohl voller Gefahren sein, aber sie sind alle *eine* Welt. Das Inventar der sozialen Vorbilder ist klein und unveränderlich. In unserer Welt bestimmen Maschinen, die alles andere sind als nur Verlängerungen des Körpers, ganze menschliche Organisationen dazu, Verlängerungen der Maschinen zu sein; die Magie dient nur den Zwischengliedern; und die Kindheit wird zum abgetrennten Ausschnitt des Lebens mit ihrer eigenen Folklore. Die Expansivität der Kultur, zusammen mit ihrer Schichtenbildung und Spezialisierung forderten, daß Kinder ihre Ich-Modelle auf sich verschiebende, ausschnitthafte und widersprüchliche Vorbilder begründen.

Kein Wunder, daß die Indianerkinder, die gezwungen sind, nach beiden Plänen zu leben, oft in ihren Erwartungen blockiert und in ihrem Ehrgeiz gelähmt zu sein scheinen. Denn das heranwachsende Kind muß ein belebendes Gefühl der Realität aus der Bewußtheit beziehen, das seine individuelle Art, Erfahrungen zu bemeistern, seine Ich-Synthese, eine erfolgreiche Variante einer Gruppenidentität ist und in Übereinstimmung mit deren Raum-Zeit und Lebensplan steht. Ein Kind zum Beispiel, das eben entdeckt hat, daß es gehen kann, scheint nicht nur durch das Versprechen libidinöser Freude im Sinne von Freuds lokomotorischer Erotik angetrieben zu werden, den Akt des Gehens zu widerholen und zu vervollkommnen, auch nicht durch das Bedürfnis nach Meisterschaft im Sinne von Ives Hendricks Arbeitsprinzip; es wird sich auch des neuen Status und der Gestalt »eines, der gehen kann« bewußt, mit all den Beibedeutungen, die das in den Koordinaten des Lebensplans seiner Kultur nun einmal haben kann — sei es, einer zu sein, »der schnell hinter fliehender Beute her rennt«, sei es »einer der es zu etwas bringt«, »einer der aufrecht steht« oder »einer der zu weit gehen könnte«. Einer zu sein, »der gehen kann«, wird zu einem der vielen Schritte in der Entwicklung, die durch die Koinzidenz von körperlicher Bemeisterung und kultureller Bedeutung, von funktioneller Lust und sozialer Anerkennung zu einer realistischen *Selbstachtung* beitragen. Keineswegs nur eine narzißtische Erweiterung des infantilen Omnipotenzgefühls, wächst diese Selbstachtung allmählich zu einer Überzeugung heran, daß das Ich fähig ist, erfolgreiche Schritte in Richtung einer faßbaren kollektiven Zukunft zu tun, daß es sich zu einem gut organisierten Ich innerhalb einer sozialen Wirklichkeit entwickelt. Dieses Gefühl habe ich versuchsweise als Ich-Identität bezeichnet. Wir müssen nun versuchen, das durch diesen Begriff umfaßte Gebiet abzugrenzen, als eine subjektive Erfahrung und als eine dynamische Tatsache, als ein gruppenpsychologisches Phänomen und als einen Gegenstand für die klinische Forschung.

Aber hier ist es notwendig, zwischen persönlicher Identität und Ich-Identität zu unterscheiden. Das bewußte Gefühl, eine persönliche Identität zu haben, beruht auf zwei gleichzeitigen Beobachtungen: auf der Wahrnehmung der Selbstgleichheit und Kontinuität der eigenen Existenz in Zeit und Raum; und auf der Wahrnehmung der Tatsache, daß andere unsere Gleichheit und Kontinuität anerkennen. Das, was ich Ich-Identität genannt habe, betrifft allerdings mehr als die reine *Tatsache* der Existenz; es ist sozusagen die Ich-*Qualität* dieser Existenz. Ich-Identität in ihrem subjektiven Aspekt ist also das Bewußtwerden der Tatsache, daß die synthetisierenden Methoden des Ichs über eine Selbstgleichheit und Kontinuität verfügen, *einen Stil der eigenen Individualität*, und daß dieser Stil mit der Gleichheit und Kontinuität der *eigenen Bedeutung für signifikante andere* in der unmittelbaren Gemeinschaft übereinstimmt.

c) Um zum Es zurückzukehren: während es einen Schritt von unabsehbarer Tragweite bedeutete, als Freud die Begriffe der physikalischen Energie auf die Psychologie anwandte, genügt die ausschließliche Betonung des theoretischen Modells, nach dem Triebenergie, in Analogie zur Energieerhaltung in einem geschlossenen System, übertragen, verschoben und transformiert wird, nicht mehr, um die Daten verarbeiten zu können, die wir beobachten, wenn wir den Menschen in seiner historischen und kulturellen Umwelt ansehen.

Wir müssen die Verbindung zwischen sozialen Vorbildern und organismischen Kräften ausfindig machen — und das nicht nur in dem Sinn, daß es hier Bilder und Kräfte gibt, die, wie man so sagt, miteinander »zusammenhängen«. Mehr als das: die wechselseitige Ergänzung von Gruppen-Identität und Ich-Identität, von Ethos und Ich stellt sowohl der Ich-Synthese wie der sozialen Organisation ein größeres Energiepotential zur Verfügung. Ich habe versucht, diesem Problem näherzukommen, indem ich zuerst einmal Traumen in der Kindheit, die, wie uns die klinische Beobachtung lehrt, alle Menschen gleicherweise betreffen, mit anthropologischen Beobachtungen hinsichtlich der Form verglich, die solche Traumen bei den jeweiligen Stämmen annehmen. Solch ein Erlebnis kann zum Beispiel der Verlust der Mutterbrust sein. Ein typisches Trauma, das alle Mitglieder des Stammes der Sioux in früher Kindheit erleben, »tritt ein«, wenn die stillende Mutter das zahnende Kind dafür bestraft, daß es die Brüste beißt, die bis dahin so freigiebig geboten wurden. Es heißt, daß die Kinder darauf einhellig mit Wut reagieren. Die diesem Stamm eigentümliche ontogenetische »Vertreibung aus dem Paradies« verursacht also eine »Fixierung«, von der wir feststellen konnten, daß sie von entscheidender Bedeutung für die Gruppen-Identität des Sioux und für seine individuelle Entwicklung ist. Wenn der Held des Sonnentanzes bei den Sioux auf dem Höhepunkt der religiösen Zeremonie kleine Stöcke durch seine Brustmuskeln treibt, die Stöcke mit einem Seil verknüpft, das Seil an einen Pfahl heftet und in einer merkwürdigen Trance rückwärts tanzt, bis das Seil sich strafft und die Stöcke die Brust aufreißen, so daß das hervorsprudelnde Blut frei über seinen Körper strömt, dann finden wir in diesem extremen Verhalten sowohl triebbedingte wie soziale Bedeutungen. Der Sioux sühnt mannhaft für die Sünde, die ihn das Paradies der gewohnten Nähe zur Mutterbrust kostete, aber als Held der Feier dramatisiert er auch eine tragische Verwicklung, die alle betrifft [6].

Es hat ebenso Sinn, wenn ein Yurok-Mann, nachdem er mit einer Frau zusammen war, sich am Feuer im Schwitzhaus erhitzt, bis er feucht und schlüpfrig genug ist, um sich durch eine sehr kleine ovale Öffnung in der Wand zu zwängen und dann in den kalten Fluß springt. Indem er sich so selbst wiedergeboren hat, ist er frei von der gefährdenden Fessel der Frauen und rein und stark genug, den geheiligten Lachs im Netz zu fangen. Auch hier wird also die männliche Selbstachtung und die innere Sicherheit durch rituelle Sühne wiederhergestellt. Andererseits werden die gleichen Indianer, nachdem sie

[6] Siehe »Jäger über der Prärie«; außerdem Erik H. Erikson, »Observation on Sioux Education«, in: Journal of Psychology, Bd. 7 (1939), S. 101—156.

die jährliche Ingenieursleistung vollbracht haben, den Fluß mit einem Damm zu überbrücken, der ihnen erlaubt, einen ganzen Wintervorrat an Lachsen zu fangen, in promiskuösem Geschlechtsverkehr schwelgen und die manische Befreiung eines orgiastischen Exzesses erleben, der einmal im Jahr die Sühne in den Wind schreibt. In all diesen rituellen Akten sehen wir das »Es« und das »Über-Ich« in konfliktreiche Opposition gestellt, wie wir das bei den »privaten Ritualen«, das heißt bei den impulsiven und zwanghaften Symptomen unserer Patienten zu erkennen gelernt haben.

Aber wenn wir den Zustand des relativen Gleichgewichts zwischen diesen dramatischen Extremen zu definieren versuchen, wenn wir fragen, was einen Indianer kennzeichnet, wenn er nicht viel mehr tut, als ruhig ein Indianer zu sein, der seinen täglichen Aufgaben im Kreislauf des Jahres nachgeht, dann fehlt unserer Beschreibung ein angemessener Bezugsrahmen. Wir suchen nach kleinen Anzeichen der Tatsache, daß der Mensch überall, zu jeder Zeit in winzigen emotionalen und vorstellungsmäßigen Veränderungen einen immerwährenden Konflikt verrät, der sich in Stimmungsänderungen manifestiert, von entschieden tiefer Verstimmtheit, durch das was Freud »ein gewisses Zwischenstadium« nannte, bis zu erhöhtem Wohlgefühl. Aber ist dieses Zwischenstadium dynamisch zu unwichtig, daß es definiert werden kann, indem man feststellt, was es nicht ist; indem man feststellt, daß zur Zeit weder eine manische noch eine depressive Tendenz deutlich erkennbar ist, daß auf dem Schlachtfeld des Ich momentan eine Ruhepause herrscht, daß das Über-Ich zeitweise keinen Krieg führt und das Es einem Waffenstillstand zugestimmt hat?

d) Die Notwendigkeit, das relative Gleichgewicht zwischen den verschiedenen »Geisteszuständen« zu definieren, wurde angesichts des Bedürfnisses akut, die Kampfmoral im Krieg abzuschätzen. Ich hatte Gelegenheit, ein paar Beobachtungen an einem der extremeren Milieus menschlicher Unternehmungen, nämlich am Leben in Unterseebooten, zu machen[7].

In Unterseebooten wird die emotionale Anpassungsfähigkeit und die soziale Findigkeit der Mannschaft einer harten Prüfung unterworfen. Die heldischen Erwartungen und phallisch-lokomotorischen

[7] Erik H. Erikson, »On Submarine Psychology«, geschrieben für The Committee on National Morale for the Coordinator of Information (1940), unveröffentlicht.

Phantasien, mit denen der Freiwillige im jugendlichen Erwachsenenalter dem Unterseeboot-Dienst zustrebt, verwirklichen sich im allgemeinen in den kleinen Aufgaben und dem beschränkten Raum seiner täglichen Erfahrung an Bord und in der relativ blinden, tauben und stummen Rolle nicht, die von ihm während der Kampfhandlungen gefordert wird. Die extreme Abhängigkeit der Mannschaft untereinander und die wechselseitige Verantwortung für Bequemlichkeit und Leben unter verlängerten, extremen Härtebedingungen überlagern bald die ursprünglichen Phantasien. Mannschaft und Kapitän bilden eine Symbiose, die nicht allein durch offizielle Regelungen gelenkt wird. Mit erstaunlichem Takt und angeborener Weisheit werden stillschweigende Arrangements getroffen, durch die der Kapitän zum sensorischen System, zum Gehirn und Gewissen des ganzen Unterwasserorganismus aus exakt abgestimmten Maschinen und Menschen wird, und durch welche die Mannschaftsmitglieder in sich selbst kompensatorische Mechanismen mobilisieren (zum Beispiel durch den kollektiven Gebrauch der freigiebig zur Verfügung gestellten Nahrung), die es der Mannschaft ermöglichen, die Monotonie zu ertragen und doch zur sofortigen Aktion bereit zu sein. Derartige automatische wechselseitige Anpassungen an extreme Umwelten scheinen zuerst »psychoanalytisch Sinn« zu ergeben, wo eine offensichtliche Regression auf eine Urherde und auf eine Art oraler Lethargie nachgewiesen werden kann. Bei psychiatrischen Diskussionen wird tatsächlich nicht selten — angesichst reiner Analogien — vermutet, daß ganze Einheiten, Mannschaften und Berufsgruppen primär durch latente homosexuelle oder psychopathische Neigungen motiviert seien; und es trifft zu, daß Einzelne, die der offenbaren Homosexualität verdächtig waren, bei Gelegenheit von Unterseebootmannschaften mit äußerster Verachtung und Grausamkeit behandelt wurden. Und doch: wenn wir uns fragen, warum Männer solch ein Leben wählen, warum sie trotz der unglaublichen Monotonie und gelegentlicher alptraumhafter Gefahren dabei bleiben und vor allem inwiefern sie in guter Gesundheit funktionieren, bei guter Laune und mit gelegentlichem Heldentum, dann fehlt uns die befriedigende dynamische Antwort.

Was der Unterseebootfahrer bei seiner Beschäftigung, der Indianer bei seiner Arbeit und das heranwachsende Kind mit allen Menschen gemeinsam haben, die sich mit dem, was sie tun, wann und wo sie es tun, eins fühlen, ähnelt jenem »Zwischenstadium«, von dem wir wünschen, unsere Kinder könnten es bewahren, wenn sie älter werden, und von dem wir wünschen, unsere Patienten gewönnen es, wenn die synthetisierende Funktion des Ichs wiederhergestellt ist. Immer wenn dieser Zustand erreicht wird, wird das Spiel intensiver, die Gesundheit strahlender, die Sexualität freier und die Arbeit sinnvoller. Wir brauchen also Begriffe, die Licht auf die *wechselseitige Ergänzung* der Ich-Synthese und der sozialen Organisation werfen, deren Kultivierung auf immer höherer Stufe das Ziel allen therapeutischen Bemühens ist — des sozialen wie des individuellen.

Ich-Pathologie und historische Wandlung

a) Ein Kind hat vielerlei Gelegenheiten, sich mehr oder weniger versuchsweise mit wirklichen oder erdachten Personen beiderlei Geschlechts, mit Gewohnheiten, Charakterzügen, Berufen und Ideen zu identifizieren. Bestimmte Krisen zwingen es, radikale Auswahl zu treffen. Die historische Ära indessen, in der es lebt, bietet nur eine begrenzte Anzahl sozial bedeutungsvoller Modelle für eine brauchbare Kombination von Identifikationsfragmenten. Ihre Brauchbarkeit hängt von der Art ab, in der sie gleichzeitig den Bedürfnissen des Reifestadiums des Organismus, dem Stil der Synthese des Ichs und den Forderungen der Kultur gerecht werden.

Die verzweifelte Intensität des neurotischen oder kriminellen Symptoms mancher Kinder bringt die Notwendigkeit zum Ausdruck, eine keimende Ich-Identität gegen gedankenlose »Führung« oder Strafe zu verteidigen. Was für den Beobachter wie eine besonders kräftige Manifestation eines nackten Triebausdrucks erscheinen kann, ist oft nur eine verzweifelte Bitte um die Erlaubnis, auf die einzig mögliche Weise zu synthetisieren und zu sublimieren. Wir müssen also wissen, daß unsere jungen Patienten nur auf die therapeutischen Maßnahmen reagieren können, die ihnen helfen, die Requisiten für eine schon in Bildung begriffene Identität zu vervollständigen oder neu zu arrangieren. Therapie und Lenkung können versuchen, wünschenswerte Identifikationen anstelle nicht wünschenswerter zu setzen, aber die ursprüngliche Richtung der Identitätsbildung bleibt unveränderbar.

Ich denke hier an einen Soldaten, einen ehemaligen Deutschen, der nach Amerika emigriert war, weil er den Nationalsozialismus nicht akzeptieren konnte oder für diesen unakzeptabel war. Sein kleiner Sohn hatte kaum Zeit gehabt, die Nazi-Indoktrinierung in sich aufzunehmen, ehe er hierher kam, wo er, wie die meisten Kinder, in der Amerikanisierung Zuflucht suchte, wie die Ente im Wasser. Allmählich aber entwickelte er einen neurotischen Widerstand gegen alle Autorität. Was er über die »ältere Generation« sagte, und wie er es sagte, entstammte offensichtlich nationalsozialistischen Schriften, die er aber nie gelesen hatte und sein Verhalten war ein unbewußter Hitlerjugend-Aufstand, wenn auch auf einen einzigen Jungen beschränkt. Eine oberflächliche Analyse zeigte an, daß die Identifizierung des Jungen mit den Schlagwörtern der Hitlerjugend ihn selbst mit den Aggressoren seines Vaters identifizierte.

An diesem Punkt entschlossen sich die Eltern des Jungen, ihn in eine Militärschule zu schicken. Ich hatte erwartet, daß er wütend rebellieren würde. Statt dessen trat bei ihm in dem Moment, wo ihm eine Uniform mit dem Versprechen goldener Streifen, Sterne und Ränge ausgehändigt wurde, eine deutliche Veränderung ein. Es war, als ob diese militärischen Symbole einen plötzlichen und entscheidenden Wandel in seiner inneren Ökonomie bewirkten. Er war jetzt ein unbewußter Hitlerjunge in ein amerikanisches Vorbild eingepackt: das des militärischen Schuljungen. Der Vater, ein bloßer Zivilist, war jetzt weder gefährlich noch wichtig.

Irgendwo aber waren es der gleiche Vater und verwandte Vaterersätze gewesen, die mit unbewußten Gesten [8] (vor allem wenn sie von militärischen Heldentaten im Ersten Weltkrieg redeten) dazu beigetragen hatten, bei dem Jungen das militärische Vorbild aufzurichten, das ein Anteil manch einer europäischen Gruppen-Identität ist, und für den Deutschen die besondere Bedeutung hat, eine der wenigen gesamtdeutschen und in hohem Maße professionalisierten Identitäten zu sein. Als historischer Brennpunkt vieler Teil-Identifikationen ist die militärische Identität selbst für diejenigen, die durch die politische Entwicklung von ihrer Verwirklichung ausgeschlossen sind, weiterwirkend im Unbewußten dominant [9].

---

[8] Erik H. Erikson, »Hitler's Imagery and German Youth«, in: Psychiatry, Bd. 5 (1942), S. 475—493.

[9] Bruno Bettelheim hat in seinem Aufsatz »Individual and Mass Behavior in Extreme Situations«, in: Journal of Abnormal and Social Psychology, Bd. 38 (1943), S. 417—452, seine Erlebnisse in einem deutschen Konzentrationslager der frühen Hitlerzeit beschrieben. Er schildert die verschiedenen Schritte und äußeren Manifestationen (wie Affektiertheiten in Haltung und Kleidung), durch die die Insassen ihre Identität als Antifaschisten zu Gunsten derer ihrer Peiniger aufgaben. Er selbst bewahrte sein Leben und seine geistige Gesundheit, indem er sich absichtlich und beharrlich an die historische

Die subtileren Methoden, durch die Kinder veranlaßt werden, historische oder tatsächliche Menschen als Vorbilder von gut und schlecht anzunehmen, bestehen aus kleinsten Gefühlsäußerungen, wie Zuneigung, Stolz, Ärger, Schuldgefühl, Angst und sexuelle Spannung. Sie selber, viel mehr als die benutzten Worte, der beabsichtigte Sinn oder die Weltanschauung, die dabei eine Rolle spielt, vermitteln dem Kind die Umrisse dessen, was wirklich in seiner Umwelt gilt, das heißt die Variablen der Raum-Zeit seiner Gruppe und die Perspektiven von deren Lebensplan. Ebenso schwer zu fassen sind die winzigen soziometrischen und kulturellen Paniken, die die Familie betreffen und die individuelle Regressionen auf infantile Sühneversuche und reaktionäre Rückkehr zu primitiveren Moralgesetzen verursachen. Wenn derartige Paniken zeitlich und in der dynamischen Qualität mit einer der psychosexuellen Krisen des Kindes zusammenfallen, dann spielen sie eine bedeutsame Rolle in der »Wahl« von Symptomen, denn jede Neurose spiegelt die gemeinsam erlebte Panik, die isolierte Angst und die somatische Spannung, alles zugleich, wieder. Aber das bedeutet auch, wie in dem genannten Beispiel, daß ein Symptom die Regression des Einzelnen mit einer historischen Regression kombinieren kann. In unserer Kultur des Schuldgefühls kommen infolgedessen nicht nur individuelle Regressionen zu frühen Schuldgefühlen und Sühneversuchen vor, sondern auch reaktionäre Rückkehren zu den Inhalten und Formen historisch älterer und strengerer Verhaltensprinzipien. Wo der sozioökonomische Status einer Gruppe in Gefahr ist, wird der stillschweigend vorausgesetzte Moralkodex enger, magischer, exklusiver und intoleranter, als müsse eine äußere Gefahr als eine innere behandelt werden. Und es ist für den Kliniker wichtig, sich darüber im klaren zu sein, daß das, was unsere Patienten beharrlich als ihr Kindheitsmilieu beschreiben, häufig die Verdichtung einiger weniger ausgewählter Perioden darstellt, in denen zu viele gleichzeitige Veränderungen eine panische Atmosphäre schufen, »geladen« mit einer Vielfalt einander bekämpfender Affekte.

Im Falle eines fünfjährigen Jungen, der nach einer Anzahl zusammentreffender Erlebnisse von heftiger Aggression und plötzlichem Tod Krampfanfälle produzierte, hatte gerade die Vorstellung von Gewalt-

---

jüdische Identität der unbesiegbaren geistigen und intellektuellen Überlegenheit über eine körperlich überlegene Außenwelt klammerte: er machte aus seinen Peinigern den Gegenstand eines schweigenden Untersuchungsprojekts, das er der Welt der freien Meinungsäußerung sicher überlieferte.

tätigkeit ihre problematische Bedeutung aus der Familiengeschichte bezogen. Der Vater war ein osteuropäischer Jude, den die sanften, demütigen Großeltern als Fünfjährigen mit nach der New Yorker East Side genommen hatten, wo er nur überleben konnte, indem er seinen früheren Identitätskomponenten die des Burschen überlagerte, der als erster zuschlägt. Dieses Vorbild hatte er sorgfältig in die keimende Identität seines Sohnes, unseres kleinen Patienten eingebaut, nicht ohne anzudeuten, wie schwer es ihm selbst gefallen war. Nachdem er aber mit leidlichem ökonomischen Erfolg überlebt hatte, eröffnete er einen Laden in der Hauptstraße einer kleinen amerikanischen Stadt und zog in eine Wohngegend, wo er seine anfänglichen Forderungen nach Zähigkeit zurücknehmen mußte. Statt dessen versuchte er mit Bitten und Drohungen seinem jetzt kecken und neugierigen kleinen Jungen die Tatsache klar zu machen, daß der Sohn eines Ladeninhabers fein mit den feinen Leuten — den Christen — umgehen müsse. Diese Umbewertung der Identitätskomponenten traf auf das phallisch-lokomotorische Stadium bei dem Jungen, in einem Zeitpunkt, wo er ein Bedürfnis nach klaren Richtungsangaben und neuen Ausdrucksmöglichkeiten hat — und zufällig war er im gleichen Alter, in dem sein Vater das Opfer der Aus- und Einwanderung gewesen war. Die Familien-Panik (»Laßt uns sanft sein, oder wir verlieren Boden«), die individuelle Angst (»Wie kann ich sanft sein, wenn ich zäh sein muß, um mich sicher zu fühlen?«), das ödipale Problem, die Aggression vom Vater auf eine Außengruppe abzulenken, und die somatische Spannung, verursacht durch richtungslose Wut — dies alles war jeweils spezifisch gegenüber dem anderen und verursachte einen Kurzschluß anstelle der wechselseitigen Regulation, die gleichzeitige Veränderungen im Organismus, in der Umwelt und im Ich beherrschen sollte. Seine epileptische Reaktion wurde manifest [10].

b) Ich möchte mich jetzt der Beschreibung der Form zuwenden, in der historische Vorbilder in den Übertragungen und Widerständen, wie man sie bei der Behandlung von Erwachsenen antrifft, erneut auftauchen. Der nachfolgende Auszug aus einer Krankengeschichte illustriert die Beziehung einer infantilen Identitätskrise zu dem Lebensstil der erwachsenen Patientin.

---

10 Diese Krankengeschichte ist ausführlicher in »Kindheit und Gesellschaft«, S. 19—31, dargestellt.

Eine Tänzerin von beachtlicher Schönheit, wenn auch extrem kleiner Figur, entwickelte das störende Symptom, ihren Körper so starr aufrecht halten zu müssen, daß ihr Tanz ungeschickt und plump wurde. Die Analyse bewies, daß ihr hysterisches Aufgerichtetsein einen unbewußten Penisneid repräsentierte, der in ihrer Kindheit provoziert worden war und wesentlich für ihren Exhibitionismus wurde. Die Patientin war die einzige Tochter eines Deutsch-Amerikaners zweiter Generation, eines erfolgreichen Geschäftsmanns, der zu einem gewissen exhibitionistischen Individualismus neigte, wozu ein großer Stolz auf seinen kraftvollen Körper gehörte. Bei seinen blonden Söhnen bestand er streng auf aufrechter Haltung (vermutlich nicht mehr bewußt preußisch), verlangte aber von seiner dunkelhaarigen Tochter nicht das gleiche; ja er schien die Gesamthaltung des weiblichen Körpers nicht für wichtig zu halten. Diese Ungleichheit in der Behandlung verstärkte den Wunsch der Patientin, mit ihren Brüdern zu konkurrieren und in ihrem Tanz eine »verbesserte« Haltung zu zeigen, die zur Karikatur ihrer preußischen Vorfahren wurde, die sie nie gesehen hatte.

Die historische Bedeutung solch eines Symptoms wird durch die Analyse der Widerstände aufgeklärt, mit denen es verteidigt wird. Die Patientin, die in ihren bewußten und »positiven« Gedanken immer eine Parallele zwischen der großen »nordischen« Körperlichkeit des Vaters und des Analytikers zog, fand zu ihrer großen Bestürzung, daß sie vom Analytiker als einem kleinen, schmutzigen, verschrumpelten Juden träumte. Mit diesem Bild der unterlegenen Rasse und schwachen Männlichkeit versuchte sie offensichtlich, ihm das Recht abzusprechen, das Geheimnis ihres Symptoms zu erforschen. Aber es erhellte auch die Gefahr, die ihrer zerbrechlichen Ich-Identität von einem widerspenstigen Paar historischer Prototypen drohte — einem idealen Vorbild (deutsch, groß, phallisch) und einem schlechten (jüdisch, zwergig, kastriert). Die endgültige Ich-Identität der Patientin hatte versucht, diese gefährliche Alternative in der Rolle der radikal modernen und aufgerichteten Tänzerin zu subsumieren und zu sublimieren — eine schöpferische Lösung, die indessen noch zu viel von einem exhibitionistischen Protest gegen die Unterlegenheit ihres weiblichen Körpers enthielt. Der männliche Exhibitionismus ihres Vaters, ebenso wie seine deutschen Vorurteile, waren der Patientin durch die sensuellen Beweise während ihrer Kindheit eingeprägt worden und hatten so in ihrem Unbewußten ein gefährliches Maß an störender Macht beibehalten.

Mir scheint, daß Analysen dieser Art uns die Verallgemeinerung gestatten, daß die unbewußte schlechte Identität, der zu gleichen das Ich die größte Angst hat, sich oft aus den Bildern des überwältigten (kastrierten) Körpers, der ethnischen Außen-Gruppe und der ausgebeuteten Minderheit zusammensetzt. Auch wenn sie sich in einer großen Vielfalt von Syndromen manifestiert, ist diese Assoziation allgegenwärtig, bei Frauen und Männern, bei Majoritäten und Minoritäten und bei allen Klassen der jeweiligen Nation oder kulturellen Einheit. Das Ich nämlich versucht im Verlauf seiner Bemühungen um Synthese, das mächtigste Ideal und die gefährlichsten Vorbilder (sozusagen die entscheidenden einander bekämpfenden Parteien) und mit ihnen die gesamte Bilderwelt von über- und unterlegen, von gut und böse, männlich und weiblich, Freiem und Sklaven, potent und impotent, schön und häßlich, schwarz und weiß, groß und klein, in einer einfachen Alternative zusammenzufassen, um aus einer beunruhigenden Anzahl von Einzelgefechten *einen* großen Kampf und *eine* Strategie zu machen. In diesem Zusammenhang übt das latente Bild der noch homogenen Vergangenheit seinen reaktionären Einfluß in Form spezifischer Widerstände aus. Wir müssen das Bild der Vergangenheit untersuchen, so daß wir die historischen Ursprünge der betonten Alternative, nach der das Ich des Patienten sucht, verstehen können.

Wir können hinzufügen, daß die unbewußten Assoziationen ethnischer Vorbilder von gut und böse mit moralischen und sexuellen Prototypen ein notwendiger Teil jeder Gruppenbildung sind. Die Psychoanalyse vervollkommnet, indem sie sie untersucht, ihre therapeutischen Methoden und trägt gleichzeitig zur Kenntnis der unbewußten Begleiterscheinungen des Gruppenvorurteils bei. Aber im Inventar der idealen und der schlechten Prototypen unserer Patientin begegnen wir wahrscheinlich auch jenen klinischen Erscheinungen, auf denen Jung seine Theorie von den ererbten »kollektiven« Vorbildern, den »Archetypen« aufbaute.

Übrigens erinnert uns Jungs umstrittene Theorie an die grundlegende Tatsache, daß begriffliche Kontroversen Identitätsprobleme des Beobachters beleuchten können, besonders in den Anfangsstadien eigenständiger Beobachtung. Es scheint, daß Jung nur durch die Gegenüberstellung der religiösen und mystischen Raum-Zeit seiner Vorfahren mit was immer er in Freuds jüdischer Abstammung fühlte, ein Identitätsgefühl in der psychoanalytischen Arbeit finden konnte. Seine wissenschaftliche Rebellion führte daher auch zu einer gewissen ideologischen Regression und schließlich zu (nur schwach abgeleugneten) reaktionären politischen Akten. Dies Phänomen fand seinen Gegenpart in der Reaktion der psychoanalytischen Bewegung auf seine Funde. Wie in Angst, eine gemeinsame Gruppenidentität zu gefährden, die auf der Identifizierung mit Freuds persönlicher Größe beruhte, beschlossen die psychoanalytischen Beobachter nicht nur, Jungs Übertreibungen zu ignorieren, sondern auch die universal gültigen Tatsachen, die er tatsächlich gesehen hatte.

Begriffe wie »Anima« und »Animus«, das heißt die Bilderwelt, die die feminine »Seite« eines Mannes und die maskuline einer Frau repräsentieren, scheinen auf alle Fälle in den karikierten Bildern von Männlichkeit und Weiblichkeit bei meiner Patientin erkennbar zu sein und auch in ihrer echteren eigenen Bildwelt. Die synthetisierende Funktion des Ichs wirkt beständig darauf hin, in immer weniger Bildern und personifizierten Gestalten die Fragmente und unerledigten Reste aller infantilen Identifikationen zusammenzufassen. Dabei benützt sie nicht nur vorhandene historische Vorbilder; sie verwendet auch Verdichtungsmechanismen und bildhafte Darstellungen, wie sie die Hervorbringungen der kollektiven Bilderwelt charakterisieren. In Jungs »Persona« scheint ein schwaches Ich einem überwältigenden sozialen Vorbild Platz zu machen. Eine unechte Identität wird aufgerichtet, die die Erfahrungen und Funktionen, die die »Vorderseite« gefährden, unterdrückt, statt sie zu synthetisieren. Ein herrschender Prototyp der Männlichkeit zum Beispiel zwingt einen Mann, aus seiner Ich-Identität all das auszuschließen, was das schlechte Bild des geringeren Geschlechtes, des Kastraten, charakterisiert. So kann viel von seiner rezeptiven und mütterlichen Neigung abgeleugnet, unterentwickelt und mit Schuldgefühl beladen werden, während aus dem Rest eine Schale von Mannhaftigkeit aufgebaut wird.

c) Sowohl therapeutische Bemühungen wie der Kampf um Reformen bestätigen die traurige Wahrheit, daß in jedem auf Unterdrükkung, Ausschließung und Ausbeutung beruhenden System die Unterdrückten, Ausgeschlossenen und Ausgebeuteten unbewußt das schlechte Image akzeptieren, das ihnen von den Herrschenden zugeschoben wird.

Ich hatte einmal einen großgewachsenen, intelligenten Ranch-Besitzer als Patienten, der Einfluß in der westlichen Landwirtschaft besaß. Niemand außer seiner Frau wußte, daß er als Jude geboren und in einer jüdischen Wohngegend in einer großen Stadt herangewachsen war. Sein Leben, das nach außen hin weitgreifend und erfolgreich war, wurde durch ein Netzwerk von Zwängen und Phobien eingeengt, wobei sich in der Analyse ergab, daß die Zwänge den Umriß der Straße, in der er aufgewachsen war, reproduziert und seine freien Bewegungen in den Tälern des Westens überlagert hatten. Seine Freunde und Widersacher, Ältere wie Untergebene, spielten alle, ohne daß sie es wußten, die Rolle der deutschen Jungen oder irischen Banden, die den kleinen Judenjungen auf seinem täglichen Schulweg so elend gemacht hatten, wenn er von einer isoliert liegenden, besseren jüdischen Straße aus durch die feindseligen Nachhuten von Kriegszügen zwischen Häuserblocks und Banden hindurch mußte, um die kurzlebige Sicherheit des demokratischen Klassenzimmers zu erreichen. Die Analyse dieses Mannes bot einen traurigen Kommentar zu der Tatsache, daß Streichers Darstellung einer schlechten jüdischen Identität nicht schlimmer ist als diejenige, die manch ein Jude selbst hegt, der — mit paradoxen Ergebnissen — noch immer versucht, sie zu überwinden, und das in einer Gegend, wo seine Vergangenheit, angesichts dessen was er ist, relativ unwichtig sein könnte.

Der fragliche Patient war aufrichtig überzeugt, daß der einzig wahre Retter für die Juden ein Schönheitschirurg wäre. Im Körper-Ich solcher Fälle von kranker Ich-Identität spielen die Körperteile, von denen angenommen wird, daß sie für die Charakterisierung der Rasse von strategischer Bedeutung seien (in diesem Fall die Nase, bei dem der Tänzerin das Rückgrat) eine ähnliche Rolle, wie bei einem Krüppel das betroffene Glied und bei Neurotikern im allgemeinen die Genitalien. Der fragliche Körperteil hat einen anderen Ich-Tonus; er wird als größer und schwerer empfunden oder als kleiner und entkörpert und in beiden Fällen fühlt er sich vom Gesamtkörper abgetrennt an, wobei gleichzeitig die Vorstellung besteht, daß er die Aufmerksamkeit der anderen beherrscht. In Fällen kranker Ich-Identität und bei Krüppeln treten Träume auf, in denen der Träumende vergeblich versucht, den schmerzlich hervorgehobenen Körperteil zu verbergen und andere, in denen er ihn zufällig verliert.

Was man als die Raum-Zeit eines individuellen Ichs bezeichnen könnte, bewahrt also die soziale Ortskunde seiner Kindheitsumgebungen genauso wie die Umrisse seines Körperbildes. Es ist wesentlich, beide zu untersuchen, um die Kindheitsgeschichte eines Patienten mit der Geschichte des Wohnortes, wo seine Familie in prototypischen Regionen ansässig war, in Beziehung setzen zu können, seien es Regionen im Osten, im Süden oder an den westlichen und nördlichen Grenzen, während die Gebiete allmählich in die amerikanische Spielart der angelsächsischen kulturellen Identität aufgenommen wurden; man muß auch die Wanderung seiner Familie von, durch und in Gebiete kennenlernen, Gebiete die zu verschiedenen Zeiten den extrem seßhaften oder den extrem zur Wanderung geneigten Pol des sich entfaltenden amerikanischen Charakters repräsentiert haben können; die religiösen Konversionen oder Abweichungen der Familie, mit ihren Folgeerscheinungen in bezug auf die Klassenzugehörigkeit; die abortiven Versuche, den Standard eines Klassenniveaus zu erreichen und den Verlust oder das Aufgeben dieses Niveaus; und vor allem jenes Familiensegment, das, was immer sie taten und wo sie es taten, das letzte starke Gefühl kultureller Identität vermittelte.

Der verstorbene Großvater eines Patienten mit Zwangsneurose war ein Geschäftsmann gewesen, der ein herrschaftliches Haus im Innendistrikt einer östlichen Großstadt gebaut hatte. Sein Testament verlangte, daß das Haus die Burg der Familie sein und bleiben sollte, obgleich Wolkenkratzer und Appartementhäuser ringsumher wie Pilze aus dem Boden wuchsen. Das Herrenhaus wurde zum etwas düsteren Symbol konservativer Überzeugung, das die Umwelt wissen ließ, daß die X's weder umzuziehen, noch zu verkaufen, weder sich auszudehnen noch aufzusteigen brauchten. Die Bequemlichkeiten des modernen Reisens wurden nur als angenehm isolierte Pfade zwischen dem Hause und seinen Erweiterungen, dem Klub, dem Sommerhaus, der Privatschule, Harvard usw. akzeptiert. Das Bild des Großvaters hängt noch über dem Kamin und eine kleine elektrische Birne erleuchtet für immer die rosigen Wangen in seinem kräftigen und zufriedenen Gesicht. Seine »individualistischen« Geschäftsformen und seine fast urtümliche Gewalt über das Schicksal seiner Kinder sind bekannt, werden aber nicht in Frage gestellt; eher werden sie durch feinfühlige Beweise von Respekt, Gewissenhaftigkeit und Sparsamkeit überkompensiert. Die Enkel solch eines Mannes wissen, daß sie, um eine eigene Identität zu finden, aus dem Herrenhaus ausbrechen und sich an dem wilden Wettkampf beteiligen müssen, der ihre Nachbarschaft ergriffen hat. Manche tun das, und mit Erfolg. Andere nehmen das Haus als internalisiertes Verhaltensmuster mit sich, einen wurzelhaften Ich-Raum, der ihre Abwehrmechanismen von Stolz und schmerzlichem Rückzug und ihre Symptome der Zwangshaftigkeit und Frigidität bestimmt. Ihre Psychoanalysen dauern ungewöhnlich lange, teilweise weil die vier Wände des Analytikers zum neuen Herrenhaus werden und sein kontemplatives Schweigen wie seine theoretischen Methoden zur Neuausgabe der rituellen Isolierung des Hauses. Die höflich »positive« Übertragung des Patienten endet aber, wenn die Zurückhaltung des Analytikers mehr dem gehemmten Vater zu gleichen scheint als dem rücksichtslosen Großvater. Das Vaterbild, und mit ihm die Übertragung, scheint gespalten zu sein. Der schwache milde Vater der Gegenwart hat sich vom Urbild des ödipalen Vaters getrennt, das seinerseits mit dem Bild des mächtigen Großvaters verschmolzen ist. Als sich die Analyse diesem Doppelbild näherte, tauchten Phantasien auf, die die überwältigende Bedeutung des Großvaters für die wirkliche Ich-Identität des Patienten deutlich machten. Sie verrieten das leidenschaftliche Machtgefühl, den wütenden Überlegenheitsanspruch, der es diesen nach außen hin gehemmten Menschen schwer macht, in den wirtschaftlichen Wettstreit einzutreten, außer unter der Bedingung von vornherein arrangierter, überlegener Privilegien. Diese Männer aus der ehemals obersten Schicht begegnen denen aus der niedersten, insofern sie die wahrhaft Enterbten im amerikanischen Leben sind. Von da, wo sie stehen, gibt es keinen Zugang zum freien Wettbewerb, es sei denn, sie haben die Kraft, nochmals ganz von vorn anzufangen. Wenn nicht, werden sie sich wahrscheinlich der Heilung widersetzen, denn sie bedeutet eine Wandlung in der Ich-Identität, eine neue Synthese des Ich im Sinn der veränderten Wirtschaftsgeschichte.

Der einzige Weg, diese tiefe Resignation zu durchbrechen, ist ernste Aufmerksamkeit gegenüber den Erinnerungen, die zeigen, daß das Kind den Großvater in Wirklichkeit als einen einfachen und warmen Mann erlebt hat, der seine öffentliche Rolle nicht durch Gewalt oder irgendeine Ur-Macht ausübte, sondern weil die Geschichte seinen Fähigkeiten günstig war.

d) Stellen wir uns einen Jungen vor, dessen Großeltern in den Westen kamen, »wo man selten ein entmutigendes Wort hört«. Dieser Großvater, ein kraftvoller und kraftvoll angetriebener Mann, suchte in weit abgelegenen Gebieten nach neuen, seine Fähigkeiten auf die Probe stellenden technischen Aufgaben. Als die anfänglichen Schwierigkeiten überwunden waren, überließ er die Aufgabe anderen und zog weiter. Seine Frau sah ihn nur, um eine gelegentliche Schwängerung zu erleben. Entsprechend einem typischen familiären Verhaltensmuster konnten seine Söhne nicht mit ihm Schritt halten und wurden als respektierliche Siedler am Wegrand zurückgelassen. Wollte man die Wandlung ihres Lebensstils in entsprechenden Sätzen ausdrücken, so müßte man sagen, daß sie sich von einer Existenz, die durch die Redensart charakterisiert ist »laßt uns zum Teufel hier wieder weg« einem Dasein zuwendeten, das den Entschluß verkündete »hier wollen wir bleiben — und die Burschen nicht reinlassen«. Nicht untypisch, war es die einzige Tochter des Großvaters (die Mutter meines Patienten), die allein mit ihm identifiziert blieb. Aber gerade diese Identifizierung erlaubte ihr nicht, einen Mann zu nehmen, der dem starken Vater glich. Sie heiratete einen schwachen Mann und ließ sich nieder. Ihren Jungen erzog sie zu Gottesfurcht und Fleiß. Er wurde zu Zeiten leichtsinnig und ruhelos, zu anderen niedergeschlagen; einmal ein zu alt gewordener jugendlicher Übeltäter, ein andermal ein etwas erfreulicherer Westener mit geselligen alkoholischen Stimmungen.

Was seine beunruhigte Mutter nicht wußte, war, daß sie selbst durch seine ganze Kindheit hindurch seinen seßhaften Vater herabgesetzt und die Unbeweglichkeit, im geographischen wie im sozialen Sinn, ihres ehelichen Daseins beklagt hatte. Während sie die Heldentaten des Großvaters idealisierte, hatte sie doch auf jede Zurschaustellung abenteuerlicher Unternehmungslust bei dem Jungen, die die jetzt klar definierte Nachbarschaft stören könnte, mit panischer Strafbereitschaft reagiert.

Oder lassen Sie uns ein Problem aus einer anderen Region ansehen. Eine Frau aus dem mittleren Westen, recht ungewöhnlich weiblich und empfindsam, benutzt den Besuch bei Verwandten im Osten, um wegen eines allgemeinen Gefühls affektiver Bedrücktheit und generalisierter leichter Angst einen Psychoanalytiker aufzusuchen. Während einer analytischen Untersuchung erscheint sie fast leblos. Nach einigen Wochen bringt sie gelegentlich eine Flut von Assoziationen, die sich alle um grauenhafte Eindrücke von Geschlecht oder Tod drehen. Viele dieser Erinnerungen stiegen nicht aus unbewußten Tiefen auf, sondern aus isolierten Ecken ihres Bewußtseins, wo all diese erschreckenden Dinge wie abgesondert gelagert waren, die gelegentlich durch die geordnete Tatsachenwelt der oberen Mittelklassen-Umgebung ihrer Kindheit hindurchgebrochen waren. Diese Isolierung von Lebensanteilen gleicht dem, was wir überall in der Welt bei Zwangsneurotikern finden. In diesem Fall war es Teil einer geheiligten Lebensweise, eines Ethos, das bei unserer Patientin nur zu einer Zeit wirklich unangenehm geworden war, als ein Europäer ihr den Hof machte und sie versuchte, sich das Leben in einer kosmopolitischen Atmosphäre vorzustellen. Sie fühlte sich angezogen aber zur gleichen Zeit gehemmt; ihre Phantasie war lebhaft angeregt, aber durch Angst eingeschränkt. Ihre Eingeweide spiegelten den Konflikt durch störende Schwankungen zwischen Verstopfung und Durchfälle wieder. Der endgültige Eindruck war der einer allgemeinen Gehemmtheit, aber nicht einer grundlegenden Verarmung der Phantasie sowohl in sexuellen wie in gesellschaftlichen Dingen.

Die Träume der Patientin deckten allmählich eine verborgene Quelle bisher unzugänglicher Freiheit auf. Während sie in ihren freien Assoziationen noch gequält und leblos schien, wurde ihr Traumleben in fast autonomer Weise humor- und phantasievoll. Sie träumte, daß sie einen stillen Gottesdienst in einem flammend roten Kleid betrat und Steine durch respektable Fenster warf. Aber ihre farbenprächtigsten Träume versetzten sie in die Tage des Bürgerkriegs — auf der Seite der Konföderierten. Der Höhepunkt war ein Traum, in dem sie auf einer Toilette saß, die durch niedere Wände inmitten eines riesigen Ballsaals abgetrennt war, und elegant gekleideten Paaren von konföderierten Offizieren und Damen zuwinkte, die zu den Tönen eines großen Blasorchesters um sie wirbelten.

Diese Träume verhalfen dazu, einen isolierten Teil ihrer Kindheit ans Licht zu fördern, nämlich die sanfte Wärme, die ihr ihr Großvater, ein konföderierter Kriegsveteran, hatte zuteil werden lassen. Seine Welt war ein Märchen der Vergangenheit. Die hungrigen Sinne des Kindes hatten die patriarchale Männlichkeit und sanfte Zuneigung des Großvaters, trotz all ihrer Förmlichkeit, empfunden und sie hatten sich für das suchende Ich des kleinen Mädchens als viel unmittelbarer bestätigend erwiesen als die Versprechen eines standardisierten Erfolgs, die sowohl von ihrem Vater als von ihrer Mutter ausgingen. Mit dem Tode des Großvaters starben die Affekte der Patientin ab, denn sie waren Teil einer unvollständig gebliebenen Ich-Identitätsbildung, der es mißlang, Nahrung zu erhalten, sei es in der Form von Zuneigung, sei es als soziale Belohnung.

Die psychoanalytische Behandlung von Frauen mit einem hervorstechenden Identitätselement der Dame aus dem Süden (eine Identität, die mehr als eine Klasse oder Rasse durchzieht), scheint durch einen speziellen Widerstand kompliziert. Natürlich sind unsere Patienten gewöhnlich heimatlose Flüchtlinge aus dem Süden und ihre Damenhaftigkeit ist eine Abwehr, fast ein Symptom. Ihr Wunsch nach Behandlung findet seine Grenzen in drei Ideen, die alle mit den besonderen Vorkehrungen der südlichen Kultur in Verbindung stehen, die Kasten- und Rassenidentität zu sichern, indem dem kleinen Mädchen das Vorbild der Dame auferlegt wird.

Da ist zuerst einmal ein pseudo-wahnhafter Verdacht, daß das Leben eine Reihe gefährlicher Prüfungen darstellt, bei denen bösartige Klatschereien versuchen, geringe Schwächen und Makel gegen die Frau aus dem Süden anzuhäufen und vorzubringen, bis zu einem endgültigen, unerbittlichen Schiedsspruch, nämlich ob sie — oder nicht — eine Dame ist. To be — or not to be! Zweitens ist da die allgegenwärtige Überzeugung, daß die Männer, wenn sie nicht durch die Förmlichkeiten einer schweigend gebilligten doppelten Moral gebändigt werden, die ihnen minderwertigere und dunklere Sexualobjekte um den Preis des äußerlichen Respekts vor Damen zubilligt, sich nicht als Gentlemen erweisen werden, und daß sie zuallermindest versuchen werden, den Namen der Dame anzuschwärzen und damit ihren Anspruch auf einen sozial überlegenen Ehemann und die Hoffnung, daß ihre Kinder nach oben heiraten werden, zerstören. Aber da gibt es auch noch die ebenso ambivalente Verwicklung, daß jeder Mann, dem es nicht gelingt, seine Hemmungen als Gentleman abzuschütteln, wenn sich die Gelegenheit zur sexuellen Eroberung bietet, ein Schwächling ist, der es nur verdient, unbarmherzig provoziert zu werden. So bestehen die üblichen Gefühle von Schuld und Minderwertigkeit alle innerhalb der Koordinaten eines Lebensplans, der von der bewußten Hoffnung auf höheren sozialen Status beherrscht wird und durch sein ambivalentes Gegenteil angekränkelt ist, durch die verborgene Hoffnung auf den Mann, der das Bedürfnis der Frau, eine Dame zu sein, in einem Augenblick rücksichtsloser Leidenschaft auflöst. In all dem liegt eine grundsätzliche Unfähigkeit, sich irgendein Gebiet im Leben vorzustellen, wo die Wertmaßstäbe und Worte eines Mannes und einer Frau aufrichtig übereinstimmen und über einen bestimmten urtümlichen Antagonismus hinausgehoben werden könnten. Es ist überflüssig zu sagen, daß derartige unbewußte Wertmaßstäbe aufrichtigen und aufgeklärten Frauen schweres Leid schaffen; aber nur die Verbalisierung dieser internalisierten Stereotypien, gleichzeitig mit der Analyse der Übertragung der ganzen konfliktgeladenen Bilderwelt vom Mann auf den Analytiker, macht eine Psychoanalyse möglich.

Natürlich werden Psychoanalytiker in erster Linie von denen konsultiert, die die Spannung zwischen Alternativen, Kontrasten und Polaritäten nicht ertragen können, die den amerikanischen Stil von heute beherrschen: die unaufhörliche Notwendigkeit »versuchsweise« zu bleiben, um für größere und bessere Möglichkeiten frei zu sein. In ihren Übertragungen und Widerständen wiederholen die Patienten die unvollständig gebliebenen Versuche, schnell sich wandelnde und scharf kontrastierende Überreste nationaler, regionaler und klassenmäßiger Identitäten während kritischer Stadien ihrer Kinderzeit zu synchronisieren. Der Analytiker wird in den unbewußten Lebensplan des Patienten mit eingewoben. Er wird idealisiert, vor allem, wenn er in Europa geboren ist, und mit den mehr homogenen Vorfahren des Patienten verglichen; oder es wird ihm als dem überintellektuellen Feind einer potentiell erfolgreichen amerikanischen Identität Widerstand entgegengesetzt.

Der Patient aber kann den Mut gewinnen, der Unstetigkeit des Lebens in diesem Lande und den Polaritäten seines Kampfes um eine ökonomische und kulturelle Identität entgegenzutreten — nicht als einer auferlegten feindseligen Wirklichkeit, sondern als einem potentiellen Versprechen universellerer menschlicher Identität. Das stößt, wie wir gesehen haben, dort auf seine Grenzen, wo Individuen entweder in ihrer kindlichen Sinnlichkeit fundamental verarmt oder durch das »System« in ihrer Freiheit behindert sind, Möglichkeiten wahrzunehmen.

e) Bei der Arbeit mit ehemaligen Kriegsteilnehmern, die als Psychoneurotiker vor dem Ende der Feindseligkeiten aus der Armee entlassen worden waren, wurden wir mit den immer wiederkehrenden Symptomen eines teilweisen Verlusts der Ich-Synthese vertraut. Viele dieser Männer regredierten tatsächlich auf ein Stadium der »unerlernten Funktion« [11]. Ihre Ich-Grenzen hatten ihre schock-absorbierenden Strukturierungen verloren. Durch irgend etwas, was zu plötzlich oder zu intensiv war, wurde Angst und Zorn ausgelöst, durch einen plötzlichen Sinneseindruck von außen, einen Impuls, eine Erinnerung. Ein

11 Sigmund Freud, »Die ›kulturelle‹ Sexualmoral und die moderne Nervosität« (1908), in: Gesammelte Werke, Bd. VII, London (Imago).

beständig »erregtes« System der Sinneswahrnehmungen wurde sowohl durch äußere Reize wie durch körperliche Sensationen angegriffen: Hitzewallungen, Herzklopfen, stechende Kopfschmerzen. Schlaflosigkeit verhinderte die nächtliche Wiederherstellung der sensorischen Abschirmung durch den Schlaf und die Wiederaufrichtung der emotionalen Bindung durch Träume. Gedächtnisverlust, neurotische Pseudologie und Verwirrung zeigten den teilweisen Verlust der Zeit-Gebundenheit und der räumlichen Orientierung an. Was an definierbaren Symptomen und Überresten von »Neurosen aus der Friedenszeit« da war, hatte die Qualität des Fragmentarischen und Falschen, als könnte das Ich nicht einmal eine organisierte Neurose zustande bringen.

Bei manchen Fällen schien diese Ich-Schädigung ihren Ursprung in gewaltsamen Ereignissen zu haben, bei anderen in dem allmählichen Abschleifen durch Millionen Ärgernisse und Plagen. Offensichtlich waren die Männer durch zu viele Veränderungen in zu vielen Hinsichten gleichzeitig erschöpft. Immer waren *körperliche Spannung*, *soziale Panik* und *Ich-Angst* vorhanden. Vor allem hatten die Männer das Gefühl, daß sie »nicht mehr wußten, wer sie waren«: es lag ein deutlicher Verlust der Ich-Identität vor. Das Gefühl der eigenen Gleichheit und Kontinuität und der Glaube an die eigene soziale Rolle waren verloren gegangen. Auf diesem Gebiet der klinischen Beobachtung fand ich zuerst die Annahme eines zentralen Verlustes eines Identitätsgefühls unerläßlich und gleichzeitig unmittelbar klärend.

Am höchsten gesteigert wurde das Identitätsgefühl in den bewaffneten Streitkräften bei den Trägern erfolgversprechender Aufträge und den Mitgliedern von Arbeitsgruppen in hochmechanisierten Einheiten. Doch Männer, deren Ich-Identität im Militärdienst gedieh, brachen manchmal nach der Entlassung zusammen, wenn sich herausstellte, daß der Krieg sie zu ehrgeizigeren Selbst-Vorstellungen angeregt hatte, als ihre beschränkteren Identitäten in Friedenszeiten zu unterhalten sich leisten konnten. Für viele andere indessen boten die Beschränkungen und Disziplin des militärischen Lebens selbst wenig ideale Vorbilder. Denn die amerikanische Gruppen-Identität unterstützt die Ich-Identität eines Einzelnen nur so lange, als er sich ein gewisses Element absichtlich probeweiser Beteiligung vorbehalten kann, solange er sich selbst davon überzeugen kann, daß der nächste Schritt bei ihm liegt und daß er, gleichgültig wo er bleibt oder geht, immer die Wahl hat, fortzugehen oder sich in die entgegengesetzte Richtung zu wenden. In diesem Lande will sich der Wandernde nicht befehlen lassen, daß er sich fortbewegen soll, und der Seßhafte nicht, daß er zu bleiben hat, wo er ist, denn der Lebensstil eines jeden enthält das gegensätzliche Element als eine Alternative, die er sich für seine privatesten und individuellsten Entscheidungen vorbehalten möchte. Für viele Soldaten bedeutete die militärische Identität daher das verächtliche Bild des Schwächlings, der sich auf ein Seitengeleis abstellen und aufhalten läßt, während andere frei sind, all dem nachzujagen, was seine Chance hätte sein können — oder sein Mädchen. In Amerika aber bedeutet ein Schwächling zu sein, daß man sozial und sexuell kastriert ist. Wenn Du ein Schwächling bist, dann stellt sich nicht einmal das Mitleid einer Mutter auf Deine Seite.

In den oft gar nicht einzuschränkenden Äußerungen psychoneurotischer Kriegsteilnehmer tauchten immer wieder Erinnerungen und Befürchtungen auf, die es ihnen möglich machten, die Umstände für ihr Versagen als Soldaten und Männer haftbar zu machen, und ihnen so offensichtlich halfen, ein Gefühl persönlicher Minderwertigkeit abzuwehren. Ihre Ich-Identitäten waren in körperliche, sexuelle, soziale, berufliche Fragmente zerfallen, und jedes mußte die Gefahr seines schlechten Prototyps überwinden. Das traumatisierte Ich wehrte sich gegen und flüchtete vor Bildern wie dem weinenden Baby, der blutenden Frau, dem unterwürfigen Neger, dem sexuellen Muttersöhnchen, dem ökonomischen Schwächling, dem geistig Schwachsinnigen — alles Prototypen, deren bloße Erwähnung diese Männer in mörderische oder selbstmörderische Wut versetzen konnte, gefolgt von verschiedenen Graden der Reizbarkeit oder Apathie. Ihre übertriebenen Versuche, die Umstände oder bestimmte Menschen für ihr Unglück verantwortlich zu machen, gaben ihren Kindheitsberichten einen übleren Charakter und ihnen selbst den Anschein bösartigerer Psychopathie, als klinisch gerechtfertigt war. Und eine übermäßig schlechte Diagnose kann, wenn sie erst einmal in den Krankenpapieren eingetragen ist, den Teufelskreis von Vorwurf und Selbstvorwurf nur verschärfen. Die Rehabilitationsarbeit kann nur dann erfolgreich und auch ökonomisch sein, wenn sich die klinische Untersuchung auf den zerstörten Lebensplan des Patienten konzentriert und wenn die erteilten Ratschläge darauf abzielen, die Wiedersynthese der Elemente zu bestärken, auf denen die Ich-Identität des Patienten beruhte [12].

---

12 Eine typische Krankengeschichte ist z. B. »Eine Kampfkrise bei einem Marinesoldaten«, in: Kindheit und Gesellschaft, S. 32—41.

Zusätzlich zu den mehreren Hunderttausend Männern, die im Krieg ihre Ich-Identität verloren und nur allmählich oder teilweise wiedergewannen, und zu den Zehntausenden, deren akuter Ich-Identitäts-Verlust falsch diagnostiziert und als Psychopathie behandelt wurde, erlebte eine nicht abzuschätzende Zahl bis in den Wesenskern die Bedrohung durch den traumatischen Verlust der Ich-Identität durch radikale historische Veränderungen.

Allerdings ist die Tatsache, daß diese Männer, ihre Ärzte und ihre Zeitgenossen sich in wachsender Zahl den bitteren Wahrheiten der psychoanalytischen Psychiatrie zuwendeten, an sich eine historische Entwicklung, die nach kritischer Bewertung verlangt. Sie bringt eine wachsende Bereitschaft zum Ausdruck, psychoanalytische Einsichten zu akzeptieren, insoweit sie die Bedeutung der Angst und der Krankheit in der *individuellen Fall*-Geschichte betreffen. Aber diese teilweise Akzeptierung schmerzlicher unbewußter Determinanten des menschlichen Versagens und diese Betonung der individuellen Behandlung selbst da, wo der Patient alles andere als introspektiv und zum verbalen Ausdruck fähig schien, läßt sich auch als ein weitverbreiteter Widerstand gegen das Bewußtwerden eines Versagens des gesellschaftlichen Mechanismus unter radikal sich wandelnden historischen Determinanten sehen.

Der historische Wandel hat die ganze Welt ergriffen und ist zwingend geworden; seine globale Beschleunigung wird als Bedrohung der traditionellen amerikanischen Identität empfunden. Er scheint die kraftvolle Überzeugung, daß diese Nation sich Irrtümer leisten kann, zu entwerten, die Überzeugung, daß diese Nation ihrer Definition nach dem Rest der Welt in bezug auf unerschöpfliche Reserven, auf Voraussdiau und Planung, auf Handlungsfreiheit und Tempo des Fortschritts immer so weit voraus ist, daß sie über unbeschränkten Raum und endlose Zeit verfügt, um ihre sozialen Experimente zu entwikkeln, zu testen und zu vervollkommnen. Die Schwierigkeiten, auf die man bei dem Versuch stößt, dies alte Bild isolierter Geräumigkeit mit dem neuen Bild explosiver globaler Nähe zu integrieren, sind tief beunruhigend. Charakteristischerweise begegnet man ihnen zuerst einmal mit der Anwendung traditioneller Methoden auf eine neue Raum-Zeit.

Dem Psychotherapeuten, der den Anteil derartiger Entwicklungen am neurotischen Mißbehagen außer acht läßt, kann es geschehen, daß er nicht nur viel von der spezifischen Dynamik in heutigen Lebenszyklen übersieht; er neigt auch dazu, individuelle Energie von den gemeinschaftlichen Aufgaben, die bewältigt werden müssen, abzulenken. Nur wenn die klinische Aufmerksamkeit sich ebenso weitgehend den Bedingungen wie den Fällen zuwendet, den auftauchenden Plänen für die Zukunft ebenso wie den Fixierungen an die Vergangenheit, der unsicheren Oberfläche und den grollenden Tiefen, kann mit einer Abnahme des geistigen Unbehagens in großem Maßstab gerechnet werden.

In diesem Zusammenhang lohnt es sich festzustellen, daß der populäre Gebrauch des Wortes »Ich« (»Ego«) in diesem Land natürlich wenig mit dem psychoanalytischen Begriff des gleichen Namens zu tun hat; es bezeichnet gewöhnlich unbedingte, wenn vielleicht auch nicht berechtigte Hochachtung vor sich selber. Großtuerei, herausforderndes Gehabe, lärmendes Ungestüm und andere Formen der »Ich-Inflation« sind natürlich Teil der amerikanischen Volksart. Als solche durchsetzen sie Sprache und Gestus und dringen in alle zwischenmenschlichen Beziehungen ein. Ohne sie würde eine therapeutische Beziehung in diesem Lande ausländisch und unspezifisch bleiben. Ein ganz anderes Problem ist die systematische Ausbeutung der nationalen Praxis des »Großtuens«, damit die Leute »sich besser fühlen« oder damit ihre Angst und Spannung übertönt wird, so daß sie besser funktionieren.

Ein schwaches Ich bezieht keine echte Kraft daraus, daß es beständig gestützt und aufrecht gehalten wird. Ein starkes Ich, das durch eine starke Gesellschaft in seiner Identität gesichert ist, bedarf keiner absichtlich herbeigeführten künstlichen Inflation, ja, es ist tatsächlich immun gegen solche Versuche. Seine Neigung geht dahin, das zu prüfen, was sich als wirklich anfühlt, das zu beherrschen, was funktioniert, das zu verstehen, was sich als nötig erweist, das zu genießen, was lebensspendend ist, und das zu überwinden, was krank ist. Gleichzeitig strebt es die Schaffung einer kraftvollen wechselseitigen Bestärkung zusammen mit anderen in einem Gruppen-Ich an, das seine Zielsetzung der nächsten Generation übermitteln wird.

Die Wirksamkeit des psychoanalytischen Beitrags zu dieser Entwicklung wird einzig durch die beständige humanistische Absicht garantiert, über die bloße Anpassung von Patienten an einschränkende Bedingungen hinaus die klinische Erfahrung zu dem Zweck anzuwenden, dem Menschen seine menschlichen Möglichkeiten bewußt zu machen, die durch archaische Ängste verdunkelt sind. Allerdings gibt es da auch die historischen Determinanten der psychoanalytischen Begriffsbildung; und mehr als das: wenn auf dem Gebiet der menschlichen Motivation die gleichen Ausdrücke während des Zeitraums eines halben Jahrhunderts benutzt worden sind, dann können sie nicht umhin, die *Ideologien ihrer Ursprungstage* widerzuspiegeln und die *Begriffsinhalte der zeitgenössischen gesellschaftlichen Veränderungen* in sich aufzunehmen. Der ideologische Begriffsinhalt ist die unvermeidliche historische Gleichung bei der Anwendung begrifflicher Instrumente, die das Ich betreffen, das menschliche Organ der Realitätsprüfung.

Ich-Theorie und Gesellschaftsprozesse

a) Ursprünglich behauptete Freud, daß die Quellen der menschlichen Selbstachtung folgende sind:
1. Die Überreste des kindlichen Narzißmus, das heißt der natürlichen Selbst-Liebe des Kindes;
2. das kindliche Omnipotenzgefühl, soweit es durch Erfahrungen bestätigt wird, die dem Kind das Gefühl vermitteln, daß es sein eigenes Ich-Ideal erfüllt;
3. die Befriedigung der Objektlibido, das heißt der Liebe zu anderen.

Aber wenn ein gesunder Rest an infantilem Narzißmus überleben soll, dann muß die mütterliche Umwelt ihn mit einer Liebe hervorrufen und erhalten, die dem Kinde versichert, daß es gut ist, in den gesellschaftlichen Koordinaten zu leben und lebendig zu sein, in denen es sich nun einmal findet. Der »natürliche« Narzißmus, von dem behauptet wird, er kämpfe so tapfer gegen die Einbrüche einer frustrierenden Umgebung, wird in Wirklichkeit durch die sinnliche Bereicherung und Ermutigung von Fertigkeiten bestätigt, die eben diese Umgebung dem Kinde gibt. Andererseits muß die weitverbreitete schwere Verarmung des infantilen Narzißmus als ein Zusammenbruch jener kollektiven Synthese angesehen werden, die jedem neugeborenen Kind und den Bestandteilen seiner mütterlichen Umwelt einen überindividuellen Status als Kredit der Gemeinschaft zubilligen. Und bei der späteren Aufnahme dieses Narzißmus in eine reifere Selbstachtung ist es wieder von entscheidender Bedeutung, ob der Jugendliche eine Möglichkeit erwarten darf, das anzuwenden, was er in der Kindheit gelernt hat und dadurch ein Gefühl fortgesetzter gemeinschaftlicher Bedeutung zu erwerben — oder nicht.

Wenn die Erfahrung einen stichhaltigen Teil des infantilen Omnipotenzgefühls bestätigen soll, dann dürfen die Methoden der Kinderaufzucht nicht nur die sensuelle Gesundheit und fortschreitende

Beherrschung fördern, sondern müssen auch greifbare soziale Anerkennung als Frucht der Gesundheit und Beherrschung anbieten. Denn anders als das kindliche Omnipotenzgefühl, das durch freundliche Vorgabe und Täuschung durch die Erwachsenen genährt wird, beruht die Selbstachtung, die zu einem Gefühl der Identität beiträgt, auf den Rudimenten von Geschicklichkeiten und sozialen Techniken, die eine allmähliche Übereinstimmung von Spiel und gekonnter Leistung, von Ich-Ideal und sozialer Rolle sicherstellen und dadurch eine greifbare Zukunft versprechen.

Wenn die »Objektlibido« befriedigt werden soll, dann muß der genitalen Liebe und der orgastischen Potenz ein kultureller Stil ökonomischer Sicherheit und emotionaler Gewißheit zugesichert werden, denn nur solch eine Synthese gibt dem vollen funktionellen Zyklus der Genitalität, der Empfängnis, Schwangerschaft und Kinderaufzucht mit einschließt, einen einheitlichen Sinn. Wohl kann Verliebtheit die inzestuösen Liebesgefühle der Kindheit in einem gegenwärtigen »Objekt« sammeln, wohl kann genitale Aktivität zwei Individuen helfen, einander als Ankergrund gegen die Regression zu gebrauchen — die wechselseitige genitale Liebe aber wendet sich der Zukunft und der Gemeinschaft zu. Sie strebt eine Arbeitsteilung in jener Lebensaufgabe an, die nur Zwei von verschiedenem Geschlecht zusammen erfüllen können: die Synthese von Produktion, Vermehrung und Erholung in der primären sozialen Einheit irgendeines Familiensystems.

Wenn die Ich-Identität von Liebenden und Partnern in manchen wesentlichen Punkten komplementär ist, dann kann sie zum Wohle der Ich-Entwicklung der Nachkommen in der Ehe verschmelzen. Vom Standpunkt solch gemeinschaftlicher Identitäten aus kann die »inzestuöse« Bindung an Elternbilder nicht als unbedingt pathogen angesehen werden, wie das die Psychopathologen zu folgern scheinen. Im Gegenteil — solch eine Wahl ist Teil eines ethnischen Mechanismus, insofern sie eine Kontinuität zwischen der Familie, in der man aufwuchs, und der Familie, die man gründet, schafft. So setzt sie die Tradition fort, das heißt die Summe alles dessen, was in den vorangehenden Generationen erlernt wurde, in sozialer Analogie zu der Erhaltung der Entwicklungsfortschritte bei der Paarung innerhalb der Spezies. Die neurotische Fixierung an Eltern allerdings und die starre innere Abwehr gegen inzestuöse Wünsche kennzeichnen das Versagen, und nicht das Wesen, der geistigen Verwandtschaft zwischen den Generationen.

Aber, wie schon angedeutet, sind viele der Mechanismen der Anpassung, die früher zur psychosozialen Evolution, zur stammesmäßigen Integration und zum nationalen oder Klassen-Zusammenhalt beitrugen, in einer Welt universell sich ausbreitender Identitäten bedeutungslos geworden. Die Erziehung zu einer Ich-Identität, die Kraft aus den sich verändernden historischen Bedingungen bezieht, fordert von den Erwachsenen eine bewußte Akzeptierung der historischen Ungleichartigkeit, kombiniert mit der aufgeklärten Bemühung, der menschlichen Kindheit überall in der Welt einen neuen Fundus an sinnvoller Kontinuität zu verschaffen.

Klinische Falldarstellungen können bei der Forschung helfen, wenn sie darauf verzichten, stereotype Wendungen der Art zu benutzen wie »der Patient hatte eine dominierende Mutter«, stereotype Wendungen, die historische Determinanten haben und selbst gewohnheitsmäßige Nebenbedeutungen annehmen. Das psychoanalytische Denken könnte durchaus zu neuen Untersuchungsmethoden beitragen, die nicht nur auf Kinder anwendbar wären, sondern auch auf die spontane Art, in der Segmente der modernen Gesellschaft unter unermeßlich sich wandelnden technischen Bedingungen darum ringen, aus der Kindererziehung und der historischen Entwicklung eine brauchbare Kontinuität zu gestalten. Denn wer heilen oder führen will, der muß spontane Tendenzen der Identitätsbildung verstehen, muß sie in Begriffe fassen und anwenden.

b) Anna Freud weist darauf hin, daß der Psychoanalytiker bei der Untersuchung seines Subjekts einen Standpunkt einnehmen sollte, der gleichweit entfernt ist vom Es, vom Ich und vom Über-Ich — so daß er ihre funktionelle Abhängigkeit voneinander erkennen kann und daß er, während er eine Veränderung in einem dieser Anteile des Seelischen beobachtet, damit in Beziehung stehende Veränderungen in den anderen nicht aus dem Auge verliert [13]. Was hier als eine Aufteilung des inneren Menschen in Begriffe gefaßt wird, spiegelt weitreichende Prozesse wider, in die der Mensch ununterbrochen einbezogen ist.

Infolgedessen könnten wir also die Aufgabe des Ichs (und vielleicht das Ich) neu formulieren, indem wir es als einen der drei unerläß-

13 Anna Freud, Das Ich und die Abwehrmechanismen (1936), Internationaler Psychoanalytischer Verlag.

lichen und unaufhörlichen Prozesse erkennen, durch die das Dasein des Menschen kontinuierlich in der Zeit und organisiert in der Form wird und bleibt. Der erste der drei — erster, weil er ursprünglich durch Freuds Übertragung biologischer und physiologischer Denkweisen auf die Psychologie zur Untersuchung kam — ist der *biologische Prozeß*, durch den ein Organismus eine hierarchische Organisation von Organsystemen wird, die seinen Lebenszyklus überleben. Der zweite ist der *soziale Prozeß*, durch den die Organismen in Gruppen organisiert werden, die geographisch, historisch und kulturell definiert sind. Was wir als *Ich-Prozeß* bezeichnen können, ist das Organisationsprinzip, das durch das Individuum sich selbst als eine zusammenhängende Persönlichkeit aufrechterhält, mit einer Selbst-Gleichheit und Kontinuität sowohl in der Selbsterfahrung wie in seiner Aktualität für andere.

Während sich diese Prozesse der Untersuchung durch verschiedene Disziplinen dargeboten haben, Disziplinen, die sich abwechselnd auf das Biologische, das Soziale oder das Psychologische konzentrierten, muß die »Physiologie« des Lebens, das heißt die ungebrochene Wechselwirkung aller Teile, offensichtlich von einer *Relativität* beherrscht sein, die jeden Prozeß vom anderen abhängig macht. Das bedeutet, daß alle Veränderungen, die man in einem Prozeß beobachtet, Veränderungen in den anderen verursachen und von diesen wieder beeinflußt werden. Natürlich hat jeder dieser Prozesse seine eigenen Warnsignale: Schmerz, Angst, Panik. Sie warnen vor der Gefahr der organischen Dysfunktion, vor Störungen in der Ich-Beherrschung und vor dem Verlust der Gruppen-Identität; aber jedes Signal kündet eine Bedrohung für alle an.

In der Psychopathologie beobachten und untersuchen wir die anscheinende Autonomie eines dieser Prozesse, wie er aufgrund des Verlustes der wechselseitigen Regulation und des Gesamtgleichgewichts eine ungerechtfertigte Akzentuierung erhält. So untersuchte die Psychoanalyse zuerst die Versklavung des Menschen durch sein Es — als könnte es isoliert werden —, das heißt durch die übertriebenen Forderungen frustrierter Organismen, die vor allem in ihrer Triebhaftigkeit gestört waren, an das Ich und an die Gesellschaft. Dann wandte sich der Brennpunkt des Interesses der Versklavung des Menschen durch scheinbar autonome Ich- (und Über-Ich-) Strebungen zu — Abwehrmechanismen, die, um eine in Unordnung geratene Libidoökonomie »in Zaum zu halten«, die Erlebnis- und Planungsfähigkeit des

Ich verarmen lassen. Vielleicht wird die Psychoanalyse ihre grundlegenden Untersuchungen der Neurose vervollständigen, indem sie die Versklavung des Menschen durch historische Bedingungen genauer untersucht, die aufgrund ihrer Präzedenz Autonomie beanspruchen und archaische Mechanismen im Menschen ausbeuten, um ihm körperliche Vitalität und Ich-Stärke zu verweigern[14].

Das Ziel der psychoanalytischen Behandlung selbst wurde definiert als gleichzeitige Zunahme der Beweglichkeit des Es (das heißt der Anpassungsfähigkeit unserer Triebe sowohl an Möglichkeiten der Befriedigung wie an notwendigen Verzögerungen derselben und an Frustrationen), der Toleranz des Über-Ich (das bestimmte Akte, aber nicht mehr den ganzen Täter verurteilen wird) und der synthetisierenden Kraft des Ichs[15]. Dem letzten Punkt fügen wir den Vorschlag hinzu, daß die Ich-Analyse die Ich-Identität des Einzelnen in Beziehung zu den historischen Veränderungen mit umfaßt, die seine Kindheit, seine jugendlichen Krisen und seine erwachsene Anpassung beherrschen. Denn der Einzelne beginnt da Oberhand über seine Neurose zu gewinnen, wo er in die Lage versetzt wird, die historische Notwendigkeit zu akzeptieren, die ihn zu dem gemacht hat, was er ist. Der Einzelne fühlt sich frei, wenn er sich selbst dazu entschließen kann, sich mit seiner Ich-Identität zu identifizieren und wenn er lernt, das, was gegeben ist, auf das, was zu tun ist, anzuwenden. Nur so kann er aus der Übereinstimmung seines einen und einzigen Lebenszyklus mit einem bestimmten Ausschnitt der menschlichen Geschichte Ich-Stärke (für seine Generation und die nächste) beziehen.

2. Über Totalitarismus

Bei einer Diskussion über das historische Phänomen des Totalitarismus könnte ein Psychoanalytiker fragen, welche Art unbewußter Mo-

---

14 Dieser Grundplan wurde in Freuds Veröffentlichung »Die ›kulturelle‹ Sexualmoral und die moderne Nervosität« aufgestellt, wie auch in seinen üblichen Hinweisen auf die kulturellen und sozioökonomischen Koordinaten seines eigenen Daseins, wann immer er Illustrationen aus seinem eigenen Leben veröffentlichte.

15 H. Nunberg, »The Synthetic Function of the Ego« (1931), in: Practice and Theory of Psychoanalysis, New York 1955 (International Universities Press).

tivation sich wohl für die Erfindung, die Einführung und die weitverbreitete Akzeptierung totalitärer Methoden anbietet. Spezifischer ausgedrückt: auf welche Weise prädisponieren Kindheit und Jugend den Menschen für den Totalitarismus? Das ist schwierig — wie alle Unternehmungen, die nicht durch methodologische Traditon erleichtert oder sanktioniert werden. Und Werke über Geschichte, Gesellschaftskunde und Moral enthalten gewöhnlich im Text wenig, und im Index gar keine Hinweise auf die einfache Tatsache, daß alle Individuen einmal Kinder waren. Den meisten Gelehrten scheint die Kindheit dem Gebiet der Sozialarbeit zuzugehören und nicht dem der Sozialwissenschaft, der Fürsorge von Wohltätern und nicht der von Denkern zu unterstehen. Aber unter allen Geschöpfen zeichnet sich der Mensch durch eine lange biologische Kindheit aus, und die Kultur hat die Tendenz, die psychologische Kindheit sogar noch weiter zu verlängern, weil der Mensch Zeit braucht zu lernen, wie man lernt. Seine ganze hohe Spezialisierung und all seine komplizierten Fähigkeiten der Koordination und Reflexion hängen tatsächlich mit seiner verlängerten Abhängigkeit zusammen. Und nur als Abhängiger entwickelt der Mensch ein Gewissen — jene Abhängigkeit von sich selbst, die ihn wiederum zuverlässig macht; und nur wenn er in Hinsicht auf eine Anzahl grundlegender Werte völlig zuverlässig ist, kann er unabhängig werden und Tradition entwickeln und lehren. Aber diese Zuverlässigkeit trägt in sich die Ambivalenz ihrer Wurzeln in einem langsamen Entwicklungsprozeß, der von äußerster Hilflosigkeit zu einem Hochgefühl der Freiheit und Meisterschaft führt, und das innerhalb von Gesellschaftssystemen, die alle die Freiheit drastisch beschränken, und einigen Menschen zubilligen, andere rücksichtslos auszubeuten.

Die moderne Anthropologie untersucht, oft nach Vorschlägen, die der Psychiatrie entstammen, die Art und Weise, in der Gesellschaften »intuitiv« Systeme der Kindererziehung entwickeln, die nicht nur dazu dienen, das kleine Individuum am Leben und gesund zu erhalten, sondern auch dazu, durch es und in ihm eine Fortsetzung der Tradition und die Bewahrung der Einzigartigkeit seiner Gesellschaft zu sichern. Was die verlängerte Kindheit des Menschen zur Entwicklung seiner technischen Fähigkeiten und seiner Fähigkeit zu Sympathie und Glauben beiträgt, ist wohlbekannt, aber häufig zu ausschließlich bekannt. Denn es wird inzwischen ebenso deutlich, daß die Polarität Erwachsener/Kind die erste im Inventar existentieller Oppositionen ist (männlich/weiblich ist die zweite), die den Menschen ausbeutbar macht und ihn zur Ausbeutung veranlaßt. Die angeborene Neigung des Kindes, sich in der Beziehung zu denen, von denen es abhängt, machtlos, verlassen, beschämt und schuldig zu fühlen, wird systematisch für seine Erziehung benutzt, oft bis zum Punkt der Ausbeutung. Das Ergebnis ist, daß selbst der vernünftige Mensch irrational mit Ängsten und Verdächten beschäftigt bleibt, die sich um Fragen der Art drehen, wer größer oder besser ist und wer wem was antun kann. Es ist daher nötig, tiefere Einsicht in die frühesten Konsequenzen der psychologischen Ausbeutung der Kindheit zu gewinnen. Damit meine ich den Mißbrauch einer geteilten Funktion in der Weise, daß der eine Partner in der Entwicklung seiner Möglichkeiten geschädigt wird, mit dem Ergebnis, daß impotente Wut aufgespeichert wird, wo freie Energie für eine produktive Entwicklung zur Verfügung stehen sollte.

Für diejenigen, die dies alles erkennen und anerkennen, muß es durchaus vernünftig erscheinen, daß in einer Untersuchung über den Totalitarismus auch die Kindheit dargestellt wird, so daß wir anfangen können, die verhängnisvolle Bedeutung der Kindheit nicht länger zu »übersehen«. Es muß aber gesagt werden, daß dies »Übersehen« kein Zufall zu sein scheint und daß es daher nicht so einfach korrigiert werden kann. Die Psychoanalyse hat immer wieder gezeigt, daß alle Menschen eine Amnesie in bezug auf ihre entscheidenden Kindheitserlebnisse entwickeln. Es gibt gute Gründe zu vermuten, daß dieser Kindheitsamnesie ein universeller blinder Punkt bei der Deutung des menschlichen Zustands parallel läuft, eine Tendenz, die schicksalhafte Funktion der Kindheit im Gewebe der Gesellschaft zu übersehen. Vielleicht haben der rationale und der moralische Mensch, nachdem sie so hart darum gekämpft haben, das Bild des zivilisierten Menschen absolut und irreversibel zu gestalten, sich geweigert zu sehen, wie jeder Mensch mit dem Anfang anfangen und so immer wieder das Potential erwerben muß, die menschliche Vervollkommnung durch infantile Zwänge und irrationale Impulse zunichte zu machen. Es ist, als ob diese Weigerung einen tief verwurzelten Aberglauben widerspiegelt, daß der vernünftige und praktische Mensch seine in eine Richtung zielende Kraft verlieren würde, wenn er sich umwendete, um der Medusa seiner Kindheitsängste nocheinmal entgegenzutreten. Hier drängt sich eine erschreckende »Gleichung« allen Versuchen auf, die Tatsache der Kindheit in ihre richtige Perspektive zu rücken. Aber wenn der Mensch diese Tatsache begriffe, könnte er es vielleicht erreichen, in manchen Hinsichten weniger destruktiv kindisch zu sein und in anderen schöpferischer kindlich zu bleiben.

Wirklich neue Einsichten allerdings sind nicht leicht in ausgewogener Weise zu formulieren. Wahrscheinlich ist es ein Ergebnis der lange unbestrittenen Existenz des universellen blinden Punktes, von dem wir hier sprechen, daß das plötzliche Auftauchen von Einsichten in die Bedeutsamkeit der Kinderzeit heute zur Entwicklung eines anderen kompensatorischen Verlusts an Perspektive beiträgt: ich spreche von der Tendenz der Psychologen und Psychopathologen, Phänomene, die die Gesellschaft betreffen, wie etwa den Totalitarismus, dadurch zu erklären, daß sie sie mit bestimmten infantilen oder juvenilen Stadien (»Pubertät«), mit spezifischen Geisteskrankheiten (»Paranoid«) oder mit besonderen »Charakterstrukturen« (»die autoritäre Persönlichkeit«) gleichsetzen. Aus der *personologischen* Fragestellung sind anregende Verallgemeinerungen in bezug auf gewisse Analogien zwischen Grundformen der Kinderaufzucht, Arten, die Welt in Begriffe zu fassen, und Neigungen zu politischen Überzeugungen hervorgegangen. Diese Methode hat aber wenig zu der überaus wichtigen Frage beigetragen: Unter welchen Bedingungen wird die, in gegebenen Grundmustern des Denkens und Handelns (zum Beispiel autoritären) investierte Energie zugänglich für bedeutsame politische Indoktrinierung und für wirksame Massenaktion? Die *psychopathologische* Methode ihrerseits hat ihre Position durch diagnostische Beschimpfungen geschwächt, indem sie Völker und Menschen, die aktiv oder passiv in totalitäre Revolutionen verwickelt waren, entweder als pathologisch oder als unreif bezeichnet hat, und versuchte, mit diesen Mitteln deren politisches Verhalten zu erklären. Aber der Mensch kann viele Dinge auf vielen Stufen sein und die Geschichte billigt ihm selten jene Einheitlichkeit von festgelegtem Glauben, bewußter Haltung und nüchternem Handeln zu, die wir in der protestantischen Welt gewohnheitsmäßig von einem »reifen« oder auf alle Fälle »logischen« menschlichen Wesen zu fordern pflegen.

Ich will im folgenden also nicht versuchen, die Ursprünge oder Gründe des Totalitarismus im Faktum der Kindheit oder in bestimmten Formen der Erziehung zu fixieren. Ich werde ihn auch nicht als eine vorübergehende Erkrankung oder eine lokalisierte Epidemie behandeln; ich beginne mit der Annahme, daß der Totalitarismus auf universell menschlichen latenten Möglichkeiten beruht und so mit allen Aspekten der menschlichen Natur verknüpft ist, gesunden und pathologischen, erwachsenen und infantilen, individuellen und gesellschaftsbildenden. Wahrscheinlich ist der Totalitarismus in der Geschichte oft beinahe verwirklicht gewesen, mußte aber auf »seinen« historischen Augenblick warten. Dieser Augenblick ist bestimmt durch den Fortschritt der Technik der Kommunikation und Organisation und durch die Vielfalt der Bedingungen, die die fanatische Idee des totalen Staates entstehen ließen, seine Verwirklichung in zeitlich gut berechneten revolutionären Akten begünstigten, und ihn darüber hinaus durch die Realitäten der Macht und des Terrors aufrechterhalten. Nur eine derartige historische Perspektive kann den richtigen Maßstab für die verschiedenen Grade und Arten der ideologischen Beteiligung seitens der vielen Typen vermitteln, die einen totalitären Staat ausmachen: fanatische Apostel und gewiegte Revolutionäre, einsame Führer und oligarche Cliquen, aufrichtige Gläubige und sadistische Ausbeuter, gehorsame Bürokraten und erfolgreiche Manager, Soldaten, Ingenieure, willige Anhänger, apathische Arbeitstiere und gelähmte Widersacher, entnervte Opfer und beunruhigte zukünftige Opfer. Meine Ausbildung und meine Erfahrung gestatten mir einen Beitrag nur zu einem der grundlegenderen und doch oft wenig faßbaren Faktoren in all diesen Formen der Teilnahme — nämlich einen Beitrag zu der Frage der psychologischen Voraussetzungen für ein anfeuerndes oder lähmendes Gefühl der Legitimität des Totalitarismus.

Ich kehre jetzt zu meiner anfänglichen Frage nach jenem Etwas im Wesen der Kindheit zurück, das vielleicht Licht in die Hintergründe der menschlichen Neigung bringt, unter bestimmten Bedingungen für das zugänglich zu sein, was die Deutschen »Umschaltung« oder »Gleichschaltung« nannten, die plötzliche vollständige Umordnung und sozusagen Zusammenordnung, die eine bekehrungsartige Überzeugung begleitet, daß der Staat absolute Macht über die Seele wie über das Leben und das Vermögen seiner Bürger haben kann und haben muß.

Als Kliniker muß ich allerdings an einem anderen Punkt beginnen: bei Beispielen vollständiger *innerer* Veränderung. Wir kennen aus normalen und anormalen Lebensläufen und aus gelegentlichen vorübergehenden Zuständen, die im allgemeinen nicht als psychopathologisch gelten, plötzliche Übergänge von einer im Gleichgewicht befindlichen »Ganzheit« des Erlebens und Urteilens zu Zuständen des »totalen« Fühlens, Denkens und Handelns. Die dramatischsten Beispiele solch einer totalen Restrukturierung findet man bei den Grenzfällen der ernsthaften Pathologie. Wie ein junger Mann im Rückblick auf seine Neigung, sich in sein Inneres zurückzuziehen, lächelnd zu mir sagte: »Ich war eine Majorität von Einem« — womit er meinte, daß, nachdem er sich entschlossen hatte, total allein zu sein, er das Universum war. Eine junge Frau sprach in der gleichen Stimmung von ihrem »Recht auf Eins-heit«. Dieser Solipsismus beschränkt sich aber weder auf Krankhaftes noch aufs Erwachsensein. Schon früh in der Kindheit kann sich zum Beispiel der gesunde Wechsel zwischen Wachen und Schlafen beim Kind plötzlich in eine totale Vermeidung des Schlafes oder in eine allgemeine Schläfrigkeit wandeln; der glückliche Wechsel zwischen Geselligkeit und Alleinsein kann sich in ein ängstliches oder wütendes Bestehen auf die vollständige Präsenz der Mutter umwandeln oder in eine vollständige Weigerung zu zeigen, daß ihre Nähe bemerkt wird. Manch eine Mutter ist tief verstört, wenn sie bemerkt, daß ihr kleines Kind sie bei der Rückkehr von einer plötzlichen aber nicht sehr langen Abwesenheit freundlich »vergessen« hat. Völlige Abhängigkeit oder völlige Unabhängigkeit können, zeitweilig oder für immer, zu Zuständen werden, die für ein normales Maß an Abwechslung nicht zugänglich sind; oder totale Bravheit oder Ungezogenheit können plötzlich als Zustände erscheinen, die außerhalb der Zugriffsmöglichkeit der Eltern liegen, die wahrscheinlich tatsächlich lieber ein Kind hätten, das in vernünftigen Grenzen brav ist, aber um Himmels willen auch ein bißchen ungezogen. Eine derartige totale Restrukturierung kann als vorübergehende Phase in bedeutsamen Stadien der kindlichen Entwicklung auftreten; sie kann den Ausbruch einer geistigen Störung begleiten oder sie kann eine latente Möglichkeit beim Erwachsenen bleiben.

Was die totale Abhängigkeit von einem Objekt oder einer Person betrifft, so kennen wir alle die Fetische des kleinen Kindes, die, manchmal in der Form einer unhygienisch schmutzigen Puppe, zum Gegenstand der elterlichen Abneigung oder Sorge werden können und doch für das Kind das totale und ausschließliche Unterpfand der Sicherheit und des Trostes bleiben. Später teilen leidenschaftliche Liebes- und Haßbindungen und plötzliche Zu- und Abkehrungen bestimmte Faktoren mit diesem Fetischismus und der Angst des Kindes, wie etwa die ausschließliche Konzentration einer Reihe von freundlichen oder unfreundlichen Affekten auf eine einzige Person oder Idee, wie die Primitivisierung aller so konzentrierten Affekte und wie schließlich die utopische oder katastrophale Erwartung eines totalen Gewinnes oder Verlustes, der aus dieser Quelle stammen soll.

Endlich können wir auf ein wohlbekanntes Beispiel einer plötzlichen totalen Spaltung von etwas verweisen, das einmal gänzlich vereinigt war: auf die Veränderung, die verheiratete Paare ergreift, die sich zu einer Scheidung entschlossen haben. Die plötzliche Umformung dessen, was eine gesunde Zweiheit zu sein schien, in zwei einander ausschließende Totalitäten kann ziemlich erschreckend sein, wie man sehr bald entdeckt, wenn man versucht mit beiden freundschaftlich zu verkehren.

Während derartige Neuordnungen plötzlich aufzutreten scheinen, entwickeln sie sich doch langsam. Nur ungewöhnlich bewußte und mutige Menschen wissen von sich selbst, was die Psychoanalyse bei anderen und besonders bei Patienten aufdeckt — nämlich wie stark und systematisch die Neigung und Möglichkeit des Menschen zu totalen inneren Neuordnungen ist, oft kaum verborgen hinter übertriebenen Zuneigungen, Voreingenommenheiten oder Überzeugungen, und wie viel Energie in der inneren Abwehr gegen eine drohende totale Neuorientierung aufgewandt wird, in der sich weiß in schwarz verwandeln könnte und umgekehrt. Nur der Affekt, der bei der plötzlichen Hingabe an eine Sache, bei Bekehrungen und bei plötzlichen Abneigungen freigesetzt wird, legt Zeugnis für die Energiequantitäten ab, die in solchen Abwehrhaltungen »gebunden« sind. Ebenso verräterisch ist die vielbeschriebene und vielbeklagte, therapeutisch jedoch nützliche Tendenz selbst des aufgeklärtesten und bestinformierten psychiatrischen Patienten, eine »Übertragung« zu entwickeln und sozusagen leidenschaftlich abhängig von seinem Therapeuten zu werden — und das mit wechselnd positiven oder negativen Gefühlen: ein ernüchternder Beweis der allgemein verbreiteten inneren Tendenz zur Totalisierung, die schlecht zu der Verachtung so vieler Intellektueller für jene Mitmenschen paßt, die von Kosmologien und Gottheiten, Monarchien und Ideologien abhängig sind. Auf alle Fälle haben wir gelernt, derartige innere Neuordnungen als Wiederanpassungen auf einer primitiveren Stufe zu verstehen, die durch vermehrte Ängste, besonders infantilen Ursprungs, notwendig gemacht und durch akute Lebenskrisen hervorgerufen werden. Sie als pathologisch oder »schlecht« zu brandmarken, trägt weder dazu bei, sie zu verstehen noch sie zu überwinden: um ein zweckvolles Vorgehen ihnen gegenüber zu planen, muß man ihren inneren Bezugspunkt verstehen, ihre Psycho-Logik.

Ich habe in meinen Beispielen die Ausdrücke »Ganzheit« und »Totalität« benutzt. Beide bedeuten etwas wie Gänzlichkeit, aber ich habe mit Absicht ihre Verschiedenheiten unterbewertet. Ganzheit scheint zugleich eine Ansammlung von Teilen zu bedeuten, selbst ganz mannigfaltiger Teile, die in eine fruchtbare Gemeinschaft und Organisation eintreten. Als Gestalt betont Ganzheit also eine gesunde, organische, fortschreitende Wechselseitigkeit zwischen vielfältigen Funktionen und Teilen innerhalb eines Ganzen, dessen Begrenzungen offen und fließend sind. Im Gegensatz dazu ruft die Totalität eine Gestalt wach, bei der die absolute Begrenztheit betont ist: angesichts einer bestimmten, willkürlichen Grenzziehung darf nichts, was hereingehört, draußen gelassen werden, nichts was draußen sein soll, kann innen geduldet werden. Eine Totalität ist ebenso absolut einschließlich, wie sie völlig ausschließlich ist, gleichgültig, ob die absolut-zu-machende Kategorie eine logische ist oder nicht und ob die konstituierenden Teile wirklich eine Affinität zueinander haben oder nicht.

Wir müssen also ein psychologisches Bedürfnis nach einer Totalität ohne weitere Wahl oder Änderung postulieren, selbst wenn sie die Preisgabe einer höchst erwünschten Ganzheit bedeutet. Um es in einem Satz auszudrücken: wenn das menschliche Wesen aufgrund zufälliger oder entwicklungsmäßiger Verschiebungen seiner wesenhaften Ganzheit verlustig geht, restrukturiert es sich selbst und die Welt durch Zuhilfenahme dessen, was wir *Totalismus* nennen wollen. Wie schon gesagt, wäre es klug, davon Abstand zu nehmen, dies für einen bloß regressiven oder infantilen Mechanismus zu halten. Es ist eine entgegengesetzte, wenn auch primitivere Art, mit Erfahrungen umzugehen und hat daher, wenigstens bei vorübergehenden Zuständen, einen gewissen Anpassungs- und Überlebenswert. Sie gehört zur normalen Psychologie. Jede mögliche psychiatrische Fragestellung beschränkt sich auf folgendes: Können die vorübergehend benutzten Mittel zur Anpassung an einen Notstand daran gehindert werden, zu fixierten Zwecken zu werden? Kann der Totalismus sich wieder umkehren, wenn der Notstand vorüber ist? Können seine Elemente wieder zu einer Ganzheit synthetisiert werden, die vordem möglich war?

Es ist die Aufgabe des Ichs, im Individuum die Beherrschung der Erfahrung und die Lenkung des Handelns in solch einer Weise zu fördern, daß immer wieder eine bestimmte Ganzheitssynthese zwischen den verschiedenen, in Konflikt stehenden Stadien und Aspekten des Lebens hergestellt wird — zwischen unmittelbaren Eindrücken und assoziierten Erinnerungen, zwischen drängenden Wünschen und zwingenden Forderungen, zwischen den privatesten und den öffentlichsten Aspekten des Daseins. Um seine Aufgabe zu leisten, entwickelt das Ich sowohl Syntheseformen als Abschirmmethoden und Abwehrmechanismen. Während es durch die ständige Wechselwirkung von Wachstumskräften und Umwelteinflüssen heranreift, entwickelt sich eine gewisse Dualität zwischen höheren Stufen der Integration, die eine größere Toleranz gegenüber Spannung und Vielfalt zuläßt, und niedrigeren Ordnungsstufen, wo Totalitäten und Gleichförmigkeiten dazu beitragen müssen, ein Gefühl der Sicherheit zu bewahren. Die Untersuchung dieser Fusionen und Fusionsauflösungen, die — auf der individuellen Stufe — zu einer erfolgreichen Ganzheit oder zu einer angestrebten Totalität beitragen, gehört daher zum Gebiet der psychoanalytischen Ich-Psychologie. Hier kann ich nicht mehr tun, als auf dieses Forschungsgebiet hinzuweisen[16].

Die Anfänge des Ichs sind schwer festzusetzen, aber soweit wir wissen, erwächst es allmählich aus einem Stadium, wo die Ganzheit eine Sache des physiologischen Gleichgewichts ist, das durch die Wechselseitigkeit zwischen den Bedürfnissen des kleinen Kindes zu bekommen, und dem Bedürfnis der Mutter zu geben, aufrechterhalten wird. Die Mutter ist natürlich nicht nur ein gebärendes Geschöpf, sondern gleichzeitig Mitglied einer Familie und einer Gesellschaft. Sie ihrerseits muß eine gewisse gesunde, sie zum Ganzen machende Beziehung zwischen ihrer biologischen Rolle und den Werten ihrer Gemeinschaft fühlen. Nur so kann sie dem Säugling, in der unmißverständlichen Sprache des körperlichen Austausches, mitteilen, daß das Kind ihr trauen darf, der Welt — und sich selbst. Nur eine relativ ganze, eine »heile« Gesellschaft kann dem Kind durch die Mutter eine innere Überzeugung gewähren, daß all die diffusen körperlichen Erlebnisse und all die verwirrenden sozialen Hinweise des frühen Lebens in einem Gefühl der Kontinuität und Selbst-Gleichheit untergebracht werden können, das allmählich die innere und die äußere Welt vereinigt. Die ontologische Quelle von Glaube und Hoffnung, die so entstehen, habe ich als das *Gefühl des Urvertrauens* bezeichnet: es ist die

16 Siehe die Arbeiten von H. Hartmann, E. Kris, D. Rapaport und anderen in: D. Rapaport, The Organization and Pathology of Thought, New York 1951 (Columbia University Press).

erste und grundlegende Ganzheit, denn es scheint zu besagen, daß das Innen und Außen als ein zusammenhängendes Gutes erfahren werden kann. Das *Urmißtrauen* dagegen ist die Summe all jener diffusen Erlebnisse, die nicht irgendwie durch die Erfahrung der Integration erfolgreich ausgewogen werden können. Man kann nicht wissen, was in einem Säugling vor sich geht, aber sowohl die direkte Beobachtung wie überwältigend viele Erfahrungen mit Kranken deuten darauf hin, daß das frühe Mißtrauen von einem Erlebnis »totaler« Wut begleitet wird, von Phantasien der totalen Beherrschung oder sogar Zerstörung der Quellen der Lust und Versorgung; und daß derartige Phantasien und Wutgefühle im Individuum fortbestehen und in extremen Zuständen und Situationen wieder belebt werden.

Tatsächlich lebt jeder Grundkonflikt der Kindheit in irgendeiner Form im Erwachsenen weiter. Die frühesten Stufen werden in den tiefsten Schichten bewahrt. Jedes erschöpfte menschliche Wesen kann zeitweilig zu partialem Mißtrauen regredieren, wenn die Welt seiner Erwartungen bis zum Kern erschüttert wurde. Doch scheinen die sozialen Institutionen den Einzelnen mit fortlaufenden kollektiven Sicherungen gegenüber derartigen Ängsten zu versorgen, wie sie sich aus seiner infantilen Vergangenheit ergeben. Es kann gar keine Frage darüber bestehen, daß es die organisierte Religion ist, die die ersten und tiefsten Konflikte im Leben systematisiert und sozialisiert: sie setzt die undeutlichen Bilder der ersten Versorger jedes Einzelnen zu kollektiven Urbildern übermenschlicher Beschützer zusammen; sie macht das vage Mißbehagen des Urmißtrauens verständlich, indem sie ihm eine metaphysische Realität in der Form des definierten Bösen verleiht; und sie bietet dem Menschen durch Rituale eine periodische kollektive Wiederherstellung des Vertrauens, die beim Erwachsenen zu einer Kombination von Glaube und Wirklichkeitssinn heranreift. Im Gebet versichert der Mensch einer übermenschlichen Macht, daß er trotz allem vertrauenswürdig geblieben ist und bittet um ein Zeichen, daß nun auch er weiterhin seinem Gott vertrauen darf. Im primitiven Leben, das mit nur einem Ausschnitt der Natur umgeht und eine kollektive Magie entwickelt, werden die übernatürlichen Beschaffer von Nahrung und Glück oft behandelt, als wären sie zornige, wenn nicht sogar boshafte Eltern, die durch Gebet und Selbstfolterung beschwichtigt werden müssen[17]. Höhere Formen der Religion und des

[17] Siehe Erik H. Erikson, Kindheit und Gesellschaft, Kapitel II und IV.

Rituals wenden sich ebenso deutlich an die bei jedem vorhandenen, von Heimweh erfüllten Überreste der Austreibung aus dem Paradies der Ganzheit, das einmal großzügige Versorgung spendete, das aber — leider und unwiderbringlich — verlorenging und für immer ein undefinierbares Gefühl der schlechten Einteilung, der möglichen Mißgunst und tiefer Sehnsucht hinterlassen hat.

Die Religion bringt in regelmäßigen Intervallen und durch Rituale, die auf bedeutsame Art mit den wichtigen Krisen des Lebenszyklus und den Wendepunkten der Jahreszyklen in Verbindung stehen, ein neues Gefühl der Ganzheit hervor, ein Gefühl, daß die Dinge wieder in Zusammenhang gebracht sind[18]. Aber, wie das bei allen solchen Unterfangen der Fall ist, das was nach außerhalb der Peripherie verbannt werden sollte, hat eine Neigung, in der Mitte wieder aufzutauchen. Manche Phasen der Geschichte der organisierten Religion waren beherrscht von grausamer, kalter und ausschließlicher Totalität. Man könnte wohl fragen, auf welche Weise die Vorstellung eines Weltalls, das strafend oder liebend von einem Gott und seinem Dogma umfangen wird, die Menschheit auf die Vorstellung von *einem einzigen totalen Staat* vorbereitet hat, und auch auf die Vorstellung von *einer gesamten Menschheit:* denn es besteht gar kein Zweifel, daß in Übergangsperioden eine totale Neuordnung den Fortschritt, sowohl zu größerer Ganzheit wie zum Totalismus, sicherstellen kann.

Heute kann kein Spott von seiten der sorglosen Ungläubigen und keine strafende Leidenschaft der Dogmatiker die beunruhigende Tatsache wegleugnen, daß ein großer Teil der Menschheit sich ohne lebendige Religion findet, wie sie dem Werkzeug-Menschen in seinem produktiven Umgang mit der Natur und dem Händler-Menschen in seinem gewinnbringenden Austausch von Gütern auf einem wachsenden Weltmarkt eine Ganzheit des Daseins verlieh. Wie tief beunruhigt der Mensch, der sich selbst gemacht hat, in seinem Sicherheitsbedürfnis in seiner vom Menschen gemachten Welt ist, kann man an dem tiefen Eingriff sehen, den eine unbewußte Identifizierung mit der Maschine — vergleichbar der magischen Identifizierung des primitiven Menschen mit seiner hauptsächlichen Beute — in das westliche Konzept der menschlichen Natur im allgemeinen vorgenommen hat, und im besonderen an einer Art von automatisierter und deper-

---

18 Erik H. Erikson, »Die Ontogenese der Ritualisierung« (1966), Psyche, Bd. XXII, 7 (1968).

sonalisierter Kinderaufzucht. Das verzweifelte Bedürfnis, glatt und sauber zu funktionieren, ohne Reibung, Lärm und Rauch, hat sich an die Vorstellungen vom persönlichen Glück, von der verwaltungsmäßigen Perfektion und selbst an die Vorstellung von der Erlösung geheftet. Manchmal hat man das Gefühl, als kröche ein merkwürdiger Totalismus in jenen naiven Initiatoren heran, die vom Prozeß der technologischen Entwicklung an sich und durch sich selbst eine neue Ganzheit erwarten, gerade so, wie vor nicht zu langen Zeiten das Jahrtausend aus der unfehlbaren Weisheit der Natur hervorgehen sollte, aus dem mysteriösen selbsttätigen Gleichgewicht des Marktes oder aus der inneren Heiligkeit des Reichtums. Maschinen können natürlich, während sie praktischer werden, auch attraktiver und bequemer gemacht werden; die Frage ist nur, woher das tiefe Gefühl spezifischer Güte kommen soll, das der Mensch in seiner Beziehung zu seiner Hauptquelle und Technik der Produktion braucht, um sich selbst zu erlauben, in einem hinlänglich vertrauten Universum menschlich zu sein. Bleibt dieses Bedürfnis unerfüllt, so wird es fortfahren, ein tiefes und weitverbreitetes Grundmißtrauen zu steigern, das in Gebieten, die allzu plötzlich von Veränderungen der historischen und ökonomischen Perspektive überwältigt wurden, zu einer Bereitschaft beiträgt, einen totalitären und autoritären Wahn der Ganzheit zu akzeptieren, fix und fertig mit *einem* Führer an der Spitze *einer* Partei, *einer* Ideologie, die der ganzen Natur und der ganzen Geschichte eine einfache Begründung unterlegt, mit *einem* unbedingten Feind der Produktion, der durch *eine* zentralisierte Vertretung der Gerechtigkeit zerstört werden muß — und die ständige Ablenkung der im Inneren aufgespeicherten impotenten Wut auf einen äußeren Feind.

Hier müssen wir aber daran erinnern, daß zumindest eines der Systeme, die wir totalitär nennen, der Sowjet-Kommunismus, aus einer Ideologie geboren wurde, die jenseits aller Revolutionen am Ende eine Ganzheit der Gesellschaft ins Auge faßt, befreit vom Eingriff eines bewaffneten Staates und von der Klassenstruktur, die dies Eingreifen nötig machte. In dieser Vision ist die totale Revolution und der totalitäre Überstaat nur ein Staat, der alle Staaten beenden soll: er wird sich selbst abschaffen, indem er untätig wird, und läßt in der finalen Ganzheit einer staatslosen Demokratie nichts zu verwalten übrig, außer Dinge und Prozesse der Produktion. Ich muß es anderen überlassen, die Frage zu diskutieren, in welchem Maße totalitäre Mittel und Methoden in den »alternden« Zentren eines derartigen utopischen Unternehmens zu irreversibel starr werden könnten. In der Zwischenzeit sollten wir allerdings jene neu auftretenden Völker (und ihre jungen Leute) sowohl an der Peripherie der Sowjet- wie unserer Welt nicht aus den Augen verlieren, die in dieser Zeit der allgemeinen technologischen Veränderungen eines totalen Systems des Glaubens bedürfen. Ich will hier nicht die Folgeerscheinungen jedes der aufeinanderfolgenden Kindheitsstadien für die Ideologie des Totalitarismus besprechen. Der ursprünglichen Alternative einer ganzen, einer »heilen« Lösung in der Form des Urvertrauens und einer »totalen« Lösung in der Form des Urmißtrauens, die wir mit dem Problem des Glaubens in Beziehung setzten, folgen bei jedem Schritt analoge Alternativen, von denen jede ihrerseits zu einer der menschlichen Grundinstitutionen in Beziehung steht[19].

Nur im Vorübergehen möchte ich auf den Aspekt der kindlichen Entwicklung Bezug nehmen, der in der psychoanalytischen Literatur zum Totalitarismus die stärkste Betonung erfahren hat, ja eigentlich ausschließlich hervorgehoben wurde: ich meine die Periode etwa um das fünfte Lebensjahr herum, die oft als ödipales Stadium bezeichnet wird, wenn das Kind bereit wird, nicht nur eine zielgerichtetere und rebellischere Initiative zu entwickeln, sondern auch ein besser organisiertes Gewissen. Das gesunde, dem Spiel hingegebene Kind von drei oder vier Jahren genießt häufig ein unübertroffenes Gefühl autonomer Ganzheit, das ein immer drohendes Gefühl von Zweifel und Scham aufwiegt und zu großen Träumen von Ruhm und Leistungen führt. Das ist der Zeitpunkt, wo das Kind plötzlich Episoden angstvoller und geheimer Schuld und Anzeichen einer frühen Starrheit des Gewissens begegnet, das nun, wo das kleine menschliche Wesen gelernt hat, die Ganzheit eines autonomen Daseins zu genießen und sich überschwängliche Eroberungen vorzustellen, versucht, es wieder gegen sich selbst aufzuspalten.

Nach Freud ist der Hüter des Gewissens das *Über-Ich,* das dem Ich überlagert ist wie ein innerer Gouverneur, oder eigentlich General-Gouverneur, der die äußeren Autoritäten vertritt, und sowohl die Ziele als die Mittel der Initiative einschränkt. Man könnte die Analogie noch weiter entwickeln: während er früher einem fremden König verantwortlich war, macht sich dieser General-Gouverneur jetzt selbständig und benutzt eingeborene Truppen (und deren Methoden),

---

[19] Siehe drittes Kapitel.

um Eingeborenenaufstände zu bekämpfen. Das Über-Ich wird so nicht nur die Strenge der Forderungen und Einschränkungen widerspiegeln, die ursprünglich von den Eltern auferlegt wurden, sondern auch die relative Unreife des Stadiums, während dessen sie auferlegt wurden. So behält das menschliche Gewissen, selbst während es bewußten Idealen dient, eine gewisse unbewußte und infantile Primitivität bei. Nur eine glückliche Kombination von echter Toleranz und Festigkeit bei den Eltern kann einen infantilen Prozeß lenken, der sonst den grausam »kategorischen« Haltungen zum Opfer fällt, die ein strenges Gewissen anwendet, das sich zuerst gegen das Selbst richtet, sich aber später auf die eine oder andere Art auf die Unterdrükkung anderer konzentriert.

Diese innere Spaltung ist der zweite große Anlaß (die Trennung von der Mutter war der erste) für »totale« Lösungen im Leben, die auf dem einfachen und doch so verhängnisvollen Grundsatz beruhen, daß nichts unerträglicher ist als die vage Spannung des Schuldbewußtseins. Aus diesem Grund versuchen manche Individuen daher gelegentlich, alle moralische Undeutlichkeit zu überwinden, indem sie total gut oder total böse werden — Lösungen, die ihre ambivalente Natur insofern verraten, als die völlig »Guten« lernen können, zur »höheren Ehre Gottes« Folterknechte zu werden, während die völlig »Bösen« ihren Führern und Cliquen gegenüber ausgeprägte Treuegefühle entwickeln können. Es ist offensichtlich, daß die autoritäre Propaganda sich an diese Konflikte wendet, indem sie die Menschen auffordert, schamlos und kollektiv die totale Schlechtigkeit auf jeden inneren und äußeren »Feind« zu projizieren, der sich durch Staatsdekret und Propaganda als total untermenschlich und ungezieferartig erklären läßt, während sich der Bekehrte als Mitglied einer von der Geschichte gesegneten Nation, Rasse oder Klasse total gut fühlen darf.

Das Ende der Kindheit scheint mir die dritte und unmittelbare politische Krise der Ganzheit zu sein. Junge Menschen müssen zu ganzen Menschen aus ihrem eigenen Recht werden, und das während eines Entwicklungsstadiums, das sich durch eine Vielfalt von Veränderungen im körperlichen Wachstum, in der genitalen Reifung und in der sozialen Bewußtheit auszeichnet. Die Ganzheit, die in diesem Stadium erreicht werden muß, habe ich als ein *Gefühl der inneren Identität* bezeichnet. Um die Ganzheit zu erfahren, muß der junge Mensch eine fortschreitende Kontinuität zwischen dem, was er während der langen Jahre der Kindheit geworden ist, und dem, was er in der antizipierten Zukunft zu werden verspricht, empfinden. Individuell gesprochen umfaßt die Identität (aber ist mehr als) die Summe all der aufeinanderfolgenden Identifikationen jener früheren Jahre, als das Kind sich wünschte, so zu sein wie die Menschen, von denen es abhing, und oft gezwungen war, so zu werden. Die Identität ist ein einzigartiges Produkt, das nun auf eine Krise stößt, die sich nur in neuen Identifizierungen mit Altersgleichen und mit Führerfiguren außerhalb der Familie lösen läßt. Diese Suche nach einer neuen und doch zuverlässigen Identität läßt sich vielleicht am deutlichsten in dem fortgesetzten jugendlichen Bemühen beobachten, sich selbst und einander in oft rücksichtslosem Vergleich zu definieren, überzudefinieren und neu zu definieren, während die Suche nach zuverlässigen Ausrichtungen im rastlosen Ausprobieren des Neuesten an Möglichkeiten und des Ältesten an Werten erkennbar wird. Wo die resultierende Selbst-Definition aus persönlichen oder kollektiven Gründen zu schwierig wird, entsteht ein *Gefühl der Rollenverwirrung:* der junge Mensch kontrapunktiert seine sexuellen, ethnischen, berufsmäßigen und typologischen Alternativen, statt sie zu synthetisieren und wird oft dazu getrieben, sich definitiv und total für die eine oder die andere Seite zu entscheiden.

Hier hat die Gesellschaft die Funktion, die Wahlmöglichkeiten des Einzelnen zu leiten und einzuengen. Primitive Gesellschaften haben diese Funktion stets sehr ernst genommen; ihre Pubertätsriten setzen an Stelle eines Schreckens vor der Unbestimmtheit, der durch Rituale dramatisiert wird, ein bestimmtes Opfer und ein geheiligtes Kennzeichen. Die fortschreitende Kultur hat andere, geistigere Mittel gefunden, den richtigen Lebensplan zu »konfirmieren«. Aber die Jugend hat immer Wege gefunden, primitivere »Einweihungsriten« wieder zu beleben, indem sie exklusive Gruppen, Banden oder Brüderschaften gebildet hat. In Amerika, wo die Jugend im allgemeinen frei von primitivem Traditionalismus, strafender Vaterherrschaft und Standardisierung durch staatliche Maßnahmen ist, hat sich trotzdem eine spontane Selbst-Standardisierung entwickelt, die scheinbar sinnlose und ständig wechselnde Stilarten der Kleidung, der Gestik und des Sprechens für »Dazugehörige« absolut zwingend macht. Meist ist das eine gutartige Angelegenheit, voll gegenseitiger Unterstützung der Art, daß einer den anderen anleitet, aber gelegentlich ist die Sache grausam gegenüber Nonkonformisten und natürlich ganz rücksichtslos gegenüber der Tradition des Individualismus, die zu preisen sie vorgibt.

Lassen Sie mich noch einmal auf die individuelle Pathologie Bezug nehmen. Das Bedürfnis, wenigstens zeitweilig einen totalen Stempel der Einheitsnorm zu finden, ist in dieser Zeit so groß, daß die Jugend manchmal vorzieht, gar nichts zu sein, und das total — statt eines widerspruchsvollen Bündels von Identitätsfragmenten. Selbst bei individuellen Störungen, die gewöhnlich als präpsychotisch oder psychopathisch bezeichnet oder sonstwie in Übereinstimmung mit der erwachsenen Psychopathologie diagnostiziert werden, kann man eine fast willensmäßige »Umschaltung« auf eine negative Identität (und auf ihre Wurzel in Vergangenheit und Gegenwart) beobachten. In etwas größerem Maßstab gewinnt eine analoge Wendung zu einer negativen Identität bei den kriminellen (süchtigen, homosexuellen) Jugendlichen unserer großen Städte die Oberhand, wo Zustände einer ökonomischen, ethnischen und religiösen Existenz am Rande der Kultur und Gesellschaft schlechte Grundlagen für irgendeine Art positiver Identität bieten. Wenn solche »negativen Identitäten« von Lehrern, Richtern und Psychiatern als die »natürliche« und endgültige Identität eines Jugendlichen akzeptiert werden, dann setzt er nicht selten seinen Stolz und auch sein Bedürfnis nach totaler Orientierung darein, genau das zu werden, was seine gleichgültige Gemeinschaft von ihm erwartet. Ähnlich finden viele junge Amerikaner aus randständigen und autoritären Milieus zeitweilige Zuflucht in radikalen Gruppen, in denen eine sonst nicht zu bändigende Rebellion und Verwirrung den Stempel universeller Anerkennung innerhalb einer Schwarz-Weiß-Ideologie erhält. Einige von ihnen »meinen es wirklich«, aber viele geraten nur einfach in solch eine Verbindung hinein.

Man muß sich also gegenwärtig halten, daß nur ein festes Gefühl der inneren Identität das Ende des Wachstumsprozesses bezeichnet und eine Vorbedingung für die weitere und wirklich individuelle Ausreifung ist. Dadurch, daß es den inneren Überresten der ursprünglichen Ungleichheit der Kindheit ein Gegengewicht bietet und so die Vorherrschaft des Über-Ich vermindert, macht ein positives Identitätsgefühl es dem Individuum möglich, seine irrationale Selbstablehnung aufzugeben, das totale Vorurteil gegen sich selbst, das für schwere Neurotiker und Psychotiker geradeso charakteristisch ist, wie der fanatische Haß gegen jede Andersartigkeit. Eine derartige Identität aber hängt von der Unterstützung ab, die das junge Individuum vom kollektiven Identitätsgefühl erhält, das die für es signifikanten sozialen Gruppen charakterisiert: seine Klasse, seine Nation, seine

Kultur[20]. Hier ist es wichtig, sich daran zu erinnern, daß jede Gruppenidentität ihr eigenes Freiheitsgefühl kultiviert — was der Grund dafür ist, warum ein Volk so selten das versteht, was ein anderes Volk sich frei fühlen läßt. Wo aber die geschichtliche und technologische Entwicklung tief verwurzelte oder stark hervortretende Identitäten (zum Beispiel agrarische, feudale, patrizische) im großen Maßstab ernstlich beeinträchtigt, da fühlt sich die Jugend individuell und kollektiv gefährdet, worauf sie bereit wird, Doktrinen zu unterstützen, die ein völliges Eintauchen in eine synthetische Identität (des extremen Nationalismus, Rassismus, Klassenbewußtseins) und eine kollektive Verdammung eines total stereotypisierten Feindes der neuen Identität anbieten. Die Angst vor dem Identitätsverlust, die eine derartige Indoktrination fördert, trägt auf bedeutsame Weise zu jener Mischung von Rechtschaffenheit und Kriminalität bei, die unter totalitären Bedingungen zugänglich wird für den organisierten Terror und die Errichtung größerer Austilgungsindustrien. Und da Bedingungen, die ein Identitätsgefühl untergraben, auch ältere Individuen an jugendliche Alternativen fixieren, schließen sich eine große Zahl von Erwachsenen der Richtung an oder sind in ihrem Widerstand gelähmt. Mein Gedanke geht also schließlich dahin, daß die Erforschung dieser dritten großen Krise der Ganzheit, am Ende der Kindheit und Jugend, die stärkste latente Möglichkeit zum Totalismus verrät und daher von großer Bedeutung für das Auftreten neuer kollektiver Identitäten in unserer Zeit ist. Die totalitäre Propaganda überall in der Welt konzentriert sich auf die Behauptung, daß die Jugend von der abebbenden Welle der Vergangenheit im Stich und auf dem Trockenen gelassen worden sei. Wenn wir das besser verstehen, wird es uns wahrscheinlich dabei helfen, Alternativen oder Aufklärung anzubieten, anstelle unserer augenblicklichen Neigung zur Verachtung oder zu Verboten — in schwächlichen Versuchen, die Totalitären auszutotalisieren!

Mut zu seiner eigenen Vielfalt zu haben, ist ein Zeichen der Ganzheit bei Individuen und in Kulturen. Aber auch die Ganzheit muß

20 Ich ziehe es vor, sowohl bei Individuen wie bei Gruppen von einem »Identitätsgefühl« zu sprechen, statt von »Charakterstruktur« oder »Grundcharakter«. Auch bei Nationen würden mich klinische Vorstellungen dazu veranlassen, mich auf die Bedingungen, Erfahrungen und Verhaltensmuster zu konzentrieren, die ein nationales Identitätsgefühl erhöhen oder gefährden, statt auf einen statischen Nationalcharakter.

bestimmte Grenzen haben. Im augenblicklichen Zustand unserer Kultur ist es noch nicht möglich vorauszusehen, ob eine *universellere Identität* verspricht, all die Vielfältigkeiten und Dissonanzen, die Relativitäten und tötlichen Gefahren zu umfassen, oder nicht, die zusammen mit dem technologischen und wissenschaftlichen Fortschritt auftreten.

DRITTES KAPITEL

DER LEBENSZYKLUS: DIE EPIGENESE DER IDENTITÄT

Zu den unentbehrlichen Koordinaten der Identität gehört die des Lebenszyklus, denn wir nehmen an, daß das Individuum erst in der Adoleszenz in seinem physiologischen Wachstum, in der geistigen Reifung und in der sozialen Verantwortung die Vorbedingungen entwickelt, um die Krise der Identität zu erleben und zu durchlaufen. Wir können tatsächlich von der Identitätskrise als dem psychosozialen Aspekt des Heranreifens sprechen. Noch auch könnte dies Stadium durchlebt werden, ohne daß die Identität eine Form gefunden hat, die das spätere Leben entscheidend determiniert.

Lassen Sie uns noch einmal von Freuds weitreichender Entdeckung ausgehen, daß der neurotische Konflikt sich im Inhalt nicht sehr von den »normativen« Konflikten unterscheidet, die jedes Kind in seiner Kindheit durchleben muß und deren Rückstände jeder Erwachsene in den geheimen Tiefen seiner Persönlichkeit mit sich trägt. Denn um psychologisch lebendig zu bleiben, löst der Mensch diese Konflikte beständig aufs neue, gerade so wie sein Körper unablässig den Übergriff des körperlichen Verfalls bekämpft. Da ich indessen die Schlußfolgerung nicht akzeptieren kann, daß einfach lebendig oder nicht krank zu sein, schon bedeutet, gesund zu sein, oder wie ich in Dingen der Persönlichkeit lieber sage, *vital* zu sein, muß ich Zuflucht zu ein paar Begriffen nehmen, die nicht Teil der offiziellen Terminologie meines Arbeitsgebietes sind.

Ich werde das menschliche Wachstum vom Standpunkt der inneren und äußeren Konflikte aus darstellen, die die vitale Persönlichkeit glücklich übersteht, die aus jeder Krise mit einem erhöhten Gefühl der inneren Einheit hervorgeht, mit einer Zunahme an guter Urteilsfähigkeit und einer Zunahme der Fähigkeit, »etwas zustande zu bringen«, entsprechend ihren eigenen Maßstäben und den Maßstäben derer, die für sie bedeutsam sind. Die Verwendung der Worte »etwas zustande bringen« weist natürlich auf die ganze Frage der kulturellen Relativität hin. Diejenigen, die für einen Mann von Bedeutung sind, können denken, daß er etwas zustande bringt, wenn er nur »einiges leistet« oder wenn er in dem Sinn vorankommt, daß er Besitz erwirbt; wenn er vorankommt im Sinne der Erwerbung neuer Geschicklichkeiten und Kenntnisse; oder wenn er nicht mehr erreicht, als daß er eben zurechtkommt; wenn er lernt, sich rings umher anzupassen oder auf signifikante Weise zu rebellieren; wenn er bloß frei ist von neurotischen Symptomen oder es zustande bringt, innerhalb seiner Vitalität alle Arten von tiefem Konflikt in sich zu tragen.

Es gibt viele Formulierungen dessen, was eine »gesunde« Persönlichkeit beim Erwachsenen ausmacht. Aber wenn wir nur eine aufgreifen — in diesem Fall die Definition von Marie Jahoda, nach der eine gesunde Persönlichkeit ihre Umgebung *aktiv beherrscht,* eine *gewisse Einheit der Persönlichkeit* zeigt und fähig ist, die Welt und sich selbst *richtig wahrzunehmen* [1] — dann wird deutlich, daß all diese Kriterien relativ zu der kognitiven und sozialen Entwicklung des Kindes sind. Wir können tatsächlich sagen, daß die Kindheit durch deren anfängliches Fehlen und durch ihre graduelle Entwicklung in komplexen Schritten zunehmender Differenzierung definiert wird. Wie wächst nun, oder entsteht sozusagen eine vitale Persönlichkeit aus den aufeinanderfolgenden Stadien der zunehmenden Fähigkeit, sich an die Notwendigkeiten des Lebens anzupassen — und wie behält sie noch einigen vitalen Enthusiasmus übrig?

Immer wenn wir versuchen, Wachstum zu verstehen, tun wir gut daran, uns des *epigenetischen Prinzips* zu erinnern, das vom Wachstum des Organismus *in utero* abgeleitet ist. Etwas verallgemeinert besagt dies Prinzip, daß alles was wächst, einen Grundplan hat, und daß die Teile aus diesem Grundplan heraus erwachsen, wobei jeder Teil seinen Zeitpunkt der speziellen Aszendenz besitzt, bis alle Teile entstanden sind, um ein funktionierendes Ganzes zu bilden. Das trifft ganz offensichtlich auf die fötale Entwicklung zu, wo jeder Teil des Organismus seine kritische Zeit des Auftretens oder der Defektgefährdung hat. Bei der Geburt läßt der Säugling den chemischen Austausch des Schoßes hinter sich und tritt dafür in das soziale Austauschsystem seiner Gesellschaft ein, wo seine allmählich zunehmenden Fähigkeiten auf die Möglichkeiten und Einschränkungen seiner Kultur treffen.

---

1 Marie Jahoda, »Toward a Social Psychology of Mental Health«, in: Symposium on the Healthy Personality, Supplement II: Problems of Infancy and Childhood, Transactions of Fourth Conference, März 1950, New York 1950 (Josiah Macy, Jr. Foundation).

Wie der reifende Organismus sich weiter entfaltet, nicht indem er neue Organe entwickelt, sondern mittels einer vorgeschriebenen Reihenfolge von lokomotorischen, sensorischen und sozialen Fähigkeiten, das alles wird in der Literatur über die kindliche Entwicklung beschrieben. Wie schon gesagt, vermittelt uns die Psychoanalyse das Verständnis der persönlicheren Erlebnisse und besonders der inneren Konflikte, die die Art bilden, in der ein Individuum zu einer bestimmten Persönlichkeit wird. Aber auch hier muß man sich vergegenwärtigen, daß man beim gesunden Kind — ein vernünftiges Maß richtiger Führung vorausgesetzt — sich darauf verlassen kann, daß es in der Reihenfolge seiner persönlichsten Erfahrungen inneren Entwicklungsgesetzen gehorcht, Gesetzen, die eine Aufeinanderfolge von Möglichkeiten für eine signifikante Wechselwirkung mit denjenigen Personen schafft, die für es sorgen und auf es reagieren, und mit den Institutionen, die für es bereitstehen. Während diese Wechselwirkung von Kultur zu Kultur variiert, muß sie innerhalb »des richtigen Maßes und der richtigen Reihenfolge« bleiben, die in jeder Epigenese herrschen. Man kann daher von der Persönlichkeit sagen, daß sie sich entsprechend einer Stufenfolge entwickelt, die in der Bereitschaft des menschlichen Organismus prädeterminiert ist, auf einen sich erweiternden Radius bedeutsamer Individuen und Institutionen zugetrieben zu werden, sich seiner bewußt zu werden und mit ihm in Wechselwirkung zu treten.

Aus diesem Grund benutzen wir für die Darstellung der Stadien in der Persönlichkeitsentwicklung ein epigenetisches Diagramm, analog dem von mir in *Kindheit und Gesellschaft* für eine Analyse der Freudschen psychosexuellen Stadien verwendeten[2]. Es ist tatsächlich mit ein Zweck dieser Darstellung, eine Brücke zwischen der Theorie der infantilen Sexualität (ohne sie hier im Einzelnen zu wiederholen) und unserem Wissen vom körperlichen und sozialen Wachstum des Kindes herzustellen.

Das Diagramm ist auf Seite 95 dargestellt. Die fett umrandeten Vierecke bedeuten sowohl eine Reihenfolge von Stadien wie eine allmähliche Entwicklung von Bestandteilen; mit anderen Worten: das Diagramm formalisiert die Progression einer Differenzierung von Bestandteilen in der Zeit. Dies zeigt 1., daß jede zu besprechende Position der vitalen Persönlichkeit systematisch zu allen anderen in Be-

2 Siehe Erik H. Erikson, Kindheit und Gesellschaft, zweiter Teil.

zeihung steht und daß sie alle von der richtigen Entwicklung in der richtigen Reihenfolge jeder Position abhängen; und 2. daß jede Position in irgendeiner Form existiert, ehe »ihre« entscheidende und kritische Zeit normalerweise gekommen ist.

Wenn ich zum Beispiel sage, daß ein Gefühl des Urvertrauens die erste Komponente der geistigen Vitalität ist, die sich im Leben entwickelt, ein Gefühl des autonomen Willens die zweite, und ein Gefühl der Initiative die dritte, dann drückt das Diagramm sowohl eine Anzahl fundamentaler Beziehungen aus, die zwischen den drei Komponenten bestehen als auch einige fundamentale Tatsachen über jede.

Jede Komponente kommt zu ihrer Aszendenz, trifft auf ihre Krise und findet gegen Ende des erwähnten Stadiums ihre endgültige Lösung, in Weisen, die hier beschrieben werden sollen. Alle existieren am Anfang in irgendeiner Form, obwohl wir diese Tatsache nicht hervorheben, und wir wollen die Dinge nicht komplizieren, indem wir diesen Komponenten in früheren oder späteren Stadien verschiedene Namen geben. Ein Säugling kann zum Beispiel von Anfang an in der besonderen Art, in der er ärgerlich versucht, seine Hand los zu winden, wenn man sie festhält, etwas wie »Autonomie« verraten. Aber unter normalen Bedingungen wird er nicht vor dem zweiten Lebensjahr beginnen, die ganze kritische Alternative zu erleben zwischen dem Gefühl, ein autonomes Geschöpf zu sein und ein abhängiges Geschöpf, und erst dann ist das Kind für eine spezifisch neue Begegnung mit seiner Umwelt bereit. Die Umwelt ihrerseits fühlt sich jetzt aufgefordert, ihm ihre besonderen Ideen und Konzepte der Autonomie auf Arten und Weisen mitzuteilen, die entscheidend zu seinem persönlichen Charakter, zu seiner relativen Leistungsfähigkeit und zur Stärke seiner Vitalität beitragen.

Es ist diese Begegnung, zusammen mit den daraus entstehenden Krisen, die hier für jedes Stadium dargestellt werden soll. Jedes Stadium wird zu einer Krise, weil beginnendes Wachstum und Bewußtheit in einer neuen Teilfunktion mit einer Verschiebung in der Triebenergie einhergehen, und außerdem auch eine spezifische Verletzlichkeit in diesem Teil verursachen. Daher ist die Frage, ob ein Kind in einem gegebenen Stadium schwach oder stark ist, mit am schwierigsten zu entscheiden. Vielleicht könnte man am besten sagen, daß das Kind in manchen Hinsichten immer verletzlich ist und in anderen vollständig vergeßlich und empfindungslos, daß es aber zur gleichen Zeit in denselben Hinsichten, in denen es verletzlich ist, unglaub-

	1	2	3	4	5	6	7	8
VIII								Integrität gegen Verzweiflung
VII							Schöpferische Tätigkeit gegen Stagnation	
VI						Identität gegen Isolierung		
V	Zeitliche Perspektive gegen Zeit-Verwirrung	Selbstsicherheit gegen Befangenheit	Rollen-Experimentieren gegen Rollenfixierung	Lehrzeit gegen Arbeitslähmung	Identität gegen Identitätsverwirrung	Sexuelle Polarisierung gegen bisexuelle Verwirrung	Führer- und Gefolgschaft gegen Autoritätsverwirrung	Ideologische Bindung gegen Verwirrung der Werte
IV				Tätigkeit gegen Minderwertigkeitsgefühle				
III			Initiative gegen Schuldgefühle					
II		Autonomie gegen Scham und Zweifel						
I	Vertrauen gegen Mißtrauen							

lich beharrlich ist. Man muß hinzufügen, daß die Schwäche des Säuglings ihm Macht verleiht; gerade aus seiner Abhängigkeit und Schwäche heraus gibt er Zeichen, denen gegenüber seine Umgebung, wenn sie von einer Reaktionsfähigkeit richtig geleitet wird, die »triebhafte« und traditionelle Verhaltensmuster in sich vereint, eigentümlich empfindlich ist. Die Gegenwart eines kleinen Kindes übt eine starke und beharrliche Herrschaft über das äußere und innere Leben jedes Mitglieds eines Haushalts aus. Da die Familienmitglieder sich neu orientieren müssen, um seine Gegenwart in ihr Leben einzupassen, müssen sie auch als Individuen und als Gruppe wachsen. Es ist ebenso richtig zu behaupten, daß kleine Kinder ihre Familien kontrollieren und erziehen, wie es richtig ist, das Umgekehrte zu sagen. Eine Familie kann ein Kind nur erziehen, indem sie von ihm erzogen wird. Sein Wachstum besteht aus einer Reihe von Herausforderungen an sie, seinen neu sich entfaltenden Möglichkeiten, zur sozialen Wechselwirkung zu dienen.

Jeder aufeinanderfolgende Schritt ist also eine potentielle Krise aufgrund einer radikalen Veränderung in der Perspektive. Das Wort Krise wird hier in einem entwicklungsmäßigen Sinn gebraucht, nicht um eine drohende Katastrophe zu bezeichnen, sondern einen Wendepunkt, eine entscheidende Periode vermehrter Verletzlichkeit und eines erhöhten Potentials, und daher die ontogenetische Quelle für Stärke oder Fehlanpassung in der Generationenfolge. Die radikalste Veränderung von allen, die vom intrauterinen zum extrauterinen Leben, tritt am Beginn des Lebens selbst ein. Aber auch im nachgeburtlichen Dasein müssen so radikale Anpassungen der Perspektive, wie entspannt liegen, fest sitzen und schnell laufen, alle zu ihrer eigenen rechten Zeit geleistet werden. Mit ihnen ändert sich auch die zwischenmenschliche Perspektive rapide und oft radikal, wie es die zeitliche Nähe derartiger Gegensätze bezeugt wie »Mutter nicht aus den Augen lassen« und »unabhängig sein wollen«. So benutzen unterschiedliche Fähigkeiten unterschiedliche Gelegenheiten, um voll ausgereifte Komponenten der immer neuen Gestaltung zu werden, die die wachsende Persönlichkeit ist.

1. Die Säuglingszeit und die Gegenseitigkeit des Erkennens

Als grundlegende Voraussetzung der geistigen Vitalität habe ich schon ein *Gefühl des Urvertrauens* genannt, das eine allesdurchdringende Haltung sich selbst und der Welt gegenüber ist, die aus den Erfahrungen des ersten Lebensjahres herstammt. Unter »Vertrauen« verstehe ich sowohl ein wesenhaftes Zutrauen zu anderen als auch ein fundamentales Gefühl der eigenen Vertrauenswürdigkeit.

Um die Entwicklung einer Reihe von alternativen Grundhaltungen, einschließlich der Identität zu beschreiben, nehmen wir den Ausdruck »ein Gefühl von« zu Hilfe. Es muß allerdings unmittelbar einleuchtend sein, daß derartige »Gefühle«, wie etwa ein Gefühl von Gesundheit oder Vitalität, oder ein Gefühl vom Fehlen beider die Oberfläche und die Tiefe durchdringt, einschließlich dem, was wir als Bewußtheit erleben, oder was kaum bewußt bleibt, oder ganz unbewußt ist. Als bewußte Erfahrung ist das Vertrauen der Introspektion zugänglich. Aber es ist auch eine Art des Benehmens, die von anderen beobachtet werden kann; und es ist schließlich ein innerer Zustand, der nur durch Testanwendung und psychoanalytische Deutung verifiziert werden kann. Wenn wir leichthin von »einem Gefühl von« reden, muß auf alle drei dieser Dimensionen geschlossen werden.

Wie das in der Psychoanalyse üblich ist, erfuhren wir von der »Ur«-Natur des Vertrauens zuerst durch die seelische Erkrankung Erwachsener. Bei Erwachsenen kommt eine radikale Schädigung des Urvertrauens und ein Überwiegen des Urmißtrauens in einer besonderen Form schwerwiegender Entfremdung zum Ausdruck, die Individuen charakterisiert, die sich in sich selbst zurückziehen, sobald sie mit sich und anderen uneins sind. Besonders eindrucksvoll zeigen Kranke diesen Rückzug, die auf psychotische Zustände regredieren, in denen sie sich manchmal ganz verschließen, Essen und jede Bequemlichkeit ablehnen und der Gemeinschaft gegenüber blind werden. Was ihnen am radikalsten fehlt, kann man aus der Tatsache ersehen, daß wir, wenn wir ihnen mit Psychotherapie beistehen wollen, versuchen müssen, sie mit der spezifischen Absicht zu »erreichen«, sie davon zu überzeugen, daß sie uns vertrauen können, daß wir ihnen vertrauen und daß sie sich selber trauen können.

Die Bekanntschaft sowohl mit derartig radikalen Regressionen wie auch mit den tiefsten und infantilsten Vorbedingungen bei unseren nicht-zu-kranken Patienten hat uns gelehrt, das Urvertrauen als den

Grundstein der vitalen Persönlichkeit anzusehen. Lassen sie uns sehen, was uns dazu berechtigt, die Krise und die Aszendenz dieser Komponente an den Beginn des Lebens zu setzen!

Wenn das Neugeborene aus seiner Symbiose mit dem mütterlichen Körper abgetrennt wird, trifft seine angeborene und mehr oder weniger koordinierte Fähigkeit, mit dem Mund aufzunehmen, auf die mehr oder weniger koordinierte Fähigkeit und Absicht der Mutter, es zu nähren und willkommen zu heißen. An diesem Punkt lebt und liebt der Säugling durch und mit seinem Mund und die Mutter liebt mit ihren Brüsten oder welche Teile ihres Gesichts und Körpers immer ihr Verlangen übermitteln, dem Kind zu geben, was es braucht. Für die Mutter ist das eine späte und komplizierte Errungenschaft, höchst abhängig von ihrer Entwicklung als Frau, von ihrer unbewußten Haltung dem Kind gegenüber, von der Art, wie sie die Schwangerschaft und die Entbindung durchlebt hat, von ihrer und ihrer Gemeinschaft Haltung gegenüber dem Akt des Stillens und der Kinderpflege — und von der Reaktion des Neugeborenen. Für es ist der Mund der Brennpunkt einer allgemeinen ersten Hinwendung zum Leben — der einverleibenden Hinwendung. In der Psychoanalyse wird dieses Stadium gewöhnlich als das orale Stadium bezeichnet. Aber es ist ja klar, daß, zusätzlich zu dem übermächtigen Bedürfnis nach Nahrung, ein Säugling auch in vielen anderen Hinsichten rezeptiv ist oder bald wird. Ebenso wie er bereit und fähig ist, an geeigneten Objekten zu saugen und, was immer sie an geeigneten Flüssigkeiten abgeben, zu schlucken, so ist er auch bald bereit und fähig, mit seinen Augen »aufzunehmen«, was immer in sein Gesichtsfeld tritt. Auch seine Sinne scheinen »aufzunehmen«, was sich gut anfühlt. Man kann also in diesem Sinn von einem *inkorporierenden Stadium* sprechen, in dem das Kind, relativ ausgedrückt, empfänglich gegenüber dem ist, was ihm geboten wird. Aber kleine Kinder sind auch empfindlich und verletzlich. Um sicher zu gehen, daß ihre ersten Erfahrungen in dieser Welt sie nicht nur am Leben erhalten, sondern ihnen auch helfen werden, ihr empfindliches Atmen und ihre Stoffwechsel- und Kreislauf-Rhythmen zu koordinieren, müssen wir dafür sorgen, daß wir ihren Sinnen sowohl Reize als Nahrung in der richtigen Intensität und zur richtigen Zeit anbieten; andernfalls kann sich ihre Bereitschaft entgegenzunehmen radikal in diffuse Abwehr oder in Lethargie verwandeln.

Während also ganz klar ist, was geschehen muß, um einen Säugling am Leben zu erhalten — das Minimum an nötiger Versorgung — und was nicht geschehen darf, damit er nicht körperlich geschädigt oder chronisch verstört wird — das Maximum an tolerierbarer früher Frustration — gibt es einen gewissen Spielraum hinsichtlich dessen, was geschehen *darf,* und die verschiedenen Kulturen machen ausgedehnten Gebrauch von den Voraussetzungen für die Entscheidung über das, was sie für nützlich halten und das, was sie beharrlich als notwendig bezeichnen. Manche Leute glauben, daß ein Baby, damit es sich nicht die eigenen Augen auskratzt, unbedingt vollständig fest gewickelt werden muß, und das beinahe den ganzen Tag lang und während des größten Teils seines ersten Lebensjahres, und daß man es wiegen und füttern muß, sobald es wimmert. Andere denken, daß es die Freiheit seiner strampelnden Glieder so früh als möglich fühlen, aber auch, daß es selbstverständlich gezwungen werden muß, solange »bitte« um seine Mahlzeiten zu schreien, bis es, wörtlich, blau im Gesicht wird. All das scheint mehr oder weniger bewußt mit dem allgemeinen Ziel und System der Gesellschaft in Beziehung zu stehen. Ich habe ein paar alte Indianerinnen gekannt, die sich bitterlich über die Art beschwerten, wie wir früher unsere kleinen Kinder schreien ließen, weil wir glaubten, das würde »ihre Lungen stark machen«. Kein Wunder, meinten die Indianerinnen, daß der weiße Mann, nach solch einem anfänglichen Empfang, so erpicht darauf sei, in den »Himmel« zu kommen. Aber die gleichen Indianer sprachen mit Stolz von der Art, wie ihre Säuglinge, die bis ins zweite Lebensjahr gestillt wurden, vor Wut blau im Gesicht wurden, wenn man ihnen auf den Kopf schlug, weil sie in die Brustwarzen ihrer Mütter bissen; hier glaubten die Indianer ihrerseits, daß das »gute Jäger aus ihnen machen« würde.

Es liegt also eine gewisse innerliche Weisheit, ein unbewußtes Planen und viel Aberglauben in den scheinbar willkürlichen Variationen der Kinderaufzucht. Aber es liegt auch eine — wenn auch noch so triebhafte und vorwissenschaftliche — Logik in der Annahme, daß das, was »gut für das Kind ist«, was ihm geschehen *darf,* davon abhängt, was es vermutlich einmal werden soll und wo es das werden soll.

Auf alle Fälle trifft der menschliche Säugling schon in seinen frühesten Begegnungen auf die hauptsächlichen Modalitäten seiner Kultur. Die einfachste und früheste Modalität ist *zu bekommen,* nicht im Sinn von »geh und erwirb«, sondern in dem des Empfangens und Annehmens dessen, was gegeben wird. Das ist einfach, wenn es funktioniert, und doch zeigt jede Störung, wie kompliziert der Prozeß in

Wirklichkeit ist. Der tastende und unsichere Organismus des Neugeborenen lernt diese Modalität nur, indem er lernt, seine Bereitschaft zu bekommen den Methoden einer Mutter anzupassen, die ihm ihrerseits erlauben wird, seine Mittel des Bekommens zu koordinieren, während sie ihre Mittel des Gebens entwickelt und koordiniert. Aber indem es so bekommt, was gegeben wird, und indem es lernt, jemanden dahinzubringen, für es das zu tun, was es getan haben möchte, entwickelt das kleine Kind auch die notwendige Grundlage, um dahin zu gelangen, der Geber zu sein — das heißt, sich mit der Mutter zu identifizieren und schließlich eine gebende Person zu werden. Bei manchen besonders sensitiven Individuen, oder bei solchen, deren frühe Frustration nie ausgeglichen wurde, kann an der Wurzel einer Beziehungsstörung zur Welt im allgemeinen und besonders zu bedeutsamen Menschen solch eine Schwäche in der frühen wechselseitigen Regulation liegen. Aber natürlich gibt es Wege, die Wechselseitigkeit durch die Sättigung anderer als der oralen Rezeptoren aufrechtzuerhalten: durch die Lust des Kindes daran, getragen, gewärmt, mit Lächeln bedacht, gewiegt, angesprochen zu werden und so fort. Außer einer derartigen »horizontalen« Kompensation (Kompensation während des gleichen Entwicklungsstadiums) gibt es viele »longitudinale« Kompensationen im Leben, die aus späteren Stadien des Lebenszyklus erwachsen [3].

Während des »zweiten oralen« Stadiums reifen die Fähigkeiten, Lust in einer aktiveren und zielgerichteteren inkorporativen Hinwen-

---

[3] Meine Teilnahme an der Longitudinal-Untersuchung des *Institute of Child Welfare* an der Universität von California hat mich den größten Respekt vor der Elastizität und dem Einfallsreichtum der einzelnen Kinder gelehrt, die in einer bereitwilligen und freundlichen Lebensweise und einer großzügigen, unmittelbar sie aufnehmenden Gruppe lernten, frühe Mißgeschicke zu kompensieren, die sonst in unseren klinischen Krankengeschichten Fehlverhalten durchaus überzeugend erklärt hätten. Die Untersuchung bot mir Gelegenheit, ein Jahrzehnt der Lebensgeschichte von etwa fünfzig (gesunden) Kindern aufzuzeichnen und über den weiteren Lebensverlauf von einigen von ihnen einigermaßen orientiert zu bleiben. Vieles von dem, was hier berichtet wird, verdanke ich dieser Untersuchung, aber nur der Identitätsbegriff hat mir dazu verholfen, die Persönlichkeitsentwicklung dieser Kinder zu verstehen. Siehe J. W. Macfarlane, »Studies in Child Guidance, I: Methodology of Data Collection and Organization«, in: Society for Research in Child Development Monographs, Bd. III, 6 (1938). Siehe auch Erik H. Erikson, »Sex Differences in the Play Configurations of Preadolescents«, in: American Journal of Orthopsychiatry, 21 (1951), S. 667—692.

dung zu verfolgen und zu ergreifen. Zähne entwickeln sich und mit ihnen die Lust, auf harte Dinge zu beißen, durch Dinge zu beißen und Dinge abzubeißen. Dieser aktiv inkorporative Modus charakterisiert eine Vielfalt von anderen Betätigungen, wie das auch beim ersten inkorporativen Modus der Fall war. Die Augen, zuerst scheinbar passiv im Hinnehmen von Eindrücken, wie sie eben kommen, haben nun gelernt, ihren Brennpunkt auf Objekte zu richten, Objekte zu »ergreifen«, vom undeutlicheren Hintergrund zu isolieren und ihnen zu folgen. Ebenso haben die Gehörorgane gelernt, bedeutsame Geräusche zu unterscheiden, sie zu lokalisieren und geeignete Veränderungen in der Position zu lenken, wie etwa den Kopf zu heben und zu drehen, oder den Oberkörper zu erheben und umzuwenden. Die Arme haben gelernt, sich entschieden auszustrecken, und die Hände, fest zu greifen. Wir sind also mehr an der allgemeinen Gestaltung der sich entwickelnden Hinwendungen zur Welt interessiert als am ersten Auftreten isolierter Fähigkeiten, die in der Literatur über die kindliche Entwicklung so reichlich dokumentiert sind. Man kann an ein Stadium als an die Zeit denken, in der eine bestimmte Fähigkeit zuerst auftritt (oder in nachprüfbarer Form auftritt), oder als an die Periode, wo eine Anzahl verwandter Einzelpunkte so gut etabliert und integriert sind, daß der nächste Entwicklungsschritt mit Sicherheit eingeleitet werden kann.

Während des zweiten Stadiums werden zwischenmenschliche Grundformen errichtet, die in der sozialen Modalität des *Nehmens und Festhaltens* von Dingen zusammengefaßt sind — von Dingen, die mehr oder weniger uneingeschränkt angeboten und gegeben werden, und Dingen, die mehr oder weniger die Tendenz haben, fortzuschlüpfen. Während das kleine Kind lernt, seine Lage zu verändern, sich herumzurollen und sich sehr allmählich auf dem Thron seines Sitz-Königreichs einzurichten, muß es den Mechanismus vervollkommnen, alles, was sich innerhalb seiner Reichweite befindet, zu packen, sich herzuholen und festzuhalten und auch zu kauen.

Die Krise des zweiten oralen Stadiums ist schwer abzuschätzen und noch schwieriger zu verifizieren. Sie scheint aus dem zeitlichen Zusammenfallen dreier Entwicklungen zu bestehen: 1. einem »gewaltsameren« Trieb einzuverleiben, sich anzueignen und aktiver zu beobachten, einer Gespanntheit, die mit dem Unbehagen des Zahnens und anderen Veränderungen in der oralen Apparatur verbunden ist; 2. dem zunehmenden Gewahrwerden des Kindes von sich selbst als einer bestimmten Person und 3. der allmählichen Wegwendung der Mutter vom Säugling zu Beschäftigungen hin, die sie während der späten Schwangerschaft und der nachgeburtlichen Pflege des Kindes aufgegeben hatte. Die Beschäftigungen schließen auch ihre volle Rückkehr zur ehelichen Intimität und vielleicht zu einer neuen Schwangerschaft mit ein.

Wo das Stillen bis in das Beiß-Stadium fortgesetzt wird, und das war, allgemein gesprochen, früher die Regel, wird es für das Kind notwendig zu lernen, wie man das Saugen fortsetzt ohne zu beißen, so daß die Mutter die Brustwarze nicht aus Schmerz oder Ärger zurückzieht. Unsere klinische Arbeit deutet darauf hin, daß dieses Stadium in der Frühgeschichte des Individuums ihm ein gewisses Gefühl eines Urverlustes vermittelt, für immer den Eindruck hinterläßt, daß einst vor langen Zeiten die eigene Einheit mit einer mütterlichen Matrix zerstört worden ist. Das Abstillen sollte daher nicht den plötzlichen Verlust sowohl der Mutterbrust als auch der beruhigenden Gegenwart der Mutter bedeuten, außer natürlich, wenn man sich darauf verlassen kann, daß andere Frauen sehr ähnlich wie Mutter klingen und sich anfühlen. Der drastische Verlust gewohnter Mutterliebe in dieser Zeit, ohne geeigneten Ersatz, kann unter auch sonst aggravierenden Umständen zu einer akuten infantilen Depression oder zu einem leichten aber chronischen Trauerzustand führen[4], der dem Rest des Lebens einen depressiven Unterton verleiht. Aber selbst unter günstigeren Umständen scheint dies Stadium ein Gefühl der Trennung ins Seelenleben einzuführen und eine undeutliche aber weltweite Sehnsucht nach einem verlorenen Paradies.

Gegen die Kombination dieser Eindrücke, einen empfindlichen Verlust erlitten zu haben, getrennt worden und verlassen worden zu sein, die alle einen Niederschlag von Urmißtrauen hinterlassen, muß das Urvertrauen sich durchsetzen und aufrechterhalten.

Was wir hier mit »Vertrauen« bezeichnen, stimmt mit dem überein, was Therese Benedek »Zuversicht« nannte. Wenn ich dem Wort »Vertrauen« den Vorzug gebe, so weil es mehr Naivität und mehr Gegenseitigkeit ausdrückt: man kann von einem Säugling sagen, daß er vertrauensvoll ist, aber es wäre zu viel verlangt, wollte man sagen, er sei zuversichtlich. Außerdem bedeutet der allgemeine Zustand des

---

[4] R. A. Spitz, »Hospitalism«, in: The Psychoanalytic Study of the Child, Bd. 1 (1945), S. 53—74, New York (International Universities Press) 1945.

Vertrauens nicht nur, daß man gelernt hat, sich auf die Gleichheit und Kontinuität der äußeren Versorger zu verlassen, sondern auch, daß man sich selbst und der Fähigkeit der eigenen Organe trauen kann, dringenden Bedürfnissen gewachsen zu sein; daß man im Stande ist, sich selbst für vertrauenswürdig genug zu halten, so daß die Versorger es nicht nötig haben, auf der Hut zu sein oder wegzugehen.

In der psychiatrischen Literatur findet man häufig Hinweise auf den »oralen Charakter«, was die Hervorhebung von Zügen bedeutet, die für die ungelösten Konflikte dieses Stadiums repräsentativ sind. Wo immer der orale Pessimismus dominant und ausschließlich wird, lassen sich infantile Ängste, wie die, »leer gelassen zu werden« oder einfach »verlassen zu werden« und auch »nach Anreizen zu verhungern«, in den depressiven Formen von »leer zu sein« und »nichts zu taugen« erkennen. Solche Ängste können ihrerseits der Oralität jene besondere habsüchtige Qualität verleihen, die in der Psychoanalyse als oraler Sadismus bezeichnet wird, das heißt ein grausames Bedürfnis, auf eine Weise zu bekommen und zu nehmen, die andere oder einem selbst schädigt. Aber es gibt auch einen optimistischen oralen Charakter, einen der es gelernt hat, aus Geben und Nehmen die wichtigsten Dinge im Leben zu machen. Und dann gibt es die »Oralität« als normale Unterschicht in jedem Einzelnen, ein dauernder Überrest aus dieser ersten Periode der Abhängigkeit von mächtigen Versorgern. Normalerweise kommt sie in unseren Abhängigkeiten und Heimwehgefühlen zum Ausdruck, und in unseren allzu hoffnungsvollen und allzu hoffnungslosen Zuständen. Die Integration des oralen Stadiums mit allen folgenden Stadien resultiert, beim Erwachsenen, in einer Kombination von Glaube und Wirklichkeitssinn.

Die Pathologie und Irrationalität oraler Züge hängt völlig von dem Maß ab, in dem sie mit dem Rest der Persönlichkeit integriert sind, und von dem Maß, in dem sie sich in die allgemeine kulturelle Grundform einpassen und für ihren Ausdruck anerkannte zwischenmenschliche Techniken verwenden.

Hier, wie auch anderswo, ist es daher der Ausdruck infantiler Dränge in kulturellen Grundformen, die man — oder die man nicht — als pathologische Abweichung im gesamten ökonomischen oder moralischen System einer Kultur oder Nation ansehen kann, den wir als Gegenstand der Diskussion ins Auge fassen müssen. Man könnte zum Beispiel von dem stärkenden Glauben an »das Glück« sprechen, jener traditionellen Vorbedingung für den amerikanischen Glauben an seine eigene Findigkeit wie an den Vorrat des Schicksals an guten Absichten. Zu Zeiten kann man beobachten, wie dieser Glaube zu einem Glücksspiel in großem Maßstab degeneriert oder zum »Riskieren« in der Form einer willkürlichen und oft selbstmörderischen Herausforderung des Fatums, oder zu der beharrlichen Vorstellung, daß man nicht nur das Recht auf gleiche Glückschancen hat, sondern auch das Privileg, vor allen anderen »Investoren« bevorzugt zu werden. In ähnlicher Weise können sich all die angenehm lustvollen Bestätigungen, die sich, besonders in Gesellschaft, aus alten und neuen Geschmackssensationen, aus Inhalieren und Schlürfen, Kauen, Schlucken und Verdauen gewinnen lassen, in Massensüchte verwandeln, die weder jene Art von Urvertrauen, von dem wir hier sprechen, zum Ausdruck bringen, noch zu ihm führen. Hier berühren wir offensichtlich Erscheinungen, die nach einer epidemiologischen Untersuchungsmethode rufen, um dem Problem der mehr oder weniger bösartigen Ausartung infantiler Modalitäten in kulturelle Exzesse wie auch in milde Formen der Sucht, der Selbsttäuschung und gierigen Aneignung näherzukommen, die alle eine gewisse Schwäche in der oralen Bestätigung zum Ausdruck bringen.

Es muß aber betont werden, daß die Quantität an Vertrauen, das aus der frühesten infantilen Erfahrung stammt, nicht von den absoluten Quantitäten an Nahrung oder demonstrierter Liebe abhängt, sondern eher von der Qualität der mütterlichen Beziehung. Mütter schaffen in ihren Kindern ein Vertrauensgefühl durch jene Art von Fürsorge, die in ihrer Qualität einfühlsame Erfüllung der individuellen Bedürfnisse des Kindes mit einem sicheren Gefühl der persönlichen Vertrauenswürdigkeit innerhalb des vertrauenerweckenden Rahmens des Lebensstils ihrer Gemeinschaft vereint. Das bildet im Kind die eigentliche Grundlage für eine Komponente des Identitätsgefühls, die späterhin die Gefühle umfassen wird, »in Ordnung zu sein«, man selbst zu sein, und das zu werden, worauf andere Leute sich verlassen, daß man es wird. Eltern müssen nicht nur bestimmte Methoden haben, das Kind durch Verbot und Erlaubnis zu lenken, sie müssen auch in der Lage sein, eine tiefe, fast körperliche Überzeugung zu repräsentieren, daß ein Sinn in dem liegt, was sie tun. In diesem Sinn kann man von einem traditionellen System der Kinderaufzucht sagen, daß es ein Faktor ist, der zum Vertrauen beiträgt, selbst wo bestimmte Einzelheiten der Tradition, für sich gesehen, willkürlich erscheinen oder unnötig grausam — oder zu nachsichtig. Hier hängt viel davon ab, ob diese Dinge dem Kind durch die Eltern in dem festen traditionellen Glauben auferlegt werden, daß dies die einzig richtige Art ist, oder ob die Eltern ihre Verfügungsgewalt über den Säugling und das Kind dazu mißbrauchen, ihren eigenen Ärger loszuwerden, ihre Angst zu beschwichtigen oder einen Streit zu gewinnen, entweder mit dem Kind selbst oder mit jemand anderem — der Schwiegermutter, dem Arzt, dem Priester.

In Zeiten der Veränderung — und was gibt es in unserer Erinnerung für andere Zeiten? — unterscheidet sich eine Generation so sehr von der anderen, daß Einzelpunkte der Tradition oft zu Störungen werden. Konflikte zwischen den Methoden ihrer Mutter und dem eigenen, selbst erworbenen Stil, Konflikte zwischen dem Rat der Sachverständigen und Mutters Methoden und Konflikte zwischen der Autorität der Sachverständigen und dem eigenen Stil können das Vertrauen einer jungen Mutter zu sich selbst stören. Außerdem sind alle Massenumformungen im amerikanischen Leben (Einwanderung, Umsiedlung innerhalb der Staaten und Amerikanisierung, Industrialisierung, Verstädterung, Mechanisierung und andere) dazu geeignet, junge Mütter bei den Aufgaben zu verwirren, die so einfach sind und doch so weitreichend. Kein Wunder also, daß der erste Teil des ersten Kapitels von Benjamin Spocks Buch[5] die Überschrift trägt »Vertraue Dir selbst«.

Bei der Darstellung der Entwicklung ist es unvermeidbar, daß man mit dem Anfang anfangen muß. Das ist bedauerlich, denn wir wissen so wenig von den frühesten und tiefsten Schichten des menschlichen Seelenlebens. Ich würde aber doch behaupten, daß wir jetzt die Hauptrichtungen zur Sprache gebracht haben, von denen aus jede der nacheinander auftauchenden Komponenten der menschlichen Vitalität untersucht werden kann — vom Beginn des Lebens an bis zur Identitätskrise und darüber hinaus. In bezug auf die anderen Stadien werden wir nicht so weit ausgreifen können, obgleich dies Kapitel als ganzes eine »Bestandsaufnahme« vervollständigen sollte, wie wir sie für das erste Lebensstadium umrissen haben. Zusätzlich zu den meßbaren Aspekten des Wachstums sollte unser implizites Schema sich erstrecken auf: 1. die *sich erweiternden libidinösen Bedürfnisse* des sich entwik-

[5] Benjamin Spock, The Common Sense Book of Baby and Child Care, New York 1945.

kelnden Wesens und, mit ihnen, die neuen Möglichkeiten der Befriedigung, der Versagung und der »Sublimierung«; 2. *den sich erweiternden sozialen Radius,* das heißt die Zahl und Art von Menschen, auf die es sinnvoll reagieren kann auf der Grundlage 3. seiner immer höher differenzierten *Fähigkeiten;* 4. die *Entwicklungskrise,* die durch die Notwendigkeit hervorgerufen wird, neue Begegnungen innerhalb einer bestimmten, zugebilligten Zeit zu bewerkstelligen; 5. ein neues *Entfremdungsgefühl,* das zugleich mit dem Gewahrwerden neuer Abhängigkeiten und neuer Vertrautheiten erwacht (zum Beispiel in der frühen Kindheit das Gefühl des Verlassenseins); 6. eine spezifisch neue *psychologische Stärke* (hier ein günstiges Verhältnis von überwiegendem Vertrauen gegen Mißtrauen), die eine Grundlage für alle zukünftigen Stärken ist.

Das ist eine erschreckende Anhäufung von Einzelpunkten[6], die auch für unsere augenblickliche Aufgabe zu anspruchsvoll ist, welche in einer deskriptiven Darstellung der früheren Erlebnisse besteht, die die zukünftige Identität erleichtern oder gefährden.

Was würden wir für das früheste und undifferenzierteste »Identitätsgefühl« halten? Ich würde sagen, daß es aus dem Zusammentreffen von mütterlicher Person und Neugeborenem entsteht, einer Begegnung der wechselseitigen Vertrauenswürdigkeit und des gegenseitigen Erkennens. Das ist, in all seiner infantilen Einfachheit, die erste Erfahrung dessen, was in späteren Wiederauftritten in Liebe und Bewunderung nur als ein Gefühl der »geweihten Gegenwart« bezeichnet werden kann, nach der der Mensch für immer ein Urbedürfnis empfindet. Fehlt es, oder ist es geschädigt, so kann das die Fähigkeit, sich »identisch« zu fühlen, gefährlich einschränken, wenn das jugendliche Wachstum es der Person auferlegt, die Kindheit zu verlassen und dem Erwachsensein zu vertrauen, und mit ihm der Suche nach selbst-erwählten Lieben und Antrieben.

An diesem Punkt muß ich nun der schon aufgestellten Liste eine weitere Dimension anfügen, die siebte — nämlich den Beitrag eines jeden Stadiums zu einem menschlichen Hauptbestreben, das im Erwachsenenleben die Vormundschaft über die spezielle Stärke übernimmt, die aus diesem Stadium entspringt, und die rituelle Beschwichtigung seiner speziellen Entfremdung.

---

[6] Eine ausführliche Darlegung bringt mein Kapitel »The Human Life Cycle« in: The International Encyclopedia of the Social Sciences (in Druck).

Jedes aufeinanderfolgende Stadium und jede Krise hat eine spezielle Beziehung zu einer der grundlegenden institutionalisierten Bestrebungen des Menschen — aus dem einfachen Grunde, weil der menschliche Lebenszyklus und die menschlichen Institutionen zusammen entstanden sind. Die Beziehung zwischen ihnen ist zweifach: jede Generation trägt diesen Institutionen die Überreste ihrer infantilen Bedürfnisse und jugendlichen Begeisterung zu und empfängt von ihnen — solange es ihnen tatsächlich gelingt, ihre institutionelle Vitalität aufrechtzuerhalten — eine spezifische Bestärkung ihrer kindhaften Vitalität. Wenn ich die Religion als die Institution benenne, die während der ganzen Geschichte des Menschen bemüht war, sein Urvertrauen zu bestätigen, so verneine ich jede Absicht, die Religion als solche kindisch oder religiöses Verhalten als solches regressiv zu nennen, obwohl deutlich ist, daß eine Infantilisierung in großem Maßstab der Praxis und Absicht organisierter Religionen nicht fernliegt. Während wir unsere universelle Amnesie für die furchterregenden Aspekte der Kindheit überwinden, sollten wir auch dankbar die Tatsache anerkennen, daß der Glanz der Kindheit im Prinzip auch im Leben des Erwachsenen fortwährt. Das Vertrauen wird also zur Fähigkeit zu *glauben* — ein vitales Bedürfnis, für das der Mensch irgendeine institutionelle Bestätigung finden muß. Es scheint, daß die Religion die älteste und die dauerhafteste Institution ist, um der rituellen Wiederherstellung eines Vertrauensgefühls in der Form des Glaubens zu dienen, während sie eine greifbare Formel für das Gefühl des Schlechten bietet, gegen das den Menschen zu wappnen und zu verteidigen sie verspricht. Sowohl kindhafte Stärke wie ein Potential zur Infantilisierung werden durch die Tatsache angedeutet, daß alle religiöse Praxis periodisch kindliche Unterwerfungen unter die Macht beinhaltet, die schöpft und wiedererschafft, die irdisches Glück und spirituelle Gesundheit spendet; durch die Darstellung von Kleinheit und Abhängigkeit durch verkleinernde Haltung und demütige Gebärde; durch das Bekennen von Missetaten, bösen Gedanken und schlechten Absichten in Gebet und Gesang und durch die inbrünstige Bitte um innere Wiedervereinigung durch göttliche Führung. Im besten Fall ist all das aufs höchste stilisiert und wird damit überpersönlich[7]; das individuelle Mißtrauen wird zum gemeinschaftlich formulierten

---

[7] Erik H. Erikson, »Die Ontogenese der Ritualisierung« (1966), in: Psyche, Bd. XXII, 7 (1968).

Schlechten, während die flehentliche Bitte des Einzelnen um Wiederherstellung Teil der rituellen Praxis Vieler und ein Zeichen der Vertrauenswürdigkeit in der Gemeinschaft wird.

Wenn die Religion ihre aktuelle Macht der Geltung verliert, dann muß offenbar ein Zeitalter andere Formen der gemeinschaftlichen Ehrerbietung vor dem Leben finden, die aus einem gemeinsamen Weltbild Vitalität beziehen. Denn nur eine hinlänglich zusammenhängende Welt verschafft den Glauben, der von den Müttern den Säuglingen in einer Weise übermittelt wird, die zu der vitalen Stärke der *Hoffnung* hinleitet, das heißt zu der dauerhaften Neigung, an die Erfüllbarkeit primärer Wünsche zu glauben, trotz der anarchischen Dränge und Wutanfälle der Abhängigkeit. Die kürzeste Formulierung des Identitätszuwachses der frühesten Kindheit könnte wohl so lauten: Ich bin, was ich an Hoffnung habe und einflöße[8].

2. Die frühe Kindheit und der Wille, man selbst zu sein

Die Psychoanalyse hat unseren Wortschatz um das Wort »Analität« bereichert, um die spezifische Lusthaftigkeit und den Eigensinn zu bezeichnen, die in der frühen Kindheit oft den Ausscheidungsorganen anhaften. Die gesamte Prozedur, die Därme und Blase zu

[8] Eines der Hauptmißverständnisse des hier vorgelegten Schemas bedeutet der vorherrschende Nebensinn, der dem Vertrauensgefühl und all den anderen positiven, zu postulierenden Gefühlen unterlegt wird, nämlich der der *Errungenschaften,* die in einem gegebenen Stadium ein für alle Male gesichert sind. In der Tat sind manche Autoren so darauf erpicht, aus diesen Stadien eine Skala der Errungenschaften zu machen, daß sie fröhlich alle »negativen« Möglichkeiten fortlassen, wie das Urmißtrauen usw., die nicht nur während des ganzen Lebens die dynamischen Gegenparte der positiven Möglichkeiten bleiben, sondern ebenso notwendig für das psychosoziale Leben sind. Eine Person ohne die Fähigkeit zum Mißtrauen wäre ebenso lebensunfähig, wie eine ohne Vertrauen. Was das Kind in einem gegebenen Stadium erreicht, ist ein bestimmtes *Verhältnis* zwischen dem Positiven und dem Negativen, das, wenn das Gleichgewicht mehr auf der positiven Seite liegt, ihm helfen wird, spätere Krisen mit einer Hinneigung zu den Quellen der Vitalität zu begegnen. Die Vorstellung hingegen, daß in jedem gegebenen Stadium etwas Gutes errungen wird, das allen neuen Konflikten im Inneren und allen Veränderungen im Äußeren gegenüber unantastbar ist, stellt eine Projektion jener Erfolgs- und Besitzideologie, die unsere privaten und öffentlichen Tagträume so gefährlich erfüllt, auf die kindliche Entwicklung dar.

entleeren, wird natürlich von Anfang an durch eine Befriedigungsprämie erhöht, ein wichtiges Geschäft »gut gemacht« zu haben. Zuerst muß diese Prämie einen Ausgleich für häufiges Unbehagen und Spannungen bieten, bis die Eingeweide gelernt haben, ihre tägliche Arbeit zu verrichten. Zwei Entwicklungen geben den analen Erlebnissen allmählich das nötige »Volumen«: das Auftreten von besser geformtem Stuhl und die allgemeine Koordinierung des Muskelsystems, die die Entwicklung der willentliche Entleerung oder auch Zurückhaltung ermöglicht. Diese neue Dimension des Umgangs mit den Dingen beschränkt sich aber nicht nur auf die Sphinktere. Es entwickelt sich eine allgemeine Fähigkeit, ja, ein heftiges Bedürfnis, zwischen willentlichem Zurückhalten und Ausstoßen abzuwechseln und, ganz allgemein, festzuhalten und absichtlich wegzuwerfen, was gehalten wurde.

Die Bedeutsamkeit dieses zweiten Stadiums der frühen Kindheit liegt vor allem in der schnellen Zunahme der muskulären Reifung, im Verbalisieren und im Unterscheiden und den daraus folgenden Fähigkeiten — und doppelt empfundenen Unfähigkeiten — eine Anzahl höchst konfliktgeladener Handlungsgrundformen zu koordinieren, die durch die Tendenzen *»festzuhalten«* und *»loszulassen«* charakterisiert sind. Auf diese und viele andere Arten beginnt das noch sehr abhängige Kind seinen *autonomen Willen* zu erleben. In dieser Zeit werden dunkle Kräfte gefesselt und entfesselt, besonders im Guerillakrieg der ungleichen Willen, denn das Kind ist oft seinem eigenen heftigen Willen entgegen, und Eltern und Kind sind einander entgegen.

Soweit es sich um die Analität selbst handelt, hängt alles davon ab, ob die kulturelle Umgebung etwas daraus machen will. Es gibt primitive Kulturen und Ackerbau-Kulturen, wo die Eltern das anale Verhalten ignorieren und es den älteren Kindern überlassen, die Kleinen in die Büsche zu führen, so daß deren Willfährigkeit in dieser Angelegenheit mit dem Wunsch zusammenfallen kann, die Größeren zu imitieren. Unsere westliche Zivilisation (ebenso wie andere, zum Beispiel Japan), und vor allem bestimmte Klassen in ihr, haben aber beschlossen, die Sache ernster zu nehmen. Hier hat das Maschinenzeitalter das Ideal eines mechanisch trainierten, fehlerfrei funktionierenden, immer sauberen, pünktlichen und geruchlosen Körpers geliefert. Außerdem wurde mehr oder weniger abergläubisch angenommen, daß das frühe und rigorose Training für die Art von Persönlichkeit absolut unerläßlich ist, die in einer mechanisierten Welt, in der Zeit Geld ist, erfolgreich funktionieren soll. So wird das Kind zu einer Maschine, die gestellt und abgestimmt werden muß, noch bevor es ein Tier war, das gebändigt werden müßte — während sich in Wirklichkeit die Willenskraft nur schrittweise entwickeln kann. Auf alle Fälle deutet unsere klinische Arbeit darauf hin, daß bei den Neurotikern unserer Zeit der *zwanghafte Typ* auftritt, der sowohl in Dingen der Zuneigung, der Zeit und des Geldes, wie auch im Umgang mit seiner Verdauung geizig, retentiv und peinlich genau ist. Blasen- und Darmerziehung sind auch zum offensichtlichst störenden Punkt der Kinderaufzucht in weiten Kreisen unserer Gesellschaft geworden.

Was macht nun eigentlich das anale Problem potentiell wichtig und schwierig?

Die anale Zone eignet sich, mehr als irgendeine andere, für den Ausdruck eigensinniger Beharrlichkeit und sich widersprechender Impulse, weil sie erstens einmal die modellhafte Zone für zwei kontradiktorische Modi ist, die zu alternierenden werden müssen, nämlich Zurückhaltung und Ausscheidung. Außerdem sind die Sphinktere nur Teil des Muskelsystems mit seiner allgemeinen Doppeltendenz von Starrheit und Entspannung, Beugung und Streckung. So wird das ganze Stadium also zu einem *Kampf um Autonomie.* Denn während es sich darauf vorbereitet, fester auf seinen eigenen Füßen zu stehen, lernt das kleine Kind auch, seine Welt als »ich« und »du« und »mir« und »mein« abzugrenzen. Jede Mutter weiß, wie erstaunlich nachgiebig ein Kind in diesem Stadium sein kann, wenn und wann es sich entschieden hat, daß es tun will, was es tun soll. Es ist aber unmöglich, ein zuverlässiges Rezept ausfindig zu machen, um es zu veranlassen, gerade das tun zu wollen. Jede Mutter weiß, wie liebevoll ein Kind in diesem Stadium sich an sie anschmiegen und wie rücksichtslos es plötzlich versuchen kann, sie wegzustoßen. Zur gleichen Zeit neigt das Kind sowohl dazu, Dinge anzusammeln wie sie wegzuwerfen, sich an geliebte Gegenstände zu klammern und sie aus den Fenstern von Häusern und Fahrzeugen zu werfen. Alle diese scheinbar widersprechenden Tendenzen fassen wir also unter der Formel des *retentiv-eliminativen Modus* zusammen. Alle Grundmodalitäten eignen sich tatsächlich sowohl zu feindseligen wie zu liebevollen Erwartungen und Haltungen. So kann »Festhalten« zu einem destruktiven und grausamen Zurückhalten oder Einschränken werden und es kann zu einem Grundmuster der Fürsorge führen: »zu haben und zu halten«. Auch »gehen lassen« kann sich zu einem feindseligen Loslassen destruktiver Kräfte entwickeln oder es kann ein entspanntes »Fahrenlassen« und »Sein-lassen« werden. Kulturell gesehen sind diese Modalitäten weder gut noch schlecht; ihr Wert hängt davon ab, wie sie in die Grundformen der Bestätigung und Ablehnung, die in der jeweiligen Kultur gefordert werden, eingebaut sind.

Das Problem der wechselseitigen Regulation zwischen Erwachsenem und Kind trifft jetzt auf seine ernsteste Prüfung. Wenn die äußere Kontrolle durch zu starre oder zu frühe Dressur beharrlich fortfährt, das Kind seines Versuchs zu berauben, allmählich seine Eingeweide — und anderen Funktionen freiwillig und nach eigener Wahl zu kontrollieren, dann steht es wieder vor einer doppelten Rebellion und einer doppelten Niederlage. Machtlos gegenüber seiner eigenen analen Triebhaftigkeit und manchmal in Angst vor seinen eigenen Verdauungsvorgängen und machtlos nach außen, ist es gezwungen, Befriedigung und Kontrolle entweder in der Regression zu suchen oder durch einen Scheinfortschritt. Mit anderen Worten, es wird zu einer früheren, oralen Kontrolle zurückkehren; das heißt, es wird am Daumen lutschen und doppelt fordernd werden; oder es wird feindselig und eigensinnig, wobei es häufig seine Faeces (wie später die entsprechenden schmutzigen Worte) als aggressive Munition benutzt; oder es wird eine Autonomie und Fähigkeit vortäuschen, ohne irgend jemandes Hilfe zurechtzukommen, die es keineswegs schon wirklich erreicht hat.

Dieses Stadium wird daher entscheidend für das Verhältnis zwischen liebendem gutem Willen und haßerfüllter Selbst-Beharrung, zwischen Zusammenarbeit und Eigensinn und zwischen der Fähigkeit zum Ausdruck seiner selbst und zwanghafter Selbstbeschränkung oder demütiger Gefügigkeit. Ein Gefühl der Selbstbeherrschung ohne Verlust der Selbstachtung ist die ontogenetische Quelle eines Gefühls des *freien Willens.* Aus dem unausweichlichen Gefühl, die Herrschaft über sich selbst verloren zu haben und einer übermäßigen Beherrschung durch die Eltern unterworfen zu sein, entspringt ein fortdauernder Hang zu *Scham* und *Zweifel.*

Für das Wachstum der Autonomie ist ein stark entwickeltes, frühes Vertrauen unerläßlich. Der Säugling muß sicher geworden sein, daß sein Glaube an sich selbst und an die Welt nicht durch den heftigen Wunsch nach eigener freier Wahl in Frage gestellt wird, den Wunsch, sich fordernd anzueignen und eigensinnig auszustoßen. Nur die feste Haltung der Eltern kann ihn gegen die Konsequenzen seiner noch ungeübten Unterscheidungs- und Umsichtsfähigkeit beschützen. Aber seine Umgebung muß ihm auch den Rücken stärken in seinem Wunsch »auf eigenen Füßen zu stehen«, während sie ihn gleichzeitig vor dem neu auftauchenden Paar von Entfremdungen beschützt, nämlich vor dem Gefühl, sich vorzeitig und töricht bloßgestellt zu haben, das wir Scham nennen, und vor jenem sekundären Mißtrauen, dem Zweifel — Zweifel an sich selbst und Zweifel an der festen Haltung und dem klaren Blick seiner Erzieher.

Die Scham ist eine infantile Emotion, die nur ungenügend untersucht wurde, weil sie in unserer Kultur so früh und so leicht vom Schuldgefühl absorbiert wird. Die Scham glaubt, daß man vollständig bloßgestellt ist und ist sich bewußt, angesehen zu werden — man ist sichtbar und noch nicht bereit, sichtbar zu sein. Daher werden wir in Schamträumen in einem Zustand unvollkommenen Bekleidetseins angestarrt, im Nachtkostüm, »mit heruntergelassenen Hosen«. Scham drückt sich früh in einem Impuls aus, sein Gesicht zu verbergen oder sofort in den Boden zu versinken. Diese Möglichkeit wird in der erzieherischen Methode des »Beschämens« reichlich ausgenützt, die von manchen primitiven Völkern so ausschließlich benutzt wird, wo sie das oft destruktivere Schuldgefühl ersetzt, von dem wir später sprechen wollen. Das Zerstörerische des Beschämens wird in manchen Kulturen durch Möglichkeiten ausgeglichen, »das Gesicht zu wahren«. Das Beschämen beutet das gesteigerte Gefühl, klein zu sein, aus, das sich paradoxerweise entwickelt, wenn das Kind lernt, aufrecht zu stehen und wenn seine Wahrnehmung ihm gestattet, die relativen Maße von Größe und Kraft zu erkennen.

Übermäßiges Beschämen führt nicht zu einem Gefühl für das, was sich gehört, sondern zu einem geheimen Entschluß, den Versuch zu machen, unentdeckt durchzuschlüpfen, wenn es nicht tatsächlich zu absichtlicher Schamlosigkeit führt. Es gibt eine eindrucksvolle amerikanische Ballade, in der ein Mörder, der vor den Augen der Gemeinde gehenkt werden soll, anstatt tödliche Angst oder totale Scham zu empfinden, beginnt, die Zuschauer zu beschimpfen und jede höhnische Salve mit den Worten schließt: »Gott verfluche Eure Augen.«

Manches kleine Kind, das über das Maß des Erträglichen hinaus beschämt wird, mag in der Stimmung (wenn auch nicht im Besitz des Mutes oder der Worte) sein, seinen Trotz in ähnlichen Tönen auszudrücken. Was ich mit diesem düsteren Hinweis sagen will, ist, daß es eine Grenze für das individuelle Erdulden eines Kindes und eines Erwachsenen gibt, angesichts von Forderungen, die ihn zwingen, sich selbst, seinen Körper, seine Bedürfnisse und seine Wünsche als schlecht und schmutzig anzusehen und an die Unfehlbarkeit derer zu glauben, die derartige Urteile verhängen. Gelegentlich kann auch ein Kind die Dinge umkehren, im Geheimen gleichgültig gegenüber der Meinung anderer werden und nur die Tatsache für schlecht halten, daß sie existieren: seine Zeit wird kommen, wenn sie fort sind oder wenn es sie verlassen kann.

Die psychologische Gefahr dieses Stadiums ist, wie in allen anderen Stadien, die mögliche Vertiefung der normativen Entfremdung bis zu dem Punkt, wo sie neurotische oder psychotische Tendenzen verursacht. Das sensitive Kind kann alle seine Antriebe gegen sich selbst wenden und so ein *frühreifes Gewissen* entwickeln. Statt sich willentlich Dinge anzueignen, um sie durch wiederholtes Spiel zu erproben, wird es von seiner eigenen Wiederholbarkeit besessen und wird alles »nur so« haben wollen und nur in einer bestimmten Reihenfolge und in bestimmtem Tempo. Durch eine derartige infantile Obsession und sein Zaudern, oder indem es zu einem Verfechter ritualistischer Wiederholungen wird, lernt das Kind dann, Macht über seine Eltern auf Gebieten zu erringen, wo es keine wechselseitige Regulierung in großem Maßstab finden konnte. Solch hohle Siege sind das infantile Modell für eine Zwangsneurose des Erwachsenen.

In der Adoleszenz zum Beispiel kann ein zwanghafter Mensch versuchen, sich mit Hilfe von Manövern zu befreien, die den Wunsch ausdrücken, mit Dingen »durchzuschlüpfen«, und sich doch außer Stande finden, auch nur mit dem Wunsch durchzuschlüpfen. Denn während solch ein junger Mensch von anderen lernt auszuweichen, läßt ihm sein frühreifes Gewissen in Wirklichkeit gar nichts durchgehen und er macht seine Identitätskrise in gewohnheitsmäßiger Beschämtheit, nach allen Seiten sich entschuldigend und in Angst gesehen zu werden durch — oder aber er »überkompensiert«, legt eine trotzige Art von Autonomie an den Tag, die in der unverschämten Herausforderung mancher Banden ihre Billigung und ihr Ritual findet. Wir werden im 6. Kapitel ausführlicher davon zu sprechen haben.

Der Zweifel ist der Bruder der Scham. Während die Scham mit dem Bewußtsein zusammenhängt, aufrecht und exponiert zu sein, hat der Zweifel viel mit einem Gefühl zu tun, daß man ein Vorn und ein Hinten hat — und vor allem einen »Hintern«. Denn diese Rückseite des Körpers mit ihrem aggressiven und libidinösen Brennpunkt in den Sphinkteren und Gesäßbacken kann vom Kind nicht eingesehen werden und wird doch unter Umständen vom Willen anderer beherrscht. Der »Hintern« ist der dunkle Kontinent des kleinen Wesens, ein Körpergebiet, das von denjenigen magisch beherrscht und wirksam angegriffen werden kann, die einem die Macht der Autonomie streitig machen und die die Produkte seiner Eingeweide als schlecht bezeichnen, die sich doch als ganz richtig angefühlt hatten, als man sie von sich gab. Dieses Urgefühl des Zweifels an allem, was man hinter sich gelassen hat, ist das Modell für den gewohnheitsmäßigen »zweiten Blick«, den man auf alles wirft, oder für andere, spätere, mehr verbale Formen des zwanghaften Zweifelns. Beim Erwachsenen findet es seinen Ausdruck in wahnhaften Ängsten vor verborgenen Verfolgern und geheimen Verfolgungen, die von hinten drohen (und von hinten innen). In der Adoleszenz wiederum kann das in vorübergehendem völligem Zweifel an sich selbst ausgedrückt werden, in einem Gefühl, daß all das jetzt zeitlich »hintennach« hinkt — daß die Familie der Kindheit ebenso wie die früheren Manifestationen der eigenen Persönlichkeit einfach nicht die Vorbedingungen für einen neuen Anfang ergeben. All das kann dann unter Umständen in einer eigensinnigen Demonstration von Schmutz und Unordnung abgeleugnet werden, mit all den Nebenerscheinungen des »dreckigen« Fluchens über die Welt und sich selbst.

Ebenso wie die »orale« hat auch die zwanghafte oder »anale« Persönlichkeit ihre normalen Aspekte und ihre anormalen Übertreibungen. Wird sie schließlich mit kompensatorischen Zügen integriert, so wird eine gewisse *Impulsivität* Ausdruck ermöglichen und auslösen, ebenso wie eine gewisse *Zwanghaftigkeit* in Dingen nützlich ist, bei denen Ordnung, Pünktlichkeit und Reinlichkeit wesentlich sind. Die Frage ist immer, ob wir Herr über die Modalitäten bleiben, durch die sich die Dinge leichter handhaben lassen, oder ob die Regeln den Regler beherrschen.

Es bedarf sowohl der Ausdauer wie der Elastizität, um den Willen eines Kindes so zu erziehen, daß man ihm hilft, zu viel Eigenwillen zu überwinden, einen gewissen »guten Willen« zu entwickeln und (während es lernt, in bestimmten wesentlichen Weisen zu gehorchen) ein autonomes Gefühl des freien Willens aufrechtzuerhalten. Was die Psychoanalyse betrifft, so hat sie sich primär auf eine exzessiv frühe Reinlichkeitserziehung und auf unmäßiges Beschämen als Ursachen der Entfremdung des Kindes von seinem eigenen Körper konzentriert. Sie hat zumindest versucht zu formulieren, was Kindern *nicht* angetan werden sollte, und es gibt natürlich jede Zahl von zu vermeidenden Dingen, die sich aus dem Studium des Lebenszyklus lernen lassen. Viele derartige Formulierungen sind aber im Stande, abergläubische Hemmungen bei Menschen zu erregen, die dazu neigen, aus unklaren Warnungen ängstliche Regeln zu machen. Wir lernen allmählich, was genau man welcher Art von Kindern in welchem Alter *nicht* zufügen soll; aber wir müssen eben noch lernen, *was* man — spontan und freudig — tun soll. Der Experte kann, um Frank Fremont-Smith zu zitieren, »nur den Bezugsrahmen aufstellen, innerhalb dessen eine Wahl erlaubt und wünschenswert ist«. Vergleichende Untersuchungen über Kinderaufzucht haben uns überzeugt, daß, in letzter Analyse, die Art und das Ausmaß eines Autonomiegefühls, das Eltern ihren kleinen Kindern gewähren können, von der Würde und dem Gefühl persönlicher Unabhängigkeit abhängen, das diese aus ihrem eigenen Leben beziehen. Wir haben schon angedeutet, daß das Vertrauensgefühl des Säuglings eine Rückstrahlung des Glaubens der Eltern ist; ähnlich ist das Autonomiegefühl eine Rückstrahlung der Würde der Eltern als autonome Wesen. Denn gleichgültig was wir im einzelnen tun, das Kind wird primär fühlen, wovon wir als liebende, kooperative, uns selbst behauptende Wesen leben und was uns haßerfüllt, angstvoll und in uns selbst gespalten macht.

Welche sozialen Institutionen bewahren nun die dauernden Errungenschaften des zweiten Lebensstadiums? Das Grundbedürfnis des Menschen nach einer Abgrenzung seiner Autonomie scheint eine institutionelle Sicherung im Prinzip von *Gesetz und Ordnung* zu haben, das im Alltagsleben wie vor den Gerichten jedem seine Privilegien und seine Beschränkungen, seine Verpflichtungen und seine Rechte zuweist. Nur ein Gefühl der rechtmäßig begrenzten Autonomie bei den Eltern fördert eine Behandlung des kleinen Individuums, die mehr einen überpersönlichen Unwillen statt launenhafter Rechtschaffenheit zum Ausdruck bringt. Es ist wichtig, bei diesem Punkt zu verharren, weil ein großer Teil des bleibenden Gefühls des Zweifels und der Schande von Strafe und Beschränkung, das so viele Kinder hegen, eine Folge der Frustration der Eltern in der Ehe, in der Arbeit und als Bürger ist. Wo eine große Zahl von Menschen in der Kindheit darauf vorbereitet wurde, vom Leben ein hohes Maß an persönlicher Autonomie, Stolz und Entfaltungsmöglichkeit zu erwarten, und sich dann im späteren Leben von unpersönlichen Organisationen und Maschinerien beherrscht finden, die zu kompliziert sind, um sie zu verstehen, kann das Ergebnis eine tiefe chronische Enttäuschung sein, die die Menschen nicht bereit macht, einander — oder ihren Kindern — ein Maß an Autonomie zuzubilligen. Stattdessen können sie von irrationalen Ängsten besessen sein, das, was von ihrer Autonomie übriggeblieben ist, zu verlieren, sabotiert zu werden, zurückgehalten und eingeschränkt in ihrem freien Willen durch anonyme Feinde — und gleichzeitig, paradoxerweise, von der Angst, nicht kontrolliert genug zu sein, *nicht* gesagt zu bekommen, was sie tun sollen.

Wir haben, wiederum ausführlich, die Kämpfe und Triumphe eines Kindheitsstadiums charakterisiert. In welcher Weise trägt nun dieses Stadium zur Identitätskrise bei, entweder durch Unterstützung der Ausbildung der Identität oder indem es eine besondere Art der Entfremdung in ihre Verwirrung hineinträgt? Natürlich verdient das Stadium der Autonomie besondere Aufmerksamkeit, denn in ihm wird die erste Emanzipierung, die von der Mutter, zu Ende geführt. Es gibt gute klinische Gründe (über die im Kapitel über Identitätsverwirrung gesprochen werden soll) für die Annahme, daß der Jugendliche, der sich von seinem gesamten Kindheitsmilieu abwendet, auf viele Weisen diese erste Emanzipation wiederholt. Daher können die rebellischsten Jugendlichen auch teilweise (und manchmal gänzlich) auf eine fordernde und klagende Suche nach Führung regredieren, die ihre zynische Unabhängigkeit zu widerrufen scheint. Abgesehen von solch »klinischen« Beweisen aber besteht der allgemeine Beitrag zur endgültigen Identitätsbildung eben in dem Mut, ein unabhängiges Individuum zu sein, das seine eigene Zukunft wählen und lenken kann.

Wir haben gesagt, daß das früheste Stadium in dem heranwachsenden Wesen einen Bodensatz hinterläßt, der auf vielen hierarchischen Stufen und besonders im Identitätsgefühl des Individuums etwas von der Überzeugung nachklingen läßt: »Ich bin, was ich an Hoffnung habe und einflöße.« Der entsprechende Niederschlag, den das Stadium der Autonomie hinterläßt, scheint zu besagen: »Ich bin, was ich unabhängig wollen kann.[9]«

---

[9] Siehe Erik H. Erikson, Der junge Mann Luther, München o. J. (Szczesny), wo von dem Echo dieser beiden Überzeugungen in Luthers Offenbarungserlebnis die Rede ist.

3. Kindheit und Rollenerwartung

Nachdem es fest überzeugt ist, eine selbständige Person zu sein, muß das Kind nun herausfinden, was für eine Art von Person es werden könnte. Es ist natürlich tief und ausschließlich mit seinen Eltern »identifiziert«, die ihm die meiste Zeit mächtig und schön erscheinen, obgleich es sie oft auch ganz unvernünftig, unangenehm und sogar gefährlich findet. Drei Entwicklungen unterstützen dieses Stadium, während sie gleichzeitig auch dazu beitragen, seine Krise herbeizuführen: 1. das Kind lernt, sich freier und kräftiger umherzubewegen und legt daher einen weiteren und, für es, unbegrenzten Radius von Zielen fest; 2. sein Sprachgefühl vervollkommnet sich bis zu dem Punkt, wo es unzählige Dinge versteht und ununterbrochen nach ihnen fragen kann, wobei es oft gerade genug hört, um sie gründlich mißzuverstehen; und 3. erlauben ihm sowohl die Sprache wie die Bewegung im Raum, seine Phantasie auf so viele Rollen auszudehnen, daß es sich unvermeidlicherweise selbst mit dem erschreckt, was es geträumt und sich ausgedacht hat. Trotzdem muß das Kind aus alle dem mit einem *Gefühl der Initiative* hervorgehen, als Grundlage für einen der Wirklichkeit gerecht werdenden Ehrgeiz und ein Gefühl sinnvoller Zielgerichtetheit.

Was sind nun die Kriterien für ein ungebrochenes Initiativegefühl? Die Kriterien für die Entwicklung all der hier besprochenen »Gefühle« sind die gleichen: eine Krise, die neue Entfremdungen mit einschließt, löst sich so auf, daß das Kind plötzlich »mehr es selbst« zu sein scheint, liebevoller, entspannter, klarer im Urteil — mit anderen Worten: auf eine neue Art vital. Vor allem aber scheint es aktivierter und aktivierender zu sein; ein gewisser Überschuß an Energie steht zur freien Verfügung des Kindes, der ihm erlaubt, viele Fehlschläge ziemlich schnell zu vergessen und sich neuen, wünschenswert erscheinenden Gebieten, selbst wenn sie gefährlich aussehen, mit unvermindertem Eifer und einem gewissen gesteigerten Richtungsgefühl zuzuwenden.

Wir nähern uns jetzt dem Ende des dritten Jahres, wo das Gehen (»Laufen«) zu einer Angelegenheit von Leichtigkeit und Kraft wird. Die entsprechenden Bücher teilen uns mit, daß das Kind schon lange vor dieser Zeit gehen kann, aber das Laufen und Rennen wird erst zu einem wichtigen Punkt in seiner Sphäre der Beherrschung, wenn die Schwerkraft als im Inneren liegend empfunden wird, wenn das Kind vergessen kann, daß es das Gehen »tut«, und statt dessen entdeckt, was es damit tun kann. Erst dann werden seine Beine Teil seiner selbst, statt ein zum Gehen geeignetes Anhängsel zu sein. Erst jetzt entdeckt es mit Gewinn, was es alles tun *könnte,* zusammen mit dem, was es jetzt tun *kann* und jetzt ist es bereit, sich selbst als ein Wesen zu sehen, das ebenso groß ist, wie die herumlaufenden Erwachsenen. Es fängt an, Vergleiche zu ziehen und neigt dazu eine unermüdliche Neugier in bezug auf Größenunterschiede, Unterschiede im allgemeinen und Geschlechts- und Altersunterschiede im besonderen zu entwickeln. Es versucht, mögliche zukünftige Rollen zu erfassen, oder auf alle Fälle zu verstehen, welche Rollen sich vorzustellen der Mühe wert sind. Unmittelbar wichtig ist, daß es sich nun mit Gleichaltrigen zusammenschließen kann. Unter der Anleitung von älteren Kindern oder speziellen weiblichen Hüterinnen tritt es allmählich in die kindliche Politik des Kindergartens, der Straßenecke oder des Bauernhofes ein. Sein Lernen ist jetzt ungeheuer eindringend und kraftvoll; es führt von seinen eigenen Beschränktheiten fort, hin zu zukünftigen Möglichkeiten. Der *eindringende Modus,* der einen großen Teil des Verhaltens dieses Stadiums beherrscht, charakterisiert eine Vielfalt »ähnlich« strukturierter Betätigungen und Phantasien. Sie umfassen 1. das Eindringen in den Raum durch kraftvolle Fortbewegung; 2. das Eindringen in das Unbekannte durch verzehrende Neugier; 3. das Eindringen in anderer Leute Ohren und Denken durch aggressive Stimme; 4. das Eindringen auf oder in anderer Leute Körper durch körperlichen Angriff; 5. und, oft sehr schreckerregend, die Vorstellung vom Phallus, der in den weiblichen Körper eindringt.

Dies wird daher in der Theorie der infantilen Sexualität als das *phallische Stadium* bezeichnet. Es ist das Stadium der infantilen Neugier, der genitalen Erregbarkeit und eines im Ausmaß wechselnden gedanklichen Beschäftigtseins mit und Wichtignehmens von sexuellen Dingen, wie etwa dem scheinbaren Verlust des Penis bei Mädchen. Diese »Genitalität« ist natürlich rudimentär, ein bloßes Versprechen zukünftiger Entwicklungen. Häufig ist sie nicht einmal deutlich erkennbar. Wird sie nicht durch besonders verführerische Praktiken oder durch hinweisende Verbote und Drohungen »es abzuschneiden« oder durch besondere Bräuche, wie geschlechtliche Spiele in Kindergruppen, spezifisch zur vorzeitigen Manifestation angeregt, dann führt sie im allgemeinen zu nicht viel anderem als einer Reihe merkwürdig faszinierender Erlebnisse, die bald angsterregend und gehaltlos genug werden, um der Verdrängung anheim zu fallen. Dies führt zum Eintritt jenes menschlichen Spezialzustands, den Freud als die »Latenzperiode« bezeichnet, das heißt zu jener langen Verzögerung, die beim Menschen die infantile Sexualität (die beim Tier in die Reife übergeht) von der körperlichen sexuellen Reifung trennt. Sie geht mit der Erkenntnis der Tatsache einher, daß trotz aller Anstrengungen, sich im Prinzip als ebenso fähig wie Mutter und Vater anzusehen, man selbst in der fernen Zukunft niemals in sexueller Beziehung zur Mutter der Vater sein wird, noch in Beziehung zum Vater die Mutter. Die tiefe emotionale Konsequenz dieser Einsicht selbst und die mit ihr verbundenen magischen Ängste bilden das, was Freud den Ödipuskomplex nannte. Er beruht auf der Logik der Entwicklung, die bestimmt, daß Knaben ihre erste genitale Zuneigung den mütterlichen Erwachsenen zuwenden, die sonst ihren kindlichen Körpern Wohlgefühl spendeten; und daß sie ihre erste sexuelle Rivalität gegen die Personen entwickeln, die die sexuellen Besitzer jener mütterlichen Versorgerinnen sind. Das kleine Mädchen wiederum attachiert sich an seinen Vater und andere bedeutsame männliche Personen und wird eifersüchtig auf die Mutter, eine Entwicklung, die bei dem Kind viel Angst veranlassen kann, denn sie kann ihren schutzsuchenden Rückzug zu der gleichen Mutter blockieren, während sie Mißbilligungen durch die Mutter in stärkerem Maß magisch gefährlich macht, weil sie im geheimen »verdient« scheinen.

Mädchen machen in diesem Stadium häufig eine ernüchternde Veränderung durch, weil sie früher oder später beobachten, daß ihnen, obgleich ihre lokomotorische, geistige und soziale Kraft des Eindringens ebenso stark ist wie die der Knaben und ihnen gestattet, vollkommen perfekte »Bubenmädel« zu werden, eine Sache fehlt, der Penis, und mit ihm wichtige Vorrechte in den meisten Kulturen und Klassen. Während der Knabe sein sichtbares, erigierbares und faßbares Organ besitzt, an das er Träume von erwachsener Größe knüpfen kann, sichert die Klitoris des Mädchens die Träume von sexueller Gleichheit nur unvollkommen und es besitzt nicht einmal Brüste oder ähnlich greifbare Unterpfänder seiner Zukunft. Die Vorstellung von der etwaigen *Aufnahme* des eindringenden Phallus ist noch zu erschreckend und seine mütterlichen Triebe sind dazu verurteilt, zu phantasieren oder Kinderpflegen zu spielen. Andererseits kann, wo Mütter das Haus beherrschen, der Knabe ein Gefühl der Unzulänglichkeit entwickeln, weil er in diesem Stadium erfährt, daß er wohl draußen bei Spiel und Arbeit etwas leisten, aber niemals das Haus, seine Mutter oder seine älteren Schwestern unter seine Vorherrschaft bringen kann. Seine Mutter und seine Schwestern können sogar ihre eigenen Zweifel an sich selbst ihm heimzahlen, indem sie ihm das Gefühl geben, daß ein Junge in Wirklichkeit ein etwas abstoßendes Geschöpf ist.

Wo die Notwendigkeiten des Wirtschaftslebens und die Einfachheit seines gesellschaftlichen Planes die männlichen und weiblichen Rollen und ihre spezifischen Machtgebiete und Belohnungen begreiflich machen, da wird dies frühe Mißbehagen über die sexuellen Unterschiede natürlich leichter in den Plan der Kultur für die Differenzierung der Geschlechter integriert. Sowohl der Knabe wie das Mädchen sind daher außerordentlich zugänglich für jedes überzeugende Versprechen, daß sie eines Tages so gut sein werden wie Mutter oder Vater — vielleicht sogar besser; und sie sind dankbar für die sexuelle Aufklärung, jedesmal ein wenig und in Abständen geduldig wiederholt.

Das ambulatorische Stadium (das heißt das Stadium, in dem das Kind das Gehen und Laufen wirklich beherrschen lernt), zugleich das Stadium des Spielens und der infantilen Genitalität fügen dem Inventar der sozialen Grundmodalitäten beider Geschlechter diejenigen des »Machens« im Sinne des etwas erstreben, etwas erreichen und besitzen Wollens hinzu, zuerst in dem kindlichen Sinn des »sich heranmachens«. Es gibt keinen einfacheren, stärkeren Ausdruck als das amerikanische Grund-Wort »to make«, um es der grundlegenden sozialen Modalität zuzuordnen. Das Wort läßt an die Lust am Wettstreit, an Festhalten an einem Ziel, an die Freude an der Eroberung denken. Beim Knaben bleibt der Akzent auf dem »Tun« durch direkten Angriff — Kopf voraus; beim Mädchen kann es sich in eine Art von »Einfangen« verwandeln, entweder durch aggressives an sich Reißen oder indem es sich anziehend und liebenswert macht. Das Kind entwickelt so die Vorbedingungen für die männliche oder weibliche Initiative und vor allem gewisse sexuelle Selbst-Vorstellungen, die einmal wesentliche Bestandteile der positiven und negativen Aspekte seiner künftigen Identität sein werden. Auf dem Weg dahin aber führt die ungeheuer gesteigerte Phantasie und die, wenn man so sagen darf, Berauschung der erweiterten lokomotorischen Möglichkeiten zu geheimen Vorstellungen von gigantischen und schreckerregenden Proportionen. Ein tiefes *Schuldgefühl* ist erweckt — ein merkwürdiges

Gefühl, denn es scheint für immer zu besagen, daß das Individuum Verbrechen und Taten begangen hat, die schließlich nicht nur nicht begangen wurden, sondern biologisch ganz unmöglich gewesen wären. Während der Kampf um Autonomie im schlimmsten Fall sich darauf konzentriert hatte, Rivalen nicht eindringen zu lassen, und daher mehr ein Ausdruck *eifersüchtiger Wut* war, die sich am häufigsten gegen die Übergriffe jüngerer Geschwister richtete, bringt die Initiative *vorwegnehmende Rivalität* mit denen mit sich, die zuerst da waren, und die daher mit ihrer überlegenen Ausrüstung Gebiete besetzen könnten, auf die sich die eigene Initiative zuerst richtet. Eifersucht und Rivalität, diese oft erbitterten und doch ihrem Wesen nach nutzlosen Versuche, eine Sphäre unangefochtener Privilegien abzugrenzen, erreichen nun einen Höhepunkt in einem letzten Wettkampf um eine bevorzugte Position bei einem Elternteil: die unvermeidliche und notwendige Niederlage führt zu Schuld und Angst. Das Kind ergeht sich in Phantasien, ein Riese oder ein Tiger zu sein, aber in seinen Träumen rennt es voll Angst ums liebe Leben. Das also ist das Stadium der Angst um Leben und Glied, des *»Kastrationskomplexes«* — der gesteigerten Angst vor dem Verlust oder, auf seiten des Mädchens, der Überzeugung vom Verlust des männlichen Genitales als Strafe für geheime Phantasien und Taten.

Der große Regent der Initiative ist das *Gewissen.* Das Kind fürchtet nicht nur, wie wir schon sagten, entdeckt zu werden, sondern es hört auch die »innere Stimme« der Selbst-Beobachtung, der Selbst-Führung und der Selbst-Bestrafung, die es radikal in sich selbst aufspaltet: eine neue und machtvolle Entfremdung. Das ist der ontogenetische Grundstein der Moral. Aber vom Standpunkt der menschlichen Vitalität aus müssen wir darauf hinweisen, daß diese große Errungenschaft, wenn sie von allzu eifrigen Erwachsenen mit übermäßigem Gewicht belastet wird, unter Umständen schlecht für den Geist und für die Moral selbst sein kann. Denn das Gewissen des Kindes kann primitiv, grausam und kompromißlos sein, wie man das an Fällen beobachtet, wo Kinder es lernen, sich selbst bis zum Zustand allgemeiner Gehemmtheit einzuschränken; wo sie einen Gehorsam entwickeln, der wörtlicher ist als der, den die Eltern forderten; oder wo sie tiefe Regressionen und dauernde Ressentiments entwickeln, weil die Eltern selbst dem Gewissen nicht gerecht zu werden scheinen, das sie im Kind gefördert hatten. Einer der tiefsten Konflikte im Leben wird durch den Haß gegen einen Elternteil verursacht, der ursprünglich als das Modell und der Vollstrecker des Gewissens diente, von dem das Kind aber später entdeckte, daß er mit eben der Verfehlung »durchzuschlüpfen« suchte, die es bei sich nicht mehr dulden konnte. So gelangt das Kind zu der Überzeugung, daß es sich bei der ganzen Angelegenheit nicht um ein weltweit gültiges Brav- und Gutsein handelt, sondern um willkürlich ausgeübte Macht. Das Mißtrauen und die Tendenz auszuweichen, die zu der Alles-oder-nichts-Qualität des Über-Ichs hinzukommt, macht den moralischen Menschen zu einer großen potentiellen Gefahr für sich selbst und seine Mitmenschen. Die Moral kann zu einem Synonym der Rachsucht und der Unterdrückung anderer werden.

Dies alles kann einem Leser merkwürdig erscheinen, der nicht erwartet hat, auf ein derartiges potentielles Kraftwerk zerstörerischer Triebe zu stoßen, die in diesem Stadium erregt und zeitweilig begraben werden können, nur um später zum inneren Arsenal der Destruktivität beizutragen, die so bereitwillig zur Verfügung steht, wenn die Gelegenheit sie herausfordert. Wenn ich die Worte »potentiell«, »herausfordern« und »Gelegenheit« benutze, dann will ich damit betonen, daß es weniges in diesen inneren Entwicklungen gibt, das sich nicht für eine konstruktive und friedliche Initiative nutzbar machen ließe, wenn wir lernen, die Konflikte und Ängste der Kindheit und die Bedeutung der Kindheit für die Menschheit zu verstehen. Wenn wir es aber vorziehen, die Phänomene der Kindheit, zusammen mit dem Besten und dem Schlimmsten unserer Kindheitsträume, zu übersehen oder zu entwerten, dann haben wir versäumt, eine der ewigen Quellen der menschlichen Angst und Uneinigkeit zu erkennen. Denn auch hier gilt, daß die krankmachenden Folgen dieses Stadiums sich unter Umständen erst sehr viel später zeigen, wenn Konflikte in bezug auf eigene Initiative ihren Ausdruck in *hysterischer Verleugnung* oder *Selbsteinschränkung* finden, die einen Menschen davon abhalten, seinen inneren Fähigkeiten oder der Kraft seiner Phantasie und seiner Gefühle gemäß zu leben, wenn sie ihn nicht zu relativer sexueller Impotenz oder Frigidität verurteilen. All das kann wiederum in einer großen Zurschaustellung unermüdlicher Initiative »überkompensiert« werden, in einem »Ran-Gehen« um jeden Preis. Viele Erwachsene haben das Gefühl, daß ihr Wert als Mensch völlig in dem besteht, was sie in der Zukunft »anpacken« werden, und nicht in dem, was sie in der Gegenwart sind. Die Anspannung, die sich infolgedessen in ihren Körpern entwickelt, die immer »in Gang« sind, mit laufendem Motor auch in Augenblicken der Ruhe, ist ein folgenschwerer Beitrag zu den vieldiskutierten psychosomatischen Krankheiten unserer Zeit. Es ist gerade so, als hätte die Kultur einen Menschen veranlaßt, übermäßige Reklame für sich selbst zu machen und sich so mit seiner eigenen Reklame zu identifizieren, daß nur noch die Krankheit eine Grenze setzen kann.

Vergleicht man aber einmal die Formen der Kinderaufzucht in verschiedenen Kulturen, so stößt man auf eine für die Identitätsentwicklung höchst bedeutsame Tatsache, daß nämlich die Erwachsenen durch ihr eigenes Beispiel und durch die Geschichten, die sie vom großen Leben und von dem, was für sie die große Vergangenheit ist, erzählen, den Kindern dieser Altersstufe ein eifrig aufgenommenes *Ethos des Handelns* anbieten, in der Form von Idealtypen und Techniken, die faszinierend genug sind, um die Helden der Bilderbücher und Märchen zu ersetzen. Auch aus diesem Grund setzt das Spielalter das Vorhandensein irgendeiner Form von Grundfamilie voraus, die das Kind durch geduldiges Beispiel darüber belehrt, wo das Spiel aufhört und die irreversible Auswirkung beginnt und wo anstelle von »laß das« gebilligte Wege kraftvollen Handelns treten. Denn jetzt halten die Kinder nach neuen Identifizierungen Ausschau, die ein Feld für ihre Initiative versprechen, ohne so viel Konflikt und Schuldgefühl, wie sie der hoffnungslosen Rivalität in der Familie anhaften. Auch kann sich im Zusammenhang mit greifbaren Spiel- und Werkbetätigungen eine Kameradschaft zwischen Vater und Sohn, Mutter und Tochter entwickeln, ein Erlebnis der wesenhaften Wertgleichheit trotz der Ungleichheit im Entwicklungsstand. Solch eine Kameradschaft ist ein bleibender Schatz, nicht nur für Eltern und Kind sondern für die Gemeinschaft, wie sie auch eine Gegenkraft gegen die verborgenen Haßgefühle bildet, die aus den Unterschieden rein in der Größe und im Alter entstehen. Nur so werden Schuldgefühle in ein starkes aber nicht strenges Gewissen integriert, nur so wird die Sprache als gemeinsam erlebte Aktualität bestätigt. So resultiert aus dem »ödipalen« Stadium schließlich nicht nur ein Moralgefühl, das den Horizont des Erlaubbaren einschränkt; es legt auch die Richtung auf das Mögliche und Greifbare fest, die die infantilen Träume an die vielfältigen Ziele der Technologie und Kultur bindet.

Wir können jetzt erkennen, was Freud veranlaßte, den Ödipuskomplex in den Mittelpunkt der konfliktbeladenen Existenz des Menschen zu stellen, und das nicht nur aufgrund von psychiatrisch-psychologischem Material, sondern auch aufgrund der Zeugenschaft der großen Dichtungen, des Dramas und der Geschichte. Denn die Tatsache, daß der Mensch als spielendes Kind beginnt, hinterläßt einen Bodensatz von spielerischer Betätigung und Rollenspiel selbst bei dem, was er für seine höchsten Aufgaben hält. Er projiziert sie ebenso auf die glorifizierte Vergangenheit wie auf eine größere und immer vollkommenere historische Zukunft; er wird sie in der feierlichen Gegenwart mit uniformierten Spielern in rituellen Arrangements dramatisieren, die seine aggressive Initiative sanktionieren, während sie gleichzeitig durch die Unterwerfung unter eine höhere Autorität seine Schuldgefühle beschwichtigen.

Unter den gruppenpsychologischen Folgeerscheinungen des initiativen Stadiums gibt es also auch eine latente und oft wütende Bereitschaft bei dem Besten und Fleißigsten, jedem Führer zu folgen, dem es gelingt, Eroberungsziele sowohl unpersönlich wie ruhmreich genug zu gestalten, um bei Männern eine, eigentlich phallische, Begeisterung (und bei Frauen Zustimmung) zu erregen, und so ihre irrationalen Schuldgefühle zu erleichtern. Es ist also offenbar, daß die aggressiven Ideale des Menschen in weitgehendem Maß im Stadium der Initiative verankert sind, ein bedeutsamer Umstand für den Konflikt der Identitätsbildung und der Identitätsverwirrung.

Der unerläßliche Beitrag dieses Stadiums zur späteren Identitätsentwicklung besteht also offenbar darin, die Initiative und das Gefühl für den Zweck erwachsener Aufgaben beim Kind freizusetzen, die eine Erfüllung seiner Spannweite an Fähigkeiten versprechen (aber nicht garantieren können). Das bereitet sich in der fest verwurzelten, ständig wachsenden Überzeugung vor, daß, unbedrängt von Schuldgefühlen »ich das bin, wovon ich mir vorstellen kann, daß ich es sein werde«. Es ist aber ebenso offensichtlich, daß eine weitreichende Enttäuschung dieser Überzeugung durch ein Mißverhältnis zwischen infantilen Idealen und erwachsener Wirklichkeit nur zu einer Entfesselung des Teufelskreises von Schuldgefühl und Gewalttätigkeit führen kann, der so kennzeichnend für den Menschen ist und so gefährlich für sein eigenes Dasein selbst.

4. Das Schulalter und die Identifizierung mit der Aufgabe

Die Weisheit des Grundplanes fügt es so, daß das Kind zu keiner Zeit derartig bereit ist, schnell und begierig zu lernen, groß zu werden im Sinne der Übernahme von Verpflichtungen, Disziplin und Leistung als am Ende der Periode der expansiven Phantasie. Es ist auch eifrig dabei, Dinge zusammenzusetzen, sich am Konstruieren und Planen zu beteiligen, statt zu versuchen, andere Kinder zu bedrängen oder Einschränkungen herauszufordern. Kinder schließen sich jetzt auch an Lehrer und Eltern anderer Kinder an und sie wollen Leute beobachten und nachmachen, die Berufe repräsentieren, die sie verstehen können — Feuerwehrleute und Polizisten, Gärtner, Klempner und Müllkutscher. Wenn sie Glück haben, leben sie mindestens einen Teil ihres Lebens in der Nähe von Bauernhöfen oder in sicheren Straßen, wo es ringsum tätige Menschen gibt und viele andere Kinder aller Altersstufen, so daß sie, während ihre Fähigkeiten und ihre Initiative in versuchsweisen, heftigen Vorstößen wachsen, ständig beobachten und dabeisein können. Wenn sie aber das Schulalter erreichen, erhalten Kinder aller Kulturen irgendeine Form systematischer Belehrung, obgleich es sich keineswegs immer um die Art von Schule handelt, die des Lesens und Schreibens kundige Menschen rings um Lehrer organisieren müssen, die gelernt haben, wie man das Lesen und Schreiben lehrt. Bei Völkern, die noch nicht über eine Schrift verfügen, wird vieles von Erwachsenen erlernt, die mehr durch Zustimmung als durch Anstellung zu Lehrern werden, und vieles wird von älteren Kindern übernommen; aber das erworbene Wissen steht in Beziehung zu den Grundkenntnissen an einfacher Technik, die das Kind in dem Augenblick verstehen kann, wo es soweit ist, die Utensilien, Handwerkszeuge und Waffen (oder deren Faksimile) zu handhaben, die die großen Leute benützen. Es erwirbt die Technologie seines Stammes sehr allmählich aber auch sehr direkt. Schreibkundigere Völker mit spezialisierten beruflichen Laufbahnen müssen das Kind vorbereiten, indem sie ihm Dinge beibringen, die es vor allem erst einmal zum Schriftkundigen machen. Dann wird ihm die weitest mögliche Grunderziehung für die größte Zahl möglicher Laufbahnen vermittelt. Je weiter die Spezialisierung geht, desto undeutlicher werden die Ziele für die Initiative, desto komplizierter ist die soziale Realität, desto vager die Vater- und Mutterrolle in ihr. Zwischen Kindsein und Erwachsensein gehen unsere Kinder also zur Schule, und das Schulkönnen scheint für viele eine Welt ganz für sich zu sein, mit ihren eigenen Zielen und Grenzen, ihren Heldentaten und Enttäuschungen.

Im Kindergarten-Alter greift das Spiel in die Welt hinein, die man mit anderen teilt. Zuerst werden diese anderen als Dinge behandelt; sie werden inspiziert, angerempelt und gezwungen »Pferdchen« zu sein. Solch ein Lernen ist notwendig, um zu entdecken, welche möglichen Spielinhalte nur in der Phantasie zugelassen oder nur allein und mit einem selbst gespielt werden können; welche Inhalte sich erfolgreich nur in der Welt der Spielsachen und kleinen Dinge darstellen lassen und welche Dinge mit anderen gemeinsam betrieben und ihnen sogar aufgezwungen werden können. Dies Lernen beschränkt sich nicht nur auf die technische Beherrschung von Spielsachen und Dingen, sondern umfaßt auch eine infantile Art, die soziale Erfahrung durch Experimentieren, Planen und gemeinsames Tun zu beherrschen.

Während alle Kinder das Bedürfnis haben, zeitweilig allein gelassen zu werden, um ganz für sich zu spielen, oder später der Gesellschaft von Büchern und Radio, Kino und Fernsehen überlassen zu werden, und während alle Kinder ihre Stunden und Tage brauchen, um im Spiel angeblich etwas zu sein oder zu tun, werden sie doch alle früher oder später unzufrieden und verstimmt, wenn sie nicht das Gefühl haben, im Stande zu sein, Dinge zu machen und sie gut und sogar perfekt machen zu können: das ist es, was ich als *Betätigungsgefühl* bezeichnet habe. Ohne es handelt selbst das bestunterhaltene Kind als wäre es ausgebeutet. Es ist, als wüßte es, und als wüßte seine Gesellschaft, daß nun, wo es psychologisch schon ein rudimentärer Vater (oder eine Mutter) ist, es anfangen muß, etwas wie ein Arbeiter und ein potentieller Versorger zu sein, bevor es biologisch in die Elternrolle eintritt. Mit der herannahenden Latenzperiode vergißt also das in Vorwärtsbewegung begriffene Kind die Triebe, die es zum Träumen und zum Spielen veranlaßten, oder vielmehr, es »sublimiert« sie in aller Stille — das heißt, es wendet sie auf konkrete Unternehmungen und gebilligte Ziele an. Es lernt nun, Anerkennung durch die Herstellung von Dingen zu gewinnen. Es entwickelt Beharrlichkeit und paßt sich den anorganischen Gesetzen der Werkzeugwelt an und es kann zu einem eifrigen und völlig beteiligten Mitwirkenden in einer produktiven Situation werden.

Die Gefahr dieses Stadiums ist die Entwicklung einer Entfremdung von sich selbst und von seinen Aufgaben — das wohlbekannte *Minderwertigkeitsgefühl*. Es kann durch eine unvollständige Lösung des vorangehenden Konflikts verursacht sein: das Kind kann noch stärkere Bedürfnisse nach seiner Mammi, statt nach Wissen haben; es kann lieber noch das Baby zuhause, statt das große Kind in der Schule sein; es vergleicht sich noch immer mit seinem Vater und dieser Vergleich erweckt sowohl Schuld- wie Minderwertigkeitsgefühle. Vielleicht hat das Familienleben das Kind nicht auf das Schulleben vorbereitet oder das Schulleben erfüllt die Versprechungen früherer Stadien nicht, weil nichts, was das Kind bisher gut zu machen gelernt hat, bei seinen Kameraden oder seinem Lehrer zu gelten scheint. Und dann wieder kann es potentiell fähig sein, sich auf eine Weise auszuzeichnen, die noch schlummert und die sich, wenn sie jetzt nicht geweckt wird, erst spät oder nie entwickeln kann.

An diesem Punkt wird der weitere Umkreis der Gesellschaft für das Kind bedeutsam, indem sie ihm Zugang zu Rollen gewährt, die es auf die Aktualität der Technologie und der Wirtschaft vorbereiten. Wo es aber sofort entdeckt, daß die Farbe seiner Haut oder das Milieu seiner Eltern, und nicht sein Wunsch und Wille zu lernen, die Faktoren sind, die seinen Wert als Schüler oder Lehrling bestimmen, da kann die menschliche Neigung, sich wertlos zu fühlen, als eine Determinante der Charakterentwicklung verhängnisvoll vertieft werden.

Gute Lehrer, die das Gefühl haben, daß die Gemeinschaft ihnen vertraut und sie achtet, wissen wie man zwischen Spiel und Arbeit, Sport und Studium abwechseln muß. Sie wissen, wie man besondere Anstrengungen anerkennt, besondere Begabungen ermutigt. Sie wissen auch, wie man einem Kind Zeit läßt und wie man mit den Kindern umgeht, für die die Schule eine Zeitlang nicht wichtig ist und als etwas empfunden wird, das man eher erträgt als genießt, und sogar mit dem Kind, dem eine Zeitlang andere Kinder viel wichtiger sind als der Lehrer. Aber gute Eltern fühlen auch das Bedürfnis, ihre Kinder dahin zu bringen, ihren Lehrern zu vertrauen und daher Lehrer zu haben, denen man vertrauen kann. Denn es steht nicht weniger auf dem Spiel als die Entwicklung und Aufrechterhaltung einer positiven Identifizierung der Kinder mit den Menschen, die Dinge wissen, und die wissen, wie man Dinge tut. Wieder und wieder bekommt man in therapeutischen Gesprächen mit überdurchschnittlich begabten und inspirierten Leuten spontan und mit einem besonderen Strahlen erzählt, daß es *einen* Lehrer gegeben hat, der die Flamme des verborgenen Talentes anfachte. Demgegenüber stehen die überwältigenden Beweise ungeheurer Vernachlässigung.

Die Tatsache, daß die Mehrzahl der Lehrer in unseren Elementarschulen Frauen sind, muß hier auch kurz erwähnt werden, weil sie zu einem Konflikt mit der männlichen Identifizierung des nichtintellektuellen Jungen führen kann, als wäre Wissen etwas Weibliches, Handeln aber männlich. Bernhard Shaws Feststellung, daß die, die können, tun, während die, die nicht können, lehren, hat noch häufig für Eltern wie Kinder Gültigkeit. Die Auswahl und Ausbildung von Lehrern ist daher lebenswichtig für die Vermeidung von Gefahren, die das Individuum in diesem Stadium befallen können. Die Entwicklung eines Minderwertigkeitsgefühls, der Empfindung, daß man nie »etwas taugen« wird, ist eine Gefahr, die durch einen Lehrer vermindert wird, der weiß, wie man das betont, was ein Kind tun *kann* und der ein psychologisches Problem erkennt, wenn er es antrifft. Offensichtlich ist hier die beste Gelegenheit, um der besonderen Identitätsverwirrung vorzubeugen, die auf die Unfähigkeit zu lernen oder auf einen flagranten Mangel an Gelegenheit dazu zurückgeht. Andererseits kann das keimende Identitätsgefühl des Kindes vorzeitig darauf fixiert bleiben, nichts anderes zu sein als ein guter kleiner Helfer oder ein guter kleiner Arbeiter, was unter Umständen keineswegs alles ist, was es werden könnte. Schließlich besteht die vermutlich verbreitetste Gefahr, daß während der langen Jahre des Schulbesuchs ein Kind niemals die Freude an der Arbeit und den Stolz, wenigstens eine Sache wirklich gut zu tun, erwirbt. Im Hinblick auf die Periode eines sich entwickelnden Betätigungsgefühls habe ich auf die äußeren und inneren Behinderungen im Gebrauch der neuen Fähigkeiten hingewiesen, aber nicht auf das Gewichtigerwerden der neuen menschlichen Triebe und auf die unterdrückten Wutgefühle, die aus ihrer Frustrierung erwachsen. Dieses Stadium unterscheidet sich von den früheren, insofern es keinen Umschwung von einem inneren Aufstand zu einer neuen Beherrschung gibt. Freud nennt es das Latenzstadium, weil die heftigen Triebe jetzt normalerweise schlummern. Aber es ist nur die Windstille vor dem Sturm der Pubertät, wo all die früheren Triebe in neuen Kombinationen wieder auftauchen.

Andererseits ist dies Stadium gesellschaftlich höchst entscheidend. Da Tätigkeit auch bedeutet, daß man Dinge neben und mit anderen tut, entwickelt sich in dieser Zeit ein erstes Gefühl der Arbeitsteilung und der unterschiedlichen Chancen — das heißt, ein Gefühl für das technologische Ethos einer Kultur. Daher müssen die Strukturen der Kultur und die Handhabungen, die grundlegend für die *herrschende*

Technologie sind, bedeutungsvoll ins Schulleben hineingreifen und bei jedem Kind ein Gefühl der Leistungsfähigkeit und Zuständigkeit fördern — das heißt die freie Übung von Geschicklichkeit und Intelligenz bei der Ausführung ernsthafter Aufgaben, ungestört von infantilen Minderwertigkeitsgefühlen. Das bildet die bleibende Grundlage für die kooperative Teilnahme am produktiven Leben des Erwachsenen.

Zwei Pole innerhalb der amerikanischen Volksschul-Erziehung können uns dazu dienen, den Beitrag des Schulalters zum Problem der Identität zu illustrieren. Da gibt es das traditionelle Extrem, wonach die frühen Schuljahre zu einer Erweiterung des grimmigen Erwachsenendaseins gestaltet werden, in dem Selbstbeschränkung und ein strenges Pflichtgefühl in der Erfüllung alles dessen, was einem aufgetragen wird, im Vordergrund stehen — im Gegensatz zum modernen Extrem, das Schulleben zu einer Erweiterung der natürlichen Neigung der Kindheit zu machen, durch Spielen zu entdecken — zu lernen, was man tun muß, indem man tut, was man gerne tut. Beide Methoden funktionieren für manche Kinder auf manche Arten, aber fordern anderen eine besondere Anpassung ab. Wird die erste Form bis zum Extrem getrieben, so beutet sie eine Tendenz beim Kind im Kindergarten- und Volksschulalter aus, völlig abhängig von vorgeschriebenen Pflichten zu werden. Das Kind kann auf diese Weise vieles lernen, was absolut nötig ist und kann ein unerschütterliches Pflichtgefühl entwickeln. Aber unter Umständen kann es sich niemals wieder von einer unnötigen und mit zu hohen Kosten für es verbundenen Selbstbeschränkung befreien, die später sein eigenes Leben und das anderer elend macht, und mit dem es tatsächlich den natürlichen Lern- und Arbeitswunsch seiner eigenen künftigen Kinder beeinträchtigen kann. Wird die zweite Form bis zum Extrem getrieben, so führt das nicht nur zu dem wohlbekannten Einwand, daß Kinder heutzutage überhaupt nichts mehr lernen, sondern auch zu derartigen Gefühlen bei Kindern, wie sie in der inzwischen berühmt gewordenen Frage des Großstadtkinds an seinen Lehrer zum Ausdruck kommen: »*Müssen* wir heute tun, was wir tun *wollen?*« Nichts könnte deutlicher auf die Tatsache hinweisen, daß Kinder in diesem Alter es gerne haben, wenn sie freundlich aber fest in das Abenteuer hineingezwungen werden, zu entdecken, daß man lernen kann, Dinge zustandezubringen, an die man alleine nie gedacht hätte, Dinge die ihre Anziehungskraft eben der Tatsache verdanken, daß sie nicht Hervorbringungen von Spiel und Phantasie sind, sondern Ergebnisse der Wirklichkeit, der Durchführbarkeit und Logik; Dinge die damit ein Gefühl des Unterpfandes für die Teilhaberschaft an der realen Welt der Erwachsenen vermitteln. Zwischen diesen beiden Extremen gibt es die vielen Schulen, die überhaupt keinen Stil haben, außer dem entschlossenen Dienst an der Tatsache, daß Schule sein muß. Gesellschaftliche Ungleichheit und Rückständigkeit in der Methode schaffen noch immer einen gefährlichen Riß zwischen vielen Kindern und der Technologie, die ihrer nicht nur bedarf, damit sie technologischen Zielen dienen können, sondern dringlicher, damit die Technologie der Menschheit dienen kann.

Aber es gibt noch eine andere Gefahr für die Entwicklung der Identität. Wenn das übermäßig sich anpassende Kind die Arbeit als das einzige Kriterium des Lohnenswert-Seins akzeptiert und Phantasie und Spiellust zu bereitwillig aufgibt, dann kann es sich allzu leicht dem unterwerfen, was Marx die »Fachidiotie« nannte, das heißt, zum Sklaven seiner Technologie und deren herrschender Rollen-Typologie werden. Hier sind wir schon mitten in Identitätsproblemen, denn mit der Errichtung einer festen Anfangsbeziehung zur Welt der Fertigkeiten und Werkzeuge und zu denen, die Kenntnisse vermitteln und an ihnen teilhaben, und mit dem Herannahen der Pubertät endet die eigentliche Kindheit. Und da der Mensch nicht nur das lernende Tier ist, sondern auch das lehrende und vor allem das arbeitende, kann der unmittelbare Beitrag des Schulalters zu einem Gefühl der Identität in den Worten ausgedrückt werden: »Ich bin das, was zum Funktionieren zu bringen ich lernen kann.« Es liegt auf der Hand, daß für die große Mehrheit der Menschen zu allen Zeiten dies nicht nur der Anfang sondern auch die Grenze ihrer Identität gewesen ist; oder besser: die Mehrzahl der Menschen haben immer ihre Identitätsbedürfnisse rund um ihre technischen und beruflichen Fähigkeiten konsolidiert und haben es speziellen Gruppen (speziell durch Geburt, eigene Wahl oder Erwähltheit und durch Begabung) überlassen, jene »höheren« Institutionen zu errichten und zu bewahren, ohne die die tägliche Arbeit des Menschen immer ein unzulänglicher Ausdruck seiner selbst erschien, wenn nicht eine bloße Plage oder sogar ein Fluch. Vielleicht wird das Identitätsproblem gerade aus diesem Grund heute sowohl psychiatrisch wie historisch bedeutsam. Denn da der Mensch jetzt einen Teil der Plage und des Fluches den Maschinen überlassen kann, kann er sich eine größere Freiheit der Identität für einen größeren Anteil der Menschheit durchaus vorstellen.

5. Die Adoleszenz

Da der technologische Fortschritt mehr und mehr Zeit zwischen das frühe Schulleben und die endgültige Zulassung des jungen Menschen zur spezialisierten Arbeit legt, wird dieses Stadium des Heranreifens zu einer immer deutlicher umrissenen und bewußten Periode, fast zu einer Lebensform zwischen Kindheit und Erwachsensein. So scheinen junge Leute in den letzten Schuljahren, bedrängt von der physiologischen Revolution ihrer genitalen Reifung und der Unsicherheit der künftigen erwachsenen Rollen, sehr beschäftigt mit allerlei auffälligen Liebhabereien und marottenhaften Versuchen, eine jugendliche Subkultur zu errichten, mit einer Identitätsbildung, die aussieht, als wäre sie eine endgültige statt einer vorübergehenden oder eigentlich initialen. Sie sind manchmal krankhaft, oft merkwürdig, präokkupiert von der Frage, was sie in den Augen anderer zu sein scheinen im Vergleich zu dem, was sie zu sein fühlen, und von der Frage, wie sich bisher kultivierte Rollen und Kenntnisse mit den Idealvorbildern des Tages in Beziehung setzen lassen. In ihrer Suche nach einem neuen Gefühl der Kontinuität und Gleichheit, das jetzt auch die sexuelle Reife mit umfassen muß, haben manche Jugendliche sich noch einmal mit den Krisen früherer Jahre auseinanderzusetzen, ehe sie bleibende Idole und Ideale als Hüter einer endgültigen Identität einsetzen können. Sie bedürfen vor allem eines Moratoriums für die Integration der Identitätselemente, die wir im Vorangehenden den Kindheitsstadien zuordneten: nur daß jetzt eine größere Einheit, undeutlich in ihren Umrissen und doch unmittelbar in ihren Forderungen, an die Stelle des Kindheitsmilieus tritt — »die Gesellschaft«. Ein Überblick über diese Elemente ist zugleich eine Liste der Probleme der Adoleszenz. Wenn das früheste Kindheitsstadium der Identitätskrise ein bedeutungsvolles Bedürfnis nach Vertrauen in sich selbst und in andere als Bodensatz hinterließ, dann sucht der Jugendliche selbstverständlich am leidenschaftlichsten nach Menschen und Ideen, an die er *glauben* kann, was Menschen und Ideen bedeutet, in deren Dienst es lohnend scheint, sich selbst als vertrauenswürdig zu erweisen. (Darüber werden wir in dem Kapitel über die Treue weiter sprechen.) Gleichzeitig aber fürchtet sich der Jugendliche vor einer törichten, allzu vertrauensseligen Hingabe und drückt sein Bedürfnis nach Glauben paradoxerweise in lautem und zynischem Mißtrauen aus.

Wenn das zweite Stadium die Notwendigkeit begründet, durch das definiert zu sein, was man frei *wollen* kann, dann sucht der Jugendliche jetzt nach einer Möglichkeit, sich aus freiem Willen für eine der zugänglichen oder unvermeidlichen Wege der Pflicht und des Dienstes zu entscheiden, und er hat gleichzeitig tödliche Angst, in Tätigkeiten hineingezwungen zu werden, bei denen er sich der Lächerlichkeit oder dem Zweifel an sich selbst ausgesetzt fühlt. Auch das kann zu einem Paradox führen, nämlich daß er lieber schamlos in den Augen Älterer handeln würde, wenn es aus freiem Willen geschähe, als zu Tätigkeiten gezwungen zu werden, die in seinen Augen oder in denen seiner Altersgenossen beschämend wären.

Ist eine unbegrenzte *Phantasie* in bezug auf das, was man werden *könnte,* die Erbschaft aus dem Spielalter, dann ist die Bereitschaft des Jugendlichen, sein Vertrauen in die Gleichaltrigen und führenden oder verführenden Älteren zu setzen, die seinen Strebungen einen imaginären, wenn nicht illusorischen Wirkungskreis bieten, nur zu einleuchtend. Aus dem gleichen Grund wehrt er sich leidenschaftlich gegen alle »pedantischen« Enschränkungen seines Bildes von sich selbst und ist bereit, durch laute Anklagen all seine Schuldgefühle über die Exzesse seines Ehrgeizes zu beruhigen.

Und schließlich: wenn der Zugewinn des Schulalters in dem Verlangen besteht, etwas zum Funktionieren zu bringen, und zwar so, daß es gut funktioniert, dann nimmt die Wahl eines Berufs eine Bedeutung an, die über die Frage des Einkommens und des Status hinausreicht. Aus diesem Grund ziehen es manche Jugendliche vor, für eine Weile überhaupt nichts zu tun, statt sich in eine sonst aussichtsreiche Karriere hineindrängen zu lassen, die zwar Erfolg, aber nicht die Befriedigung bietet, mit unvergleichlicher Vorzüglichkeit zu funktionieren.

In jeder geschichtlichen Periode wird sich also der Teil der Jugend in der am meisten bestätigenden Weise angeregt seines Lebens freuen, der sich von der Welle eines technologischen, ökonomischen oder ideologischen Trends getragen fühlt, der alles zu versprechen scheint, was sich die jugendliche Vitalität nur wünschen kann.

Am wenigsten »stürmisch« verläuft daher die Adoleszenz bei jenem Anteil der Jugend, der für die Verfolgung sich erweiternder technologischer Aufgaben begabt und gut dafür vorbereitet ist, und daher im Stande, sich mit neuen Rollen, die Kompetenz und Erfindungsgabe fordern, zu identifizieren und implizitere Ansichten zu akzeptieren. Wo das nicht gegeben ist, da wird die jugendliche Geisteshaltung ausgesprochener ideologisch, worunter wir eine Haltung verstehen, die auf der Suche nach irgendeiner inspirierenden Vereinigung von Tradition oder antizipierter Technik, Ideen und Idealen ist. Und es ist tatsächlich das ideologische Potential einer Gesellschaft, das am deutlichsten zu dem Jugendlichen spricht, der so begierig danach ist, von Gleichaltrigen bestätigt, von Lehren bekräftigt und von Lebensformen inspiriert zu werden, die der Mühe wert sind. Hat andererseits ein junger Mensch das Gefühl, daß die Umwelt versucht, ihn zu radikal all der Ausdrucksformen zu berauben, die ihm gestatten, die nächste Stufe zu entwickeln und zu integrieren, dann wird er sich unter Umständen mit der wilden Kraft widersetzen, die man bei Tieren antrifft, die plötzlich gezwungen sind, ihr Leben zu verteidigen. Denn im sozialen Dschungel der menschlichen Existenz gibt es ohne ein Gefühl der Identität tatsächlich auch kein Gefühl, lebendig zu sein.

Nachdem wir so weit gekommen sind, möchte ich gerne ein Beispiel (und ich halte es für repräsentativ in der Struktur) der individuellen Art geben, in der ein junger Mensch, wenn man ihm etwas Spielraum gibt, eine traditionelle Lebensform benutzen kann, um mit den Überresten einer negativen Identität fertig zu werden. Ich hatte *Jill* vor ihrer Pubertät gekannt, als sie ziemlich übergewichtig war und viele »orale« Züge der Gefräßigkeit und Abhängigkeit zeigte, während sie gleichzeitig ein wildes Mädchen war und ihre Brüder bitterlich beneidete, mit denen sie rivalisierte. Aber sie war intelligent und hatte immer ein gewisses Etwas an sich (wie übrigens auch ihre Mutter), das zu versprechen schien, daß am Ende alles in Ordnung kommen würde. Und tatsächlich streckte sie sich innerlich und äußerlich, wurde sehr anziehend, mit Leichtigkeit zum Führer in jeder Gruppe und für viele ein Vorbild junger Mädchenschaft. Als Kliniker beobachtete ich sie und fragte mich, was sie mit der Gefräßigkeit und der Rivalität machen würde, die sie früher gezeigt hatte. Könnte es sein, daß solche Dinge im zufälligen Wachstum einfach aufgesogen werden?

Dann kehrte Jill in einem Herbst — sie war etwa 17 oder 18 Jahre alt — von einer Ranch im Westen, wo sie den Sommer verbracht hatte, nicht ins College zurück. Sie hatte ihre Eltern gebeten, sie dort bleiben zu lassen. Einfach aus liberaler Gesinnung und Vertrauen gewährten sie ihr dies Moratorium und reisten ohne sie zurück.

Diesen Winter spezialisierte sich Jill darauf, für neugeborene Fohlen zu sorgen und stand in den Winternächten zu jeder Zeit auf, um die schwächsten Tiere mit der Flasche zu füttern. Nachdem sie offensichtlich eine gewisse Befriedigung in bezug auf sich selbst erreicht hatte, und zugleich die verblüffte Anerkennung der Cowboys, kam sie nach Hause zurück und nahm ihren Platz wieder ein. Ich hatte das Gefühl, daß sie eine Gelegenheit gefunden und festgehalten hatte, aktiv für andere das zu tun, wonach sie sich passiv immer selber gesehnt hatte, wie sie das früher durch ihr Vielessen verriet: sie hatte gelernt, junge Münder zu nähren. Aber sie tat das in einem Zusammenhang, der, indem er passiv in aktiv verwandelte, auch ein früheres Symptom in einen sozialen Akt umformte.

Man könnte sagen, daß sie »mütterlich« wurde, aber es war eine Mütterlichkeit, wie Cowboys sie haben müssen und haben; und natürlich tat sie all das in Bluejeans. Das brachte ihr Anerkennung »von Mann zu Mann« — ebenso wie von Mann zu Frau, und darüber hinaus die Bestätigung ihres Optimismus, das heißt ihres Gefühls, daß sie etwas tun könne, das sich anfühlte, als wäre sie's selber, etwas, was nützlich war und lohnend und das mit einem ideologischen Trend übereinstimmte, wo dies alles noch unmittelbaren praktischen Sinn hatte.

Derartige, selbstgewählte »Therapien« hängen natürlich von dem Spielraum ab, der im rechten Geist zur rechten Zeit gewährt wird, und das wiederum hängt von einer großen Vielfalt von Umständen ab. Ich habe die Absicht, später einmal ähnliche Fragmente aus dem Leben von Kindern in größerer Ausführlichkeit zu veröffentlichen; lassen Sie dieses Beispiel für die zahllosen Beobachtungen im Alltagsleben stehen, wo sich der hilfebringende Einfallsreichtum junger Menschen beweist, wenn die Bedingungen richtig sind.

Die Entfremdung dieses Stadiums ist die *Identitätsverwirrung*, die im nächsten Kapitel im klinischen und biographischen Detail dargestellt werden soll. Für den Augenblick wollen wir uns mit *Biffs* Formulierung in Arthur Millers *Tod eines Handlungsreisenden* begnügen: »Ich kann einfach nichts zu fassen kriegen, Mama, ich kann keine Art von Leben zu fassen kriegen.« Wo solch ein Dilemma auf einem starken früheren Zweifel an der eigenen ethnischen und sexuellen Identität beruht, oder wo die Rollenverwirrung mit einer schon lange bestehenden Hoffnungslosigkeit zusammentrifft, da sind kriminelle und »borderline«-psychotische Zwischenfälle nicht selten. Ein Jugendlicher nach dem anderen, verwirrt durch die Unfähigkeit, eine Rolle anzunehmen, die die [unerbittliche Standardisierung der amerikanischen Jugend ihm aufzwingt, läuft in der einen oder anderen Form davon, verschwindet aus der Schule, verläßt seinen Job, bleibt die ganzen Nächte weg oder zieht sich in bizarre, unzugängliche Launen zurück. Ist er erst einmal »kriminell«, dann besteht sein größtes Bedürfnis und oft seine einzige Rettung in der Weigerung älterer Freunde, Ratgeber und Gerichtspersonen, ihn weiter durch abstempelnde Diagnosen und soziale Beurteilungen, die die besonderen dynamischen Bedingungen der Adoleszenz ignorieren, als Typus festzunageln. Hier ist, wie wir im Einzelnen noch sehen werden, der Begriff der Identitätsverwirrung von praktischem klinischem Wert, denn wenn sie richtig diagnostiziert und behandelt werden, haben scheinbar psychotische oder kriminelle Vorkommnisse nicht die gleiche verhängnisvolle Bedeutung, wie sie sie auf anderen Altersstufen haben können.

Im allgemeinen ist es die Unfähigkeit, sich auf eine berufliche Identität festzulegen, die die meisten jungen Leute verwirrt. Um selbst nicht auseinanderzufallen, überidentifizieren sie sich mit den Helden von Cliquen und Massen, bis zu einem scheinbar völligen Verlust der Individualität. Aber in diesem Stadium ist nicht einmal das »Sich-Verlieben« eine gänzlich, oder selbst primär sexuelle Angelegenheit. Die jugendliche Liebe ist in weitgehendem Maß ein Versuch, zu einer Definition der eigenen Identität zu gelangen, indem man sein undeutliches Selbst-Bild auf einen anderen projiziert und es so zurückgeworfen und allmählich geklärt sieht. Daher besteht ein so großer Teil der jungen Liebe aus Gesprächen. Andererseits kann eine Klärung auch durch destruktive Mittel gesucht werden. Junge Menschen können auffällig »klanhaft« sein, intolerant und grausam in ihrem Ausschluß von anderen, die »anders« sind, sei es in der Hautfarbe oder im kulturellen Milieu, in Geschmäckern und Begabungen und häufig in völlig kleinlichen Aspekten der Kleidung und Gestik, die willkürlich als Zeichen der Zugehörigkeit oder Nichtzugehörigkeit zu einer Gruppe gewählt werden. Es ist wichtig, im Prinzip zu verstehen, daß eine derartige Intoleranz für eine Weile eine notwendige Verteidigung gegen ein Gefühl des Identitätsverlustes sein kann (was nicht heißt, daß man sie in all ihren Manifestationen entschuldigen soll). Das ist in einer Lebensphase unvermeidlich, wo der Körper seine Proportionen radikal verändert, wo die genitale Pubertät Körper und Phantasie mit allen Arten von Impulsen überflutet, wo die Intimität mit dem anderen Geschlecht näherrückt und gelegentlich dem jungen Menschen aufgezwungen wird, und wo die unmittelbare Zukunft einen mit zu vielen im Widerstreit stehenden Möglichkeiten und Möglichkeiten der Wahl konfrontiert. Die Jugendlichen helfen einander nicht nur zeitweise durch solche Phasen des Unbehagens hindurch, indem sie Cliquen bilden und für sich selber, ihre Ideale und ihre Feinde stereotype Formen prägen; sie prüfen auch ständig wechselseitig ihre Fähigkeit, inmitten unvermeidlicher Wertkonflikte die Treue zu wahren.

Die Bereitwilligkeit zu solchen Prüfungen erklärt auch mit (wie im zweiten Kapitel ausgeführt) die Anziehungskraft einfacher und grausamer totalitärer Lehren auf die Jugend jener Länder und auf Klassen, die ihre Gruppen-Identitäten verloren haben oder verlieren — seien sie feudal, agrarisch, stammesmäßig oder national. Die Demokratien stehen vor der Aufgabe, diese zornigen Jugendlichen dadurch zu gewinnen, daß sie ihnen überzeugend dartun — indem sie sie vorleben — daß eine demokratische Identität stark sein kann und doch tolerant, einsichtsvoll und doch entschieden. Aber die industrielle Demokratie wirft besondere Probleme auf, insofern sie auf selbst-geformten Identitäten besteht, die bereit sind, viele Chancen zu ergreifen, und bereit, sich den wechselnden Forderungen von wirtschaftlichen Aufschwüngen und Zusammenbrüchen, Krieg und Frieden, Wanderschaften und seßhaftem Leben anzupassen. Die Demokratie muß ihren Jugendlichen daher Ideale bieten, die von jungen Menschen aus vielerlei Milieus gemeinsam akzeptiert werden können und die die Autonomie in der Form der Unabhängigkeit und die Initiative in der Form konstruktiver Arbeit betonen. Diese Versprechungen allerdings sind in den zunehmend komplexen und zentralisierten Systemen industrieller, ökonomischer und politischer Organisation nicht leicht zu erfüllen, Systemen, die die »selbstgeformte« Ideologie zunehmend vernachlässigen, mit der oratorisch noch geprunkt wird. Das ist für viele junge Amerikaner sehr hart, weil ihre ganze Erziehung die Entwicklung einer auf sich selbst gestellten Persönlichkeit von einem gewissen Maß an freier Auswahl abhängig gemacht hat, von einem gewissen Maß an Hoffnung auf eine individuelle Chance und von der festen Überzeugung von der Freiheit der Selbstverwirklichung.

Wir sprechen hier nicht bloß von hohen Privilegien und luftigen Idealen sondern von psychologischen Notwendigkeiten. Denn die soziale Institution, die der Hüter der Identität ist, *ist* eben das, was wir *Ideologie* genannt haben. Man kann in der Ideologie auch die Bilderwelt einer Aristokratie in ihrem weitest möglichen Sinn sehen, was ebensoviel heißt, als daß innerhalb eines bestimmten Weltbildes und eines gegebenen geschichtlichen Ablaufs die besten Menschen zur Herrschaft gelangen und die Herrschaft das Beste im Menschen entwickeln wird. Um nicht zynisch oder gleichgültig verloren zu gehen, müssen junge Menschen irgendwie in der Lage sein, sich selbst davon zu überzeugen, daß diejenigen, die in ihrer antizipierten erwachsenen Welt Erfolg haben, dadurch die Verpflichtung auf sich nehmen, die Besten zu sein. Denn die sozialen Systeme dringen gerade durch ihre Ideologie tief in die Faser der nächsten Generation ein und versuchen die verjüngende Macht der Jugend in ihr Lebensblut aufzunehmen. Die Adoleszenz wirkt damit als vitaler Regenerator im Prozeß der gesellschaftlichen Entwicklung, denn die Jugend kann ihre Loyalitäten und ihre Energien sowohl der Bewahrung dessen widmen, was fortfährt, sich echt anzufühlen, wie auch der revolutionären Korrektur dessen, was seine regenerative Bedeutung verloren hat. Wir können die Identitätskrise auch im Leben schöpferischer Einzelmenschen beobachten, die sie für sich selbst nur lösen konnten, indem sie ihren Zeitgenossen ein neues Lösungsmodell anboten, wie es in Kunstwerken oder ursprünglichen Taten zum Ausdruck kommt, und die außerdem bereit waren, uns in Tagebüchern, Briefen und Selbstdarstellungen alles darüber zu erzählen. Und genau wie die Neurosen einer bestimmten Zeitperiode das immer gegenwärtige Chaos der menschlichen Existenz auf eine neue Art widerspiegeln, weisen die schöpferischen Krisen auf die einzigartigen Lösungen der Perioden hin.

Im nächsten Kapitel wollen wir mehr ins einzelne gehend darstellen, was wir über diese spezialisierten individuellen Krisen erfahren haben. Aber es gibt eine dritte Manifestation der Überreste der Infantilität und der Adoleszenz beim Menschen: es ist das Zusammenfließen, die Vereinigung individueller Krisen in vorübergehenden Aufwallungen, die auf kollektive »Hysterien« hinauslaufen. Wo es redegewandte Führer gibt, können ihre schöpferischen Krisen und die latenten Krisen ihrer Anhänger mit Hilfe unserer Annahmen — und ihrer Schriften — zumindest untersucht werden. Schwerer zu fassen sind spontane Gruppenentwicklungen, die man nicht einem Führer zuschreiben kann. Und es würde auf alle Fälle auch nicht helfen, irrationales Massenverhalten mit klinischen Namen zu belegen. Es wäre unmöglich, klinisch zu diagnostizieren, wieviel Hysterie bei einer jungen Nonne vorliegt, die sich an einer Epidemie von Krampfanfällen beteiligt oder wieviel perverser Sadismus bei einem Nazi, der zur

Teilnahme an Riesenparaden oder Massenmorden kommandiert wird. So können wir nur sehr versuchsweise auf gewisse Ähnlichkeiten zwischen individuellen Krisen und Gruppenverhalten hinweisen, um zu zeigen, daß sie in gegebenen geschichtlichen Perioden in geheimer Berührung miteinander stehen.

Aber bevor wir uns in die klinischen und biographischen Beweise für das versenken, was wir Identitätsverwirrung nennen, wollen wir einen Blick über die Identitätskrise hinaus werfen. Die Worte »jenseits der Identität« können natürlich auf zwei Arten verstanden werden, die beide für das Problem wesentlich sind. Sie könnten bedeuten, daß der Kern des Menschen mehr ist als nur seine Identität, daß es tatsächlich in jedem Individuum ein »Ich« gibt, einen beobachtenden Mittelpunkt der Bewußtheit und des Willens, der die *psychosoziale Identität,* die unser Thema in diesem Buch ist, transzendieren kann und überleben muß. In mancher Weise scheint, wie wir sehen werden, in der Jugend eine gelegentlich frühreife Selbsttranszendenz vorübergehend stark empfunden zu werden, als müßte eine reine Identität von psychosozialen Übergriffen freigehalten werden. Und doch kann kein Mensch sich selbst in der Jugend transzendieren (außer ein Jüngling, der wie Keats aufflammt und stirbt, der von der Identität in Worten sprechen konnte, die seinen sofortigen Ruhm begründeten). Wir werden später von der Transzendenz der Identität sprechen. Im folgenden bedeutet »jenseits der Identität« das Leben nach der Adoleszenz und die Verwendungen der Identität und tatsächlich auch die Rückkehr mancher Formen der Identitätskrise in den späteren Stadien des Lebenszyklus.

6. Jenseits der Identität

Die erste dieser Krise ist die der *Intimität.* Erst wenn die Identitätsbildung weit vorangeschritten ist, wird echte Intimität — die tatsächlich sowohl eine Kontrapunktierung wie eine Verschmelzung von Identitäten ist — möglich. Die sexuelle Intimität ist nur ein Teil dessen, woran ich hier denke, denn es liegt auf der Hand, daß sexuelle Intimitäten oft der Fähigkeit vorangehen, eine echte und wechselseitige psychosoziale Intimität mit einer anderen Person zu entwickeln, sei es in einer Freundschaft, in erotischen Begegnungen oder in gemeinsamer Begeisterung. Der Jugendliche, der seiner Identität nicht sicher ist, scheut vor der zwischenmenschlichen Intimität zurück oder stürzt sich in intime Akte, die »promiskuös« ohne echte Verschmelzung oder wirkliche Selbstaufgabe sind. Wo ein Jugendlicher solch intime Beziehungen mit anderen — und ich würde hinzufügen, mit seinen eigenen inneren Hilfsquellen — nicht in der späten Adoleszenz oder im jungen Erwachsenenalter erreicht, kann er sich unter Umständen auf weitgehend stereotypisierte zwischenmenschliche Beziehungen festlegen und zu einem tiefen *Gefühl der Isolierung* kommen. Wenn die Zeit eine unpersönliche Art zwischenmenschlicher Beziehungsformen begünstigt, kann ein Mann weit, sogar sehr weit im Leben kommen, und doch ein schweres Charakterproblem mit sich tragen, das doppelt schmerzlich ist, da er sich niemals wirklich als sich selbst empfinden kann, obgleich alle sagen, er sei »jemand«.

Das Gegenstück zur Intimität ist die *Distanzierung:* die Bereitschaft, jene Kräfte und Menschen, deren Wesen dem eigenen gefährlich erscheint abzuweisen, zu isolieren und wenn nötig zu zerstören. So besteht die bleibende Folge des Bedürfnisses nach Distanzierung in der Bereitschaft, das eigene Territorium der Intimität und Solidarität zu befestigen und alle Außenseiter mit fanatischer Überbewertung der kleinen Unterschiede zwischen dem Vertrauten und dem Fremden anzusehen. Derartige Vorurteile lassen sich in der Politik und im Kriege verwenden und ausnutzen; sie sichern die auf Treue begründete Selbstaufopferung der Stärksten und Besten und ihre Bereitschaft zu töten. Ein Überrest der Gefahr der Adoleszenz findet sich, wo intime, konkurrierende und kämpferische Beziehungen mit den und gegen die gleichen Menschen erlebt werden. Während sich aber allmählich die Gebiete der erwachsenen Verantwortung abgrenzen, das konkurrierende Aufeinandertreffen, die erotische Bindung und die unerbittliche Feindschaft sich voneinander differenzieren, werden sie schließlich alle dem *ethischen Gefühl* unterstellt, das das Kennzeichen des Erwachsenen ist und an die Stelle der ideologischen Überzeugung des Jugendlichen und der Moral der Kindheit tritt.

Freud wurde einmal gefragt, was seiner Ansicht nach ein normaler Mensch zu tun imstande sein müsse. Der Frager erwartete wahrscheinlich eine komplizierte und »tiefe« Antwort. Aber Freud sagte einfach »lieben und arbeiten«. Es lohnt sich, über diese einfache Formulierung nachzudenken; sie wird tiefer, je mehr man sich mit ihr beschäftigt. Denn wenn Freud »lieben« sagte, dann dachte er ebenso an die Freigiebigkeit der Intimität wie an die genitale Liebe; wenn er sagte

»lieben und arbeiten«, dann meinte er eine allgemeine Werk-Produktivität, die den Einzelnen nicht in dem Ausmaß in Anspruch nimmt, daß er das Recht oder die Fähigkeit verliert, ein sexuelles und ein liebendes Wesen zu sein.

Die Psychoanalyse hat die *Genitalität* als eine der entwicklungsmäßigen Vorbedingungen für die volle Reife hervorgehoben. Sie besteht in der Fähigkeit, orgastische Potenz zu entwickeln, was mehr ist als die Entladung sexueller Produkte im Sinne von Kinseys »Abfuhr«. Die Genitalität vereint das Reifen der intimen sexuellen Gegenseitigkeit mit voller genitaler Empfindungsfähigkeit und der Möglichkeit, die Spannung des gesamten Körpers zu entladen. Das stellt nun eine ziemlich konkrete Art dar, etwas über einen Vorgang zu sagen, den wir in Wirklichkeit nicht ganz verstehen. Aber das Erlebnis der Wechselseitigkeit in der Klimax des Orgasmus bietet tatsächlich ein großartiges Beispiel für die gegenseitige Regulierung komplizierter Grundverhaltensformen und beschwichtigt in mancher Hinsicht die Feindseligkeiten und die potentielle Wut, die durch die täglichen Beweise der Gegensätzlichkeit von männlich und weiblich, von Realität und Phantasie, von Liebe und Haß, von Spiel und Arbeit verursacht werden. Derartige Erfahrungen nehmen der Sexualität etwas von ihrer Besessenheit und machen die sadistische Beherrschung des Partners überflüssig.

Ehe sich eine derartige genitale Reife entwickelt, besteht ein großer Teil des Sexuallebens aus einer Suche nach sich selbst, aus dem Hunger nach der eigenen Identität; jeder Partner versucht in Wirklichkeit nur, sich selbst zu erreichen. Oder es bleibt bei einer Art von genitaler Schlacht, bei der jeder versucht, den anderen zu besiegen. All das bleibt auch als Anteil in der erwachsenen Sexualität erhalten, aber es wird allmählich aufgesogen, während sich die Unterschiede der Geschlechter zu einer vollen Polarisierung innerhalb eines gemeinsamen Lebensstils hin entwickeln. Denn die in früheren Stadien begründeten vitalen Stärken haben dazu beigetragen, die beiden Geschlechter zuerst ähnlich im Bewußtsein, in der Sprache und in der Ethik werden zu lassen, um ihnen dann zu erlauben, ausgereift verschieden zu sein.

Der Mensch hat, zusätzlich zur erotischen Anziehung, eine Wählerischkeit der »Liebe« entwickelt, die dem Bedürfnis nach einer neuen und gemeinsam erfahrenen Identität dient. Wenn die für dieses Stadium typische Entfremdung in der *Isolierung* besteht, das heißt in der Unfähigkeit, mit der eigenen Identität ein Risiko einzugehen, indem man mit einem anderen echte Intimität teilt, so wird diese Hemmung oft durch die Angst vor den Folgen der Intimität verstärkt: vor Nachkommen — und vor dem Übernehmen von Fürsorge. Die Liebe als wechselseitige Hingabe aber überwindet die Antagonismen, die der sexuellen und funktionellen Polarisierung anhaften; sie ist die vitale Stärke des jungen Erwachsenenalters. Sie ist der Hüter jener schwer zu erfassenden und doch allgegenwärtigen Macht des kulturellen und persönlichen Stiles, der die Verschmelzung von Wettstreit und Zusammenarbeit, Produktion und Erzeugung von Nachkommenschaft in eine »Lebensform« zusammenfaßt.

Wollen wir das Spiel der »Ich bin«-Formulierungen »jenseits der Identität« fortsetzen, so müssen wir die Melodie ändern. Denn jetzt beruht das Anwachsen der Identität auf der Formulierung: »Wir sind, was wir lieben.«

Die Evolution hat den Menschen sowohl zum lehrenden wie zum lernenden Tier gemacht, denn Abhängigkeit und Reife sind reziprok: der reife Mensch hat das Bedürfnis, daß man seiner bedarf und die Reife wird vom Wesen dessen gelenkt, dem man Fürsorge zuwenden muß. *Die Fähigkeit zu erzeugen und hervorzubringen* ist daher primär das Interesse daran, die nächste Generation zu begründen und zu führen. Es gibt selbstverständlich Menschen, die, sei es aus Mißgeschick, sei es aufgrund spezieller und genuiner Begabungen in anderen Richtungen, diesen Trieb nicht auf die eigene Nachkommenschaft anwenden, sondern auf andere Formen altruistischer Interessen und schöpferischer Tätigkeiten, die ihre Art von Elterngefühlen völlig in Anspruch nehmen. Und tatsächlich soll der Begriff der zeugenden Fähigkeit sowohl die Produktivität wie die schöpferische Begabung umfassen, die sie aber beide nicht als Bezeichnungen einer Entwicklungskrise ersetzen können. Denn die Fähigkeit, sich selbst in der Begegnung der Körper und Seelen hinzugeben, führt zu einer allmählichen Ausdehnung der Ich-Interessen und zu einer libidinösen Besetzung dessen, was erzeugt wird. Wo diese Bereicherung vollständig mißlingt, findet eine Regression auf ein zwanghaftes Bedürfnis nach Pseudointimität statt, oft mit einem durchdringenden *Gefühl der Stagnation*, Langeweile und zwischenmenschlichen Verarmung. Die Menschen beginnen dann oft, sich selbst zu verwöhnen, als wären sie ihr eigenes — oder eines anderen — eines und einziges Kind, und wo die Bedingungen es begünstigen, wird eine frühe körperliche oder psychologische Invalidität zum Vehikel des Interesses an sich selbst. Andererseits »schafft«

die bloße Tatsache, daß man Kinder hat oder sogar wünscht, noch keine zeugerische Fähigkeit. Manche jungen Eltern leiden offenbar unter einer Retardierung der Fähigkeit, echte Fürsorge zu entwickeln. Die Gründe dafür findet man oft in frühen Kindheitseindrücken, in fehlerhaften Identifizierungen mit den eigenen Eltern, in übermäßiger Selbstliebe, die auf einer zu angestrengt selbsterrichteten Persönlichkeit beruht, und schließlich im Fehlen irgendeiner zuversichtlichen Überzeugung, eines »Glaubens an die eigenen Spezies«, der ein Kind zu einem willkommenen Unterpfand machen würde. Das Wesen der schöpferischen Fähigkeit selbst aber legt nahe, daß ihre deutlichst umrissene Pathologie jetzt in der nächsten Generation zu suchen ist, das heißt in der Form jener unvermeidlichen Entfremdungen, die wir für die Kindheit und Jugend aufgezählt haben, und die jetzt in verstärkter Form, als Ergebnis eines generativen Versagens auf seiten der Eltern, auftreten können.

Was die Institutionen anbetrifft, die die zeugerische Fähigkeit verstärken und schützen, so kann man nur sagen, daß *alle* Institutionen schon ihrem Wesen nach die Ethik der zeugerischen Erbfolge zum Gesetz erheben. Die zeugerische Fähigkeit ist selbst eine treibende Kraft in der menschlichen Organisation, und die Stadien der Kindheit und des Erwachsenseins sind ein System von Zeugung und Regeneration, dem Institutionen, wie etwa gemeinsame Haushalte und getrennte Arbeit, Dauer zu verleihen suchen. So haben sich die hier aufgezählten Grund-Stärken und die wesentlichen Grundzüge einer organisierten menschlichen Gemeinschaft zusammen entwickelt, als ein Versuch, eine Reihe erprobter Methoden und einen Schatz traditioneller Bestätigungen zu errichten, die jede Generation in die Lage versetzen, den Bedürfnissen der nächsten in relativer Unabhängigkeit von persönlichen Unterschieden und sich wandelnden Bedingungen gerecht zu werden.

Beim alternden Menschen, der Dingen und Menschenwesen seine Fürsorge zuwendet und der sich, der Notwendigkeit gehorchend, in die Siege und die Enttäuschungen des Daseins geschickt hat, beim Erzeuger anderer und Schöpfer von Dingen und Gedanken — nur bei ihm kommt die Frucht der sieben Stadien allmählich zur vollen Reife. Ich weiß dafür kein besseres Wort als *Integrität.* Da es mir an einer eindeutigen Definition gebricht, will ich auf einige Attribute dieses seelischen Stadiums hinweisen. Es ist die dem Ich zugewachsene Sicherheit, daß es nach Ordnung und Sinn strebt — eine emotionale Integration, die den Trägern der Urbilder der Vergangenheit die Treue wahrt, und bereit ist, in der Gegenwart die Führerschaft zu übernehmen — und schließlich auf sie zu verzichten. Es ist die Bereitschaft, seinen einen und einmaligen Lebenszyklus zu akzeptieren und ebenso die Menschen, die für ihn bedeutsam geworden sind, als etwas, das sein mußte und das zwangsläufig keinen Ersatz zuließ. Es bedeutet damit eine neue und andere Art von Liebe zu den eigenen Eltern, frei von dem Wunsch, daß sie anders hätten sein sollen, und die Hinnahme der Tatsache, daß man für sein eigenes Leben selber verantwortlich ist. Es ist ein Gefühl der Kameradschaft gegenüber Männern und Frauen aus fernen Zeiten und mit anderen Lebensaufgaben, die Ordnungen und Dinge und Worte geschaffen haben, die die menschliche Würde und die Liebe vermitteln. Der integere Mensch ist bereit, die Würde seines eigenen Lebensstils gegen alle körperlichen und ökonomischen Bedrohungen zu verteidigen, obwohl er sich der Relativität all der verschiedenen Lebensstile bewußt ist. Denn er weiß, daß ein Einzelleben das zufällige Zusammentreffen von nur einem Lebenszyklus mit nur einem Ausschnitt der Geschichte ist, und daß für ihn die gesamte menschliche Integrität mit dem einen Integritätsstil, an dem er teilhat, steht und fällt.

Klinische und anthropologische Forschungsergebnisse deuten darauf hin, daß das Fehlen oder der Verlust dieser gewachsenen Ich-Integration durch *Abscheu* und durch *Verzweiflung* gekennzeichnet sind: das Schicksal wird nicht als der Rahmen des Lebens hingenommen, der Tod nicht als seine endliche Grenze. Die Verzweiflung entspricht einem Gefühl, daß die Zeit zu kurz ist, zu kurz für den Versuch, ein anderes Leben zu beginnen und andere Wege zur Integrität zu suchen. Diese Verzweiflung verbirgt sich oft hinter einem Anschein von Ekel, einer misanthropischen Haltung oder einer chronischen verächtlichen Mißbilligung bestimmter Institutionen oder bestimmter Menschen — ein Ekel und ein Mißfallen, die, wo sie nicht mit der Vision eines höheren Lebens einhergehen, nur die Verachtung des Menschen gegen sich selbst ausdrücken.

Ein sinnvolles Alter — das einer unter Umständen eintretenden terminalen Senilität vorangeht — dient daher dem Bedürfnis nach jener integrierten Erbschaft, die dem Lebenszyklus eine unentbehrliche Perspektive verleiht. Hier nimmt die Stärke die Form jenes distanzierten und doch aktiven Interesses am Leben an, das durch den Tod gebunden ist, das wir *Weisheit* nennen — Weisheit in ihren vielen Bedeutungen vom gereiften »Verstand« bis zum angesammelten Wissen, der reifen Urteilsfähigkeit und dem allumfassenden Verstehen. Nicht als ob jeder Mensch allein Weisheit entwickeln könnte. Für die meisten stellt die lebendige *Tradition* ihr Wesen dar. Aber das Ende des Kreises erweckt auch die »höchste Sorge« darum, welche Chancen der Mensch wohl hat, die Grenzen seiner Identität zu transzendieren und sein oft tragisches oder bitterlich tragisch-komisches Engagement in seinem einen und einzigen Lebenszyklus innerhalb der Generationenfolge zu überschreiten. Aber große philosophische und religiöse Systeme, die sich mit der letzten Individuation befassen, scheinen verantwortlich bezogen auf die Kulturen und Zivilisationen ihrer Zeit geblieben zu sein. Obgleich sie die Transzendenz im Verzicht suchen, bleiben sie ethisch an der »Aufrechterhaltung der Welt« interessiert. Ebenso kann eine Kultur an der Bedeutung gemessen werden, die sie dem vollen Lebenszyklus zumißt, denn diese Bedeutung — oder ihr Fehlen — kann nicht umhin, in die Anfänge der nächsten Generation hineinzureichen, und damit in die Chancen Anderer, letzten Fragen mit einer gewissen Klarheit und Kraft gegenüberzutreten.

Zu welchen Abgründen die »letzte Sorge« den einzelnen Menschen auch immer führt, der Mensch als soziales Geschöpf wird gegen das Ende seines Lebens einer neuen Auflage einer Identitätskrise begegnen, die wir in die Worte fassen können: »Ich bin, was von mir überlebt.« Aus den Stadien des Lebens fließen nun die Fähigkeiten, von denen wir sprachen, wie Glaube, Willenskraft, Zielstrebigkeit, Können, Treue, Liebe, Fürsorge, Weisheit — alles Kriterien der vitalen individuellen Stärke — auch in das Leben der Institutionen. Ohne sie verdorren die Institutionen und erlahmen; aber ohne daß der Geist der Institutionen die Grundformen der Fürsorge und Liebe, des Lehrens und Erziehens durchdringt, könnte keine Kraft aus der Generationenfolge hervorgehen.

Wir kommen also zu dem Schluß, daß die psychologische Stärke von einem Gesamtprozeß abhängt, der die individuellen Lebenszyklen, die Generationenfolge und die Gesellschaftsstruktur gleichzeitig reguliert; denn alle drei haben sich zusammen entwickelt.

VIERTES KAPITEL

IDENTITÄTSVERWIRRUNG IN DER LEBENSGESCHICHTE UND IN DER KRANKENGESCHICHTE

1. Biographisch I: Schöpferische Verwirrung

George Bernard Shaw (70 Jahre alt) über den jungen Shaw (20 Jahre alt)

Als George Bernard Shaw ein berühmter Mann von 70 Jahren war, wurde er aufgefordert, das erfolglose Werk seiner frühen Zwanzigerjahre zu überarbeiten und mit einem Vorwort zu versehen. Es handelte sich um zwei Bände Prosadichtung, die vorher nicht veröffentlicht worden waren [1]. Wie zu erwarten, nahm Shaw das Produkt seiner jungen Erwachsenenzeit auf die leichte Schulter, aber nicht ohne dem Leser eine detaillierte Analyse des jungen Shaw zu bieten. Wäre er in dem, was er über seine jungen Jahre sagt, nicht so täuschend witzig, so hätten seine Beobachtungen durchaus als eine analytische Leistung anerkannt werden können, die tatsächlich kaum einer zusätzlichen Deutung bedarf. Aber es ist Shaws eigenes Identitäts-Kennzeichen, daß er den Leser einen Pfad scheinbarer Oberflächlichkeiten und plötzlicher Tiefen entlang lockt und neckt. Ich wage es nur, ihn hier für meine Zwecke zu exzerpieren, weil ich hoffe, daß ich den Leser neugierig genug machen werde, um jedem Schritt seiner Exposition zu folgen.

G. B. S. (denn das ist die öffentliche Identität, die eine seiner Meisterstücke war) schildert den jungen Shaw als einen »außerordentlich unangenehmen und lästigen« jungen Mann, »keineswegs zurückhaltend mit diabolischen Ansichten«, während er innerlich »unter simpler Feigheit litt und sich dessen fürchterlich schämte«. »Die Wahrheit ist«, schließt er, »daß alle Menschen sich in der Gesellschaft in einer falschen Lage befinden, bis sie ihre Möglichkeiten erkannt und sie ihren Nachbarn aufgezwungen haben. Sie werden durch ein beständiges inneres Un-

[1] G. B. Shaw, Selected Prose, New York 1952 (Dodd, Mead).

zulänglichkeitsgefühl gequält; trotzdem irritieren sie andere durch beständige Anmaßung. Dieser Zwiespalt kann nur durch anerkannten Erfolg oder durch Mißerfolge gelöst werden: jeder fühlt sich unbehaglich, bis er seinen natürlichen Platz gefunden hat, ob er nun über oder unter dem Platz seiner Geburt liegt.« Aber Shaw muß sich immer von jedem allgemein gültigen Gesetz ausnehmen, das er versehentlich verkündet. So fügt er hinzu: »Dies Finden des eigenen Platzes kann dadurch sehr problematisch werden, daß es in der gewöhnlichen Gesellschaft keinen Platz für außergewöhnliche Individuen gibt.«

Shaw schildert im Weiteren eine Krise im Alter von 20 Jahren. Sie war nicht durch den Mangel an Erfolg oder durch das Fehlen einer bestimmten Rolle verursacht, sondern durch zu viel von beidem. »Ich hatte Erfolg, trotz meiner selbst, und fand zu meiner Bestürzung, daß das Geschäftsleben, statt mich als den nichtswürdigen Schwindler, der ich war, hinauszuwerfen, sich auf mich stürzte und nicht die Absicht hatte, mich gehen zu lassen. Da war ich also, in meinem zwanzigsten Lebensjahr, mit einer kaufmännischen Lehre, mit einer Beschäftigung, die ich so herzlich verabscheute, wie nur irgendein vernünftiger Mensch sich erlaubt, irgend etwas zu hassen, dem er nicht entrinnen kann. Im März 1876 brach ich aus.« Ausbrechen bedeutete, Familie und Freunde, das Geschäft und Irland zu verlassen und die Gefahr eines Erfolges zu vermeiden, der »der Ungeheuerlichkeit meines unbewußten Ehrgeizes« nicht entsprach. Er billigte sich selbst eine Verlängerung des Intervalls zwischen Jugend und Erwachsensein zu, die wir als »psychosoziales Moratorium« bezeichnen wollen. Er schreibt: »Als ich meine Geburtsstadt verließ, ließ ich diese Phase hinter mir und hatte keinen Umgang mehr mit jungen Männern meines Alters, bis ich nach acht Jahren der Einsamkeit in dieser Hinsicht in die sozialistische Wiedererweckungsbewegung der frühen achtziger Jahre hineingezogen wurde, unter Engländern von hohem Ernst, die vor Empörung über sehr reale und sehr grundsätzliche Übel brannten, die die ganze Welt ergriffen hatten.« In der Zwischenzeit schien er Möglichkeiten aus dem Wege zu gehen, denn er hatte das Gefühl, »daß hinter der Überzeugung, daß sie zu nichts führen könnten, was ich wollte, die unausgesprochene Angst lag, daß sie zu etwas führen könnten, was ich nicht wollte«. Dieser Teil des Moratoriums, der sich auf die Tätigkeit bezog, wurde verstärkt durch einen intellektuellen Anteil: »Ich kann nicht irgend etwas lernen, das mich nicht interessiert. Mein Gedächtnis ist nicht unterschiedslos; es lehnt ab und wählt aus; und seine Auswahl ist nicht akademisch... Ich gratuliere mir dazu; denn ich bin fest davon überzeugt, daß jede unnatürliche Betätigung des Gehirns ebenso schädlich ist, wie irgendeine unnatürliche Betätigung des Körpers... Die Zivilisation wird immer dadurch zugrunde gerichtet, daß man den herrschenden Klassen das zuteil werden läßt, was man höhere Bildung nennt...«

Shaw machte sich daran, nach eigenem Gutdünken zu lernen und zu schreiben und hier kam das außerordentliche Funktionieren einer außerordentlichen Persönlichkeit zum Vorschein. Er brachte es zustande, die Art von Arbeit aufzugeben, die er bisher getan hatte, ohne die Arbeitsgewohnheiten dabei zu verlassen:

> Meine Ausbildung im Büro hatte mir die Gewohnheit hinterlassen, jeden Tag irgend etwas regelmäßig zu tun, als eine Grundbedingung des Fleißes im Gegensatz zur Faulheit. Ich wußte, daß ich nicht vorankommen würde, wenn ich es nicht so machte und daß ich niemals auf irgendeine andere Weise ein Buch zustande bringen würde. Ich kaufte Vorräte an weißem Papier, in Halbformat, jeweils für Sixpence, faltete sie in Quartformat und verurteilte mich dazu, täglich fünf Seiten davon zu füllen, ob es regnete oder die Sonne schien, ob ich mich dumpf fühlte oder beschwingt. Ich hatte noch so viel vom Schuljungen und vom Büroangestellten in mir, daß, wenn meine fünf Seiten inmitten eines Satzes zu Ende waren, ich ihn erst am nächsten Tag fertig schrieb. Wenn ich andererseits einen Tag ausließ, dann glich ich das aus, indem ich am nächsten Tag das Doppelte tat. Nach diesem Plan produzierte ich fünf Romane in fünf Jahren. Das war meine Lehrzeit in meinem Beruf.

Wir können hinzufügen, daß diese fünf Romane über fünfzig Jahre lang unveröffentlicht blieben, aber Shaw hatte, während er arbeitete, zu schreiben gelernt, und während er schrieb, gelernt zu warten. Wie wichtig diese anfängliche Ritualisierung seines Arbeitslebens für die inneren Abwehrmechanismen des jungen Mannes war, kann man an einer dieser beiläufigen Bemerkungen sehen, in denen der große Witzbold seine psychologischen Einsichten fast scheu zugibt: »Ich bin durch puren Hang nach oben geraten; aus erworbener Gewohnheit zu fleißig, um aufzuhören zu arbeiten (ich arbeite, wie mein Vater trank).« Er weist damit auf jene Kombination von Süchtigkeit und Zwanghaftigkeit hin, die wir als die Grundlage so vieler krankhafter Entwicklungen in der späten Adoleszenz und so vieler Talente und Leistungen im jungen Erwachsenenalter kennen.

Die »Trink-Neurose« seines Vaters beschreibt Shaw im Detail, da er sie für eine der Quellen seines beißenden Humors hält. »Sie mußte entweder eine Familientragödie oder ein Familienwitz sein.« Denn sein Vater war weder »fröhlich, noch streitsüchtig, noch prahlerisch, sondern elend, gequält von Scham und Reue«. Allerdings besaß der Vater ein »humoristisches Gefühl des Niedergangs, der Antiklimax, das ich von ihm geerbt habe und mit viel Effekt benutzte, als ich ein Komödiendichter wurde. Seine Niederlagen hingen in ihrer Wirkung von unserem Gefühl der Heiligkeit (der jeweiligen Angelegenheit) ab ... Es scheint mir eine glückliche Fügung, daß ich durch die Reduzierung jedes äußerlichen oder unechten Elements in der Religion auf die unehrerbietigste Absurdität auf ihre wesentlichsten Inhalte gestoßen wurde.«

Eine unbewußtere Ebene der ödipalen Tragödie Shaws wird mit traumhafter Symbolik in einer Szene dargestellt, die wie eine Deckerinnerung aussieht, das heißt wie eine verdichtete Darstellung vieler Situationen gleicher Art:

> Ein Junge, der den »Governor« mit einer unvollständig eingewickelten Gans unter dem einen und einem Schinken im gleichen Zustand unter dem anderen Arm gesehen hat (beide unter, der Himmel weiß welchen, Wahnvorstellungen von Festlichkeiten erworben), wie er mit dem Kopf gegen die Gartenmauer anrennt, im Glauben, daß er das Tor aufstößt, und bei diesem Prozeß seinen Zylinderhut in eine Ziehharmonika verwandelt, und der, statt bei diesem Schauspiel von Scham und Angst überwältigt zu sein, vor (vom Onkel mütterlicherseits tosend geteilten) Vergnügen so außer Aktion gesetzt ist, daß er kaum imstande war, zur Rettung des Hutes herbeizueilen und seinen Träger in Sicherheit zu geleiten, ist offensichtlich nicht ein Junge, der aus Kleinigkeiten Tragödien machen wird, statt aus Tragödien Kleinigkeiten zu machen. Wenn Du das Familienskelett nicht loswerden kannst, dann kannst Du es ebensogut tanzen lassen.

Es ist offensichtlich, daß die Analyse des psychosexuellen Aspekts der Persönlichkeit Shaws einen soliden Ankerpunkt in der Symbolik der väterlichen Impotenz in dieser Erinnerung finden konnte.

Shaw erklärt den Niedergang seines Vaters mit einer brillanten Analyse der sozioökonomischen Umstände seiner Tage. Denn der Vater war »Cousin eines Baronets im zweiten Grade und meine Mutter die Tochter eines Landedelmannes, dessen Lebensregel bei Schwierigkeiten ›Hypotheken‹ waren. Das war meine Art von Armut.« Sein Vater war »der jüngere Sohn eines jüngeren Sohnes eines jüngeren Sohnes« und er war »ein Mann auf dem Abstieg und Sohn eines Mannes auf dem Abstieg«. Trotzdem kommt Shaw zu dem Schluß: »Zu behaupten, daß mein Vater es sich nicht leisten konnte, mir eine Universitätserziehung zu geben, bedeutet gerade so viel wie zu behaupten, daß er es sich nicht leisten konnte zu trinken, oder daß ich es mir nicht leisten konnte, ein Schriftsteller zu werden. Beide Behauptungen sind richtig; aber er trank und ich wurde trotzdem ein Schriftsteller.«

An seine Mutter erinnert er sich um der »ein oder zwei seltenen und köstlichen Gelegenheiten willen, wo sie mir mein Brot mit Butter bestrich. Sie bestrich es dick, statt nur das Messer an ihm abzuwischen.« Meist allerdings »akzeptierte sie mich bloß als eine natürliche und gewohnte Erscheinung und nahm als selbstverständlich an, daß ich weiterhin auf diese Weise vorkommen würde«. Es mußte etwas Beruhigendes an dieser Art von Unpersönlichkeit gewesen sein, denn »technisch gesprochen würde ich sagen, daß sie die schlechteste vorstellbare Mutter war, innerhalb der Grenzen der Tatsache, daß sie unfähig war, gegen irgendein Kind, ein Tier, eine Blume, ja gegen irgendeine Person oder ein Ding, gleich welcher Art, unfreundlich zu sein«. Wenn das nicht entweder als Zuneigung oder als Erziehung angesehen werden konnte, erklärt Shaw, dann »war ich schlecht erzogen, weil meine Mutter so wohlerzogen war ... In ihrer berechtigten Reaktion gegen die Einschränkungen und Tyranneien, Zankereien und Einschüchterungen und die Strafen, die sie in ihrer Kindheit erlitten hatte ... erreichte sie eine negative Haltung, in der sie, da sie keinen Ersatz zu bieten hatte, die häusliche Anarchie so weit trieb, als sie ihrem Wesen nach getrieben werden kann.« Alles in allem war Shaws Mutter »eine völlig mit Abscheu erfüllte, desillusionierte Frau ... die unter einem hoffnungslos enttäuschenden Ehemann und drei uninteressanten Kindern litt, die zu groß geworden waren, um wie die Vögel und Tiere, die sie liebte, gestreichelt zu werden, von der demütigenden Unzulänglichkeit des Einkommens meines Vaters gar nicht zu reden.«

Shaw hatte in Wirklichkeit drei Eltern, wobei der dritte ein Mann namens Lee war (»meteorisch«, »ungestüm«, »magnetisch«), der Shaws Mutter Gesangsstunden gab, nicht ohne den ganzen Shaw'schen Haushalt ebenso wie Bernards Ideale mit neuen Ideen zu versorgen:

> Obgleich er meinen Vater als dominierenden Faktor im Haushalt verdrängte und die ganze Aktivität und die Interessen meiner Mutter bestimmte, ging er doch so vollständig in seinen musikalischen Angelegenheiten auf, daß es keine Reibung und kaum irgendwelche näheren persönlichen Kontakte zwischen den zwei Männern gab: ganz gewiß keine Unannehmlichkeiten. Zuerst verblüfften uns seine Ideen. Er sagte, daß die Leute mit offenen Fenstern schlafen sollten. Die Kühnheit dieses Gedankens gefiel mir, und ich habe es seither immer so gemacht. Er aß Schwarzbrot statt Weißbrot: eine aufregende Exzentrizität.

Von den vielen Identitätselementen, die sich aus solch einem verwirrenden Bild ergaben, lassen Sie mich für diesmal drei auswählen, zusammenfassen und benennen.

Der Snob

»Verglichen mit ähnlichen englischen Familien besaßen wir eine Kraft der spöttischen Dramatisierung, die die Knochen der Shaw'schen Skelette noch lauter klappern ließ.« Shaw erkannte darin einen »Familiensnobismus, gemildert durch den Familiensinn für Humor«. Andererseits war, »obgleich meine Mutter nicht bewußt ein Snob war, die Göttlichkeit, die eine irische Dame ihrer Periode umgab, für die britische Vorortselternschaft, die innerhalb ihrer Reichweite (als Kunden für private Musikstunden) lebten, unannehmbar; sie waren alle Snobs«. Shaw empfand »eine enorme Verachtung für Familiensnobismus«, bis er entdeckte, daß einer seiner Vorfahren ein Earl of Fife gewesen war: »Das war so gut, als stammte man von Shakespeare ab, den zu reinkarnieren ich von der Wiege an unbewußt entschlossen war.«

Der Lärmerzeuger

Während seiner ganzen Kindheit schien Shaw einem ozeanischen Ansturm von Musik ausgesetzt gewesen zu sein. Die Familie spielte Posaunen und Ophiklëiden, Violoncellos, Harfen und Tamburine — und vor allem (oder war es das Schlimmste von allem) sangen sie. Schließlich aber brachte er sich selbst das Klavierspielen bei, und das mit eindringlicher Lärmentwicklung.

> Wenn ich an all das Hämmern, Pfeifen, Brüllen und Knurren zurückblicke, das während dieses Erziehungsprozesses über nervöse Nachbarn verhängt wurde, werde ich von zweckloser Reue verzehrt. Ich pflegte meine Mutter durch meine Lieblingsauswahl aus Wagners Ring fast zum Wahnsinn zu treiben, der für sie »gänzlich rezitativ« war und fürchterlich mißtönend dazu. Sie hat sich damals niemals beschwert, aber gab es zu, nachdem wir uns trennten, und sagte, daß sie manchmal fortgegangen sei, um zu weinen. Wenn ich einen Mord begangen hätte, glaube ich nicht, daß es mein Gewissen sehr belasten würde; aber hieran zu denken, kann ich nicht ertragen.

Er gibt aber nicht zu, daß er sich darüber im klaren ist, daß er vielleicht gelernt hat, mit seinen musikalischen Quälgeistern abzurechnen. Statt dessen schloß er einen Kompromiß, indem er Musikkritiker wurde, das heißt einer, der über den Lärm schreibt, den andere machen. Als Kritiker wählte er den *nom de plume* Corno di Bassetto — den Namen eines Instruments, das kaum einer kannte, und das so sanftmütig im Ton ist, »daß selbst der Teufel es nicht sprühend machen konnte«. Aber Bassetto wurde ein sprühender Kritiker und mehr noch: »Ich kann nicht leugnen, daß Bassetto gelegentlich vulgär war, aber das schadet nichts, wenn er Dich zum Lachen bringt. Vulgarität ist ein notwendiger Teil der vollständigen Ausrüstung eines Schriftstellers; und der Clown ist manchmal der beste Teil des Zirkus.«

Der Diabolische

Wie der zweifellos einsame kleine Junge (dessen Mutter nur den musikalischen Lärmerzeugern zuhörte) dazu kam, seine Phantasie zu verwenden, um sich mit einem großen imaginären Gefährten zu unterhalten, wird so beschrieben: »In meiner Kindheit übte ich meine literarische Begabung, indem ich Gebete komponierte... Sie waren eine literarische Vorstellung zur Unterhaltung und Versöhnung des Allmächtigen.« In Übereinstimmung mit der Unehrerbietigkeit seiner Familie in Sachen der Religion mußte Shaws Frömmigkeit den Urgrund der Religiosität finden und sich auf ihn verlassen, was bei ihm bald zu einer Mischung von »intellektueller Integrität... synchronisiert mit dem Heraufdämmern der moralischen Leidenschaft« wurde. Zur gleichen Zeit scheint Shaw (auf irgendeine unspezifische Weise) ein kleiner Teufel von einem Kind gewesen zu sein. Auf alle Fälle fühlte er sich nicht mit sich selbst identisch, wenn er brav war: »Selbst wenn ich ein lieber Junge war, war ich es nur auf theatralische Weise, weil ich mich, wie die Schauspieler sagen, ›in dem Charakter sah‹.« Und tatsächlich fand er sich beim Abschluß seines Identitätskampfes, das heißt »als die Natur mein Äußeres im Jahre 1880 oder um diese Zeit herum vervollständigte (ich hatte, bis ich 24 war, nur das zarteste Sprossen von Haarwuchs im Gesicht), ausgestattet mit den nach oben strebenden Schnurrbarthaaren und Augenbrauen und den sarkastischen Nasenlöchern des Opernteufels, dessen Arien (von Gounod) ich als Kind gesungen und dessen Attitüden ich in meiner Knabenzeit mit Vorliebe angenommen hatte. Später, als die Generationen an mir vorüberzogen, begann ich wahrzunehmen, daß die phantastische Dichtung für das Leben ist, was die Skizze für das Bild, der Entwurf für die Statue.«

So verfolgt George Bernard Shaw, mehr oder weniger ausgesprochen, seine eigenen Wurzeln. Aber es lohnt sich darauf zu achten, daß das, was er schließlich wurde, ihm so angeboren zu sein schien, wie die beabsichtigte Reinkarnation Shakespeares, auf die wir oben Bezug nahmen. »Meine Lehrer verwirrten mich mit ihren Versuchen, mir das Lesen beizubringen; denn ich kann mich an keine Zeit erinnern, wo eine gedruckte Seite mir nicht verständlich war, und kann nur vermuten, daß ich lesekundig geboren wurde.« Allerdings dachte er an eine Anzahl beruflicher Wahlmöglichkeiten: »Als eine Alternative dazu, ein Michelangelo zu sein, träumte ich davon, ein Badeali zu werden (man bemerke übrigens, daß ich in bezug auf Literatur überhaupt keine Träume hegte, ebenso wenig wie eine Ente in bezug aufs Schwimmen).«

Er nennt sich auch »einen geborenen Kommunisten« (was, wie wir schnell bemerken wollen, einen Fabian-Sozialisten bedeutete), und er erklärt den Frieden, der mit der Annahme dessen fühlbar wird, was zu sein man offenbar gemacht ist; »der geborene Kommunist weiß, wo er steht, und wo diese Gesellschaft, die ihn so eingeschüchtert hat, steht. Er ist von seiner *mauvaise honte* geheilt...« So wurde der »komplette Außenseiter« allmählich zu seiner Art von komplettem Innenseiter: »Ich stand außerhalb der Gesellschaft, außerhalb der Politik, außerhalb des Sports, außerhalb der Kirche« — aber das »nur innerhalb der Grenzen der britischen Barbarei... In dem Augenblick, wo Musik, Malerei, Literatur, oder Wissenschaft in Frage kamen, wurden die Positionen vertauscht: nun war ich es, der der Innenseiter war.«

Während er all diese Züge bis in seine Kindheit zurückverfolgt, wird sich Shaw der Tatsache bewußt, daß nur eine *tour de force* sie alle hätte integrieren können:

Wenn ich in dieser Hinsicht völlig offen sein soll, muß ich hinzufügen, daß die bloße Verletzlichkeit, die sich so bald abschleift, durch eine tiefere Fremdheit kompliziert wurde, die mich mein ganzes Leben lang zu einem Gast auf diesem Planeten gemacht hat, statt zu einem Eingeborenen. Sei es nun, daß ich verrückt oder ein wenig zu vernünftig geboren wurde, mein Königreich war nicht von dieser Welt. Zuhause war ich nur in den Bereichen meiner Phantasie und vertrauten Umgang hatte ich nur mit den mächtigen Toten. Daher mußte ich ein Schauspieler werden und für mich selbst eine phantastische Persönlichkeit erschaffen, die geeignet und geschickt war, mit Menschen umzugehen, und sich an die verschiedenen Rollen anpassen ließ, die ich als Autor, Journalist, Redner, Politiker, Komitee-Man, Mann von Welt etc. zu spielen hatte.

»Darin war ich später nur zu erfolgreich« schließt Shaw. Diese Feststellung illustriert besonders eindringlich den leichten Ekel, mit dem ältere Menschen zeitweilig auf die unausweichliche Identität schauen, die sie in ihrer Jugend gestreift haben — ein Ekel, der im Leben mancher Menschen zur tödlichen Verzweiflung und zu unerklärlichen psychosomatischen Schwierigkeiten führen kann. Das Ende seiner Krise in jüngeren Jahren faßt Shaw mit folgenden Worten zusammen: »Ich hatte die intellektuelle Gewohnheit; und meine natürliche Kombination von kritischer Fähigkeit mit literarischem Geschick bedurfte nur einer klaren Auffassung vom Leben im Licht einer verständlichen Theorie, kurz einer Religion, um sie in triumphierende Tätigkeit zu setzen.« Hier hat der alte Zyniker in einem Satz umschrieben, worauf die Identitätsbildung jedes menschlichen Wesens hinauslaufen muß. Um dies in Worte zu übersetzen, die sich besser für eine Diskussion in komplizierteren und daher respekteinflößenderen Ausdrücken eignet: der Mensch muß, um seinen Platz in der Gesellschaft einzunehmen, eine »konfliktfreie«, gewohnheitsmäßige Verwendung einer dominierenden Fähigkeit erwerben, die in einem Beruf, in einer Beschäftigung weiter entwickelt wird: eine unbegrenzte Hilfsquelle, sozusagen ein *»feedback«*, aus der unmittelbaren Ausübung dieser Beschäftigung, aus der Genossenschaft, die sie bietet, und aus ihrer Tradition; und schließlich eine verständliche Theorie der Lebensprozesse, die der alte Atheist, eifrig bestrebt bis zum letzten zu schockieren, eine Religion nennt. Der Fabian-Sozialismus, dem er sich in Wirklichkeit zuwendete, ist eher eine Ideologie, letzteres ein allgemeiner Ausdruck, den wir beibehalten wollen, aus Gründen, die am Ende dieses Kapitels deutlich werden sollen.

William James, sein eigener psychiatrischer Begutachter

William James beschäftigte sich sein ganzes Leben lang mit dem, was man damals *»morbid psychology«*, die Psychologie des Krankhaften, nannte. Er selber litt in seiner Jugend und bis ins Mannesalter unter schweren emotionalen Spannungen, für die er vergeblich Hilfe in einer Vielzahl von Nervenkuren suchte. Auch seine Briefe bestätigen die Tatsache, daß er sich für die Krisen seiner Freunde interessierte und ihnen eine Art von leidenschaftlichem Rat anbot, der seinen eigenen Kampf um geistige Gesundheit verriet. Außerdem geriet er in dem merkwürdigen Milieu von Boston, das so eklatante Kontraste zwischen materialistischer Energie und der Versenkung von Geist und Seele schätzte, in den Streit über das Problem der »Heilung aus dem Glauben«. Und schließlich war er einer der Männer, die als Gastgeber für die neu entstehenden psychiatrischen Schulen auftraten, unter ihnen auch die Freuds, der 1909 Amerika besuchte. Während Freud ihm den Eindruck eines Mannes machte, der von fixen Ideen besessen ist (James sagt, daß er in seinem eigenen Fall nichts mit Freuds Traumtheorien anfangen konnte, wie übrigens viele der höchst- und der wenigst intelligenten Leute), drückte er trotzdem die Hoffnung aus, daß Freud und seine Schüler ihre Untersuchungen fortsetzen würden.

Im folgenden will ich einige der eindrucksvollsten Formulierungen von James zitieren, und zwar nicht aus seinen theoretischen Abhandlungen, sondern aus seinen persönlicheren Bekenntnissen, in denen er dem Erlebnis einer verlängerten Identitätskrise so lebendigen Ausdruck verleiht.

Wie Matthiessen feststellt, »kam William James außerordentlich langsam zur Reife«[2]. Selbst mit sechsundzwanzig Jahren schrieb er an Wendell Holmes: »Ich würde viel um eine konstruktive Leidenschaft irgendeiner Art geben.« Diese sehnsüchtige Klage finden wir wieder und wieder bei den jungen College-Leuten unserer Tage; nur waren, nach Matthiessens Angaben, der Zweifel und die Verzögerung in James' Leben dem fanatischen Bestehen seines Vaters auf dem *Sein* zuzuschreiben, das es für die meisten seiner Kinder schwierig machte, etwas — wenn überhaupt etwas — zu finden, was sie *tun* konnten (obgleich mindestens zwei von ihnen schließlich außerordentlich »gut taten«). Ich weise darauf hin, weil heute Zweifel und Verzögerung so offensichtlich häufig dem Umstand zuzuschreiben sind, daß junge Männer und Frauen sich in ein Tun hineingezogen finden, in das sie durch den Zwang gedrängt wurden, sich schnell hervorzutun, ehe genug von einem Daseinsgefühl sichergestellt ist, um dem nackten Ehrgeiz einen Stil der Individualität oder einen zwingenden Gemeinschaftsgeist zu verleihen.

Hier ist nicht der Ort, um sich mit der Persönlichkeit oder den

2 F. O. Matthiessen, The James Family, New York 1948 (A. A. Knopf), S. 209.

erzieherischen Gewohnheiten des Vaters, Henry James sen. zu befassen, dem es durch eine Kombination von Krankheit, Neigung und Reichtum gestattet war, seine Tage zuhause zu verbringen, wobei er sein Familienleben zu einer Tyrannei des Liberalismus und zu einer Schule utopischer Ansichten machte, wo jede Wahl vom freiesten und universalsten Standpunkt aus getroffen, und vor allem mit Papa besprochen werden mußte. Auch kann ich hier nicht dem interessanten Weg folgen, auf dem James spätere Philosophie zugleich zu einer Fortsetzung und zu einer Widerlegung des Glaubens seines Vaters wurde.

Was hier unsere Aufmerksamkeit beansprucht, ist die besonders verlängerte Identitätskrise, die William von der Kunstschule zu einer »wissenschaftlichen Schule« und von da zur medizinischen Akademie trieb, und von Cambridge (Mass.) zum Amazonas, nach Europa und wieder zurück nach Cambridge. Nachdem er in Europa unter schweren neurotischen Verstimmungen gelitten hatte, verbrachte er seine späten zwanziger Jahre als neurotischer Leidender im Haus seines Vaters, bis er mit dreißig das Angebot des Präsidenten Eliot von Harvard annahm, der ihn früh »entdeckt« hatte, dort Anatomie zu lehren. Aber James' Individualismus war dem Darwins vergleichbar, das heißt, er war eine Beschränkung der Aktivitäten und Assoziierungen, die zu jedem gegebenen Zeitpunkt nur einen schmalen Pfad für Interesse und Tätigkeit offenließen. Und doch finden solche Männer auf diesem schmalen Pfad, wie Schlafwandler, ihr endgültiges Ziel intellektueller und sozialer Konzentration. In James' Fall führte der Weg von der künstlerischen Beobachtung durch ein naturalistisches Gefühl der Klassifizierung und das physiologische Erfassen des organischen Ablaufs zum vielsprachigen Wahrnehmungsvermögen des Verbannten, und schließlich durch die Selbsterkenntnis und die Empathie des Leidenden zur Psychologie und Philosophie. Wie er es selbst souverän formulierte: »Ich studierte ursprünglich Medizin um Physiologe zu sein, aber geriet aus einer Art von Verhängnis in die Psychologie und Philosophie. Ich hatte nie irgendwelchen philosophischen Unterricht, die erste Vorlesung über Psychologie, die ich je hörte, war die erste, die ich hielt.«

Erst als er, in einer Periode von Herz-Angst in den mittleren Lebensjahren, sein Buch über »Die Mannigfaltigkeit der religiösen Erfahrung« verfaßte, gab James einen zweifellos autobiographischen Bericht von einem Zustand »der schlimmsten Art von Melancholie«, der ihm angeblich von einem jungen »französischen Leidenden« zugegangen war.

Während ich mich in diesem Zustand von philosophischem Pessimismus und allgemeiner Niedergeschlagenheit des Geistes über meine Aussichten befand, ging ich eines Abends im Zwielicht in ein Ankleidezimmer, um irgendeinen Gegenstand zu holen, der dort lag, als mich plötzlich ohne jede Warnung, gerade als käme es aus der Dunkelheit, eine entsetzliche Furcht vor meinem eigenen Dasein überfiel ... Es war wie eine Offenbarung; und obgleich die unmittelbaren Gefühle vorübergingen, hat mich dieses Erlebnis seither immer mit Sympathie für die krankhaften Gefühle anderer erfüllt ... Ich hatte Angst, allein zu sein. Ich erinnere mich, wie verwundert ich war, daß andere Menschen, daß ich selbst, je so unbewußt dieses Abgrunds von Unsicherheit unter der Oberfläche des Lebens, existieren konnten. Im besonderen meine Mutter, eine sehr fröhliche Person, schien mir ein vollkommenes Paradox zu sein, in ihrer Ahnungslosigkeit vor der Gefahr, die ich, wie Sie mir wohl glauben dürfen, sorgfältig nicht zu stören suchte, indem ich ihr meinen eigenen Seelenzustand enthüllte. Ich habe immer geglaubt, daß diese meine Erfahrung der Melancholie eine religiöse Beziehung habe ... Ich meine, daß die Furcht so eindringlich und übermächtig war, daß, hätte ich mich nicht an Bibeltexte geklammert, wie *Der ewige Gott ist meine Zuflucht* etc., *Kommet her zu mir alle, die ihr mühselig und beladen seit* etc., *Ich bin die Auferstehung und das Leben* etc., ich meiner Ansicht nach wirklich wahnsinnig geworden wäre [3].

James fügt in einer Fußnote einen Hinweis auf eine ähnliche Krise der Selbstentfremdung bei, die sein Vater folgendermaßen erlebte und beschrieb:

Eines Tages, gegen Ende Mai, nachdem ich ein angenehmes Abendessen zu mir genommen hatte, blieb ich am Tisch sitzen, nachdem die Familie verschwunden war, und blickte untätig auf die Scheite im Kamin, ohne an etwas zu denken und nur das Wohlgefühl empfindend, das zu einer guten Verdauung gehört, als plötzlich — sozusagen mit einem Blitzschlag — Furcht und Zittern über mich kam, daß alle meine Knochen bebten [4].

Ein Vergleich der beiden Anfälle läßt die Frage offen, wieviel Übereinstimmung mit dem Innenleben und Lebensstil seines Vaters, und wieviel Befreiung durch eine Offenbarung in dem Erlebnis zu sehen ist. Eins ist sicher: jedes Alter hat seine eigenen Formen der Entfremdung (die oft kulturgebundener sind, als der Ausdruck »außer sich sein« vermuten läßt) und der innere Kampf sowohl des Vaters wie des Sohnes betraf die Identität der nackten und eigensinnigen Selbst-

---

[3] The Letters of William James, hgg. von Henry James, Boston 1920, S. 145.

[4] Matthiessen, a. a. O., S. 161.

heit, die so typisch für den extremen Individualismus ist, im Gegensatz zur Unterwerfung unter eine höhere Identität, sei sie draußen und allumfassend oder innen und alldurchdringend. Daß der Vater, wie er das im weiteren berichtet, in seinem Moment der Verzweiflung sich widerstrebend seiner Frau zuwand, während der Sohn uns versichert, daß er seine unberechenbar fröhliche Mutter nicht stören wollte, läßt uns darüber staunen, wieviel Angst es für den selbstherrlichen Mann jener Tage bedurfte, damit er sich der Zuflucht bei der Frau zuwendete.

Wie Henry James sen. es ausdrückte, wobei er ein bißchen agrarische Romantik aufleben läßt: »Immer wieder, während ich diese trübselige Wasserkur einhielt und ihrem endlosen Geschwätz über Diät, Regime, Krankheit, Politik und Parteien und Leute zuhörte, habe ich mir selber gesagt: der Fluch der Menschheit, das was unsere Mannheit so klein und verderbt macht, ist ihr Gefühl der Selbstheit und die absurde, abscheuliche Eingenommenheit von sich selbst, die es hervorbringt. Wie süß wäre es, nicht länger ein Mensch zu sein, sondern eines jener unwissenden und unschuldigen Schafe, die an jenem friedlichen Hügel grasen und ewigen Tau und Frische am freigiebigen Busen der Natur trinken.« [5]

Von einem wichtigen Schritt auf William James' Weg zur Reife und zu einer gewissen Befreiung von der akuten Entfremdung berichtet er selbst, von einem anderen sein Vater.

»Ich glaube, daß gestern eine Krise in meinem Leben war«, schrieb James an seinen Vater. »Ich beendete den ersten Teil von Renouviers zweitem ›Essay‹ und sehe keinen Grund, warum seine Definition des freien Willens — ›die Aufrechterhaltung eines Gedankens, weil ich mich dazu entschlossen habe, wenn ich auch andere Gedanken haben könnte‹ — die Definition einer Illusion sein muß. Auf alle Fälle will ich gegenwärtig — bis nächstes Jahr — annehmen, daß es keine Illusion sei. Mein erster Akt des freien Willens soll der Glauben an den freien Willen sein.« [6] Er fügt dem einen Satz hinzu, der auf bewunderungswürdige Weise ein Prinzip ausdrückt, das in der heutigen Ich-Psychologie vorherrscht:

Bisher, wenn ich mich geneigt fühlte, freie Initiative zu entfalten, wie etwa zu wagen, originell zu handeln, ohne sorgfältig darauf zu warten, die

[5] Ebd., S. 162.
[6] The Letters of William James, S. 147.

äußere Welt in Betracht zu ziehen, daß sie alles für mich bestimme, schien mir der Selbstmord die männlichste Form zu sein, um meinen Wagemut darein zu setzen; jetzt will ich einen Schritt weiter mit meinem Willen gehen, nicht nur mit ihm handeln, sondern auch glauben; glauben an meine individuelle Wirklichkeit und an meine schöpferische Kraft. Mein Glaube kann gewißlich nicht optimistisch sein — aber ich will das Leben (das wirkliche, das gute) in den sich *selbst-beherrschenden Widerstand des Ichs gegen die Welt* setzen. Das Leben soll aufgebaut werden im Tun, Leiden und Erschaffen[7].

Ich zitiere diese Formulierung eines sowohl sich selbst beherrschenden wie Widerstand leistenden Aspekts des Ichs, um hervorzuheben, was jetzt zu seinem psychoanalytischen Sinn geworden ist — nämlich die innere Synthese, die die Erfahrung organisiert und das Handeln leitet.

Und hier ist Henry James' sen. Bericht über das andere große und befreiende Gedanken-Erlebnis seines Sohnes:

William kam am letzten Nachmittag, als ich allein saß, herein und nachdem er einen Augenblick angeregt auf und ab gegangen war, brach er aus: »Himmel, was für ein Unterschied zwischen mir, wie ich jetzt bin, und wie ich letzten Frühling um diese Zeit war!« Es folgte ein großer Herzenserguß. Ich hatte Angst, ihn dabei zu stören oder ihn möglicherweise aufzuhalten, aber ich wagte ihn zu fragen, was seiner Meinung nach besonders die Veränderung hervorgebracht habe. Er erwähnte verschiedene Dinge ... aber vor allem anderen, daß er die Vorstellung aufgegeben habe, daß alle geistigen Störungen unbedingt eine physische Grundlage haben müßten ... Das sei für ihn völlig unrichtig geworden ... Er hat die Hochachtung vor Männern der reinen Wissenschaft als solcher abgeschüttelt und ist in seinem geistigen Urteil sogar noch universeller und unparteiischer geworden, als ich ihn je zuvor gekannt habe[8].

Zweifellos hat der alte Henry die Worte seines Sohnes ein wenig seinem eigenen Denkstil angepaßt, aber die Szene ist typisch James. Deutlich steht die erste Einsicht, betreffs der Selbstbestimmung des freien Willens, in Beziehung zur zweiten, das heißt zur Preisgabe der physiologischen Faktoren als fatalistischem Argument gegen die weiterbestehende Selbstbestimmung einer neurotischen Person. Zusammen bilden sie die Grundlage der Psychotherapie, die, wie immer sie dargestellt und in Begriffe gefaßt wird, auf die Wiederherstellung der Fähigkeit des Patienten abzielt, eine Wahl zu treffen.

---

7 Ebd., S. 148.
8 Ebd., S. 169.

2. Genetisch: Identifizierung und Identität

Die Autobiographien außerordentlicher (und in außerordentlicher Weise sich selbst wahrnehmender) Individuen sind eine der Quellen unserer Einsicht in die Entwicklung der Identität. Um die allgemeingültige Entstehungslehre der Identität darzustellen, wäre zu wünschen, daß man ihre Entwicklungsgeschichte im Verlauf der Lebensgeschichten »gewöhnlicher« Individuen verfolgen könnte. Hier muß ich mich auf allgemeine Eindrücke aus dem täglichen Leben, aus der therapeutisch unterstützenden Arbeit mit leicht gestörten jungen Menschen (»guidance work«) und auf meine Teilnahme an einer der seltenen Longitudinal-Untersuchungen[9] stützen — letzteres eine Quelle, die die detaillierte Publikation biographischer Daten ausschließt. Bei der nachfolgenden genetischen Skizze sind manche Wiederholungen dessen, was schon ausgeführt wurde, nicht zu vermeiden.

Die Adoleszenz (»Reifezeit«) ist das letzte Stadium der Kindheit. Der Reifungsprozeß ist aber erst endgültig abgeschlossen, wenn das Individuum seine Kindheits-Identifizierungen einer neuen Art von Identifizierung untergeordnet hat, die es dadurch erwirbt, daß es Geselligkeit und Gesellungsfähigkeit in sich aufnimmt und mit und unter seinen Altersgenossen eine auf Wettbewerb eingestellte Lehrzeit durchgemacht hat. Diese neuen Identifizierungen sind nicht mehr durch die Spielfreude der Kindheit und den experimentierenden Eifer der Jugend gekennzeichnet: sie drängen das jugendliche Individuum mit schrecklichem Zwang in Wahlen und Entscheidungen, die mit zunehmender Unmittelbarkeit zu Verpflichtungen »fürs Leben« führen. Die Aufgabe, die hier von dem jungen Menschen und von seiner Gesellschaft geleistet werden muß, ist furchterregend. Sie macht, bei unterschiedlichen Individuen und in unterschiedlichen Gesellschaften, weitgehende Variationen in der Dauer, der Intensität und der Ritualisierung der Adoleszenz notwendig. Die Gesellschaften bieten, je nach den Bedürfnissen der Individuen, mehr oder weniger gutgeheißene Zwischenperioden zwischen Kindheit und Erwachsensein, häufig charakterisiert durch eine Kombination von verlängerter Unreife mit provozierter Frühreife.

Die Psychoanalyse hat mit ihrem Postulat einer »Latenzperiode«,

---

9 Child Guidance Study, Institute of Child Welfare, University of California; siehe Fußnote 3 im dritten Kapitel.

die der Pubertät vorangeht, eine Art von psychosexuellem Moratorium in der menschlichen Entwicklung anerkannt — einer Aufschubsperiode, die dem künftigen Partner und Elternteil zuerst erlaubt, die Art von »Schule« zu besuchen, die seine Kultur bereithält, und die technischen und sozialen Anfangsgründe einer Werksituation zu erlernen. Allerdings trägt die Libidotheorie einer zweiten Verzögerungsperiode nicht entsprechend Rechnung, nämlich der verlängerten Adoleszenz. Hier ist das sexuell ausgereifte Individuum in seiner psychosexuellen Fähigkeit zur Intimität und in der psychosozialen Bereitschaft zur Elternschaft mehr oder weniger retardiert. Man kann diese Periode als *psychosoziales Moratorium* sehen, während dessen der junge Erwachsene durch freies Experimentieren mit Rollen einen passenden Platz in irgendeinem Ausschnitt seiner Gesellschaft finden sollte, einen passenden Platz, der fest umrissen ist und doch ausschließlich für ihn gemacht zu sein scheint.

Wenn wir im folgenden von der antwortenden Reaktion der Gemeinschaft auf das Bedürfnis des jungen Menschen sprechen, von denen um ihn her »bestätigt« zu werden, dann meinen wir etwas, das über die bloße Anerkennung seiner Leistung hinausgeht; denn es ist von großer Bedeutung für die Identitätsbildung des jungen Menschen, daß auf ihn reagiert wird und daß ihm als einer Person Funktion und Status verliehen wird, als einer Person, deren allmähliche Entfaltung und Umformung für diejenigen von Bedeutung ist, die anfangen, für ihn von Bedeutung zu sein. Es ist in der Psychoanalyse nicht deutlich genug erkannt worden, daß eine derartige Bestätigung eine völlig unentbehrliche Unterstützung für das Ich in seinen spezifischen Reifungsaufgaben darstellt, die in folgendem bestehen: 1. in der Aufrechterhaltung der wichtigsten Ich-Abwehrmechanismen gegen die gewaltig anwachsende Intensität der Triebe (die jetzt in einem ausgereiften Genitalapparat und einem kraftvollen Muskelsystem investiert sind); 2. muß das Ich lernen, die wichtigsten »konfliktfreien« Leistungen in Übereinstimmung mit Werk-Möglichkeiten zu konsolidieren und 3. muß es alle Kindheitsidentifikationen auf irgendeine einmalige Weise und doch in Übereinstimmung mit den Rollen wieder synthetisieren, die irgendein weiterer Ausschnitt der Gesellschaft anbietet — ob dieses Segment nun aus dem nachbarlichen Wohnblock besteht, aus einem vorausgesehenen Berufsgebiet, aus einer Vereinigung gleichgestimmter Geister oder vielleicht (wie das bei Shaw der Fall war) aus den »mächtigen Toten«.

Ein Moratorium ist eine Aufschubsperiode, die jemandem zugebilligt wird, der noch nicht bereit ist, eine Verpflichtung zu übernehmen, oder die jemandem aufgezwungen wird, der sich selbst Zeit zubilligen sollte. Unter einem psychosozialen Moratorium verstehen wir also einen Aufschub erwachsener Verpflichtungen oder Bindungen und doch handelt es sich nicht nur um einen Aufschub. Es ist eine Periode, die durch selektives Gewährenlassen seitens der Gesellschaft und durch provokative Verspieltheit seitens der Jugend gekennzeichnet ist und doch führt sie oft auch zu tiefen, wenn auch häufig vorübergehenden Bindungen auf seiten der Jugend und endet in einer mehr oder weniger feierlichen Bekräftigung der Bindung seitens der Gesellschaft. Derartige Moratorien weisen höchst individuelle Variationen auf, die bei sehr begabten Menschen (begabt zum Guten wie zum Bösen) besonders ausgesprochen sind, und es gibt natürlich institutionelle Variationen, die mit den Lebensformen von Kulturen und Subkulturen verknüpft sind.

Jede Gesellschaft und jede Kultur institutionalisiert ein gewisses Moratorium für die Mehrheit ihrer jungen Leute. Meistens fallen diese Moratorien mit Lehrzeiten und Abenteuern zusammen, die mit den Wertskalen der jeweiligen Gesellschaft übereinstimmen. Das Moratorium kann eine Zeit zum Pferdestehlen oder der Suche nach einer Vision sein, eine Zeit der »Wanderschaft« oder der Arbeit »draußen im Westen« oder »drüben am anderen Ende der Welt«, eine Zeit der »verlorenen Jugend« oder des akademischen Lebens, eine Zeit der Selbstaufopferung oder dummer Streiche — und heute ist es oft eine Zeit für Patiententum oder Kriminalität. Denn ein Großteil des jugendlichen Verbrechertums, besonders in seiner organisierten Form, muß als Versuch angesehen werden, ein psychosoziales Moratorium zu schaffen. Ich möchte tatsächlich annehmen, daß eine gewisse Kriminalität in bestimmten Teilen unserer Gesellschaft seit langer Zeit ein relativ institutionalisiertes Moratorium gewesen ist, und daß sie sich jetzt nur Zugang zu unserem Bewußtsein erzwingt, weil sie sich für zu viele Jugendliche gleichzeitig als zu anziehend und unwiderstehlich erweist. Zusätzlich zu all dem scheint unsere Gesellschaft in dem Prozeß begriffen, die psychiatrische Behandlung als eine der wenigen zulässigen Moratorien für junge Leute in sich aufzunehmen, die sonst durch die Standardisierung und Mechanisierung zerdrückt würden. Darauf müssen wir mit großer Sorgfalt achten, denn das Etikett oder die Diagnose, die einer während des psychosozialen Moratoriums erwirbt, ist von höchster Bedeutung für den Prozeß seiner Identitätsbildung.

Übrigens muß das Moratorium keineswegs bewußt als solches erlebt werden. Im Gegenteil: das junge Individuum kann sich tief gebunden und überzeugt fühlen und erst viel später entdecken, daß das, was es so ernst nahm, nur eine Periode des Übergangs war; viele »gebesserte« Kriminelle fühlen sich vermutlich ganz fremd gegenüber der »Dummheit«, die vorbei ist. Indessen ist klar, daß alles Experimentieren mit Identitäts-Vorbildern auch ein Spiel mit dem inneren Feuer der Gefühle und Triebe bedeutet und das Risiko mit sich bringt, in einer gesellschaftlichen »Sackgasse« zu enden, aus der es keine Rückkehr gibt. Dann hat das Moratorium versagt; das Individuum ist zu früh festgelegt und es hat sich überantwortet, weil die Umstände oder eigentlich die Autoritäten es überantwortet haben.

Identität und Identifizierung haben sprachlich wie psychologisch gemeinschaftliche Wurzeln. Ist die Identität also die bloße Summe früherer Identifizierungen oder ist sie bloß eine zusätzliche Reihe von Identifizierungen?

Die begrenzte Brauchbarkeit des Identifizierungsmechanismus wird sofort deutlich, wenn wir die Tatsache in Betracht ziehen, daß keine der Identifizierungen der Kindheit (die bei unseren Kranken in derart morbider Vollständigkeit und wechselseitigem Widerspruch erkennbar sind) bei einer bloßen Addierung zu einer funktionsfähigen Persönlichkeit führen könnte. Natürlich glauben wir im allgemeinen, daß es die Aufgabe der Psychotherapie ist, krankhafte und übertriebene Identifizierungen durch brauchbarere zu ersetzen. Aber wie jede Heilung beweist, neigen »brauchbarere« Identifizierungen gleichzeitig dazu, sich in aller Stille einer neuen, einzigartigen Gestalt unterzuordnen, die mehr als die Summe ihrer Teile ist. Tatsache ist, daß die Identifizierung als Mechanismus nur von beschränkter Brauchbarkeit ist. Kinder in verschiedenen Entwicklungsstadien identifizieren sich mit jenen Teilaspekten von Menschen, die sie, sei es in der Realität oder in der Phantasie, am unmittelbarsten berühren. Ihre Identifikationen mit Eltern zum Beispiel konzentrieren sich auf besonders überbewertete und mißverstandene Körperteile, Fähigkeiten und Rollenerscheinungen. Diese Teilaspekte werden außerdem nicht aufgrund ihrer sozialen Annehmbarkeit bevorzugt (sie sind oft alles andere als die bestangepaßten Attribute der Eltern) sondern aufgrund des Wesens der infantilen Phantasie, die nur allmählich einer wirklichkeitsgerechteren Beurteilung weicht.

In der späteren Kindheit trifft das Individuum auf eine faßbare Hierarchie von Rollen, von den jüngeren Geschwistern bis zu den Großeltern und wer immer zu der weiteren Familie gehört. Durch die ganze Kindheit hindurch liefert ihm das eine Art von Erwartungsreihe hinsichtlich dessen, was es sein wird, wenn es älter wird, und sehr kleine Kinder identifizieren sich mit einer Anzahl von Menschen in einer Anzahl von Hinsichten und errichten eine Art von Hierarchie der Erwartungen, die dann im späteren Leben nach einer »Verifikation« streben. Darum können sich kulturelle und historische Veränderungen als so traumatisch für die Identitätsbildung erweisen: sie können die innere Folgerichtigkeit der Hierarchie der Erwartungen eines Kindes zerstören.

Sehen wir die Introjektion, die Identifizierung und die Identitätsbildung als die Stufen an, über die das Ich in ein immer reiferes Wechselspiel mit den zur Verfügung stehenden Modellen hineinwächst, dann bietet sich folgender psychosozialer Entwicklungsplan an:

Der Mechanismus der *Introjektion* (die primitive »Einverleibung« des Bildes eines anderen) ist für seine Integration abhängig von der befriedigenden Wechselseitigkeit zwischen den (der) bemutternden Erwachsenen und dem bemutterten Kind. Nur das Erlebnis einer solchen anfänglichen Gegenseitigkeit schafft einen sicheren Pol des Selbstgefühls, von dem aus das Kind nach dem anderen Pol greifen kann: nach seinen ersten Liebes-»Objekten«.

Das Schicksal der Kindheits-*Identifizierungen* hängt seinerseits von der befriedigenden Wechselwirkung zwischen dem Kind und vertrauenswürdigen Vertretern einer sinnvollen Rollenhierarchie ab, wie sie die in irgendeiner Familienform zusammenlebenden Generationen bieten. Die *Identitätsbildung* schließlich fängt da an, wo die Brauchbarkeit der Identifizierung aufhört. Sie erwächst aus der selektiven Verwerfung und wechselseitigen Assimilation von Kindheitsidentifizierungen und ihrer Aufnahme in eine neue Gestaltung, die ihrerseits abhängig ist von dem Prozeß, durch den eine Gesellschaft (häufig durch Subgesellschaften) das junge Individuum identifiziert, es als jemanden bestätigt und anerkennt, der so werden mußte, wie er ist, und der so wie er ist, als gegeben hingenommen wird. Die Gemeinschaft verleiht häufig nicht ohne ein gewisses anfängliches Mißtrauen ihre Anerkennung mit einer Zurschaustellung von Erstaunen und Freude darüber, die Bekanntschaft eines neu hervorgetretenen Individuums zu machen. Denn auch die Gemeinschaft fühlt sich ihrerseits von dem Individuum »bestätigt«, das sich darum bemüht, um Bestätigung zu bitten; sie kann sich aber auch tief — und rachsüchtig — von einem Individuum zurückgewiesen fühlen, das sich nicht darum zu bemühen scheint.

Die Arten, wie eine Gemeinschaft das *Individuum identifiziert,* kommen also mehr oder weniger erfolgreich den Arten des Individuums entgegen, sich mit anderen zu identifizieren. Wenn der junge Mensch in einem kritischen Augenblick als einer »bestätigt« wird, der Mißfallen und Unbehagen erregt, dann scheint die Gemeinschaft manchmal dem Jugendlichen nahezulegen, sich auf eine Weise zu verändern, die für ihn nichts ergibt, was »identisch mit ihm selber« wäre. Die Gemeinschaft faßt aber trotzdem die erwünschte Veränderung als eine reine Angelegenheit des guten Willens oder der Willenskraft auf (»er könnte, wenn er wollte«), während der Widerstand dagegen als eine Sache des schlechten Willens oder sogar der — erblichen oder sonstigen — Minderwertigkeit gilt. So unterschätzt die Gemeinschaft häufig, bis zu welchem Ausmaß eine lange, verwickelte Kindheitsgeschichte die weitere Wahl einer Identitätsveränderung für den Jugendlichen eingeschränkt hat, und sie unterschätzt auch, in welchem Maß sie selbst, wenn sie nur wollte, dem Jugendlichen noch helfen könnte, sein Schicksal innerhalb der noch bestehenden Wahlmöglichkeiten zu bestimmen.

Während der ganzen Kindheit finden versuchsweise Kristallisationen der Identität statt, die dem Individuum das Gefühl und den Glauben verleihen (um mit dem bewußtesten Aspekt der Sache zu beginnen), als beginne es allmählich zu wissen, wer es ist — nur um zu entdecken, daß diese Selbstgewißheit immer wieder den Diskontinuitäten der Entwicklung zum Opfer fällt. Denken wir zum Beispiel an die Diskontinuität zwischen den Forderungen, die in einem bestimmten Milieu an einen kleinen Jungen gestellt werden, und denen, die man an einen »großen Jungen« stellt, der sich seinerseits wohl wundern kann, warum man ihn zuerst glauben ließ, daß es bewundernswert sei, klein zu sein, nur um dann gezwungen zu werden, diesen weniger anstrengenden Status gegen die speziellen Verpflichtungen dessen auszutauschen, der »jetzt groß ist«. Derartige Diskontinuitäten können jederzeit zu einer Krise ausarten und eine entscheidende und strategische Neuprägung des Handelns erfordern, die zu Kompromissen führt, die nur durch ein konsequent anwachsendes Gefühl der Durchführbarkeit und Brauchbarkeit solch zunehmender Verpflichtung aufgewogen werden können. Der goldige oder fürchterliche oder brave kleine Junge, der zu einem fleißigen oder manierlichen oder zähen großen Buben wird, muß imstande sein — und muß instande gesetzt werden — beide Wertgruppierungen in eine anerkannte Identität zu kombinieren, die ihm in der Arbeit und im Spiel, im offiziellen und im intimen Verhalten erlaubt, die Kombination eines großen und eines kleinen Jungen zu sein (und andere sein zu lassen).

Die Gemeinschaft unterstützt solch eine Entwicklung so weit, daß sie dem Kind erlaubt, sich auf jeder Stufe auf einen vollständigen »Lebensplan« hin zu orientieren, mit einer hierarchischen Ordnung von Rollen, wie sie von Individuen verschiedenen Alters repräsentiert werden. Die Familie, die Nachbarschaft und die Schule bieten Kontakt und versuchsweise Identifizierung mit jüngeren und älteren Kindern und mit jungen und alten Erwachsenen. Ein Kind beginnt somit früh, in der Vielfalt aufeinanderfolgender und versuchsweiser Identifizierungen Erwartungen aufzubauen in bezug darauf, wie es sein wird, älter zu sein, und wie es sich anfühlen wird, jünger gewesen zu sein — Erwartungen, die zum Anteil einer Identität werden, während sie sich Schritt um Schritt in entscheidenden Erfahrungen psychosozialer »Brauchbarkeit« bestätigen.

Die endgültige Identität, wie sie am Ende der Adoleszenz feststeht, ist also jeder einzelnen Identifizierung mit Individuen der Vergangenheit übergeordnet: sie schließt alle bedeutsamen Identifizierungen in sich, aber sie verändert sie auch, um ein einzigartiges und entsprechend zusammenhängendes Ganzes aus ihnen zu machen.

Die kritischen Phasen des Lebens sind in der Psychoanalyse vorwiegend im Sinn der Triebe und Abwehrmechanismen beschrieben worden, das heißt als »typische Gefahrensituationen« [10]. Die Psychoanalyse hat sich mehr mit dem Eingreifen psychosexueller Krisen in psychosoziale (und andere) Funktionen beschäftigt als mit der spezi-

10 Heinz Hartmann, Ich-Psychologie und Anpassungsproblem, Stuttgart 1960 (Ernst Klett).

fischen Krise, die durch die Reifung jeder Funktion geschaffen wird. Nehmen wir zum Beispiel ein Kind, das zu sprechen lernt: es erwirbt eine der Grundfunktionen, die ein Gefühl der individuellen Autonomie unterstützen, und eine der Grundtechniken, um den Radius des Gebens und Nehmens zu erweitern. Das bloße Anzeichen einer Fähigkeit, intentionale Geräusch-Zeichen abzugeben, verpflichtet das Kind bald, zu »sagen, was es will«. Diese Fähigkeit kann es dazu zwingen, durch richtige Verbalisierung die Aufmerksamkeit auf sich zu lenken, die ihm früher in Reaktion auf bloße Gesten der Bedürftigkeit gewährt wurde. Die Sprache verpflichtet es nicht nur zunehmend zu seiner eigenen charakteristischen Art von Stimme und zu dem Sprachmodus, den es entwickelt, sie definiert das Kind auch als einen, dem die Menschen um ihn her mit veränderter Diktion und Aufmerksamkeit antworten. Sie ihrerseits erwarten von nun an, von dem Kind mit weniger Erklärungen und Gesten verstanden zu werden. Außerdem ist ein gesprochenes Wort ein Vertrag. Eine Äußerung, an die sich andere erinnern, hat einen unwiderruflich verpflichtenden Aspekt, obgleich das Kind unter Umständen früh lernen muß, daß gewisse Verpflichtungen (Erwachsener einem Kind gegenüber) ohne Warnung Veränderungen unterworfen sind, während andere (seine ihnen gegenüber) das nicht sind. Diese wesentliche Beziehung der Sprache, nicht nur zur Welt der mitteilbaren Tatsachen, sondern auch zum sozialen Wert der verbalen Verpflichtung und der geäußerten Wahrheit nimmt unter den Erfahrungen, die die Ich-Entwicklung kennzeichnen, einen strategisch wichtigen Platz ein. Wir müssen lernen, gerade diesen psychosozialen Aspekt der Angelegenheit mit den heute besser bekannten psychosozialen Aspekten in Beziehung zu setzen, die zum Beispiel durch die autoerotische Freude an der Sprache repräsentiert werden; durch die Verwendung der Sprache als oralen oder sonstwie erotischen »Kontakt«; oder durch organ-modale Akzente, wie etwa eliminative oder eindringende Töne oder Verwendungen der Sprache. So kann das Kind dahin gelangen, in der Verwendung von Stimme und Wort eine bestimmte Kombination von Wimmern oder Singen, Urteilen oder Überreden, zu entwickeln, als Teil eines neuen Elements der künftigen Identität, nämlich des Elements »eines, der in der und der Weise spricht und angesprochen wird«. Dieses Element seinerseits wird mit anderen Elementen der sich entwickelnden Identität des Kindes verknüpft sein (es ist gescheit und/oder hübsch und/oder kräftig) und wird mit anderen lebenden oder toten Leuten verglichen werden, die als ideal oder schlecht gelten.

Es ist die Funktion des Ichs, die psychosexuellen und psychosozialen Aspekte auf einer gegebenen Entwicklungsstufe zu integrieren und zur gleichen Zeit die Beziehung neu hinzugekommener Identitätselemente mit den schon vorhandenen zu integrieren — das heißt die unvermeidlichen Diskontinuitäten zwischen verschiedenen Stufen der Persönlichkeitsentwicklung zu überbrücken. Denn frühere Kristallisationen der Identität können einem erneuten Konflikt unterworfen sein, wenn Veränderungen in der Qualität und Quantität des Triebes, Erweiterungen des geistigen Apparats und neue, häufig in Konflikt stehende, soziale Forderungen alle früheren Anpassungen unzulänglich erscheinen lassen, ja, frühere Möglichkeiten und Belohnungen verdächtig machen. Aber diese entwicklungsmäßigen und normativen Krisen unterscheiden sich von auferlegten, traumatischen und neurotischen Krisen, insofern der Wachstumsprozeß selber neue Energien liefert, gerade während die Gesellschaft neue und spezifische Möglichkeiten anbietet, entsprechend ihrer dominanten Vorstellung von den Lebensphasen. Vom genetischen Standpunkt aus tritt der Prozeß der Identitätsbildung als eine sich entfaltende Gestaltung in Erscheinung — eine Gestaltung, die allmählich durch sukzessive Ich-Synthesen und Neusynthesen während der gesamten Kindheit begründet wird. Es ist eine Gestaltung, die allmählich konstitutionelle Gegebenheiten, höchst persönliche libidinöse Bedürfnisse, bevorzugte Fähigkeiten, bedeutsame Identifizierungen, wirksame Abwehrmechanismen, erfolgreiche Sublimierungen und folgerichtige Rollen integriert.

Die endgültige Zusammenfassung all der konvergierenden Identitätselemente am Ende der Kindheit (und das Aufgeben der divergierenden)[11] scheint eine erschreckende Aufgabe zu sein: Wie kann man einem so »abnormen« Stadium wie der Adoleszenz zutrauen, sie auszuführen? Es ist nicht immer einfach, sich daran zu erinnern, daß trotz der Ähnlichkeit der Reifungs-»Symptome« und -Episoden mit neurotischen und psychotischen Symptomen und Episoden, die Adoleszenz kein Leiden ist, sondern eine normative Krise, das heißt eine

---

11 William James spricht vom Aufgeben »des alten anderen Ichs« und sogar vom »ermordeten Selbst«. Siehe »The Will to Believe«, in: New World, Bd. V (1896).

normale Phase erhöhten Konflikts, gekennzeichnet sowohl durch eine scheinbare Schwankung in der Ich-Stärke wie durch ein hohes Wachstumspotential. Neurotische und psychotische Krisen zeichnen sich durch eine bestimmte Neigung zur beständigen Selbstfortsetzung aus, durch eine zunehmende Vergeudung von Abwehrenergie und durch vertiefte psychosoziale Isolierung, während normative Krisen relativ reversibler sind oder, besser gesagt, überstehbarer, und sich durch eine Überfülle an zur Verfügung stehender Energie auszeichnen, die zweifellos zwar ruhende Ängste erweckt und neue Konflikte erregt, aber auch neue und erweiterte Ichfunktionen bei der Suche nach und im spielerischen Engagement mit neuen Möglichkeiten und Verbindungen unterstützt. Was dem durch Vorurteile beschränkten Blick als Beginn einer Neurose erscheinen kann, ist häufig nur eine erschwerte Krise, die sich selbst wieder aufzulösen imstande ist, ja, sich als Beitrag zum Prozeß der Identitätsbildung erweisen kann.

Natürlich stimmt es, daß der Jugendliche während des Endstadiums seiner Identitätsbildung tiefer unter einer Rollenverwirrung leiden kann, als er das je zuvor getan hat und je wieder tun wird. Und es stimmt auch, daß solch eine Verwirrung manch einen Jugendlichen gegenüber dem plötzlichen Einbruch bisher latenter bösartiger Störungen wehrlos macht. Aber es ist wichtig zu betonen, daß die aufgelöste und verletzliche, unnahbare und bindungslose und doch fordernde und eigenwillige Persönlichkeit des nicht-allzu-neurotischen Jugendlichen viele notwendige Elemente des halb beabsichtigten Experimentierens mit Rollen von der Art des »ich riskiere Dich« und »ich riskiere mich selber« enthält. Man muß daher ein gut Teil dieser offenbaren Verwirrung als soziales Spiel ansehen — als den echten genetischen Nachfolger des Spiels in der Kindheit. Ähnlich fordert und erlaubt die Ichentwicklung des Jugendlichen ein spielerisches, wenn auch verwegenes Experimentieren in Phantasie und Introspektion. Wir lassen uns leicht beunruhigen, wenn der Jugendliche in seiner Wahrnehmung gefährlicher Phantasien (Phantasien, die in früheren Stadien unterdrückt wurden und später wieder unterdrückt sein werden) eine »Nähe zur Bewußtheit« verrät, besonders wenn wir in unserem Eifer, in der psychotherapeutischen Situation etwas »bewußt zu machen«, jemanden vorwärtsdrängen, der sich schon ein bißchen zu weit über den Abgrund des Unbewußten beugt. Wenn sich der Jugendliche über jede Anzahl von Abgründen beugt, so handelt es sich normalerweise um ein Experimentieren mit Erfahrungen, die so der

Ich-Kontrolle zugänglicher werden, vorausgesetzt, daß nicht übereifrige oder neurotische Erwachsene vorzeitig mit tödlichem Ernst darauf reagieren. Das gleiche muß von dem »fließenden Zustand der Abwehrmechanismen« des Jugendlichen gesagt werden, der dem beunruhigten Kliniker so oft echte Sorgen bereitet. Ein Großteil dieses »fließenden Zustands« ist alles andere als pathologisch, denn die Adoleszenz ist eine Krise, in der nur fließende Abwehrmechanismen das Gefühl überwinden können, ein Opfer innerer und äußerer Forderungen zu sein, und in der nur Versuch und Irrtum zu den günstigsten Wegen des Handelns und der Selbstdarstellung führen.

Im allgemeinen kann man sagen, daß in bezug auf das soziale Spiel der Jugend Vorurteile, wie sie früher das Wesen des kindlichen Spiels betrafen, sich nicht leicht überwinden lassen. Abwechselnd sehen wir ein derartiges Verhalten als belanglos, unnötig oder irrational an und schreiben ihm rein regressive und neurotische Bedeutung zu. Wie in der Vergangenheit, als die Untersuchung der spontanen Gemeinschaftsspiele der Kinder zugunsten der Erforschung des Einzelspieles vernachlässigt wurde, wird heute in unserer Sorge um den einzelnen Jugendlichen versäumt, die »Gemeinschaftlichkeit« des jugendlichen Cliquenverhaltens richtig einzuschätzen[12]. Ob die neu erworbenen Fähigkeiten eines Jugendlichen in den infantilen Konflikt zurückverlagert werden oder nicht, hängt in ausschlaggebendem Maß sowohl von der Qualität der Möglichkeiten und Belohnungen ab, die sich ihm in seiner Clique von Gleichaltrigen bieten, wie von den mehr formalen Weisen, in denen die Gesellschaft als Ganzes den Übergang vom sozialen Spiel zum Werk-Experimentieren, von vorübergehenden Ritualen zu endgültigen Bindungen und Verpflichtungen anregt, was alles auf einem stillschweigenden gegenseitigen Vertrag zwischen dem Individuum und der Gesellschaft begründet sein muß.

Ist das Identitätsgefühl bewußt? Zu Zeiten scheint es natürlich nur zu bewußt. Denn zwischen den doppelten Zinken des vitalen inneren Bedürfnisses und der unerbittlichen äußeren Anforderung kann das noch experimentierende Individuum zum Opfer einer vorübergehenden extremen Identitätsbewußtheit werden, die der gemeinsame Kern

12 Eine andere Methode verwenden Anna Freud und Sophie Dann in ihrem Bericht über Kinder aus Konzentrationslagern: »An Experiment in Group Upbringing«, in: The Psychoanalytic Study of the Child, Bd. 6 (1951), S. 127—168, (New York, International Universities Press).

der vielen Formen der für die Jugend typischen »Selbst-Bewußtheit« ist. Wo die Vorgänge der Identitätsbildung verlängert sind (ein Faktor, der schöpferischen Gewinn bringen kann), überwiegt auch diese Beschäftigung mit dem »Selbst-Image«. Wir sind daher unserer Identität am bewußtesten, wenn wir gerade dabei sind, sie zu erlangen, und wenn wir (mit der Überraschung, die der Film den »zweiten Blick« nennt) etwas verblüfft sind, ihre Bekanntschaft zu machen — oder auch, wenn wir gerade dabei sind, in eine Krise einzutreten und den Übergriff der Identitätsverwirrung spüren, ein Syndrom, das gleich besprochen werden soll.

Andererseits wird ein optimales Identitätsgefühl bloß als psychologisches Wohlsein erlebt. Seine deutlichsten Bestandteile sind ein Gefühl, im eigenen Körper zuhause zu sein, ein Gefühl, »zu wissen, wohin man geht«, und eine innere Überzeugtheit von der antizipierten Bestätigung durch die, auf die es ankommt.

3. Pathographisch: Das klinische Bild der schweren Identitätsverwirrung

Die Pathographie bleibt die traditionelle Quelle des psychoanalytischen Einsicht. Im folgenden werde ich ein Syndrom von Störungen bei jungen Leuten skizzieren, die weder Gebrauch von den in ihrer Gesellschaft zur Verfügung stehenden Berufswegen machen, noch für sich selbst ein einmaliges Moratorium, das ganz ihr eigenes wäre, aufrechterhalten können (wie Shaw das konnte). Statt dessen kommen sie zu Psychiatern, Priestern, Richtern oder Rekrutierungsoffizieren, um sich einen autorisierten, wenn auch noch so unbequemen Platz anweisen zu lassen, wo sie die Dinge abwarten können. Was folgt, ist eine erste Formulierung der ernsthafteren Symptome der Identitätsverwirrung. Sie beruht auf klinischen Beobachtungen aus den fünfziger Jahren an jungen Leuten, die als präschizophren oder größtenteils als »Grenzfälle« diagnostiziert worden waren. Die Fälle stammen aus dem *Austen Riggs Center* in den Berkshires und aus dem *Western Psychiatric Institute* in Pittsburgh. Der klinisch orientierte Leser wird mit Recht das Gefühl haben, daß ich in meinem Bemühen, die Identitätsverwirrung als eine Entwicklungsstörung zu verstehen, die diagnostischen Anzeichen vernachlässigt habe, die einen bösartigen und weniger reversiblen Zustand kennzeichnen. Die Identitätsverwirrung ist natürlich keine diagnostische Einheit, aber ich würde doch glauben, daß eine Beschreibung der Entwicklungskrise, innerhalb derer eine Störung akut einsetzt, von nun an Teil jedes diagnostischen Bildes sein sollte, und besonders jeder Prognose und jeder Feststellung über die Art der indizierten Therapie. Dies ganze Kapitel dient dem Zweck, solch eine zusätzliche diagnostische Richtung anzugeben, aber es demonstriert nicht im einzelnen, wie sie in Dienst zu stellen wäre. Der Leser ohne klinische Erfahrung hingegen muß gewarnt werden, da jede von Sympathie getragene nichtmedizinische Darstellung einer geistigen Störung dem Leser das Gefühl gibt, daß er — oder jemand ihm nahestehendes — an der gleichen Sache leidet. Und tatsächlich ist es leicht (im Sinn von üblich), eines oder mehrere der Symptone der Identitätsverwirrung zu haben, aber äußerst schwierig, das ernster zu nehmende Ensemble aller ihrer Symptome zustande zu bringen, das im Einzelfall auch nur durch einen ausgebildeten Beobachter zu verifizieren wäre.

Ein Zustand akuter Identitätsverwirrung wird gewöhnlich in einem Zeitpunkt manifest, wo sich der junge Mensch einer Kombination von Erlebnissen ausgesetzt findet, die gleichzeitig seine Hingabe an körperliche Intimität (keineswegs immer nur eindeutig sexueller Art), an eine entscheidende Berufswahl, an energischen Wettstreit und an eine psychosoziale Selbstdefinition fordern. Ob die entstehende Spannung zur Lähmung führen wird oder nicht, hängt jetzt in erster Linie von der regressiven Anziehungskraft ab, die eine latente Krankheit ausübt. Viele Mitarbeiter auf unserem Gebiet wenden dieser regressiven Kraft oft die größte Aufmerksamkeit zu, teilweise weil wir uns immer da, wo wir Zeichen der Regression diagnostizieren können, auf vertrauterem Grund finden und teilweise weil es ja die Regression ist, die nach Heilung verlangt. Aber die hier besprochene Störung kann nicht ohne eine gewisse Einsicht in die spezifischen Bedingungen verstanden werden, die dem Individuum eine vorübergehende jugendliche Regression aufgezwungen haben könnten, als Versuch sozusagen, einen psychosozialen Ausschluß hinauszuschieben und zu umgehen. Die soziale Funktion des entstehenden Lähmungszustandes besteht darin, eine Situation aufrechtzuerhalten, die die geringste aktuelle Wahl und Bindung fordert. Aber leider Gottes bedeutet auch Krankheit etwas wie Bindung und Überantwortetsein.

Daß viele unserer Patienten in einem Alter zusammenbrechen, das eigentlich mehr als vor-erwachsen denn als nach-adoleszent gilt, erklärt sich aus der Tatsache, daß häufig erst der Versuch, sich auf intime Kameradschaft und Wettstreit oder auf sexuelle Intimität einzulassen, die latente Identitätsschwäche völlig zum Vorschein kommen läßt.

Ein wirkliches »sich Einlassen« auf andere ist das Ergebnis und der Prüfstein der festen Selbst-Abgrenzung. Während das junge Individuum mindestens versuchsweise Formen der spielerischen Intimität in Freundschaft und Wettstreit, im sexuellen Spiel und in der Liebe, in Streit und Klatsch sucht, empfindet es leicht eine merkwürdige Spannung, als könnte solch ein versuchsweises Engagement zu einem zwischenmenschlichen Verschmelzungsprozeß führen, der sich bis zum Identitätsverlust steigern könnte und daher eine angespannte innere Zurückhaltung, eine Vorsicht in der Hingabe erfordert. Wo ein Jugendlicher diese Spannung nicht löst, kann er sich selbst isolieren und im besten Fall sich nur auf stereotypisierte und formalisierte zwischenmenschliche Beziehungen einlassen; oder er kann in wiederholten hektischen Versuchen und schrecklichen Fehlschlägen Intimität mit den unwahrscheinlichsten Partnern suchen. Denn wo ein gesichertes Gefühl der Identität fehlt, werden selbst Freundschaften und Affären zu verzweifelten Versuchen, die verwischten Umrisse der Identität durch wechselseitiges narzißtisches Bespiegeln abzugrenzen: dann bedeutet »sich verlieben« oft den Sturz in das eigene Spiegelbild, wobei man sich selber weh tut und den Spiegel zerstört. Während der Umarmung oder in sexuellen Phantasien droht ein Verlust der sexuellen Identität; es wird sogar unklar, ob die sexuelle Erregung vom Individuum oder von seinem Partner erlebt wird und das gilt sowohl für heterosexuelle wie für homosexuelle Begegnungen. Das Ich verliert seine elastische Fähigkeit, sich in der Verschmelzung mit einem anderen Individuum sexuellen und affektiven Gefühlen zu überlassen — mit einem anderen Individuum, das sowohl Partner im Gefühl wie Garant der eigenen fortwährenden Identität ist: die Verschmelzung miteinander wird zum Identitätsverlust. Ein plötzlicher Zusammenbruch aller Fähigkeit zur Wechselseitigkeit droht und es entsteht der verzweifelte Wunsch, noch einmal ganz von vorne anzufangen, mit einer (quasi beabsichtigten) Regression auf ein Stadium von Urverwirrung und Wut, wie das sonst nur das sehr kleine Kind erlebt.

Man muß sich daran erinnern, daß das Gegenteil der Intimität die Distanzierung ist, das heißt die Bereitschaft, jene Kräfte und Menschen zurückzuweisen, zu ignorieren oder zu zerstören, deren Wesen für das eigene gefährlich erscheint. Die Intimität mit einer Gruppe von Menschen und Ideen wäre nicht wirklich intim, ohne daß gleichzeitig eine andere Gruppe wirksam zurückgewiesen wird. So ist die Schwäche oder das Übermaß an Ablehnung ein wesentlicher Aspekt der Unfähigkeit, aufgrund einer unvollständigen Identität Intimität zu erreichen: wer immer seines »Standpunkts« nicht sicher ist, kann nicht einsichtsvoll ablehnen.

Junge Menschen verraten oft in ziemlich rührender Weise das Gefühl, daß sie nur durch die Vereinigung mit einem »Führer« gerettet werden können, wobei der Führer ein Erwachsener sein soll, der fähig und bereit wäre, sich selbst als sicheres Objekt für eine versuchsweise Unterwerfung anzubieten, und der als Leiter beim Wiedererlernen der allerersten Schritte auf eine intime Wechselseitigkeit und eine legitime Ablehnung hin zur Verfügung stünde. Der ältere Jugendliche möchte Lehrling oder Schüler, Anhänger oder sexueller Diener oder auch Patient solch eines Erwachsenen sein. Wenn das mißlingt, was gerade wegen der Intensität und Absolutheit des Wunsches oft geschehen muß, zieht sich das junge Individuum auf die Position einer rastlosen Introspektion und Selbstprüfung zurück, die es, angesichts besonders aggravierender Umstände oder einer Vorgeschichte mit relativ starken autistischen Tendenzen, in einen lähmenden Grenzzustand hineinführen kann. Symptomatisch besteht dieser Zustand in einem schmerzlich gesteigerten Gefühl der Isolierung, einer Desintegration des Gefühls der inneren Kontinuität und Gleichheit, einem Gefühl allgemeiner Beschämtheit und in einer Unfähigkeit aus irgendeiner Art von Tätigkeit ein Gefühl der Erfüllung zu gewinnen. Auch Onanie und nächtliche Pollutionen — weit davon entfernt eine gelegentliche Entspannung des übermäßigen Drucks zu bewirken — dienen nur dazu, die Spannung zu steigern. Sie werden zum Teil eines Teufelskreises, in dem der omnipotente Narzißmus einen Augenblick gesteigert ist, nur um dann einem Gefühl körperlicher und seelischer Kastration und Leere zu weichen. So geschieht das Leben dem Kranken mehr als daß es durch seine Initiative gelebt wird; sein Mißtrauen überläßt es der Welt, der Gesellschaft, ja dem Psychiater zu beweisen, daß er im psychosozialen Sinn existiert, das heißt auf eine Aufforderung rechnen darf, er selbst zu werden.

In extremen Fällen verzögerter und verlängerter Adoleszenz tritt eine außergewöhnliche Form einer Störung im Zeiterleben auf, die in ihrer milderen Form der Psychopathologie der alltäglichen Reifezeit zugehört. Sie besteht in einem Gefühl großer Dringlichkeit und doch auch aus dem Verlust der Rücksichtnahme auf die Zeit als einer Dimension des Lebens. Der junge Mensch kann sich gleichzeitig sehr jung, ja säuglingshaft fühlen und doch alt über alle Verjüngungsmöglichkeit hinaus. Häufig hört man von unseren Patienten Klagen über versäumte Größe und den vorzeitigen verhängnisvollen Verlust nutzbarer Möglichkeiten — es sind die gleichen Klagen, die man üblicherweise auch unter Jugendlichen in Kulturen hört, die derartige Proteste für romantisch halten. Ihre Gefährlichkeit aber besteht in dem entschiedenen Unglauben an die Möglichkeit, daß die Zeit eine Veränderung bringen könnte und doch auch einer leidenschaftlichen Angst, daß sie es täte. Dieser Widerspruch kommt oft in einer allgemeinen Verlangsamung zum Ausdruck, die den Patienten innerhalb der Routine seiner Betätigungen und seiner Therapie sich verhalten läßt, als bewege er sich in Sirup. Es ist für ihn schwierig ins Bett zu gehen und sich dem Übergang in den Schlafzustand zu stellen, und es ist ebenso schwierig für ihn, aufzustehen und sich der Notwendigkeit der Wiederherstellung der Wachheit zu stellen; es ist schwierig, zur therapeutischen Verabredung zu kommen, und schwierig, wieder fort zu gehen. Klagende Bemerkungen wie »ich weiß nicht«, »ich geb's auf«, »ich verschwinde« sind keineswegs bloß gewohnheitsmäßige Feststellungen, die eine leichte Depression anzeigen; häufig sind sie ein Ausdruck der Art von Verzweiflung, wie Edward Bibring[13] sie als Wunsch des Ichs darstellt, »sich selbst sterben zu lassen«.

Die Vorstellung, daß sich das Leben tatsächlich mit dem Ende der Reifezeit oder an versuchsweise vorgeplanten späteren Verfallsdaten beenden ließe, ist keineswegs ganz unwillkommen, ja kann zur einzigen Bedingung werden, auf der sich der Versuch eines Neubeginns errichten läßt. Manche unserer Patienten brauchen sogar das Gefühl, daß

[13] Edward Bibring, »The Mechanism of Depression«, in: P. Greenacre (Herausgeber), Affective Disorders, New York 1953 (International Universities Press), S. 13—48.

der Therapeut nicht die Absicht hat, sie zu einer Fortsetzung des Lebens zu verpflichten, falls die Behandlung nicht erweisen sollte, daß es sich lohnt. Ohne diese Überzeugung wäre das gewährte Moratorium kein wirkliches. In der Zwischenzeit ist der »Wunsch zu sterben« nur in den seltenen Fällen wirklich suizidal, wo »ein Selbstmörder zu sein« an sich zu einer unausweichlichen Identitätsentscheidung wird. Ich denke da an ein hübsches junges Mädchen, die älteste in einer Reihe von Töchtern eines Fabrikarbeiters. Ihre Mutter hatte wiederholt den Gedanken zum Ausdruck gebracht, daß sie lieber ihre Töchter tot sehen möchte, als daß sie Prostituierte würden, und zugleich vermutete sie bei jedem Versuch der Töchter, sich mit Jungens zu befreunden, schon »Prostitution«. Die Mädchen wurden schließlich in eine Art von verschwörerischem Schwesternbund hineingezwungen, der offenbar dazu diente, der Mutter zu entkommen, um mit ambivalenten Situationen zu experimentieren, aber vermutlich doch auch dazu, einander vor Männern zu beschützen. Schließlich wurden die Mädchen in kompromittierenden Situationen gefaßt. Auch die Autoritäten hielten es für selbstverständlich, daß sie die Absicht gehabt hatten, sich zu prostituieren, und sie wurden in verschiedene Anstalten geschickt, wo ihnen jene Art von »Bestätigung« aufgezwungen wurde, die die Gesellschaft für sie in Bereitschaft hielt. Ein Appell an eine Mutter, die ihnen, ihrem Gefühl nach, keine Wahl gelassen hatte, war ausgeschlossen und was Sozialhelfer an Verständnis und gutem Willen zu bieten hatten, wurde durch die Umstände sabotiert. Zumindest für das älteste Mädchen gab es — aus einer Anzahl von Gründen — keine andere Zukunft mehr, außer der einen neuen Chance in einer anderen Welt. Sie erhängte sich, nachdem sie sich hübsch angezogen und einen Brief geschrieben hatte, der mit den geheimnisvollen Worten endete: »Warum ich Ehre erwerbe, nur um sie fortzuwerfen ...«

Auflösung der Arbeitsfähigkeit

Die schwere Identitätsverwirrung wird regelmäßig von einer akuten Störung im Gefühl der Leistungsfähigkeit begleitet, entweder in der Form der Unfähigkeit, sich auf geforderte oder vorgeschlagene Aufgaben zu konzentrieren oder in einer selbstzerstörerischen ausschließlichen Beschäftigung mit irgendeiner einseitigen Tätigkeit, zum Beispiel exzessivem Lesen. Die Art, in der solche Patienten manchmal in der Behandlung die eine Tätigkeit entdecken, in der sie ihr einst verlorenes Gefühl der Leistungsfähigkeit wieder anwenden können, ist ein Kapitel für sich. Hier tut man gut, sich an das Entwicklungsstadium zu erinnern, das der Pubertät und Adoleszenz vorangeht, nämlich an die Zeit der Elementarschule, wenn dem Kind die Vorbedingungen für die Teilnahme an der besonderen Technologie seiner Kultur beigebracht werden und ihm die Möglichkeit und die Lebensaufgabe eingeräumt werden, ein Gefühl der Leistungsfähigkeit und der Werk-Teilnahme zu entwickeln. Wie wir gesehen haben, folgt das Schulalter bedeutsamerweise dem ödipalen Stadium: die Ausführung wirklicher, nicht nur spielerischer Schritte auf einen Platz in der ökonomischen Struktur der Gesellschaft zu, erlaubt dem Kind, sich mit seinen Eltern als Arbeitern und Traditionsträgern neu zu identifizieren, statt nur mit sexuellen und familiären Wesen, womit zumindest eine konkrete und »neutralere« Möglichkeit gespeist wird, ihnen gleich zu werden. Die faßbaren Ziele der elementaren Ausübung von Geschicklichkeiten werden von und mit Gleichaltrigen an Orten der Belehrung geteilt (im Schwitzhaus, am Betplatz, am Fischloch, in der Werkstatt, der Küche, der Schule), die meist geographisch von der Heimstatt, von der Mutter und von infantilen Erinnerungen getrennt sind; hier allerdings herrschen weitere Unterschiede in der Behandlung der Geschlechter. Arbeitsziele unterstützen also keineswegs nur die Unterdrückung infantiler Triebziele oder beuten sie aus: sie steigern auch das Funktionieren des Ichs, indem sie eine konstruktive Tätigkeit bieten, mit echten Werkzeugen und Materialien in einer gemeinschaftlichen Wirklichkeit. Die Neigung des Ichs, Passivität in Aktivität zu verwandeln, gewinnt so ein neues Gebiet der Manifestation, das auf viele Arten dem bloßen Umwandeln von passiv in aktiv in infantilen Phantasien und Spielen überlegen ist, denn jetzt ist das innere Bedürfnis nach Aktivität, Übung und Fertigstellung eines Werkes bereit, den entsprechenden Forderungen und Möglichkeiten in der sozialen Wirklichkeit zu entsprechen.

Aufgrund der unmittelbaren ödipalen Vorgänger der Anfänge der Werkidentität aber geht die Haltung unserer jungen Patienten gegenüber der Arbeit in den Rückwärtsgang, zurück zum ödipalen Wettkampf und zur Geschwisterrivalität. So wird die Identitätsverwirrung nicht nur von Konzentrationsunfähigkeit begleitet sondern von einem exzessiven Bewußtsein der Wettbewerbshaltung und von tiefem Abscheu dagegen. Obgleich die fraglichen Patienten gewöhnlich intelligent und fähig sind, und sich häufig bei Büroarbeit, schulischem Studium und im Sport erfolgreich erwiesen haben, verlieren sie nun die Fähigkeit zur Arbeit, zum Sport und zur Geselligkeit und damit das wichtigste Vehikel des gesellschaftlichen Spiels und das bedeutsamste Refugium vor formlosen Phantasien und vagen Ängsten. Statt dessen werden infantile Ziele und Phantasien auf gefährliche Weise mit der Energie ausgestattet, die von der ausgereiften Sexualapparatur und der bösartigen aggressiven Kraft ausstrahlen. Aber dieser wiederbelebte ödipale Kampf soll und darf nicht als ausschließlich oder auch nur primär sexueller gedeutet werden. Er stellt eine Wendung zu den frühesten Ursprüngen dar, ein Versuch, eine Diffusion früher Introjekte zu lösen und schwankende Kindheitsidentifizierungen neu aufzubauen — er ist mit anderen Worten der Wunsch, wiedergeboren zu werden, noch einmal die allerersten Schritte zur Wirklichkeit und Gegenseitigkeit zu lernen, erneut die Erlaubnis zu erhalten, die Funktionen von Kontakt, Tätigkeit, Wettstreit zu entwickeln.

Ein junger Patient, der im College völlig blockiert gewesen war, las sich während der Anfangsphase seiner Behandlung fast blind, offensichtlich in einer zerstörerischen Über-Identifizierung mit seinem Vater und seinem Therapeuten, die beide Professoren waren. Angeleitet von einem einfallsreichen Maler, den wir in der Klinik hatten, entdeckte er die Tatsache, daß er ein echtes Talent zum Malen hatte, eine Beschäftigung, die nur durch die fortschreitende Behandlung daran verhindert werden konnte, sich zu einer selbstzerstörerischen Überaktivität zu entwickeln. Als sich herausstellte, daß das Malen ein wertvoller Faktor für die allmähliche Erwerbung eines eigenen Identitätsgefühls war, träumte der Patient eines Nachts eine neue Version eines Traumes, der bisher immer mit einem angstvollen Erwachen geendet hatte. Wie immer floh er vor Feuer und Verfolgern, aber diesmal führte ihn die Flucht in eine Baumgruppe, die er selbst gezeichnet hatte, und während er in die Kohlezeichnung hineinfloh, verwandelte sie sich in einen wirklichen Wald mit unendlichen Durchblicken.

Die Wahl der negativen Identität

Der Verlust des Identitätsgefühls kommt oft in einer spöttischen und snobistischen Feindseligkeit gegen die Rollen zum Ausdruck, die von der Familie oder der unmittelbaren Umgebung als richtig und wünschenswert angeboten werden. Jeder Aspekt der geforderten Rolle — sei es Männlichkeit oder Weiblichkeit, Nationalität oder Klassenzugehörigkeit — kann zum Brennpunkt schneidender Verachtung werden. Eine derartige übermäßige Verachtung des eigenen Milieus kommt bei den ältesten anglo-sächsischen und den neuesten lateinamerikanischen oder jüdischen Familien vor; sie kann zu einer allgemeinen Abneigung gegen alles Amerikanische und zu einer irrationalen Überschätzung alles Fremden werden oder umgekehrt. Leben und Stärke scheint es nur dort zu geben, wo man nicht ist, während überall, wo man gerade ist, Verfall und Gefahr drohen. Dieser typische Ausschnitt aus einer Krankengeschichte illustriert den entwertenden Über-Ich-Triumph über die schwankende Identität eines jungen Mannes: »Um diese Zeit begann eine Stimme in ihm, die ihn herabsetzte, an Macht zu gewinnen. Es kam so weit, daß sie sich in alles einmischte, was er tat. Er berichtete: Wenn ich eine Zigarette rauche, wenn ich einem Mädchen sage, daß ich sie mag, wenn ich eine Geste mache, wenn ich Musik höre, wenn ich versuche, ein Buch zu lesen — ist diese dritte Stimme die ganze Zeit hinter mir her: ›Du tust das nur um der Wirkung willen; es ist alles Schwindel.‹ Diese entwertende Stimme wurde ziemlich unerbittlich. Eines Tages auf der Rückreise von zu Hause ins College, durchquerte die Bahn die Sümpfe von New Jersey und die Armendistrikte einiger Städte und er empfand überwältigend, daß er mehr zu den Leuten gehörte, die hier lebten, als zu den Leuten im Campus oder zu Hause. Das Leben schien nur an diesen Plätzen zu existieren und der Campus war im Gegensatz dazu ein behüteter, verweichlichter Ort.«

Es ist wichtig, daß man in diesem Beispiel nicht nur ein anmaßendes Über-Ich erkennt, das überdeutlich als eine herabsetzende innere Stimme wahrgenommen wird, die aber nicht integriert genug ist, um den jungen Mann auf eine andere Laufbahn zu führen, sondern auch die akute Identitätsverwirrung, wie sie auf Ausschnitte der Gesellschaft projiziert wird. Ein analoger Fall ist der eines jungen Mädchens französisch-amerikanischer Abstammung aus einer aufblühenden Bergwerksstadt, die, wenn sie mit einem Jungen allein war, fast bis zur Lähmung in Panik geriet. Es schien, daß zahlreiche Über-Ich-Befehle und Identitätskonflikte sozusagen einen Kurzschluß in der wahnhaften Vorstellung vollzogen hatten, daß jeder Junge das Recht habe, von ihr zu erwarten, daß sie sich sexuellen

Praktiken unterwerfe, die gewöhnlich als »französisch« bezeichnet werden.

Eine derartige Entfremdung von den nationalen und ethnischen Ursprüngen führt selten zu einer vollständigen Ableugnung der *persönlichen Identität,* obgleich die zornige Forderung, mit einem bestimmten Namen oder Spitznamen bezeichnet zu werden, bei jungen Menschen nicht selten ist, die Schutz in einem neuen Namensetikett zu finden hoffen. Sogar konfabulatorische Neukonstruktionen der eigenen Herkunft kommen vor. Eine besonders erfindungsreiche Oberschülerin, deren Familie aus Mitteleuropa stammte, suchte heimlich die Gesellschaft schottischer Einwanderer, studierte sorgfältig deren Dialekt und soziale Gewohnheiten und eignete sie sich ohne Schwierigkeiten an. Mit Hilfe von Geschichtsbüchern und Reiseführern konstruierte sie sich eine Kindheit in einem bestimmten Milieu in einer tatsächlich existierenden Stadt in Schottland, die offenbar für manche echten Abkömmlinge des Landes während langer Abendgespräche ganz überzeugend klang. Sie sprach von ihren schon in Amerika geborenen Eltern als »den Leuten, die mich hier rübergebracht haben« und stellte sich, als man sie zu mir schickte, als »Lorna« vor und beschrieb ihre Kindheit »da drüben« in eindrucksvollen Einzelheiten. Ich ließ mich auf ihre Geschichte ein, indem ich sagte, daß sie mehr innere Wahrheit habe als die Wirklichkeit. Und tatsächlich stellte sich die innere Wahrheit als eine Erinnerung heraus, nämlich an eine frühere Zuneigung des Mädchens zu einer Nachbarin, die von den Britischen Inseln stammte und die dem Kind mehr von der Art von Liebe zugewendet hatte, die es brauchte, als ihre Eltern. Die Kräfte, die hinter der fast wahnhaften Macht der erfundenen »Wahrheit« standen, enthielten ihrerseits einen Todeswunsch gegen die Eltern, wie er in allen schweren Identitätskrisen latent vorhanden ist. Das Halb-Beabsichtigte des Wahnes kam zum Vorschein, als ich schließlich das Mädchen fragte, wie sie es zustande gebracht hätte, all die Einzelheiten des Lebens in Schottland richtig einzuordnen. »Gott segne Sie, Herr« sagte sie in flehendem schottischem Tonfall, »ich brauchte eine Vergangenheit.« Überflüssig zu sagen, daß bei solch einer Sprachbegabung, Schauspielkunst und persönlichen Wärme ein »Wahn« sich im Wesen und in der Prognose sehr von einem wirklichen psychotischen Zustand unterscheidet. Im Ganzen aber kommen die Konflikte unserer Patienten in subtilerer Weise zum Ausdruck als in der Ableugnung der persönlichen Identität. Sie wählen statt dessen eine *negative Identität,* das heißt eine Identität, die sich beharrlich auf alle jene Identifizierungen und Rollen stützt, die ihnen in kritischen Entwicklungsstadien als die unerfreulichsten und gefährlichsten und doch auch als die wirklichsten vorgestellt wurden. So erweckte zum Beispiel eine Mutter, deren ältester Junge gestorben war und die aufgrund komplizierter Schuldgefühle niemals imstande war, ihren überlebenden jüngeren Kindern die gleiche religiös getönte innige Zuneigung zuzuwenden, wie sie sie dem Gedächtnis ihres toten Kindes weihte, in einem ihrer Söhne die verhängnisvolle Überzeugung, daß es mehr Aussicht auf »Anerkennung« böte, krank oder tot als gesund und vorhanden zu sein. Eine Mutter, die voll unbewußter Ambivalenz gegenüber einem Bruder war, der als Alkoholiker zugrunde ging, reagierte immer und immer wieder selektiv nur auf Charakterzüge bei ihrem Sohn, die auf eine Wiederholung des Schicksals ihres Bruders hinzudeuten schienen, mit dem Ergebnis, daß diese negative Identität für den Sohn manchmal mehr Wirklichkeit zu haben schien als all seine natürlichen Versuche, brav und ordentlich zu sein. Er gab sich die größte Mühe, ein Trinker zu werden, und da ihm die nötigen Anlagen fehlten, endete er schließlich in einem Zustand hartnäckiger Lähmung seiner Wahlfähigkeit.

In anderen Fällen wird die negative Identität von der Notwendigkeit diktiert, einen eigenen Platz zu finden und gegen die übertriebenen Ideale zu verteidigen, die entweder von krankhaft ehrgeizigen Eltern gefordert oder von zu überlegenen tatsächlich verwirklicht werden. In beiden Fällen werden die Schwächen und unausgesprochenen Wünsche der Eltern von dem Kind mit katastrophaler Klarheit erkannt. Die Tochter eines Mannes von brillanten darstellerischen Talenten lief aus dem College davon und wurde als Prostituierte im Negerviertel einer Stadt im Süden festgenommen, während die Tochter eines einflußreichen farbigen Predigers aus den Südstaaten unter Drogensüchtigen in Chicago aufgegriffen wurde. In solchen Fällen ist es von höchster Wichtigkeit, das Theater und die rachsüchtige Angeberei bei solch einem Rollenspiel zu erkennen, denn das weiße Mädchen hatte sich nicht wirklich prostituiert und die junge Farbige war nicht wirklich süchtig — noch nicht. Es ist überflüssig zu sagen, daß sich aber beide in ein Randgebiet der Gesellschaft begeben hatten und es der Polizei und psychiatrischen Einrichtungen überließen zu entscheiden, welchen Stempel man diesem Verhalten aufdrücken sollte. Ein entsprechender Fall ist der eines Jungen, der in einer psychiatrischen Klinik als der »Dorfhomosexuelle« einer kleinen Stadt vorgestellt wurde. Bei näherer Überprüfung stellte sich heraus, daß es dem Jungen gelungen war, diesen Ruhm ohne irgendwelche tatsächlichen homosexuellen Akte zu erringen — außer einem, der viel früher in seinem Leben vorgefallen war, als er von älteren Jungen vergewaltigt wurde.

Derartige rachsüchtige Entscheidungen zu einer negativen Identität stellen natürlich einen verzweifelten Versuch dar, in einer Situation wieder einigermaßen die Herrschaft zu gewinnen, in der die zur Verfügung stehenden positiven Identitätselemente einander ausschließen. Die Geschichte solch einer negativen Wahl enthüllt eine Reihe von Bedingungen, angesichts deren es für den Patienten leichter ist, aus einer totalen Identifizierung mit dem, was man am wenigsten von ihm erwartet, ein Identitätsgefühl zu gewinnen, als um ein Gefühl der Realität in gebilligten Rollen zu kämpfen, die mit seinen inneren Mitteln nicht erreichbar sind. Die Feststellung eines jungen Mannes, »ich möchte lieber ganz unsicher sein als ein wenig sicher«, und einer jungen Frau, daß sie »wenigstens in der Gosse ein Genie ist«, umreißen die Erleichterung, die der totalen Wahl einer negativen Identität folgt. Diese Erleichterung wird natürlich häufig kollektiv in Cliquen und Banden junger Homosexueller, Süchtiger und sozialer Zyniker gesucht.

Wir müssen hier auch gewisse Formen des Snobismus der Oberklassen mit einschließen, denn manche Menschen leugnen ihre Identitätsverwirrung ab, indem sie Zuflucht zu etwas nehmen, was sie nicht selbst verdient haben, wie Reichtum, Milieu oder Ruhm der Eltern, oder zu Dingen, die sie nicht selbst erschaffen haben, wie etwa Stile und Kunstformen. Aber es gibt einen »Unter-unter«-Snobismus, der auf dem Stolz beruht, einen Anschein von reinem Nichts erreicht zu haben. Auf alle Fälle würde manch ein kranker oder verzweifelter Jugendlicher im späten Stadium, wenn er dem fortdauernden Konflikt ausgesetzt ist, es vorziehen, niemand zu sein oder jemand total Schlechtes oder tatsächlich tot — und das durch freie Entscheidung, als nicht-ganz-jemand zu sein. Das Wort »total« taucht nicht zufällig in diesem Zusammenhang auf; wir haben es im zweiten Kapitel unternommen, eine menschliche Neigung zu einer »totalistischen« Reorientierung zu beschreiben, wenn in kritischen Entwicklungsstadien die Reintegration in eine relative »Ganzheit« unmöglich erscheint. Die totalistische Lösung eines psychotischen Zusammenbruchs kann hier nicht besprochen werden [14].

Spezifische Faktoren in Familie und Kindheit

Wenn wir über Patienten diskutieren, die die gleichen bedeutsamen pathogenen Züge aufweisen, dann fragen wir uns häufig, was ihre Eltern gemeinsam haben. Ich glaube, daß man sagen darf, daß eine signifikante Anzahl der Mütter in unseren Krankengeschichten mehrere auffällige Züge teilen, die nicht notwendig von ihrem tatsächlichen sozialen Status abhängen. Erstens: eine betonte Status-Bewußtheit von der nach oben strebenden und anspruchsvollen oder der »sich festklammernden« Art. Sie wären fast in jedem Augenblick bereit, Dinge des ehrlichen Gefühls und des vernünftigen Urteils zugunsten einer Fassade von Reichtum oder Status, Wohlanständigkeit und sogenanntem »Glück« beiseitezusetzen; ja sie versuchen, ihre sensitiven Kinder in das Scheinbild einer »natürlichen« und »ich bin so froh, daß ich richtig bin« Geselligkeit hineinzuzwingen. Zweitens: sie besitzen die spezielle Qualität der eindringlichen Omnipräsenz; ihre alltäglichen Stimmen wie ihre sanftesten Seufzer sind scharf, klagend, gereizt und man kann ihnen in beträchtlichem Umkreis nicht entgehen. Ein Patient träumte während seiner ganzen Kindheit immer wieder von einem Paar schnappender Scheren, die im Zimmer herumflogen: es stellte sich heraus, daß sie die Stimme seiner Mutter symbolisierten, die schnitt und abschnitt [15]. Solche Mütter lieben, aber sie lieben verzweifelt und eindringlich. Sie sind selbst so hungrig nach Zustimmung und Anerkennung, daß sie ihre kleinen Kinder mit

---

[14] Meine Orientierung auf diesem Gebiet verdanke ich Robert Knights »Management and Psychotherapy of the Borderline Schizophrenic Patient«, in: R. P. Knight und C. R. Friedmann (Herausgeber), Psychoanalytic Psychiatry and Psychology, Austen Riggs Center, Bd. I, New York 1954 (International Universities Press), S. 110—122; und Margaret Brenmans »On Teasing and Being Teased and the Problem of ›Moral Masochism‹«, ebd., S. 29—51.

[15] Dies Beispiel illustriert deutlich das Gleichgewicht, das bei der Deutung gegenüber solchen Patienten gefunden werden muß, zwischen der sexuellen Symbolik einerseits (hier der Kastration), die, wenn sie vom Therapeuten überbetont wird, beim Patienten nur das magische Gefühl, gefährdet zu sein, steigert, und der Darstellung der Gefahren für das Ich andererseits (hier der Gefahr, daß der Faden der eigenen Autonomie abgeschnitten würde), deren Mitteilung tatsächlich eine Bedingung für die gefahrenfreie Besprechung sexueller Bedeutungen darstellt.

komplizierten Klagen belasten, besonders über die Väter, und sie flehen ihre Kinder fast an, daß diese durch ihre Existenz die Existenz ihrer Mütter rechtfertigen. Sie sind in hohem Grade eifersüchtig und in hohem Maß empfindlich gegenüber der Eifersucht anderer. In unserem Zusammenhang ist es besonders wichtig, daß die Mutter intensiv eifersüchtig auf jedes Anzeichen ist, daß das Kind sich vielleicht primär mit dem Vater identifiziert oder, schlimmer noch, seine ganze Identität auf der des Vaters aufbaut. Man muß hinzufügen, daß, was immer diese Mütter sind, sie es dem Patienten gegenüber noch mehr sind. Hinter den beständigen Klagen der Mutter, daß es dem Vater nicht gelungen sei, eine Frau aus ihr zu machen, steht die Klage, die Mutter und Kind tief empfinden, daß es dem Kind — dem späteren Kranken — nicht gelungen sei, eine Mutter aus ihr zu machen. Man kommt unausweichlich zu dem Schluß, daß diese Patienten ihrerseits vom Anfang ihres Lebens an ihre Mütter tief verletzt haben, weil sie aufgrund einer äußersten Intoleranz gegenüber von etwas, das zuerst wie extreme temperamentsmäßige Unterschiede aussah, vor ihren Müttern zurückscheuten. Diese Unterschiede erweisen sich aber nur als extreme Ausdrücke einer wesenhaften Affinität, womit ich sagen will, daß die übermäßige Neigung des Patienten zu Rückzügen oder ziellosen Handlungen und die verzweifelte soziale Eindringlichkeit der Mutter eine grundlegende soziale Verletzbarkeit gemeinschaftlich haben.

Was ich hier beschreibe, ist in seinen milderen Formen ein so verbreiteter Typus, daß man ihm die Erkrankung des Kindes unmöglich »zur Last legen« kann, besonders, da nicht alle Kinder einer Familie mit der gleichen Malignität reagieren. Wir dürfen auch nicht vergessen, daß wir diesen Müttern meist erst begegnen, wenn sie schon doppelt in Abwehr sind. Ich meine aber doch, daß wir mit Sicherheit hier wieder eine *reziproke negative Reaktion* von Mutter und Kind haben, die die bösartige Gegenform zur Wechselseitigkeit darstellt.

Die Väter, auf ihrem Gebiet meist erfolgreiche und häufig sogar hervorragende Leute, wehren sich zuhause nicht gegen ihre Frauen, weil sie übermäßig abhängig von ihnen sind; infolgedessen sind solche Väter auch tief eifersüchtig auf ihre Kinder. Was sie an Initiative und Integrität besitzen, hat sich der eindringenden Haltung ihrer Frau unterworfen oder versucht, voll Schuldgefühl sich ihr zu entziehen, worauf die Frau um so bedürftiger, klagsamer und »aufopfernder«

in all ihren Forderungen gegenüber allen oder einigen ihrer Kinder wird.

Über die Beziehung unserer Patienten zu ihren Brüdern und Schwestern kann ich nur sagen, daß sie symbiotischer erscheint, als es die meisten Geschwisterbeziehungen sind. Aufgrund eines frühen Identitätshungers neigen die Patienten dazu, sich in einer Art an einen Bruder oder eine Schwester anzuschließen, die an das Verhalten von Zwillingen erinnert[16], außer daß es sich hier sozusagen um einen Zwilling handelt, der versucht, einen Nicht-Zwilling als Zwilling zu behandeln. Sie scheinen sich einer totalen Identifizierung mit zumindest einem Geschwister zu unterziehen, in einer Art, die weit über den »Altruismus durch Identifizierung« hinausgeht, wie Anna Freud ihn beschreibt[17]. Es sieht so aus, als lieferten unsere Patienten ihre eigene Identität der ihres Bruders oder ihrer Schwester aus, in der Hoffnung, durch irgendeinen Akt der Verschmelzung eine größere und bessere zu erwerben. Zeitweise haben sie Erfolg, aber die Enttäuschung, die dem Zusammenbruch der künstlichen Zwillingsschaft folgen muß, ist nur um so traumatischer. Der plötzlichen Einsicht — die auch bei echten Zwillingen eintreten kann — daß nur für einen genug Identität vorhanden ist, und daß es so aussieht, als sei der andere damit auf und davon gegangen, folgt Wut und Lähmungsgefühl.

Die frühen Kindheitsberichte unserer Patienten sind im allgemeinen bemerkenswert unauffällig. Häufig wird ein gewisser infantiler Autismus beobachtet, er wird aber meistens von den Eltern rationalisiert. Aber man hat doch den Eindruck, daß das Ausmaß der Malignität der akuten Identitätsverwirrung in der späten Adoleszenz vom Ausmaß dieses frühen Autismus abhängt und daß er die Tiefe der Regression und das Maß der Rückkehr zu alten Introjekten bestimmt. Was bestimmte Traumen in der Kindheit oder Jugend betrifft, so scheint ein Einzelpunkt häufig, nämlich ein ernstes körperliches Trauma, entweder in der ödipalen Periode oder in der frühen Pubertät, gewöhnlich im Zusammenhang mit einer Trennung von zuhause. Das Trauma kann in einer Operation bestehen oder in einem verspätet festgestellten körperlichen Defekt oder es kann ein Unfall sein oder eine schwere sexuelle Traumatisierung.

Im übrigen stimmt die frühe Pathologie mit der überein, die wir

---

16 D. Burlingham, Twins, New York 1952 (International Universities Press).

17 Anna Freud, Das Ich und die Abwehrmechanismen.

als typisch für die dominante psychiatrische Diagnose anzusehen gelernt haben. Offensichtlich ist die Identitätsverwirrung keine klinische Diagnose. Aber es bleibt immer die entscheidende Frage bestehen, ob zum Beispiel eine Identitätsverwirrung des paranoiden Typs als ein Fall von Paranoia anzusehen ist, der zufällig in der Jugend auftritt, oder als eine paranoide Disposition, die durch eine akute Identitätsverwirrung erschwert ist, wobei erstere relativ reversibel ist, wenn es gelingt, die Verwirrung zum Schwinden zu bringen. Wir können uns hier nicht mit dieser »technischen« Frage befassen. Aber ein anderes kritisches Problem wird durch unsere Diskussion offensichtlich. Es ist die Gefahr, die Kai T. Erikson in soziologischer Hinsicht besprochen hat[18], daß nämlich die Patienten dieser Altersgruppe gerade die Rolle des Patienten als die sinnvollste Grundlage für eine Identitätsbildung wählen können.

4. Gesellschaftlich: Von der individuellen Verwirrung zur sozialen Ordnung

I.

Nachdem ich ein Bild des Gesamtzustands der akuten Identitätsverwirrung gegeben habe, möchte ich nun jedes der geschilderten Teil-Symptome aufgreifen und es in Beziehung zu zwei, scheinbar weit auseinanderliegenden, Erscheinungen setzen: zur Kindheit des Individuums und zu seiner Kulturgeschichte. Da wir es für gesichert halten, daß die Konflikte, die wir in unseren Krankengeschichten in sehr gesteigerter Form antreffen, im Prinzip allen Individuen gemeinsam sind, so daß das dargestellte Bild nur eine verzerrte Wiedergabe des normalen Reifungszustands ist, wollen wir jetzt untersuchen: erstens, wie sich beweisen läßt, daß dieser Zustand alte Kindheitskonflikte wieder aufleben läßt, und zweitens, welches die verschiedenen Wege sind, die die Kulturen ihren »normalen« Jugendlichen anbieten, damit sie die Kräfte überwinden können, die sie in infantile Regressionen zurückziehen, so daß sie Möglichkeiten finden, ihre innere Stärke für zukunftsorientierte Bestrebungen zu mobilisieren.

Zuerst also den Zug rückwärts in die Kindheit, die regressiven Aspekte des Reifungskonflikts. Ich hoffe, ich werde diese Angelegen-

---

18 Siehe Kai T. Erikson, »Patient-Role and Social Uncertainty — A Dilemma of the Mentally Ill«, in: Psychiatry, Bd. 20 (1957), S. 263—274.

heit nicht unerträglich komplizieren, indem ich die Karte wieder einführe, um regressive Tendenzen in unserem Schema der psychosozialen Entwicklung zu »lokalisieren«. Ich weiß, daß manche Leser sich schon gewundert haben, was sie mit den noch nicht bezeichneten Teilen der Karte anfangen sollen. Andere würden vermutlich vorziehen, weiterzulesen und das Diagramm denen zu überlassen, die sich für solche Aufzeichnungen interessieren. Ich werde daher hier einen Paragraphen einfügen, der nur für Kartenliebhaber gedacht ist und der ihnen erklären soll, in welcher Weise innerhalb dieses Abschnitts die Zahlen nach bestimmten Einzelpunkten sich auf die Karte beziehen. Die anderen Leser können diesen nächsten Paragraphen ebenso übergehen wie alle nachfolgenden Nummern, die in Klammern stehen. Ich hoffe, daß für sie der Text für sich selber sprechen wird. Nur die *Diagonale* der epigenetischen Karte (Seite 95) ist im dritten Kapitel vollständig besprochen worden. Sie stellt, wie wir sagten, die ontogenetische Entfaltung der Hauptkomponenten der psychosozialen Vitalität dar (I,1 bis VIII,8). Wir haben auch einige Aspekte der Vertikalen ausgefüllt, die von der Säuglingszeit bis zur Identität führt (von I,5 bis V,5). Das sind die spezifischen Beiträge, die frühere Stadien direkt zur Identitätsentwicklung leisten, nämlich das primitive *Vertrauen* in das gegenseitige Erkennen; die Rudimente eines *Willens,* man selbst zu sein; die *Voraussicht* auf das, was man werden könnte; und schließlich die Fähigkeit zu *lernen,* wie man mit Geschicklichkeit das ist, was zu werden man im Begriff ist. Aber das bedeutet auch, daß jedes dieser Stadien eine bestimmte Entfremdung zur Identitätsverwirrung beiträgt: die erste würde mit einer »autistischen« Unfähigkeit, Wechselseitigkeit zu begründen eintreten. Die radikalste Form der Identitätsverwirrung kann, wie wir eben gesehen haben, bis auf solch frühe Störungen zurückverfolgt werden. Hier unterminiert sozusagen eine Grundverwirrung widersprüchlicher Introjekte alle zukünftigen Identifizierungen, und damit auch ihre Integration in der Adoleszenz. Indem wir also unsere Stichworte dem eben beschriebenen klinischen Bild entnehmen und mit der Karte experimentieren, verteilen wir die unterschiedlichen *Teilsymptome* auf der Horizontalen V der Karte und zeigen, wie wir sie nach unten, entlang den »regressiven« Vertikalen 1, 2, 3 und 4 bis zu ihren Vorgängern in der Kindheit verfolgen würden. Der Leser braucht nur sein Auge diesen Vertikalen entlang wandern zu lassen, um den Standort der Nummern zu finden, die nach dem Hauptpunkt erscheinen.

Lassen Sie uns mit dem ersten Punkt der eben beschriebenen Pathologie beginnen: das Mißtrauen gegen die Zeit selbst und die Vorherrschaft der *Zeitverwirrung* (V,1). Der Verlust der Funktion des Ichs, Ausblick und Erwartung aufrechtzuerhalten, ist eine deutliche Regression auf eine Zeit in der frühen Kindheit, wo die Zeit noch nicht existierte. Das Erlebnis der Zeit entsteht nur aus der Anpassung des Kleinkindes an initiale Zyklen von Bedürfnisspannung, Verzögerung der Befriedigung und Sättigung. Beim Säugling wird, wenn die Spannung zunimmt, die künftige Erfüllung in »halluzinatorischer« Weise vorweggenommen; wenn sich die Erfüllung verzögert, treten Momente impotenter Wut auf, in denen das Vertrauen ausgelöscht scheint; jedes Zeichen herannahender Befriedigung verleiht der Zeit wieder eine Qualität intensiver Hoffnung, während weitere Verzögerungen verdoppelte Wut verursachen. Wie wir sahen, trauen unsere Patienten der Zeit nicht, und sie sind nicht davon überzeugt, daß genügend Befriedigung mit genügender Sicherheit voraussagbar ist, um Wünschen und »Arbeiten« lohnend zu machen.

Unsere in bedrohlichster Weise regredierten jungen Leute sind tatsächlich von allgemeinen Haltungen besessen, die etwas wie ein Mißtrauen gegen die Zeit als solche darstellen: jede Verzögerung scheint ein Betrug zu sein, jedes Warten ein Erlebnis der Impotenz, jede Hoffnung eine Gefahr, jeder Plan eine Katastrophe, jeder mögliche Versorger ein potentieller Verräter. Daher muß die Zeit gezwungen werden stillzustehen, wenn nötig durch die magischen Mittel der katatonen Unbeweglichkeit. Das sind die Extreme, die in wenigen Fällen der Identitätsverwirrung manifest, aber in vielen latent sind, und ich glaube, daß jeder Jugendliche mindestens flüchtige Momente kennt, wo er so mit der Zeit selbst uneins ist. In ihrer normalen und vorübergehenden Form weicht diese neue Art von Mißtrauen schnell oder allmählich Ausblicken, die einen intensiven und sogar fanatischen Einsatz für eine Zukunft oder für eine schnelle Aufeinanderfolge einer Anzahl möglicher Zukünfte erlauben und fordern. Diese wechselnden Zukunftspläne erscheinen älteren Menschen oft ganz unvereinbar miteinander und auf alle Fälle ganz »utopisch«, das heißt auf Erwartungen beruhend, die eine Veränderung in den Gesetzen des historischen Wandels erfordern würden. Aber die Jugend kann sich auch wieder an scheinbar utopische Weltbilder attachieren, die sich irgendwie teilweise als realisierbar erweisen, wenn der richtige Führer — und historisches Glück — sich einstellen. Die Zeitverwirrung ist also mehr oder weniger typisch für alle Jugendlichen in dem einen oder anderen Stadium, obgleich sie nur bei einigen pathologisch ausgeprägt wird.

Was unternimmt der Gesellschaftsprozeß — von Kultur zu Kultur und von einer Ära zu anderen — diesem Problem gegenüber? Ich kann nur einige andeutende Beispiele geben. So gab es etwa die romantische Periode, als die Jugend (und Künstler und Schriftsteller) vorzüglich mit den Ruinen beschäftigt waren, die eine tote Vergangenheit hinterlassen hatte und die »ewiger« erschienen als die Gegenwart. Was hier aber hervorgehoben werden muß, ist nicht die bloße Zuwendung zu einer fernen Vergangenheit, sondern eine sie begleitende Veränderung in der Gesamtqualität des zeitlichen Erlebens. Diese kann, unter verschiedenen kulturellen oder historischen Bedingungen, in so unterschiedlichen Situationen erreicht werden, wie etwa (um Beispiele zu wählen, die in diesem Buch schon erwähnt wurden) bei der Suche nach Visionen in der blendenden Präriesonne oder beim Tanz zum Trommelschlag eine ganze Nacht hindurch, beim völlig passiven, durch Drogen veranlaßten Schweben in der »absoluten« Zeit oder beim Parademarsch im Stechschritt zu schmetternden Trompeten in Vorbereitung des Tausendjährigen Reiches. Alle Ideologien haben tatsächlich einen unerläßlichen zeitlichen Aspekt, einschließlich der ideologischen Bedeutung, die die Ziele und Werte der verschiedenen Kulturen für die Jugend haben, ob sie nun auf Erlösung oder Reform abzielen, auf Abenteuer oder Eroberung, Vernunft oder Fortschritt, in Übereinstimmung mit neu sich entwickelnden Identitätspotentialen. Denn unter den wesentlichen Elementen, die sie für die Jugend bereithalten, ist eine sinnlich überzeugende *Zeitperspektive,* die mit einem zusammenhängenden Weltbild vereinbar ist. Es hat seinen überlegenen Sinn, daß heute, wo die Standardisierung vorgeplanter Zukünfte ihren Höhepunkt erreicht hat, tausende junger Leute es vorziehen würden, sich so zu verhalten, als wäre das Moratorium eine Lebensform und eine eigene Kultur. Während sie glauben, ihre Zukunft vergessen zu können, vergißt die Gesellschaft, daß es sich dabei nur um eine moderne — das heißt häufigere und öffentlich bekanntere — Form eines alten Phänomens handelt, was sich deutlich in der Qualität des Wiederaufgreifens alter Formen bei mancher Zurschaustellung unserer jungen Leute zeigt.

Unter den Bestandteilen der Identitätsverwirrung diagnostizierten wir auch die *Identitäts-Befangenheit,* und wir meinten damit eine schmerzliche Bewußtheit von sich selbst, die über Diskrepanzen zwischen der eigenen Selbstachtung, dem erhöhten Selbst-Bildnis als einer autonomen Person und der Erscheinung, die man in den Augen anderer annimmt, nachgrübelt. Bei unseren Patienten kontrastiert ein gelegentliches völliges Verlöschen der Selbstachtung scharf mit einer narzißtischen und snobistischen Verachtung des Urteils anderer. Aber wiederum sehen wir entsprechende, wenn auch weniger ausgeprägte Phänomene in jener Sensitivität der Jugendlichen, die angesichts von Kritik mit höhnischer Schamlosigkeit abwechselt. Auch das sind primitive Abwehrmechanismen, die die schwankende Selbstsicherheit gegen das Gefühl von *Zweifel und Scham* (II, 1) aufrechterhalten, über das wir im letzten Kapitel sprachen. Während es sich hierbei normalerweise um eine vorübergehende Sache handelt, bleiben sie bei manchen Charakterbildungen erhalten und bleiben kennzeichnend für viele schöpferische Menschen, die, nach ihrem eigenen Zeugnis, wiederholte Reifezeiten erleben und mit ihnen den vollen Zyklus von sensitivem Rückzug und ungestümer Selbst-Exhibition.

Diese schmerzliche Bewußtheit seiner selbst (V,2) ist eine neue Auflage jenes ursprünglichen Zweifels, der die Vertrauenswürdigkeit der Eltern und des Kindes selbst betraf — nur betrifft in der Adoleszenz diese Befangenheit die Zuverlässigkeit der gesamten Spanne der Kindheit, die jetzt zurückgelassen werden muß, und die Vertrauenswürdigkeit des ganzen sozialen Universums, dem man jetzt ins Auge sieht. Die Verpflichtung, sich jetzt mit einem Gefühl des freien Willens seiner eigenen autonomen Identität zu überantworten, kann eine peinvolle allgemeine Beschämtheit erwecken, etwa vergleichbar der ursprünglichen Scham und Wut, daß man ringsherum von allwissenden Erwachsenen gesehen werden kann — nur haftet diese Scham jetzt der Tatsache an, daß man eine öffentliche Persönlichkeit hat, die Gleichaltrigen ausgesetzt ist und von Führern beurteilt wird. All das wird im normalen Verlauf der Ereignisse durch jene *Selbstsicherheit* (V, 2) aufgewogen, die jetzt durch ein endgültiges Gefühl der Unabhängigkeit von der Familie als der Matrix des Selbst-Bildes gekennzeichnet ist, und durch eine Sicherheit der Erwartung.

Unter den gesellschaftlichen Phänomenen, die diesem zweiten Konflikt entsprechen, gibt es einen universellen Trend zu irgendeiner Art von Uniformität, entweder durch spezielle Uniformen oder durch unterscheidende Kleidung, wodurch sich die noch unvollständige Selbstsicherheit für einige Zeit in einer Gruppensicherheit verbergen kann. Diese Sicherheit wurde immer schon geboten, sowohl durch die jahrhundertealten Kennzeichen wie durch die Opfer der Investituren, Konfirmationen und Initiationen, aber sie kann auch zeitweilig und willkürlich von Leuten geschaffen werden, denen daran liegt, radikal anders zu sein, und die doch eine gewisse Uniformität des Andersseins entwickeln müssen (Gammler, Hippies). Diese und weniger deutliche Gleichförmigkeiten werden unter Gleichaltrigen durch umfassendes Beschämen, durch ein wechselseitiges sich Beurteilen und Aburteilen und ein grausames Sich-Zusammenrotten erzwungen, das Außenseiter in schmerzlicher, wenn auch manchmal schöpferischer Isolierung nicht in den Kreis hereinläßt.

Die vollständige Überantwortung an eine *Rollenfixierung* (V, 3) im Gegensatz zum freien *Experimentieren* mit verfügbaren Rollen steht offensichtlich in Verbindung zu früheren Konflikten zwischen freier Initiative und ödipaler Schuld in der Realität, der Phantasie und dem Spiel des entsprechenden infantilen Stadiums. Wo unsere Patienten hinter die ödipale Krise zurück, auf eine totale Vertrauenskrise regredieren, da bleibt die Wahl einer selbstvernichtenden Rolle oft die einzig annehmbare Form der Initiative auf dem Weg wieder voran und nach oben, und das in der Form eines vollständigen Ableugnens allen Ehrgeizes, als einzig möglichen Weg, Schuldgefühle gänzlich zu vermeiden. Der normale Ausdruck einer relativ von Schuldgefühlen freien und tatsächlich mehr oder weniger »kriminellen« Initiative bei der Jugend ist allerdings ein Experimentieren mit Rollen, das den ungeschriebenen Gesetzen jugendlicher Subkulturen folgt und das damit nicht ohne eigene Disziplin ist.

Von den sozialen Einrichtungen, die es sich zur Aufgabe machen, diese Initiative in Kanäle zu leiten, während sie sie ermuntern, und die Sühne anbieten, während sie Schuldgefühle beschwichtigen, können wir hier wieder die Initiationen und Konfirmationen anführen: sie sind bestrebt, innerhalb einer Atmosphäre mythischer Zeitlosigkeit irgendwelche Zeichen des Opfers oder der Unterwerfung mit einem energischen Stoß in Richtung sanktionierter Arten des Handelns zu kombinieren — eine Kombination, die, wo sie funktioniert, die Entwicklung eines Optimums an Willfährigkeit mit einem maximalen Gefühl der freien Wahl und der Zustimmung beim Novizen gewährleistet. Dieser besondere Hang der Jugend — nämlich das Erreichen eines Gefühls von freier Wahl gerade als Ergebnis ritueller Reglementierung — wird natürlich im militärischen Dasein weltweit ausgenutzt.

Die extreme *Arbeitshemmung* (Arbeitslähmung) ist die logische

Folge eines tiefen Gefühls der Unzulänglichkeit der eigenen allgemeinen Ausrüstung. Ein derartiges Gefühl der Unzulänglichkeit spiegelt natürlich meist nicht einen wirklichen Mangel an latenter Kraft wider; es kann vielmehr die unrealistischen Forderungen übermitteln, die ein Ich-Ideal erhebt, das sich nur mit Allmacht oder Allwissen zufriedengibt; es kann die Tatsache ausdrücken, daß die unmittelbare soziale Umgebung keinen Platz für die wirklichen Begabungen des Individuums hat; oder es kann die paradoxe Tatsache verraten, daß ein Individuum in den frühen Schuljahren zu einer spezialisierten Frühreife verführt wurde, die seine Identitätsentwicklung weit hinter sich zurückließ. Aus all diesen Gründen kann das Individuum also aus dem experimentierenden Wettstreit in Spiel und Arbeit ausgeschlossen sein, durch den es seine eigene Art von Leistung und seine Werksidentität zu finden lernt. Besonders bei einer frühen Hinwendung zur Kriminalität kann das relevant werden — denn die Kriminellen sind auf viele Arten die »positiven« Gegenstücke zu unseren Patienten, denn sie führen wenigstens in Gesellschaft aus, was der Isolierte verdrängt und unterdrückt. Deutlich wird ein gewisser Spott über die Arbeit und doch ein Wettstreit mit ihr in gewissen kriminellen Ausdrücken, wie etwa »ein Ding drehen« (das heißt einen Einbruch) oder »etwas tadellos erledigen« im Sinn einer gelungenen Zerstörung. Von hier ist es nur noch ein Schritt zu einer anderen einleuchtenden Überlegung, nämlich daß junge Leute gelernt haben müssen, ein Gefühl der *Lehrzeit* zu genießen (IV,4), um nicht ein Bedürfnis nach den Erregungen der Zerstörung zu haben. Schizoiden und Kriminellen ist ein Mißtrauen gegen sich selbst gemeinsam, der fehlende Glaube an die Möglichkeit, daß sie je etwas von Wert zustandebringen könnten. Das ist natürlich bei denen besonders ausgesprochen, die aus irgendeinem Grund nicht das Gefühl haben, an der technologischen Identität ihrer Zeit teilzuhaben. Der Grund dazu kann sein, daß ihre eigenen Begabungen keinen Kontakt mit den produktiven Zielen des Maschinenzeitalters gefunden haben oder daß sie selbst zu einer sozialen Klasse gehören (hier ist ober-ober erstaunlich ähnlich wie unter-unter), die nicht am Strom des Fortschritts teilhat.

Soziale Einrichtungen unterstützen die Kraft und die Deutlichkeit der keimenden Werksidentität, indem sie denen, die noch lernen und experimentieren, einen gewissen Status des Lehrlingseins bieten, ein Moratorium, das sowohl durch begrenzte Pflichten und sanktionierte Wettbewerbe wie durch spezielle Konzessionen charakterisiert ist.

Dies also sind die regressiven Tendenzen in der Identitätskrise, die in den Symptomen der Identitätsverwirrung und in manchen der sozialen Prozesse, die ihnen im täglichen Leben entgegenwirken, besonders deutlich hervortreten. Aber es gibt auch Aspekte der Identitätsbildung, die die künftige Entwicklung vorwegnehmen. Der erste ist das, was wir eine *Polarisierung der sexuellen Unterschiede* (V,6) nennen können, das heißt die Entwicklung eines besonderen Verhältnisses der Männlichkeit und Weiblichkeit in Übereinstimmung mit der Identitätsentwicklung. Manche unserer Patienten leiden unter einer dauerhafteren und bösartigeren Form eines Zustands, der milder ausgeprägt und bald vorübergehend bei vielen Jugendlichen verbreitet ist: der junge Mensch empfindet sich selbst nicht deutlich als Mitglied des einen oder des anderen Geschlechtes, was ihm zum leichten Opfer der Pressionen machen kann, die zum Beispiel von homosexuellen Cliquen ausgehen, denn für manche Menschen ist es erträglicher, als irgend etwas, ganz egal was, eingeordnet zu werden, statt eine lang hingezogene bisexuelle Verwirrung zu ertragen. Manche natürlich entschließen sich zu einer asketischen Abwendung von der Sexualität, was zu dramatischen Durchbrüchen beunruhigender Impulse führen kann. Denn die *bisexuelle Verwirrung* (V, 6) in der Jugend vereinigt sich mit der *Identitätsbewußtheit* in der Begründung einer übermäßigen, ausschließlichen Beschäftigung mit der Frage, welche Art von Mann oder Frau oder welche Art von Zwischenwesen oder Abweichung von der Norm man wohl werden würde. Ein Jugendlicher kann in seinem totalistischen Denkrahmen das Gefühl haben, daß, wenn man ein bißchen weniger von dem eigenen Geschlecht ist, man viel mehr, ja vielleicht ganz, vom anderen Geschlecht sein müsse.

Wenn in solch einer Zeit irgend etwas passiert, was den Jugendlichen sozial als einen abweichenden Typus kennzeichnet, dann kann er eine tiefe Fixierung entwickeln, verstärkt durch die Überbewertung einer negativen Identität, und echte Intimität wird ihm dann gefährlich erscheinen. Die sexuellen Gebräuche der Kulturen und Klassen führen hier zu ungeheuren Unterschieden in der psychosozialen Ausprägung von männlich und weiblich und im Alter, in der Art und in der Verbreitung genitaler Betätigungen. Diese Unterschiede können die oben besprochene gemeinsame Tatsache verdunkeln, daß nämlich die Entwicklung der psychosozialen Intimität nicht ohne ein gefestigtes Identitätsgefühl möglich ist. Durch bestimmte Sitten veranlaßt, können junge Menschen in Verwirrung dazu kommen, durch eine Konzentration auf frühe genitale Aktivität ohne Intimität ihre Identitätsentwicklung zu verunmöglichen; oder sie konzentrieren sich im Gegenteil auf soziale, künstlerische oder intellektuelle Zielsetzungen, die dem genitalen Element in einem Maß nicht gerecht werden, daß es zu einer dauernden Schwäche der genitalen Polarisierung mit dem anderen Geschlecht kommt.

Die sozialen Institutionen bieten hier ideologische Grundlagen für außerordentlich verschiedenartige Formen teilweiser sexueller Moratorien an, wie etwa vollständige sexuelle Abstinenz für eine bestimmte Zeitspanne, promiskuöse Genitalbetätigung ohne persönliche Hingabe oder sexuelles Spiel ohne genitales Engagement. Was die »Libidoökonomie« einer Gruppe oder eines einzelnen ertragen kann, hängt sowohl von der Art der durchschrittenen Kindheit wie von dem Identitätszuwachs ab, der aus dem bevorzugten sexuellen Verhalten erwächst.

Aber die Jugend vollzieht auch einen wichtigen Schritt in Richtung auf Elternschaft und erwachsene Verantwortung hin, indem sie lernt, unter Gleichaltrigen sowohl *Führerschaft* zu übernehmen wie *Gefolgschaft* (V,7) zu leisten und oft eine geradezu erstaunliche Vorsorge in den Funktionen entwickelt, die sie so übernimmt. Diese Vorsorge kann der allgemeinen Reifung des Individuums sozusagen vorangehen, gerade weil die herrschende Ideologie den Rahmen für eine Orientierung in der Führerschaft zur Verfügung stellt. Desgleichen erlaubt die gemeinschaftliche »Sache« anderen, sich anzuschließen und zu gehorchen (und dem Führer selbst, höheren Führern zu gehorchen) und so die Elternbilder, die im infantilen Über-Ich errichtet sind, durch die Hierarchie von Führerbildern zu ersetzen, die die verfügbare Galerie von Idealen bewohnen — ein Vorgang, der ebenso typisch ist für kriminelle Banden wie für irgendeine Gruppe mit hohen Motivationen. Wo ein Jugendlicher weder gehorchen noch befehlen kann, muß er sich mit einer Isolierung abfinden, die zu einem malignen Rückzug führen kann, aber die auch, wenn er Glück hat und begabt ist, ihm hilft, auf lenkende Stimmen zu reagieren, die über die Jahrhunderte durch Bücher, Bilder und Musik zu ihm sprechen, als kennten sie ihn.

Wir kommen nun zu dem System von Idealen, das Gesellschaften den Jugendlichen in der expliziten oder impliziten Form einer Ideologie anempfehlen. Nach dem, was bisher gesagt wurde, können wir der Ideologie die Funktion zuschreiben, der Jugend folgendes anzubieten: 1. eine vereinfachte Zukunftsperspektive, die alle vorhersehbare Zeit umfaßt, und so der »Zeitverwirrung« des einzelnen entgegenwirkt; 2. eine gewisse stark empfundene Übereinstimmung zwischen der inneren Welt der Ideale und Sünden und der sozialen Welt mit ihren Zielen und Gefahren; 3. eine Möglichkeit, eine gewisse Uniformität des Auftretens und Verhaltens zu zeigen, die der Identitätsbefangenheit des einzelnen entgegenwirkt; 4. einen Anreiz zu einem kollektiven Experimentieren mit Rollen und Techniken, das Hemmungsgefühle und persönliche Schuldgefühle überwinden hilft; 5. eine Einführung in das Ethos der herrschenden Technologie und damit in einen sanktionierten und geregelten Wettstreit; 6. ein geographisch-historisches Weltbild als Rahmen für die keimende Identität des einzelnen; 7. eine logische Grundlage für eine sexuelle Lebensform, die mit einem überzeugenden System von Prinzipien vereinbar ist und schließlich 8. eine Unterwerfung unter Führer, die als übermenschliche Figuren oder »Große Brüder« über der Ambivalenz der Eltern-Kind-Beziehung stehen. Ohne irgendeine derartige *ideologische Bindung*, wie sehr sie auch in einer »Lebensform« stillschweigend inbegriffen wäre, erleidet die Jugend eine *Verwirrung der Werte* (V, 8), die besonders gefährlich für einige unter ihr sein kann, die aber in großem Maßstab sicherlich das Gewebe der gesamten Gesellschaft gefährdet.

In die Schlußfolgerungen einer pathographischen Skizze habe ich also auch einige Phänomene miteinbezogen, die die Domäne der Soziologie sind. Ich kann das nur durch die Überzeugung rechtfertigen, daß wir in der klinischen Arbeit, bei der Bemühung um brauchbare Verallgemeinerungen hinsichtlich der individuellen Pathologie, durchaus auf Aspekte des Gesellschaftsprozesses stoßen können, die die Sozialwissenschaften notwendigerweise vernachlässigen mußten. Eine psychosoziale Untersuchung der Kranken- oder der Lebensgeschichte kann es sich aber nicht leisten, diese Aspekte zu vernachlässigen. So kehren wir noch einmal zu Shaws Formulierung zurück und lassen uns von ihr zu ein paar abschließenden Gedanken leiten.

II.

Shaw war ein absichtlich auffälliger Mann, der mit vollem Bewußtsein so bemüht an der öffentlichen Identität von G. B. S. arbeitete, wie an irgendeinem seiner Bühnencharaktere. Aber um den früher zitierten Shawianismus zu erweitern: der Clown ist oft nicht nur der beste, sondern auch der aufrichtigste Teil der Großen Schau. Es lohnt sich daher, sich an diesem Punkt der Worte zu erinnern, die Shaw gewählt hatte, um die Geschichte seiner »Bekehrung« als junger Mann zu kennzeichnen:

> Ich wurde in die sozialistische *Wiedererweckungs*bewegung der frühen achtziger Jahre *hineingezogen,* unter Engländer *von hohem Ernst,* die *vor Empörung* über sehr *reale* und sehr *grundsätzliche Übel brannten,* die *die ganze Welt* ergriffen hatten.

Die hier hervorgehobenen Worte übermitteln mir die folgenden Nebenbedeutungen: »hineingezogen«: eine Ideologie hat zwingende Macht. »Wiedererweckung« besteht aus einer traditionellen Kraft im Zustand der Verjüngung. »Hoher Ernst« gestattet selbst dem Zyniker, Aufrichtigkeit zu investieren. »Vor Empörung brennen« verleiht dem Bedürfnis nach Ablehnung die Sanktion der Rechtschaffenheit. »Real« projiziert ein undeutliches inneres Übel auf einen klar umschriebenen Gegenstand des Entsetzens in der sozialen Wirklichkeit. »Grundsätzlich« verspricht Teilnahme an einer Bemühung um die grundlegende Neugestaltung der Gesellschaft. »Die ganze Welt« gibt einem total definierten Weltbild Struktur. Hier haben wir also die Elemente einer Gruppenidentität, die die aggressiven und charakteristischen Energien des jungen Individuums in den Dienst einer Ideologie einspannt und dazu beiträgt, die Identität des Individuums abzustempeln, während sie sie vervollständigt. So sind Identität und Ideologie zwei Aspekte des gleichen Prozesses. Beide liefern die notwendige Bedingung für die weitere individuelle Reifung und mit ihr für die nächsthöhere Form der Identifizierung, nämlich die Solidarität, die die gewöhnlichen Identitäten im gemeinsamen Leben, Handeln und schöpferischen Wirken miteinander verbindet.

Das unmittelbare Bedürfnis, in einem einzigen Gedankensystem sowohl den irrationalen Selbsthaß der eigenen negativen Identität wie die irrationale Zurückweisung der feindlichen Andersheit zu vereinen, macht junge Menschen gelegentlich tödlich zwanghaft und im Innersten konservativ, gerade wo und wenn sie am anarchischsten und radikalsten erscheinen. Das gleiche Bedürfnis macht sie in ihrer Suche nach einem Weltbild, das nach Shaws Worten zusammengehalten wird durch eine »klare Auffassung des Lebens im Licht einer verständlichen Theorie« äußerst streitlustig, obgleich das, was verständlich erscheint, häufig nur die Logik der Vergangenheit ist, wie man sie in der Kindheit aufgenommen hat, die aber in schockierend neuen Ausdrücken vorgetragen wird.

Soweit es die *Fabian*-Sozialisten betrifft, scheint Shaw völlig gerechtfertigt, wenn er Ausdrücke verwendet, die eine Ideologie von ausgesprochener intellektueller Schärfe bezeichnen. Allgemeiner gesehen allerdings ist ein ideologisches System ein zusammenhängender Bestand an gemeinsam erlebten Bildern, Ideen und Idealen, die, ob sie nun auf einem formulierten Dogma, einer Weltanschauung, einem hochstrukturierten Weltbild, einer politischen Überzeugung, ja, auf einem wissenschaftlichen Glauben (besonders wenn er auf den Menschen angewendet wird) oder auf einer »Lebensform« beruhen, den Teilnehmern eine zusammenhängende, wenn auch systematisch vereinfachte Allgemeinorientierung in Raum und Zeit, in Mitteln und Zwecken bieten.

Das Wort »Ideologie« hat natürlich einen etwas schlechten Ruf. Ausgesprochene und progagandistische Ideologien widersprechen schon ihrem Wesen nach anderen Ideologien und bezeichnen sie als »inkonsistent« und verlogen, und eine Gesamtkritik der Ideologie bezeichnet ihre überzeugendsten Vereinfachungen als eine systematische Form kollektiver Pseudologie. Wir haben aber keinen Grund, dieses Wort seiner augenblicklichen politischen Bedeutung zu überlassen, die seinen echten weitergespannten Sinn einschränkt. Was man als Heuchelei bezeichnen könnte, ist allerdings tatsächlich die andere Seite der Medaille. Es könnte keine ideologische Vereinfachung geben ohne eine tatsächliche Anmaßung, die dem sonst erreichten Niveau intellektueller Verfeinerung zuwiderläuft. Es stimmt auch, daß der durchschnittliche Erwachsene, ja tatsächlich die durchschnittliche Gemeinschaft, wenn sie nicht akut in irgendeiner ideologischen Polarisierung begriffen sind, dazu neigen, die Ideologie — sobald das Schießen und das Geschrei vorüber ist — einem genau umschriebenen Abteil in ihrem Leben einzuordnen, wo sie für periodische Rituale und Rationalisierungen bereitliegt, ohne andere dringende Geschäfte übermäßig zu stören. Aber die Tatsache, daß Ideologien vereinfachte Konzeptionen dessen sind, was kommen wird, und daher später als Rationalisierungen für das, was geschehen ist, dienen können, schließt nicht die Möglichkeit aus, daß in gewissen Stadien der individuellen Entwicklung und in gewissen Perioden der Geschichte die ideologische Polarisierung, die zu militärischen Konflikten und zu radikal neuen Bindungen führt, einem unentrinnbaren inneren Bedürfnis entspricht. Die

Jugend will ihre Ablehnungen und Zuwendungen »normalerweise« auf ideologische Alternativen gründen, die in vitaler Beziehung zu dem vorhandenen Spielraum an Alternativen für die Identitätsbildung stehen; in Perioden radikaler Veränderung beherrscht diese wesentlich jugendliche Tendenz das kollektive Denken.

Ideologien scheinen also sinnvolle Kombinationen des Ältesten und des Neuesten innerhalb der Ideale einer Gruppe zu bieten. Sie leiten so den eindringlichen Ernst, das ehrliche Asketentum und die eifrige Empörung der Jugend in Kanäle zur sozialen Grenze hin, wo der Kampf zwischen der konservativen Haltung und dem Radikalismus am lebhaftesten ist. An dieser Grenze leisten fanatische Ideologen ihre geschäftigste und psychopathische Anführer ihre schmutzigste Arbeit; aber hier bringen auch die echten Führer wahre Solidarität hervor. Ideologien aber müssen, als Preis für den versprochenen Besitz der Zukunft, die kompromißlose Verpflichtung gegenüber irgendeiner absoluten Welthierarchie und irgendeinem starren Verhaltensprinzip fordern, sei das Prinzip nun der totale Gehorsam gegenüber der Tradition, wenn die Zukunft das irdische Königreich der Vorfahren ist; die totale Resignation, wenn die Zukunft einer anderen Welt angehören soll; die totale kriegerische Disziplin, wenn die Zukunft irgendeiner Art bewaffneter Supermänner vorbehalten ist; die totale innere Reform, wenn die Zukunft als ein fortgeschrittenes Faksimile des Himmels auf Erden aufgefaßt wird; oder schließlich (um nur einen der ideologischen Bestandteile unserer Zeit zu nennen) die vollständige nüchterne Hingabe an die menschliche Zusammenarbeit und an den Produktionsprozeß, wenn die unaufhörliche Produktion Gegenwart und Zukunft zusammenzuhalten scheint. Gerade durch diesen Totalismus der Ideologien kann das infantile Über-Ich unter Umständen sein Territorium von der jugendlichen Identität zurückgewinnen: denn wenn bestehende Identitäten sich erschöpfen, während neue noch verletzlich sind, zwingen spezielle Krisen die Menschen, heilige Kriege mit den grausamsten Mitteln zu unternehmen, gegen diejenigen, die ihre noch unsicheren ideologischen Grundlagen in Frage stellen oder bedrohen.

Zum Abschluß sollten wir noch einmal die Tatsache erwägen, daß die technologischen und ökonomischen Entwicklungen unserer Tage in alle traditionellen Gruppenidentitäten und Solidaritäten eingreifen, die sich in agrarischen, feudalen, patrizischen oder merkantilen Perioden entwickelt haben. Wie viele Schriftsteller das beschrieben haben, scheint solch eine Gesamtentwicklung den Verlust eines Gefühls der kosmischen Ganzheit, der Planmäßigkeit der Vorsehung und der himmlischen Zustimmung zu den Mitteln der Produktion — und der Destruktion — nach sich zu ziehen. In großen Teilen der Welt führt das offenbar zu einer bereitwilligen Faszination durch totalistische Weltanschauungen, Anschauungen, die tausendjährige Reiche und Weltumstürze voraussagen und für selbstgewählte sterbliche Götter eintreten. Die heutige technologische Zentralisierung kann kleinen Gruppen derartiger fanatischer Ideologen die konkrete Macht totalitärer Staatsmaschinen und kleiner geheimer oder großer öffentlicher Maschinerien der Ausrottung in die Hand geben.

Hier ist vielleicht der Platz für eine andere biographische Einzelheit, nämlich das Moratorium eines Mannes, den ich nicht mit Bernard Shaw zusammen anführen konnte, weil er vermutlich niemals aus Herzensgrund gelacht hat und niemals in seinem Leben jemand anderen herzlich lachen machte — Adolf Hitler. Ein Mann, der Hitlers einziger Freund in seiner Knabenzeit war, erzählt, wie Hitler in seiner Jugend für zwei Jahre vollständig verschwand, wonach er mit einer fanatischen ideologischen Ausrichtung wieder auftauchte [19].

Diesem völlig anonymen Moratorium, das in äußerster Isolierung verbracht wurde, folgte eine schwere Enttäuschung in den späten Jugendjahren. Hitler hatte als Junge verzweifelt gewünscht, Stadtplaner zu werden; er konnte tagelang umhergehen und wie in Betäubung sich vorstellen, wie er seine Vaterstadt Linz umbauen würde. Um sie neu zu erbauen, mußte er sich natürlich vorstellen, daß all die großen Gebäude zerstört wären, aber zweifellos versuchte er, in riesigem, wenn auch fast wahnhaftem Maßstab »konstruktiv« zu sein. Als er schließlich seine Pläne für ein neues Opernhaus in Linz an ein Preisrichterkomitee einsandte, das ihnen keine Aufmerksamkeit widmete, brach er wirklich mit der Gesellschaft und verschwand, um nur als Rächer wieder aufzutauchen. In seinen allerletzten Tagen aber, nachdem er große Teile Europas zerstört hatte, und schließlich in seinem Bunker vom Feind umringt war, plante er sorgfältig seine Selbstliquidierung, aber nicht ohne die letzten Korrekturen an seinem Plan eines Opernhauses für Linz, das er beinahe gebaut hätte, auszu-

[19] August Kubizek, The Young Hitler I Knew, Boston 1955 (Hughton Mifflin).

führen. Bis zu solch einem unheimlichen Ausmaß kann eine Bindung aus der späten Adoleszenz selbst bei einem Menschen fortbestehen, dessen Bedürfnisse exzessiv zerstörerisch sind.

Ich will damit nicht sagen, daß eine Persönlichkeit wie Hitler hätte »geheilt« werden können, obwohl gelegentlich behauptet wird, er habe wegen isolierter Symptome eine analytische Behandlung angestrebt. Ich will auch nicht zu verstehen geben, daß sogar ein Mann wie Hitler der Welt seine besondere Mischung von abgründiger Destruktivität und konstruktivem Anschein hätte auferlegen können ohne ein verhängnisvolles Zusammentreffen seines bösen Genies mit einer historischen Katastrophe. Wie wir im zweiten Kapitel sahen, hatte die deutsche Niederlage und der Vertrag von Versailles einen weitreichenden traumatischen Identitätsverlust zur Folge, besonders bei der deutschen Jugend, und damit eine historische Identitätsverwirrung, die zu einem Zustand nationaler Kriminalität unter der Führung einer Gruppe ausgewachsener Jugendlicher von kriminellem Auftreten führte. Aber wenn wir über derartige nationale Katastrophen grübeln, sollte uns unsere Abscheu nicht blind gegenüber den konstruktiven Möglichkeiten machen, die in einer gegebenen Nation, größtenteils durch die Versäumnisse und Fehler anderer Nationen, in ihr Gegenteil verwandelt werden können.

Ich habe im zweiten Kapitel auf die Rolle hingewiesen, die die technologischen Entwicklungen dabei gespielt haben, diese und andere totalitäre Unternehmungen so erschreckend erfolgreich zu gestalten. Aber ich muß auch hier zugeben, daß wir bis jetzt wenig über die Frage wissen, wie der Mensch sich in seinen Tiefen verändert, wenn er seine neuen technologischen Kräfte handhabt.

III.

Schließlich noch ein Wort über eine neue Nation. Ich hatte einmal bei einem Seminar in Jerusalem Gelegenheit, mit israelischen Gelehrten und Klinikern die Frage zu diskutieren, was die Identität eines »Israeli« sei, und so einem Extrem der zeitgenössischen ideologischen Orientierung zu begegnen[20]. Israel fasziniert seine Freunde und seine Feinde. Eine große Anzahl ideologischer Fragmente aus der europäi-

---

20 Organisiert durch die Professoren S. Eisenstadt und C. Frankenstein 1955 an der hebräischen Universität.

schen Geschichte haben ihren Weg in das Bewußtsein dieses kleinen Staates gefunden und viele der Identitätsprobleme, die die amerikanische Geschichte anderthalb Jahrhunderte lang beschäftigt haben, treten den Israeli innerhalb von wenigen Jahrzehnten entgegen. Aus den unterdrückten Minderheiten vieler Länder bildet sich eine neue Nation an einer »Grenze«, die keinem zu »gehören« scheint, und eine neue nationale Identität wird aus importierten Idealen geschaffen, die freiheitlich, puritanisch und messianisch sind. Jede Diskussion der vielfältigen und höchst unmittelbaren Probleme Israels führt früher oder später zu den außerordentlichen Leistungen und zu den außerordentlichen ideologischen Problemen, die die zionistischen Siedler-Pioniere aufwerfen, die die Kibbuz-Bewegung begründet und vorangetrieben haben. Diese europäischen Ideologen, denen sozusagen ein geographisch-historisches Moratorium gewährt wurde, geschaffen durch den eigenartigen internationalen und nationalen Status Palästinas, zuerst im ottomanischen Reich und dann unter britischem Mandat, waren im Stande, einen bedeutsamen utopischen Brückenkopf für die zionistische Ideologie zu errichten und zu befestigen. In seinem »Heimat-Land« und indem er eben diesen Heimatboden bearbeitete, sollte der »eingesammelte«, heimgeholte Jude all die schlechten Identitäten überwinden, wie sie aus der ewigen Wanderschaft, dem Handeltreiben und der Intellektualisierung resultieren, und sollte sowohl an Leib und Seele wie in seiner Nationalität wieder ganz werden. Daß die Kibbuz-Bewegung einen zähen, verantwortlichen und begeisterten Typus geschaffen hat, kann niemand leugnen, obgleich bestimmte Details ihres Erziehungssystems (wie die Aufzucht der Kinder in Kinderhäusern von der Geburt an, und das Zusammenleben von Jungen und Mädchen während der Oberschuljahre) sowohl in Israel wie in anderen Ländern kritisch überprüft werden. Aber es ist sinnlos, Großstadt-Standards einer utopischen seelischen Hygiene auf Zustände an einer Front anzuwenden, die nach allen Seiten exponiert ist — eine historische Tatsache, die allein den Rahmen für die Beurteilung des Grundprinzips und der Rationalisierungen des sich ergebenden Lebensstils bieten kann. Denn ohne Zweifel haben diese Pioniere der neuen, über Nacht aufgewachsenen Nation ein historisches Ideal verschafft. Eine legitime Frage allerdings und eine, die den Historikern dieses Landes — Amerikas nämlich — nicht so fremd ist, betrifft die Beziehung einer revolutionären Elite zu denen, die sich anschließend in die in Besitz genommenen Länder ergießen und sich an den erworbenen Vorteilen bereichern[21]. In Israel steht die jetzt etwas exklusive Elite der Kibbuz-Leute — die in der Tradition ihres Landes eine unseren Pionieren vergleichbare Rolle gespielt haben — dem unvergleichlich größeren Anteil der Bevölkerung gegenüber, die ideologisch eine fast unverdauliche Mischung darstellt: die Masse der orientalischen und afrikanischen Einwanderer, die mit Macht ausgestattete organisierte Arbeiterschaft, die Großstadtbewohner, die religiöse Orthodoxie, die neue Staatsbürokratie — und dann natürlich die »gute alte« merkantile Klasse der Zwischenhändler. Außerdem hat der weniger kompromißbereite Teil der Kibbuzbewegung nicht unterlassen, sich zwischen die Stühle der beiden Welten zu setzen, mit denen der Zionismus starke historische Bindungen aufrechterhält: die amerikanische und englische Judenschaft (die einen großen Teil des Kibbuzlandes von arabischen, nicht auf ihren Ländereien lebenden Landbesitzern kaufte) und der Sowjetkommunismus, dem sich die kommunistisch verwaltete Kibbuzbewegung[22] ideologisch nahe fühlte — nur um von Moskau als eine neue Form der Abweichung verstoßen zu werden.

Die Kibbuzbewegung ist somit ein Beispiel einer modernen ideologischen Wirklichkeit, die auf der Grundlage scheinbar utopischer Ideale unerwartete Energien bei jungen Menschen freigesetzt hat, die sich als einem »Volke« zugehörend empfanden und ein Gruppenideal von alles durchdringender Bedeutung schafften, wenn dessen historisches Schicksal in einer industriellen Welt auch völlig unvoraussehbar ist. Zweifellos ist Israel aber eines der ideologiebewußtesten Länder, das je existierte. Kein »Bauer« oder Arbeiter hat je mehr über die Logik und die Bedeutung täglicher Entscheidungen diskutiert. Ich glaube, man lernt am meisten über die Bedeutung der Ideologie für die Identitätsbildung, wenn man derartig hochverbale und stark institutionalisierte Ideologien mit jenen oft unformulierten und flüchtigeren Symptomen der Zu- und Abwendung vergleicht, die als der bedeutungsvollste Teil des Lebens eines jungen Menschen oder einer jungen

---

21 Wir könnten versuchsweise sagen, daß es sich bei den aus der historischen Veränderung hervorgehenden Eliten um Gruppen handelt, denen es gelingt, aus den tiefsten gemeinschaftlichen Identitätskrisen einen neuen Stil des Umgangs mit den hervorstechenden Gefahrensituationen ihrer Gesellschaft zu schaffen. Dabei setzen sie die »revolutionären« Energien der Unterprivilegierten und ihres Besitzes Beraubten frei.

22 Das bedeutet relativer Kommunismus innerhalb der individuellen Gemeinschaft, der allerdings in seiner Beziehung zur nationalen Wirtschaft eher ein kapitalistisches Kooperativ darstellt.

Gruppe existieren, ohne daß die Erwachsenen rund umher sie verstünden, ja auch nur neugierig darauf wären. Auf alle Fälle sind viele der extremen Geschmacksrichtungen, Ansichten und Schlagworte, die die Diskussionen der Jugendlichen überall in der Welt erfüllen, und auch viele der plötzlichen Impulse, an destruktivem Verhalten teilzunehmen, ein gemeinschaftlicher Ausdruck historischer Identitätsfragmente, die darauf warten, durch irgendeine Ideologie zusammengefaßt zu werden.

Im pathographischen Teil dieses Buches wies ich auf die »totale« Wahl einer negativen Identität durch Individuen hin, die auf der Grundlage autistischer und regressiver Tendenzen solch eine Flucht vornehmen. Diese Flucht vieler begabter, wenn auch labiler junger Menschen in ein privates Utopia wäre vielleicht nicht nötig, gäbe es nicht eine allgemeine Entwicklung, der sich zu unterwerfen ihnen unmöglich scheint, nämlich die wachsende Forderung nach Konformität, Uniformität und Standardisierung, die das augenblickliche Stadium dieser unserer »individualistischen« Kultur kennzeichnen. In Amerika hat sich die Forderung nach Konformität in großen Maßstäben nicht zu ausgesprochen totalitären Ideologien entwickelt; bisher geht dieses Land der politischen Ideologie aus dem Wege und verbündet sich stattdessen mit den puritanischen Lehren der verschiedenen Kirchen und mit den Stereotypien des geschäftsmäßigen Verhaltens. Wir müssen, während wir sie untersuchen, die Fähigkeit unserer Jugend anerkennen, mit der Identitätsverwirrung einer industriellen Demokratie durch einfaches Vertrauen, spielerische Abweichungen, technische Virtuosität, durch eine Solidarität derer die »anderer Meinung sind« — und durch den Abscheu vor ideologischen Fixierungen zurechtzukommen. Was genau die stillschweigend vorausgesetzte Ideologie der amerikanischen Jugend, dieser technologischsten Jugend der Welt, ist, das bleibt eine schicksalsschwere Frage, die in einem Buch dieser Art nicht rechtens behandelt werden kann. Man darf ja auch nicht wagen, nur so beiläufig die Veränderungen abzuschätzen, die in dieser stillschweigend vorausgesetzten Ideologie aufgrund eines weltweiten Kampfes stattfinden könnten, eines Kampfes, der eine militärische Identität zum Teil des jungen Erwachsenseins in Friedenszeiten macht.

Bis jetzt ist es leichter, die bösartige Hinwendung zu einer negativen Gruppenidentität zu skizzieren, die bei manchen unserer Jugendlichen die Oberhand gewinnt, besonders in unseren großen Städten, wo die Zustände ökonomischer, ethnischer und religiöser Randständigkeit schlechte Grundlagen für positive Identitätsbildungen liefern. Die negativen Gruppenidentitäten werden in spontanen Cliquenbildungen gesucht, die die ganze Spanne von Nachbarschaftsbanden bis zu Rauschgiftringen, homosexuellen Kreisen und kriminellen Gangs umfassen. Man darf erwarten, daß die klinische Erfahrung gewichtige Beiträge zu diesem Problem liefern wird. Aber wir müssen uns selbst davor hüten, klinische Ausdrücke, Einstellungen und Methoden kritiklos auf derartige öffentliche Probleme zu übertragen. Hingegen sollten wir hier eine Feststellung wiederholen, die wir schon früher gemacht haben. Lehrer, Richter und Psychiater, die es mit jungen Menschen zu tun haben, werden zu bedeutsamen Vertretern jenes strategischen Aktes der »Anerkennung«, des Aktes, durch den die Gesellschaft ihre jungen Mitglieder »identifiziert« und »bestätigt« und damit zu ihrer sich entwickelnden Identität beiträgt, wie das am Anfang dieses Buches dargestellt wurde. Wenn sie, der Einfachheit halber oder um sich eingefleischten Gewohnheiten der Rechtsprechung oder der Psychiatrie anzupassen, einen jungen Menschen, der aus Gründen persönlicher oder sozialer Randständigkeit nahe daran ist, eine negative Identität zu wählen, als Verbrecher, als konstitutionellen Schädling, als durch seine Erziehung schon zum Untergang verurteiltes Wrack, oder auch als einen geistesgestörten Patienten diagnostizieren und behandeln, dann kann dieser junge Mensch durchaus seine Energie daran setzen, genau das zu werden, was die gleichgültige und angsterfüllte Gemeinschaft von ihm erwartet — und das gründlich und vollständig.

Es ist zu hoffen, daß die Theorie der Identität auf die Dauer mehr zu dem Problem beitragen kann als nur eine Warnung. Ich bin auch nicht dafür, daß man die Angelegenheit in diesem Zustand beläßt: Untersuchungen, die die spezifische dynamische Natur ausgewählter Medien — Krankengeschichten, Lebensgeschichten, Historie, Träume — in Rechnung stellen, müssen folgen[23].

---

23 Siehe Erik H. Erikson, Der junge Mann Luther, wo sich teilweise eine Erfüllung dieser unvorsichtigen Ankündigung findet.

5. Biographisch II: Die Verwirrung kehrt zurück — Die allnächtliche Psychopathologie

Am Anfang dieses Buches zitierte ich zwei Männer, Sigmund Freud und William James, die meinem Gefühl nach kraftvoll und poetisch formuliert haben, wie sich eine vitale Empfindung der Identität anfühlt (oder sollte ich sagen, anfühlte). Sie können uns jetzt helfen, noch einmal »über die Identität hinaus« zu schauen. Denn es trifft sich zufällig, daß beide Männer Träume aufgezeichnet und über sie berichtet haben, die die Rückkehr eines Gefühls der Identitätsverwirrung und das Wiederaufleben der Identität der späten Adoleszenz illustrieren. Träume sind natürlich die sensitivsten Anzeigeinstrumente für die fortwährenden Kämpfe des Individuums mit früheren Krisen. Bei allen Menschen, die andere Regressionen erfolgreich überwunden haben, bleibt die Identitätskrise bestehen und wird in aufeinanderfolgenden Krisen des späteren Lebens wiederbelebt, aber »subliminal« und in symbolischen Akten, die im Höchstfall der Psychopathologie des Alltagslebens — oder aller Nächte — angehören. Solch eine Wiederbelebung setzt natürlich voraus, daß die Identitätskrise einmal durchlebt wurde, und daß ihre Grundformeln so weit überlebt haben, daß sie durch normale Mittel wiederhergestellt werden können. Freuds Traum illustriert ein Identitätsproblem im schöpferischen Stadium (im Stadium der zeugerischen Fähigkeit), James Traum eines im Stadium der Verzweiflung des hohen Alters [24].

Freuds Traum von Irmas Injektion

Nachdem ich Freuds Erklärung der »positiven« Identität, die ihn ans Judentum band, zitiert habe — das heißt der Identität eines

[24] Eine letzte Bezugnahme auf unser Kartenschema: Die Rückkehr der Verwirrung wäre bei VI, 5; VII, 5 und VIII, 5 zu »lokalisieren«. Im ersten Fall nimmt die Identitätsverwirrung die Form eines störenden Hineintragens von Identitätsproblemen in die Beziehungen intimer und solidarischer Art an, wie das im dritten Kapitel angedeutet wurde. Die beiden anderen Fälle werden durch folgendes illustriert: in Freuds Traum sowohl Identitätsverwirrung wie auch ein Gefühl der Isolierung (VI, 5), während in James' Traum die Verzweiflung des Alters in einer akuten Verwirrung erlebt wird (VIII, 5), die nur durch eine Wiederbestätigung der beruflichen Identität, der Schöpferkraft und der Integrität überwunden wird.

Mannes, der, begabt mit einer ungehemmten Intelligenz, in selbstgewählter Isolierung von der »kompakten Majorität« arbeitet — habe ich darauf hingewiesen, daß wir in einem anderen, einzigartigen Bekenntnis, nämlich in Freuds Analyse seines Traumes von seiner Patientin Irma[25], die Spuren der entsprechenden *negativen Identität* erkennen können, die, ihrer Definition nach, der positiven folgt wie ein Schatten. Nun träumte Freud diesen Traum an der Schwelle des fünften Jahrzehnts seines Lebens, dem wir die Krise der schöpferischen Kraft zuordnen — und tatsächlich beschäftigt sich der Irma-Traum, worauf ich an anderer Stelle hingewiesen habe[26] mit den Sorgen eines Mannes in mittleren Jahren, mit der Frage, für wieviel von dem, was er ins Leben gerufen hat, er nun auch sorgen kann, und ob er nicht zu Zeiten zu leichtfertig ist, um seine Ambitionen aufrechterhalten zu können. Ich will aus meiner früheren Arbeit nur die Punkte anführen, die dazu dienen können, die Wiederbelebung einer Identitätskrise unter den Bedingungen dieser späteren Krise anzuzeigen.

Es ist in erster Linie wichtig, den Traum zu *dem Moment* in Freuds Leben in Beziehung zu setzen, in dem er geträumt wurde — dem Moment, als sein schöpferisches Denken die Traumdeutung ins Leben rief. Denn der Traum von Irma verdankt sein Gewicht nicht nur der Tatsache, daß er der erste war, der in der *Traumdeutung* ausführlich dargestellt wurde. In einem Brief an seinen Freund Fließ (vom 12. Juni 1900) ergeht sich Freud scherzhaft in der Phantasievorstellung einer möglichen Erinnerungstafel, die dereinst einmal sein Sommerhaus schmücken sollte. Die Inschrift würde der Welt mitteilen: »Hier enthüllte sich am 24. Juli 1895 Dr. Sigmund Freud das Geheimnis des Traumes[27].« Das Datum ist das des Irma-Traumes.

Hier war also ein neununddreißigjähriger Arzt, ein Spezialist der Neurologie in der Stadt Wien. Er war jüdischer Bürger in einer katholischen Monarchie, die einst das Heilige Römische Reich deutscher Nation gewesen und jetzt sowohl vom Liberalismus wie von zunehmen-

25 Sigmund Freud, »Die Traumdeutung«, in: Gesammelte Werke, Bd. II/III, S. 111 ff.

26 Erik H. Erikson, »Das Traummuster der Psychoanalyse«, in: Psyche, Bd. VIII, 10.

27 Sigmund Freud, Aus den Anfängen der Psychoanalyse, Briefe an Wilhelm Fließ, Abhandlungen und Notizen aus den Jahren 1887—1902, London 1950 (Imago).

dem Antisemitismus beherrscht wurde. Seine Familie war schnell gewachsen; ja, seine Frau war zur Zeit wieder schwanger. Der Träumer wünschte gerade jetzt, seine Position und sein Einkommen durch die Erringung des akademischen Status zu befestigen. Der Wunsch war problematisch geworden, nicht nur weil er Jude war, sondern weil er sich in einer kürzlich zusammen mit einem älteren Kollegen veröffentlichten Publikation zu Theorien bekannt hatte, die so unpopulär und universell störend waren, daß selbst der ältere Autor von dem jüngeren abgerückt war. Das fragliche Buch, die *Studien über Hysterie* hatte die Rolle der Sexualität in der Ätiologie der »Abwehr-Neuropsychosen« hervorgehoben, das heißt nervöser Störungen, die durch die Notwendigkeit verursacht wurden, das Bewußtsein gegen abstoßende und verdrängte Vorstellungen, vor allem sexueller Natur, zu verteidigen. Der jüngere Mitarbeiter fühlte sich diesen Gedanken zunehmend verpflichtet; er spürte mit einem, oft von Verzweiflung überschatteten Stolz, daß er dazu bestimmt war, eine revolutionäre Entdeckung zu machen, auf Wegen, von denen »niemand träumte«.

Freud war nun der Gedanke gekommen, daß der Traum tatsächlich ein normales Äquivalent eines hysterischen Anfalls, »eine kleine Abwehr-Neuropsychose« sei. In der Geschichte der Psychiatrie war der Vergleich normaler Phänomene mit abnormen nichts Neues. Die Griechen hatten den Orgasmus eine »kleine Epilepsie« genannt. Aber wenn die hysterischen Symptome, wenn sogar die Träume auf inneren Konflikten beruhten, auf einer unwillkürlichen Abwehr gegen unbewußte Gedanken, was bestand dann für eine Berechtigung, Patienten die Tatsache vorzuwerfen, daß sie die Deutungen, die die Psychiater ihnen anboten, nicht leicht annehmen, lange erinnern oder durchweg nutzbringend verwenden konnten? Freud sollte es bald dämmern, daß, um diesen Werkzeugen Gestalt zu verleihen, eine grundlegende Verschiebung von physiologischen Konzepten zu rein psychologischen notwendig war, und ebenso eine Wandlung von autoritativen medizinischen Techniken zu einfühlender und intuitiver Beobachtung, ja zu Selbstbeobachtung.

Das ist also die Situation: in einem akademischen Milieu, das seine Möglichkeiten einschränkte, weil er Jude war, in einem Alter, in dem er mit Beunruhigung die ersten Zeichen des Alterns und der Krankheit zu bemerken schien, belastet mit der Verantwortung für eine schnell wachsende Familie, steht ein medizinischer Wissenschaftler vor der Entscheidung, ob er seinen Scharfsinn im Dienst einer konventionellen Praxis und Forschung verwenden — daß er das kann, hatte er gezeigt — oder ob er die Aufgabe auf sich nehmen soll, in sich selbst einer neuen Einsicht Wirklichkeit zu verleihen und sie der Welt mitzuteilen, der Einsicht nämlich, daß der Mensch des Besten und des Schlechtesten in sich selbst nachweislich nicht bewußt ist. Bald nach dem Irma-Traum sollte Freud seinem Freund Fließ mit unverhülltem Schrecken schreiben: »Ich wollte ja weiter nichts als die Abwehr erklären, aber erklärte etwas mitten aus der Natur heraus.« Zur Zeit dieses Traumes wußte er also, daß er eine große Entdeckung würde austragen müssen — und »austragen« hat hier einen »bedeutungsschwangeren« Doppelsinn. Die Frage war also, ob er der Mitte seiner Identität entsprechend leben sollte — eben jener Mitte, die er später als das Schicksal des einsamen Forschers formulieren würde, der auf die Unterstützung der »kompakten Majorität« verzichtet. Aber natürlich befand sich sein zukünftiges Werk schon *in statu nascendi* und er konnte auf alle Fälle nicht ernsthaft an seiner Verpflichtung und Bindung zweifeln — außer in seinen Träumen.

Am Abend bevor der Traum geträumt wurde, hatte Freud ein Erlebnis, das seine inneren Zweifel schmerzlich erhellte. Er hatte einen Kollegen getroffen, »Otto«, der eben aus der Sommerfrische zurückgekehrt war. Dort hatte er eine gemeinschaftliche Bekannte, eine junge Frau getroffen, die Freuds Patientin war: Irma. Sie war durch Freuds Bemühungen von einer hysterischen Angst, aber nicht von bestimmten somatischen Symptomen geheilt worden, wie einem intensiven Aufstoßen. Ehe sie in die Ferien gereist war, hatte Freud ihr eine Deutung als die Lösung ihrer Probleme angeboten, aber sie war außerstande, sie zu akzeptieren. Nun hatte Freud offenbar aus Ottos Stimme einen gewissen Vorwurf in bezug auf den Zustand der Patientin herausgehört, der es »besser, aber nicht ganz gut« ginge; und hinter dem Vorwurf glaubte er die strenge Autorität des »Dr. M.« zu entdecken, »der damals die tonangebende Persönlichkeit in unserem Kreise« war. Bei seiner Heimkehr und unter dem Eindruck der Begegnung hatte Freud einen längeren Fallbericht für Dr. M. geschrieben, in dem er seine Ansicht über Irmas Krankheit darlegte.

Er war offenbar mit dem Gefühl zu Bett gegangen, daß dieser Bericht die Angelegenheit in Ordnung bringen müßte, soweit es seinen eigenen Seelenfrieden betraf. Aber in der gleichen Nacht bildeten die an dem Ereignis beteiligten Personen, nämlich Irma, Dr. M., Dr. Otto, und ein anderer Arzt, Dr. Leopold, die Bevölkerung eines Traumes.

Eine große Halle — viele Gäste, die wir empfangen. — Unter ihnen *Irma*, die ich sofort beiseite nehme, um gleichsam ihren Brief zu beantworten, ihr Vorwürfe zu machen, daß sie die »Lösung« (die Deutung) noch nicht akzeptiert... Sie antwortet: Wenn Du wüßtest, was ich für Schmerzen jetzt habe...

Der betroffene Träumer nimmt die Patientin in ein Ecke, schaut ihr in den Hals und findet tatsächlich somatische Symptome, die ihn verwirren.

Ich rufe schnell Dr. M. hinzu, der die Untersuchung wiederholt und bestätigt... Mein Freund *Otto* steht jetzt auch neben ihr und Freund *Leopold* perkutiert sie über dem Leibchen und sagt: Sie hat eine Dämpfung links unten, weist auch auf eine infiltrierte Hautpartie an der linken Schulter hin (was ich trotz des Kleides wie er spüre), [der Träumer meint: an seinem eigenen Körper] ... M. sagt: Kein Zweifel, es ist eine Infektion, aber es macht nichts; es wird noch Dysenterie hinzukommen und das Gift sich ausscheiden... Wir wissen auch unmittelbar, woher die Infektion rührt. Freund *Otto* hat ihr unlängst, als sie sich einmal unwohl fühlte, eine Injektion gegeben mit einem Propylpräparat, Propylen — Propionsäure... Trimethylamin (dessen Formel ich fettgedruckt vor mir sehe)... Man macht solche Injektionen nicht leichtfertig... Wahrscheinlich war auch die Spritze nicht rein.

Der Traum eines Arztes also, und zwar einer über einen ärztlichen Freundeskreis. Freud benutzte diesen Traum damals, um die Tatsache zu erklären, daß Träume Wünsche erfüllen.

Das Ergebnis des Traumes ist nämlich, daß ich nicht schuld bin an dem noch vorhandenen Leiden Irmas, und daß Otto daran schuld ist... Das ganze Plädoyer — nichts anderes ist dieser Traum — erinnert lebhaft an die Verteidigung des Mannes, der von seinem Nachbarn angeklagt war, ihm einen Kessel in schadhaftem Zustande zurückgegeben zu haben. Erstens hat er ihn unversehrt zurückgebracht, zweitens war der Kessel schon durchlöchert, als er ihn entlehnte, drittens hat er nie einen Kessel vom Nachbarn entlehnt.

Die Vorwürfe, die der Träumer aus Dr. Ottos Bemerkung am Vorabend herauszuhören glaubte, daß er nämlich ein leichtfertiger Arzt sei, hatten offensichtlich infantile Gefühle der Wertlosigkeit erweckt. Sie hatten aber auch, wie wir jetzt sehen können, die Grundsätze seiner Identität in Frage gestellt, nämlich seine Sanktion, unabhängig zu arbeiten und zu denken. Denn Irma war nicht einfach eine Patientin — sie war ein Testfall. Und Freuds Deutung der Hysterie war nicht einfach eine weitere diagnostische Kategorie, sie sollte der Durchbruch zu einem veränderten Bild vom Menschen sein. Allerdings sucht der

Mensch, um eine höhere Sanktion zu erlangen, nach kompakten Ritualen und ich unterstelle (wobei ich für diesen Zweck radikal kürze), daß wir im Irma-Traum (wie in ähnlich signifikanten »schöpferischen« Träumen, wie etwa in Descartes' Traumtrilogie) die Umrisse einer rituellen Zusammenfügung sehen können, eines Traumritus, der dem beunruhigten Träumer die Sanktion für unerlaubt selbständige Gedankengänge erteilt, hier durch die gleichen Kollegen, die auf einer anderen Traumebene lächerlich gemacht werden und denen der Träumer sich im Wachleben widersetzt. Ich will den Traum noch einmal paraphrasieren und in Klammern hinzufügen, was ich für den Umriß eines Rituals halte.

Die *festliche Gelegenheit* (die zeremonielle Versammlung), die *betonte Wir-heit* (die Kongregation) und die dominierende Position des Träumers (*wir* empfangen) ergeben zu Beginn des Traumes ein zeremonielles Milieu, das aber bald in der Sorge über die Patientin verlorengeht (Isolierung, Selbstvorwurf). Eine Stimmung von Dringlichkeit nimmt überhand. Der Träumer *ruft schnell* nach Dr. M. (Appell an die höhere Autorität). Diesem Ruf nach Hilfe wird nicht nur von Dr. M., sondern auch von Dr. Leopold und Dr. Otto Folge geleistet (der ordinierte Kreis). Während die Untersuchung der Patientin fortschreitet, fühlt der Träumer plötzlich, und fühlt *an seinem eigenen Körper,* eines der Symptome der Patientin. Der Arzt und Mann verschmilzt also mit der *Patientin* und *Frau,* das heißt, er wird der Leidende und der Untersuchte (Demütigung, Unterwerfung). Infolgedessen ist es nun er, der zur Untersuchung steht (Gerichtsverhandlung, Beichte). Dr. M. rezitiert mit großem Nachdruck etwas Sinnloses (rituelle Formeln, Lateinisch, Hebräisch), was *magisch wirksam* zu sein scheint, denn es erweckt im Träumer und in der Traumpopulation die *unmittelbare Überzeugung* (Offenbarung), daß die Ursache, die *Kausalität,* des Falles jetzt verstanden wird (magisch, göttlicher Wille). Diese gemeinsame Überzeugung stellt im Traum wieder eine intellektuelle (spirituelle) »Wir-heit« her (Kommunion, Kongregation), die verloren gegangen war, als die Ehefrau des Träumers und die Festgäste verschwanden. Zur gleichen Zeit gibt sie dem Träumer die *Zugehörigkeit* (Bruderschaft) zu einer hierarchischen Gruppe zurück, *die durch eine Autorität beherrscht* wird (Priester), an die er stillschweigend glaubt (Glaube). Er profitiert sofort von seinem neu errungenen Gnadenstand: er sieht vor sich eine *Formel* (offenbarende Erscheinung), in fettem Druck (Wahrheit) und nun hat er die Erlaubnis, alle Schuld auf Dr. Otto (den Glaubenslosen) zu schieben. Mit der *berechtigten Entrüstung*, die der Lohn und die Waffe des Gläubigen ist, kann er jetzt seine früheren Ankläger als leichtfertigen Arzt (als einen »unsauberen«) bezeichnen.

Das Vorliegen dieser rituellen Parallelen in Freuds Traum legt Fragen nahe, die ich hier nicht zu beantworten versuchen will. Freud war natürlich als Mitglied einer jüdischen Gemeinschaft in einer vorwiegend katholischen Kultur aufgewachsen: Konnte das allgemeine Milieu der katholischen Umgebung sich dem Kind einer Minorität eingeprägt haben? Freud berichtet Fließ, daß während der kritischsten Periode seiner Kindheit — als er, der »erstgeborene Sohn einer jungen Mutter«, sich mit der Ankunft eines Bruders und einer Schwester abzufinden hatte — eine alte, abergläubisch fromme Tschechin ihn in verschiedene (katholische) Kirchen seiner Heimatstadt mitzunehmen pflegte[28]. Er war offensichtlich so beeindruckt von derartigen Ereignissen, daß er (nach den Worten seiner Mutter), wenn er heimkam, seiner Familie predigte und zeigte, »wie Gott macht«; das bezog sich wohl auf den Priester, den der kleine Junge für Gott hielt. Und doch ist die beschriebene Gestaltung repräsentativ für ein Grund-Ritual, das auch in anderen Religionen kollektiven Ausdruck gefunden hat. Auf alle Fälle kann man zeigen, daß der Träumer des Irma-Traumes eine »kompakte Majorität«, in diesem Falle die medizinische Welt, die an ihm zweifelt, sowohl herabsetzt, wie auch zeitweise bei ihr nach Mitgliedschaft strebt. Der Traum erlaubt ihm zur gleichen Zeit, sich gegen ihre Vorwürfe zu verteidigen, sich mit ihnen gemeinsam an einem Spott-Ritual zu beteiligen und er bestätigt von Neuem seine bevorzugte Tätigkeit am Tage, sein starkes Bedürfnis, zu forschen, zu entschleiern und zu erkennen — die Grundsteine der Identität des Träumers.

Denn es war in seiner Jugend (woran er sich beim Anhören von Goethes »Ode an die Natur« erinnerte), wo die »naturalistische« Ideologie seine ganze Religiosität verdrängte, die vielleicht zeitweise durch das Judentum oder (in seiner frühesten Kindheit) durch den alles in sich aufnehmenden Katholizismus erweckt worden war. Und wenn wir in diesem Traum eines alternden Mannes etwas von einem Pubertätsritual zu erkennen glauben, dann rühren wir wahrscheinlich an eine Sache, die mehr als einmal in Freuds Briefen erwähnt wird, das heißt an die sich wiederholende Jugendphase schöpferischer Geister.

[28] Ebd.

Dem schöpferischen Geist scheint mehr als einmal zu begegnen, was die meisten Menschen in der späten Adoleszenz oder im jungen Erwachsenendasein ein für allemal regeln müssen. Das »normale« Individuum kombiniert die verschiedenen Verbote und Bedrohungen des Ich-Ideals in einer nüchternen, maßvollen und funktionierenden Einheit, die in einer Reihe von Techniken und in den mit ihnen einhergehenden Rollen mehr oder weniger gut konsolidiert ist. Das ruhelose und vor allem das originelle Individuum muß eine beständig wiederbelebte ödipale Schuld durch die Versicherung seiner einzigartigen Identität beschwichtigen. Aber wo die *positive Identität* sich mit den höchsten Idealen verbünden kann, die, wie in Freuds Fall, zu einer neuen Form dogmatischer und ritueller Vereinigungen führen (die psychoanalytische Technik, die »psychoanalytische Bewegung« und psychoanalytische Institute), da hat die negative Identität ihre Wurzeln in den Typen, die in der Kindheit verabscheut wurden. Beim sorgfältigen Lesen von Freuds Träumen wird einem klar, daß die negative Identität, die er durch sein Leben (oder durch seine Träume) überwinden mußte, etwas mit dem jüdischen *Schlemiehl* oder dem deutschen *Dummkopf* zu tun hatte. Auf alle Fälle war (nach der Schilderung in der *Traumdeutung*) eines der eindringlichsten und nachhaltigsten Ereignisse seines frühen Lebens die Erklärung seines Vaters — unter besonders peinlichen Umständen, der Junge hatte nämlich an einem ungehörigen Ort uriniert — daß aus dem Buben »nichts werden« würde. Im Irma-Traum mußte also der erwachsene Mann, der eben dabei war, wirklich etwas Außerordentliches zu werden, mit diesem »Fluch« kämpfen, und man hat den Verdacht, daß er dies in erster Linie mußte, weil etwas Außerordentliches zu werden schließlich eine Überwindung der Vorhersage des Vaters bedeutete — eine Überwindung, auf die viele Väter natürlich inbrüstig hoffen, die ihre kleinen Jungen herausfordern, indem sie sie beschämen.

William James' abschließender Traum

Um zum zweiten unserer großen Zeugen aus dem Prolog zurückzukehren, wollen wir den vermutlich einschneidendsten Bericht einer Identitätsverwirrung in Träumen anführen [29] — zweifellos einschnei-

[29] William James, »A Suggestion About Mysticism«, in: Journal of Philosophy, Psychology and Scientific Methods, Bd. 7 (1910), S. 85—92.

dend, gerade weil der Träumer seine positive Identität, die Identität eines Forschers, wieder behaupten und den Traum kurz vor seinem Tode erinnern und aufzeichnen konnte. Obwohl der Traum im Jahre 1906 (also im 64. Lebensjahr) geträumt worden war, ist er vermutlich der letzte in James' Leben, der niedergeschrieben, und sicherlich der letzte, der veröffentlicht wurde; er starb ein halbes Jahr später, 68 Jahre alt. Es ist also nicht verwunderlich, daß in diesem Traum die Identitätsverwirrung Teil eines innneren Sturmes ist, der den Verlust des Halts an der Welt ankündigt — jene Art von Sturm, den Shakespeare im *König Lear*, entsprechend den Gesetzen der Stellvertretung im Drama, auf die äußere Natur projiziert und doch deutlich als inneren Sturm kennzeichnet. James träumte diesen Traum in einer Periode, in der er versuchte, aus den Fesseln der »natürlichen« Psychologie auszubrechen und gewisse mystische Zustände zu erfassen und zu verstehen, in denen der Mensch seine eigenen Grenzen überschreitet. Er klagt aber, daß dieser Traum »das genaue Gegenteil einer mystischen Erleuchtung« gewesen sei und gibt uns damit die Möglichkeit, ihn als ein Ergebnis des Konfliktes zwischen den beständigen Hoffnungen des Menschen auf eine höhere Integrität und seiner schließlichen Verzweiflung in Anspruch zu nehmen.

Tatsächlich veranschaulicht James vieles von dem, was wir hier gesagt haben, in deskriptiven Ausdrücken, die unseren Verallgemeinerungen so nahe kommen, daß es notwendig scheint festzustellen, daß ich erst vor kurzer Zeit auf diesen Traum gestoßen bin. Allerdings kannte James zweifellos — und das ist der Grund, warum ich in der Einleitung zu dem Harvard-Ärztebuch über emotionale Probleme bei Studenten [30] auf ihn Bezug nahm — aus persönlicher Erfahrung das, was wir auf diesen Seiten als »Grenzfälle« psychotischer Zustände beschrieben haben. Offensichtlich kam er aber niemals einem wirklich psychotischen Erlebnis so nahe, wie in diesem Traum — eine Tatsache, die ich der Tiefe seiner »letzten Sorgen« in diesem Stadium seines Lebens zuschreibe.

> Ich verzweifle daran, dem Leser irgendeine richtige Vorstellung von der beunruhigenden Gemütsverwirrung geben zu können, in die ich durch dies eindringlich seltsamste Erlebnis meines ganzen Lebens gestürzt worden bin. Ich habe ein paar Tage, nachdem es vorgefallen ist ,ein vollständiges Memorandum darüber niedergeschrieben und einige Überlegungen beigefügt. Ob-

[30] G. B. Blaine und C. C. McArthur, Emotional Problems of the Student, New York 1961 (Appleton), S. XIII—XXV.

gleich damit nicht beabsichtigt ist, irgendwelches Licht auf die Zustände des Mystizismus zu werfen, scheint es, als könnte dieser Bericht der Veröffentlichung wert sein, einfach als ein Beitrag zur deskriptiven Literatur pathologischer Geisteszustände. Ich lasse ihn daher so folgen, wie er ursprünglich niedergeschrieben worden ist, wobei ich nur einige wenige Worte verändert habe, um die Darstellung deutlicher zu machen.

Da ich den Bericht nicht mit verblüfften Kommentaren unterbrechen will, fordere ich den Leser auf, selbst auf die Klarheit zu achten, mit der die Kennzeichen einer akuten Identitätsverwirrung in dem Traum erscheinen: die Zusammenhangslosigkeit in Raum und Zeit; das Zwielicht zwischen Wachen und Schlafen; der Verlust der Ichgrenzen und damit das Erlebnis, vom Traum geträumt zu werden, statt ihn aktiv »zu haben«, und viele andere Kriterien, die dem Leser auffallen werden:

San Francisco, 14. Februar 1906. — In der vorletzten Nacht, in meinem Bett in der Stanford Universität, erwachte ich ungefähr um 7.30 Uhr morgens, aus einem ruhigen Traum irgendwelcher Art, und während ich »meinen wachen Verstand zusammensuchte«, schien ich plötzlich in die Erinnerungen an einen Traum völlig anderer Art hineinzugeraten, der sich, sozusagen wie ein ausziehbares Teleskop, in den ersten hineinerstreckte, ein sehr komplizierter Traum, von Löwen, und tragisch. Ich kam zu dem Schluß, daß das ein früherer Traum aus dem gleichen Schlaf gewesen sein müsse; aber das offenbare Vermengen der beiden Träume war etwas sehr merkwürdiges, was ich niemals vorher erlebt hatte.

In der folgenden Nacht (vom 12. auf den 13. Februar) erwachte ich plötzlich aus dem ersten Schlaf, in der Mitte eines Traumes, beim Gedanken an den ich plötzlich durch die Inhalte zweier anderer Träume verwirrt wurde, die sich abrupt zwischen die Teile des ersten Traumes schoben, und deren Ursprung ich nicht fassen konnte. Woher kommen *diese Träume?* fragte ich. Sie waren *mir* vertraut und frisch, als hätte ich sie eben geträumt; und doch waren sie weit entfernt vom *ersten Traum.* Die Inhalte der drei hatten absolut keine Beziehung zueinander. Einer hatte eine Cockney-Atmosphäre, er war irgend jemanden in London zugestoßen. Die beiden anderen waren amerikanisch. Einer hatte etwas mit dem Anprobieren eines Mantels zu tun (war das der Traum, aus dem ich aufzuwachen schien?), der andere war eine Art von Albtraum und es kamen Soldaten vor. Jeder hatte eine völlig ausgeprägte emotionale Atmosphäre, die seine Individualität von der der anderen trennte. Und doch schienen sie, in einem Moment, wo diese drei Träume sich abwechselnd ineinander und auseinander schoben, und ich mir selber als ihr gemeinsamer Träumer erschien, ganz ebenso entschieden *nicht* einer nach dem anderen, in diesem gleichen Schlaf, geträumt worden zu sein. *Wann* also? Auch nicht in einer früheren Nacht. *Wann* also, und welches war der, aus dem ich eben aufgewacht war? *Ich konnte es nicht mehr* sagen: einer war mir so nahe wie die anderen, und doch stießen sie einander vollständig ab und ich schien somit zu drei verschiedenen Traumsystemen zugleich zu gehören, von denen sich keines mit einem von den anderen verbinden wollte, noch mit meinem Wachleben. Ich begann, mich merkwürdig verwirrt und *beängstigt* zu fühlen, und versuchte weiter aufzuwachen, aber ich schien schon gänzlich hellwach. Jetzt überliefen mich kalte Angstschauer: *gerate ich in anderer Leute Träume?* Ist dies ein telepathisches Erlebnis? Oder das Eindringen einer doppelten (oder dreifachen) Persönlichkeit? Oder ist es ein Thrombus in einer kortikalen Arterie? und der Anfang einer allgemeinen geistigen Verwirrung und Desorientierung, die sich, wer weiß wie weit, fortentwickeln wird?

Entschieden war ich dabei, mein »Selbst« zu verlieren und machte Bekanntschaft mit einer Eigenschaft des geistigen Elends, die ich niemals zuvor gekannt hatte, die vielleicht der sinkenden, schwindelerregenden Angst am nächsten kommt, die man unter Umständen im tiefen Wald erlebt, wenn man entdeckt, daß man tatsächlich »verloren« gegangen ist. Die meisten menschlichen Leiden halten Ausschau nach einem Ende. Die meisten Ängste deuten in eine Richtung und konzentrieren sich auf einen Höhepunkt zu. Den meisten Angriffen des Bösen kann man begegnen, indem man sich an etwas festklammert, an seine Prinzipien, an seinen Mut, seinen Willen, seinen Stolz. Aber in diesem Erlebnis war alles Auflösung von einem Mittelpunkt fort, der Halt auf dem Boden raste davon, das woran man sich klammerte, löst sich um so schneller auf, je dringlicher man seiner Unterstützung bedurfte. Inzwischen fuhren lebhafte Wahrnehmungen (oder Erinnerungen) der verschiedenen Träume fort, mich abwechselnd zu überfallen. Wessen? *Wessen? W e s s e n ?*

Wenn ich sie nicht *anknüpfen* kann, werde ich auf die See hinausgespült, ohne Horizont und Bindung, *verloren.* Die Vorstellung erweckte wieder die kalten Schauer und zugleich die Angst, wieder einzuschlafen und den Prozeß zu erneuern. Es hatte die Nacht zuvor begonnen, aber da war die Verwirrung nur einen Schritt weit gegangen und war nur merkwürdig erschienen. *Dies* war der zweite Schritt — wo mochte ich sein, wenn der dritte vollzogen war?

Und nun zu dem Aspekt des Berichtes, der meinem Gefühl nach die Aktivität des Träumers im Aufgabenbereich seiner beruflichen Identität wieder einsetzt (wie es auch Freuds Traum getan hatte). Nachdem er nahe daran gewesen war, ein »Patient« zu sein und sich der »Endstation« des Lebens nahe gefühlt hatte, ergreift er nun das Vorrecht des Psychologen auf »objektive« Einfühlung und systematisches Mitleiden, und dies zuerst in Worten, mit denen wir selber mehr als gerne unsere eigene Beschreibung der Identitätsverwirrung beschlossen hätten:

Zur gleichen Zeit fand ich mich erfüllt von einem mir neuen Mitleid gegenüber Menschen, die in »Verwirrtheit«*, in Demenz gerieten oder in Invasionen durch sekundäre Persönlichkeiten. *Wir* sehen sie als bloß merk-

* Im Original deutsch.

würdig an; aber wessen sie in dem schrecklichen Forttreiben ihres Seins aus seinem gewohnten Selbst bedürfen, ist irgendein Prinzip der Beharrung, an das sie sich halten können. Wir sollten sie versichern, und immer von neuem versichern, daß wir ihnen beistehen und das wahre Selbst in ihnen erkennen werden, bis zum Ende. Wir sollten sie wissen lassen, daß wir *mit ihnen* sind und nicht (wie wir ihnen allzu oft erscheinen müssen), ein Teil der Welt, der nichts tut, als ihre Auflösung zu bestätigen und bekanntzugeben.

Offenbar befand ich mich im vollen Besitz meines reflektierenden Geistes und immer, wenn ich auf diese Weise objektiv über die Situation, in der ich mich befand, nachdachte, hörten meine Ängste auf. Aber es war da eine Neigung, in die Träume und Erinnerungen zurückzufallen, und lebhaft zurückzufallen; und dann begann die Verwirrung wieder, zusammen mit dem Gefühl des Schreckens, falls sie sich weiter entwickeln würde.

Dann sah ich auf meine Uhr. Halb eins! Mitternacht also. Und das gab mir eine andere nachdenkliche Idee ein. Gewöhnlich falle ich nach dem Zubettgehen in einen sehr tiefen Schlummer, aus dem ich von Natur aus niemals vor zwei Uhr morgens erwache. Ich wache daher niemals aus einem mitternächtlichen Traum auf, wie ich das heute getan hatte, so daß mein gewöhnliches Bewußtsein keine Erinnerung an Mitternachtsträume enthält. Mein Schlaf schien schrecklich schwer, als ich heute nacht erwachte. Traumzustände tragen Traumerinnerungen in sich — warum sollten nicht die beiden aufeinanderfolgenden Träume (welche von den dreien nun aufeinanderfolgend *waren*) Erinnerungen von *zwölf-Uhr-Träumen aus vorangehenden Nächten* sein, die zusammen mit dem eben verblassenden Traum in das eben erwachende System des Gedächtnisses geschwemmt worden waren? Kurzum, warum sollte ich nicht, auf eine sonst durch meine üblichen Lebensgewohnheiten ausgeschlossene Weise, die Mitternachtsschicht meiner Vergangenheit anzapfen?

Dieser Gedanke erleichterte mich sehr — ich hatte jetzt das Gefühl, im vollen Besitz meiner *anima rationalis* zu sein ... es sieht daher so aus, als wäre in meinem Fall bloß die Schwelle zwischen dem rationalen und dem krankhaften Zustand zeitweilig herabgesetzt worden und als lägen ähnliche Verwirrungen unter Umständen sehr nahe an der Linie der Möglichkeit bei uns allen.

Und ebenso wie man oft das Gefühl hat (besonders im Fall des Irma-Traumes), daß Freuds Träume geträumt wurden, um das Wesen der Träume zu enthüllen, endet James seinen Bericht mit der Feststellung, daß dieser Traum, der »das genaue Gegenteil einer mystischen Erleuchtung« gewesen sei, durchdrungen war von »dem Gefühl, daß die Wirklichkeit aufgedeckt wurde«, ein Gefühl, das er selbst »mystisch im höchsten Grad« fand. Und in seinem Eifer für und seiner Vertrautheit mit der Transzendenz endet er mit dem Gefühl, daß dieser Traum »in Wirklichkeit« von einem anderen »Ich« geträumt worden war — von einem geheimnisvollen Fremden.

FÜNFTES KAPITEL

THEORETISCHES ZWISCHENSPIEL

Ich muß jetzt ein paar theoretische Fragen — Fragen, deren Formulierung ein Jahrzehnt in Anspruch nahm — an meine Kollegen und an die Erforscher des menschlichen Verhaltens richten, die mit unseren klinischen und theoretischen Anliegen sympathisieren. Das ist inzwischen eine kaum mehr abzuschätzende große Gruppe geworden; es ist möglich, daß nicht jeder Leser dies gesamte Kapitel als relevant für seine Erfahrung und seine Interessen empfindet.

1. Ich und Umwelt

Bisher habe ich den Begriff der Identität fast mit Absicht — so denke ich gerne — in vielen verschiedenen Bedeutungen ausprobiert. Einmal schien er sich auf ein bewußtes Gefühl der individuellen Einmaligkeit zu beziehen, ein andermal auf ein unbewußtes Streben nach einer Kontinuität des Erlebens und ein drittes Mal auf die Solidarität mit den Idealen einer Gruppe. In manchen Hinsichten schien der Ausdruck familiär und naiv, eine bloße Art sich auszudrücken, während er in anderen zu etablierten Begriffen der Psychoanalyse und der Soziologie in Beziehung stand. Und bei mehr als einer Gelegenheit schlüpfte das Wort mehr wie eine Gewohnheit durch, die die Dinge vertraut zu machen scheint, statt wie eine Klarlegung. Ich muß jetzt noch einmal auf den Begriff des Ichs zurückkommen, weil ich, als ich zuerst über die Sache sprach (im zweiten Kapitel, im »Notizbuch eines Klinikers«), das, was ich untersuchte, als Ich-Identität bezeichnete.

Identität bedeutet im unbestimmtesten Sinn natürlich viel von dem, was von einer Vielzahl von Bearbeitern das *Selbst* genannt wurde, sei es in der Form eines Selbst-Konzepts[1], eines Selbst-Systems[2] oder in der der fluktuierenden Selbsterfahrung, die Schil-

---

[1] George H. Mead, Mind, Self and Society, Chicago 1934.

[2] Harry S. Sullivan, The Interpersonal Theory of Psychiatry, New York 1951 (W. W. Norton).

der[3], Federn[4] und andere beschreiben. Innerhalb der psychoanalytischen Ich-Psychologie hat vor allem Hartmann dies allgemeine Gebiet klarer umrissen, wenn er, bei der Besprechung der sogenannten libidinösen Besetzung des Ichs im Narzißmus, zu dem Schluß kommt, daß es vielmehr ein Selbst ist, das auf diese Weise besetzt wird. Er empfiehlt den Ausdruck »Selbst-Repräsentation« als unterschieden von der »Objekt-Repräsentation[5]«. Diese Selbst-Repräsentation war, wenn auch weniger systematisch, von Freud vorweggenommen worden, in seinen gelegentlichen Hinweisen auf die Haltung des Ichs gegenüber dem Selbst und auf die flukturierenden Besetzungen, die in labilen Stadien des »Selbstgefühls«[6] gegenüber diesem Selbst vorgenommen werden.

Hier interessiert uns zuerst einmal die genetische Kontinuität solcher Selbst-Repräsentation, eine Kontinuität, die sicherlich der Wirkung des Ichs zugeschrieben werden muß. Keine andere innere Organisation könnte die selektive Akzentuierung bedeutsamer Identifikationen während der Kindheit und die allmähliche Integration von Selbst-Bildern zustande bringen, die schließlich in einem Gefühl der Identität gipfeln. Aus diesem Grunde habe ich zuerst die Identität als »Ich-Identität« bezeichnet. Wenn ich einen Namen wählte, der dem »Ichideal« analog ist, so habe ich allerdings die Frage nach der Beziehung zwischen Ichideal und Ich-Identität aufgeworfen.

Freud wies die Internalisierung der Umwelteinflüsse den Funktionen des »Über-Ichs oder Ichideals« zu, das die Befehle und Verbote repräsentieren sollte, die von der Umwelt und ihren Traditionen ausgehen. Wir wollen zwei Aussagen Freuds vergleichen, die hier bedeutsam sind.

> So wird das Über-Ich des Kindes eigentlich nicht nach dem Vorbild der Eltern, sondern des elterlichen Über-Ichs aufgebaut; es erfüllt sich mit dem gleichen Inhalt, es wird zum Träger der Tradition, all der zeitbeständigen

---

3 P. Schilder, The Image and Appearance of the Human Body, New York 1951 (International Universities Press).

4 P. Federn, Ego Psychology and the Psychoses, New York 1952 (Basic Books), deutsche Übersetzung: Ichpsychologie und die Psychosen, Bern 1956 (Huber).

5 Heinz Hartmann, »Comments on the Psychoanalytic Theory of the Ego«, in: The Psychoanalytic Study of the Child, Bd. 5 (1950), S. 74—96, (New York, International Universities Press).

6 Sigmund Freud, »Zur Einführung des Narzißmus« (1914), in: Gesammelte Werke, Bd. X, S. 138—170.

Wertungen, die sich auf diesem Wege über Generationen fortgepflanzt haben. Sie erraten leicht, welch wichtige Hilfen für das Verständnis des sozialen Verhaltens der Menschen, z. B. für das der Verwahrlosung, vielleicht auch welch praktische Winke für die Erziehung sich aus der Berücksichtigung des Über-Ichs ergeben ... Die Menschheit lebt nie ganz in der Gegenwart, in den Ideologien des Über-Ichs lebt die Vergangenheit, die Tradition der Rasse und des Volkes fort, die den Einflüssen der Gegenwart, neuen Veränderungen, nur langsam weicht, und solange sie durch das Über-Ich wirkt, eine mächtige ... Rolle im Menschenleben spielt.[7]

Es fällt auf, daß Freud hier von den »Ideologien des Über-Ichs« spricht, womit er dem Über-Ich Vorstellungsinhalte verleiht; er spricht von ihm aber auch als von einem »Vehikel«, das heißt als von einem Teil des psychischen Systems, durch den derartige traditionelle Ideale wirken. Es scheint so, als wollte Freud mit den »Ideologien des Über-Ichs« etwas Vorrationales definieren, das den Affinitäten des Über-Ichs zum Archaischen entspricht, und als ob er ihnen gleichzeitig eine magische innere Zwangsgewalt zuschreibt. Aber offensichtlich verwendet er den Ausdruck »Ideologie« auch nicht im gleichen Sinn, wie dessen ausschließlich politischer Gebrauch ihn vermittelt, ebenso wie ich meinerseits versucht habe, das Ideologische als ein psychologisches Faktum und Bedürfnis aufzufassen, das Beziehungen zu politischen Erscheinungen hat, aber nicht durch sie erklärt wird. Auch in einer zweiten Aussage bestätigt Freud die soziale Seite des Ichideals.

Vom Ichideal aus führt ein bedeutsamer Weg zum Verständnis der Massenpsychologie. Dies Ideal hat außer seinem individuellen einen sozialen Anteil, es ist auch das gemeinsame Ideal einer Familie, eines Standes, einer Nation.[8]

Es sieht so aus, als ob hier jetzt die beiden Ausdrücke Über-Ich und Ichideal durch ihre verschiedene Beziehung zur ontogenetischen und phylogenetischen Geschichte der Rasse unterschieden sind. Das Über-Ich wird als ein mehr archaischer, gänzlich internalisierter und unbewußter Repräsentant der angeborenen menschlichen Neigung zur Entwicklung eines primitiven kategorischen Gewissens aufgefaßt. Verbündet mit frühen Introjekten, bleibt das Über-Ich so eine starre, rachsüchtige und strafende innere Organisation von »blinder« Moral. Das Ichideal hingegen scheint elastischer und bewußt an die Ideale der bestimmten historischen Zeitperiode gebunden zu sein, wie sie in

[7] Sigmund Freud, »Neue Folge der Vorlesungen zur Einführung in die Psychoanalyse«, in: Gesammelte Werke, Bd. XV, S. 73.

[8] Sigmund Freud, »Zur Einführung des Narzißmus«, a. a. O., S. 169.

der Kindheit aufgenommen wurden. Es steht der Ichfunktion der Realitätsprüfung näher: Ideale können sich wandeln.

Was ich früher einmal Ich-Identität genannt habe, stünde, im Vergleich, der sich wandelnden sozialen Realität noch näher, insofern es die Selbst-Bilder prüft, auswählt und integriert, die im Licht des ideologischen Klimas der Jugend von den psychosozialen Krisen der Kindheit hergeleitet werden. Während man von der Bilderwelt des Ichideals sagen könnte, sie repräsentiere eine Reihe von anzustrebenden aber nie ganz erreichbaren Ideal-Zielen für das Selbst, könnte man von der Ich-Identität sagen, sie sei durch das tatsächlich erreichte, aber immer wieder zu überprüfende Gefühl der Realität des Selbsts innerhalb der sozialen Realität gekennzeichnet.

Wenn man allerdings das Wort *Selbst* im Sinne der Hartmannschen Selbst-Repräsentation verwendet, öffnet man diese Terminologie für eine grundlegende Erwägung. Wenn man das Ich als ein zentrales und teilweise unbewußtes, organisierendes Agens auffaßt, dann hat es in jedem gegebenen Lebensstadium mit einem sich wandelnden Selbst zu tun, das die Forderung stellt, mit aufgegebenen und mit vorausgesehenen Selbsten synthetisiert zu werden. Diese Vorstellung wäre auf das Körper-Ich anwendbar, das man als den Teil des Selbsts bezeichnen könnte, der durch die Erfahrung des eigenen Körpers gebildet wird, und daher richtiger *Körper-Selbst* genannt werden sollte. Es ist wichtig für das Ichideal als dem Repräsentanten von Ideen, Bildern und Strukturen, die dem beständigen Vergleich mit einem *Ideal-Selbst* dienen. Und schließlich gilt es für einen Teil dessen, was ich Ich-Identität genannt habe, nämlich für jenen Teil, der aus Rollen-Bildern besteht. Was infolgedessen als *Selbst-Identität* zu bezeichnen wäre, entwickelt sich aus Erfahrungen, in denen zeitweilig verwirrte Selbste erfolgreich in ein Rollenensemble reintegriert werden, Rollen, die auch soziale Anerkennung sichern. Man kann daher sagen, daß die Identitätsbildung einen Selbst-Aspekt und einen Ich-Aspekt hat.

Die Ich-Identität ist also das Ergebnis der synthetisierenden Funktion an einer der Ichgrenzen, nämlich jener »Umwelt«, die aus der sozialen Realität besteht, wie sie dem Kind während aufeinanderfolgender Kindheitskrisen übermittelt wird. Die Identität hat in diesem Zusammenhang einen Anspruch auf Anerkennung als wichtigste Leistung des jugendlichen Ichs, insofern sie gleichzeitig dazu beiträgt, sowohl das nachpubertäre Es einzudämmen, das neu aufgerufene Über-

Ich auszubalancieren, wie auch das häufig ziemlich hochmütige Ichideal zu mildern — all das im Licht einer voraussehbaren Zukunft, die durch ein ideologisches Weltbild strukturiert ist. Man kann dann von Ich-Identität sprechen, wenn man die synthetisierende Kraft des Ichs im Licht seiner zentralen psychosozialen Funktion diskutiert, und von Selbst-Identität, wenn die Integration der Selbst- und Rollenbilder des Individuums zur Diskussion stehen.

Dies dürfte der Platz sein, um kurz meine Ersetzung des Ausdrucks Identitäts-Diffusion (*identity diffusion*) durch den Ausdruck Identitäts-Verwirrung (*identity confusion*) zu besprechen. Ich bin mehrfach auf die falschen Nebenbedeutungen des ersten Ausdrucks aufmerksam gemacht worden, und das besonders durch mir befreundete Anthropologen. Für sie ist die gebräuchlichste Bedeutung des Ausdrucks Diffusion eine streng räumliche: die zentripetale Verteilung von Elementen von einem Ausgangszentrum aus. Bei der Kulturdiffusion zum Beispiel kann ein technologisches Objekt, eine Kunstform, eine sprachliche Einzelheit auf dem Weg der Wanderung oder durch schrittweise Übermittlung von einer Kultur zu einer anderen, weit entfernten übertragen worden sein. Bei dieser Verwendung des Wortes spielt nichts Unordentliches oder Verwirrtes mit. Bei der Identitätsdiffusion aber war an eine Aufspaltung der Selbst-Bilder gedacht, an einen Verlust der Mitte und an eine Auflösung und Ausstreuung (*dispersion*). Vielleicht wäre »Dispersion« ein besseres Wort gewesen, obgleich es wiederum nahelegen würde, daß eine Identität von einem auf viele andere übertragen wird, statt in sich selbst zu zerfallen — während Verwirrung (*confusion*) vielleicht ein zu radikales Wort ist; ein junger Mensch kann sich im Zustand einer leichten Identitäts-Diffusion befinden, ohne sich völlig verwirrt zu fühlen. Aber da »Verwirrung« offensichtlich das bessere Wort sowohl für die subjektiven wie für die objektiven Aspekte des zu beschreibenden Zustands ist, wird es am besten sein, an einem Ende eines Kontinuums »leichte« Verwirrung festzustellen, und am anderen »schwere« und »bösartige« (maligne).

2. Verwirrung, Übertragung und Widerstand

Dies scheint mir der Platz, um die ganze Frage vom traditionellen Fokus der klinischen Beobachtung her anzugehen.

Manche Patienten machen, wenn sie vor der Therapie stehen, eine besonders bösartige Phase ihrer Erkrankung durch. Während natürlich die Tiefe der Regression und die Gefahr des Agierens unsere diagnostischen Entscheidungen leiten, ist es wichtig, von Anfang an einen Mechanismus zu erkennen, der in solchen Wendungen zum Schlimmeren eine Rolle spielt: ich möchte ihn die »Ganz-am-untersten-Ende-Haltung« nennen. Er besteht in der quasi-beabsichtigten Unterwerfung des Patienten unter den Sog der Regression, in einer radikalen Suche nach dem untersten Grund — das heißt nach der letzten Grenze der Regression und nach der einzig festen Grundlage für einen erneuten Fortschritt. Die Annahme einer solchen absichtlichen Suche nach der »Grundlinie« scheint Ernst Kris' »Regression im Dienst des Ichs« zu einem gefährlichen Extrem zu treiben. Aber die Tatsache, daß die Wiederherstellung unserer Patienten manchmal mit der Entdeckung vorher verborgener künstlerischer Fähigkeiten einhergeht, legt eine weitere Untersuchung dieser Zusammenhänge nahe.

Das Element des überlegt Gewollten, das hier zur echten Regression hinzukommt, drückt sich oft in durchdringendem Spott aus, der den anfänglichen therapeutischen Kontakt mit diesen Patienten kennzeichnet und auch den merkwürdigen Ausdruck sadomasochistischer Befriedigung, der es oft schwierig macht zu erkennen und noch schwieriger zu glauben, daß ihre Selbstentwertung und ihre Bereitschaft, »das Ich sterben zu lassen«, eine verheerende Aufrichtigkeit in sich birgt. Wie ein Patient sagte: »Daß Leute nicht wissen, wie man Erfolg hat, ist schon schlimm genug. Aber das Schlimmste ist, daß sie nicht wissen, wie man versagt. Ich habe mich entschlossen, ein guter Versager zu sein.« Diese fast tödliche Aufrichtigkeit entdeckt man gerade in der Entschlossenheit des Patienten, in nichts als in das Mißtrauen Vertrauen zu haben, und doch aus einem dunklen Winkel des Geistes (und tatsächlich oft aus einem Augenwinkel) Ausschau nach neuen Erfahrungen zu halten, die einfach und aufrichtig genug sind, um eine Erneuerung der grundlegendsten Experimente mit der vertrauensvollen Wechselseitigkeit möglich zu machen. Der Therapeut, der nun tatsächlich solch einem höhnenden, trotzigen Patienten gegenübersteht, muß die Aufgabe (aber keineswegs die »Haltung«) einer Mutter übernehmen, die einen Säugling in die Vertrauenswürdigkeit des Lebens einführt. Im Zentrum der Behandlung steht das Bedürfnis des Patienten, sich selbst noch einmal zu entwerfen und so die Grundlagen seiner Identität wieder aufzubauen. Am Anfang verändern sich diese Entwürfe abrupt, ebenso wie vor unseren Augen heftige Veränderungen im Erleben der Ichgrenzen beim Patienten stattfinden. In seiner Motilität kann plötzlich eine »katatonische« Verlangsamung eintreten; seine Aufmerksamkeit kann in überwältigende Schläfrigkeit umschlagen; sein vasomotorisches System kann bis zu dem Punkt reagieren, wo Ohnmachtsgefühle eintreten; sein Realitätsgefühl kann Gefühlen der Depersonalisation weichen oder die Überreste seiner Selbstsicherheit gehen in einem sich ausbreitenden Verlust des Gefühls der körperlichen Gegenwart unter. Vorsichtige aber sicher gestellte Fragen werden zu dem Ergebnis führen, daß vermutlich eine Anzahl widersprechender Impulse dem »Anfall« vorausgegangen sind. Erst tritt ein plötzlicher intensiver Impuls auf, den Therapeuten völlig zu zerstören, offenbar begleitet von einem zugrundeliegenden »kannibalischen« Wunsch, sein Wesen und seine Identität zu verschlingen. Zur gleichen Zeit oder alternierend kann die Furcht und der Wunsch auftreten, verschlungen zu werden, und durch das Aufgenommenwerden in das Wesen des Therapeuten eine Identität zu erreichen. Beide Tendenzen werden natürlich durch lange Perioden dissimuliert oder somatisiert, während welcher Zeit sie nur nach der therapeutischen Stunde geheime Ausdrucksmöglichkeiten finden. Diese Manifestationen können in einer impulsiven Flucht in sexuelle Promiskuität bestehen, die ohne sexuelle Befriedigung oder irgendein Gefühl des Beteiligtseins ausgeführt wird; in enorm in Anspruch nehmenden Ritualen bei der Onanie oder bei der Nahrungsaufnahme; in exzessivem Trinken oder wildem Fahren; in selbstzerstörerischen Marathonunternehmungen beim Lesen oder Musikanhören, ohne an Essen oder Schlaf zu denken.

Wir sehen hier die extremsten Formen einer Haltung, die man Identitäts-Widerstand nennen könnte, der als solcher keineswegs nur auf die hier beschriebenen Patienten beschränkt ist und eine universale Form des Widerstandes darstellt, die im Verlauf mancher Analyse regelmäßig erlebt aber selten erkannt wird. Der Identitäts-Widerstand besteht in seiner milderen und häufigeren Form in der Furcht des Patienten, daß der Analytiker, auf Grund seiner besonderen Persönlichkeit, seines Milieus oder seiner Weltanschauung leichtfertig oder absichtlich den schwachen Kern der Identität des Patienten vernichten und an deren Stelle die seinige setzen könnte. Ich würde nicht zögern zu behaupten, daß manche der vieldiskutierten unaufgelösten Übertragungsneurosen bei Patienten und auch bei Ausbildungskandidaten das direkte Ergebnis der Tatsache sind, daß der Identitäts-Widerstand häufig, im besten Falle nur ganz unsystematisch analysiert wird. In solchen Fällen kann der Analysand während der ganzen Analyse jedem möglichen Übergriff der Wertmaßstäbe des Analytikers auf seine eigene Identität Widerstand entgegensetzen, während er sich in allen anderen Punkten unterwirft; oder der Patient nimmt mehr von der Identität des Analytikers in sich auf, als mit seinen eigenen Mitteln verarbeitbar ist; oder er verläßt die Analyse mit dem lebenslangen Gefühl, mit nichts Wesentlichem versorgt worden zu sein, das ihm der Analytiker schuldig war.

In Fällen akuter Identitäts-Verwirrung wird dieser Identitäts-Widerstand zum Kernproblem der therapeutischen Begegnung. Variationen in der psychoanalytischen Technik haben dies eine Problem gemeinsam: der herrschende Widerstand muß als der Hauptthinweis auf die Technik akzeptiert werden und die Deutung muß der Fähigkeit des Patienten angepaßt werden, aus ihr Nutzen zu ziehen. In diesen Fällen sabotiert der Patient die Kommunikation, bis er irgendwelche — wenn auch widersprüchliche — Grundprobleme entschieden hat. Er besteht darauf, daß der Therapeut seine negative Identität als real und notwendig akzeptiert — was sie wirklich ist, oder mindestens war — ohne den Schluß zu ziehen, daß diese negative Identität nun alles sei, »was an ihm dran ist«. Wenn der Therapeut diese beiden Forderungen erfüllen kann, dann muß er geduldig, durch viele ernste Krisen hindurch beweisen, daß er Verständnis und Zuneigung für den Patienten aufrechterhalten kann, ohne ihn entweder zu verschlingen oder sich ihm als Totem-Mahlzeit anzubieten. Erst dann können sich die bekannteren Übertragungsformen, wenn auch noch so zögernd, entwickeln.

Dies sind nicht mehr als ein paar Fingerzeige in bezug auf die Phänomenologie der Identitäts-Verwirrung, wie sie sich in den unausgeglichensten und direktesten Übertragungen und Widerständen spiegelt. Die individuelle Behandlung ist aber in den Fällen, von denen wir hier sprechen, nur *eine* Facette der Therapie. Die Übertragungen dieser Patienten sind diffus, während ihr Agieren eine beständige Gefahr bleibt. Manche von ihnen müssen sich daher der Behandlung im klinischen Milieu unterziehen, wo ihr Abspringen aus der therapeutischen Beziehung beobachtet und eingeschränkt werden kann und wo ihre ersten Schritte über die neugewonnene bipolare Beziehung zum Therapeuten hinaus auf die direkte Unterstützung durch sympathisierende aber entschiedene, festgesonnene Pflegerinnen, auf kooperative Mitpatienten und auf kompetente Lehrer für eine genügend vielfältige Auswahl an Tätigkeiten treffen.

Im Milieu einer Klinik kann der Fortschritt des Patienten aufgezeichnet werden, von einer entschiedenen »Eins-heitigkeit« (wie eine junge Patientin das nannte) über seine Versuche, die Klinikumwelt auszunützen und zu provozieren und über seine wachsende Fähigkeit, Nutzen aus ihr zu ziehen, bis schließlich hin zu seiner zunehmenden Möglichkeit, diese Art von institutionalisiertem Moratorium aufzugeben und zu seinem alten oder neuen Platz in der Gesellschaft zurückzukehren. Die Krankenhausgemeinschaft ermöglicht es dem klinischen Forscher, ein teilnehmender Beobachter nicht nur bei der persönlichen Behandlung des Patienten zu sein, sondern auch bei dem »therapeutischen Plan«, der den legitimen Forderungen der Patienten gerecht wird, die gemeinsam das gleiche Lebensproblem haben — in diesem Falle die Identitäts-Verwirrung. Es ist ja klar, daß solch ein gemeinsames Problem erhellt wird, indem die Krankenhausgemeinschaft sich den Schwierigkeiten anpaßt, die durch dies Problem spezifisch vertieft werden. In unserem Fall wird das Krankenhaus zu einer planvoll eingerichteten Welt-zwischen-den-Welten; es bietet dem jungen Individuum Unterstützung bei dem Wiederaufbau der vitalsten Ich-Funktionen, die es — sofern es sie überhaupt schon aufgebaut hatte — preisgegeben hat. Die Beziehung zum individuellen Therapeuten ist der Grundstein für die Errichtung einer neuen und aufrichtigen Wechselseitigkeit der Funktion, die den Blick des Patienten auf eine Zukunft lenken muß, wenn sie auch noch so undeutlich wahrgenommen und noch so eifrig widerlegt wird. Aber es ist die Krankenhausgemeinschaft, innerhalb derer die ersten Schritte des Patienten in Richtung eines wiederaufgenommenen sozialen Experiments stattfinden. Aus diesem Grund ist ein Programm von Tätigkeiten — nicht eine »Beschäftigungstherapie« — von größter Wichtigkeit, das jedem Patienten die Möglichkeit gibt, unter der Leitung beruflicher Lehrmeister Talente zu entwickeln, und zwar unter Lehrmeistern, die ihr Handwerk selbst mit voller Hingabe ausüben, die aber den Patienten nicht zu einer vorzeitigen beruflichen Entscheidung zwingen. Es ist besonders wichtig, daß die Patienten sich so bald wie möglich den Rechten und Pflichten eines gemeinschaftlichen Planes unterordnen, der sich seinerseits darum bemüht, auch den Bedürfnissen der Mitpatienten Rechnung zu tragen und übrigens auch denen des Personals. Denn es ist ja einleuchtend, daß ein gemeinschaftlicher Rahmen wie ein Krankenhaus nicht nur durch die Identitäts-Bedürfnisse derjenigen bestimmt wird, die zufällig die Patienten sind, sondern auch derjenigen, die sich entschlossen haben, Hüter ihrer Brüder und Schwestern zu sein. Es wird viel darüber diskutiert, auf welche Weise die berufliche Hierarchie die Funktionen, die Prämien und den Status dieser Hüterschaft verteilt und das Tor zu einer Vielfalt an Gegenübertragungen und Übertragungen über Kreuz öffnet, die das Krankenhaus zu einer Nachbildung der Familie machen. Vom augenblicklichen Standpunkt aus verraten derartige Untersuchungen auch die Gefahr, daß der Patient eben die Patientenrolle als Grundlage seiner sich herauskristallisierenden Identität wählt, denn diese Rolle kann sich als durchaus sinnvoller erweisen als irgendeine zuvor erlebte potentielle Identität.

3. Ich, mein Selbst und mein »Ego«*

Die Philosophen und Psychologen haben, um die Haltung des Menschen gegenüber sich selbst zu klären und sogar zu quantifizieren, Substantive wie »das Ich« oder »das Selbst« geprägt, wodurch sie aus einer Art des Redens imaginäre Entitäten machten. Mir scheint, daß grammatikalische Gewohnheiten viel über diesen dunklen Gegenstand aussagen.

---

* *Anmerkung des Übersetzers:* Es ergibt sich hier eine (nicht völlig zu lösende) übersetzerische Schwierigkeit: Freud hatte sich auf die (substantivischen) Begriffe des Ich, Es und Über-Ich beschränkt. In allen Übersetzungen ins Englische wurde »das Ich« mit *»ego«* bezeichnet, wie auch alle Zusammensetzungen (Ichideal etc.) mit *ego* gebildet wurden — im Gegensatz zum persönlichen Fürwort »ich«, das natürlich mit *»I«* übersetzt wird. In Übersetzungen englischsprachiger analytischer Arbeiten ins Deutsche ist wohl auch durchweg *»the ego«* mit »das Ich« bezeichnet worden. Es scheint sich in den letzten Jahren in der englischsprachigen Literatur ein doppelter Gebrauch — teils *»the ego«*, teils *»the I«* — herausgebildet zu haben, mit Diskussionen der jeweils gemeinten Begriffe. Erikson unternimmt nun hier den Versuch, dem *»ego«* und dem *»I«* ihre genaue Bestimmung zuzuweisen und wir sind daher genötigt, »das Ego« in die deutsche Übersetzung einzuführen, wobei der Autor die von ihm angestrebte genaue Definition liefert.

Schwierigkeiten aber ergeben sich, wo die vielfältigen mit »Ich« zusammen-

Niemand, der mit autistischen Kindern gearbeitet hat, wird je seinen Schrecken bei der Beobachtung vergessen, wie verzweifelt diese Kinder darum kämpfen, die Bedeutung des »Ich«- und »Du«-Sagens zu erfassen und wie unmöglich es für sie ist, denn die Sprache setzt die Erfahrung eines zusammenhängenden Ichs voraus. Auf gleiche Weise konfrontiert die Arbeit mit tief gestörten jungen Leuten den Helfer mit der schrecklichen Einsicht in die Unfähigkeit der Patienten, das »Ich« und das »Du« zu *fühlen,* die doch wahrnehmbar vorhanden sind, und in die Angst, daß das Leben zu Ende gehen könnte, ohne daß diese Gefühle erlebt wurden — in der Liebe. Kein anderes Leiden macht so deutlich, daß die Ich-Psychologie allein nicht bestimmte zentrale menschliche Probleme umfassen kann, die man bisher der Dichtung oder der Metaphysik überließ.

Worüber das »Ich« nachdenkt, wenn es den Körper, die Persönlichkeit und die Rollen sieht oder erwägt, an die es fürs Leben gebunden ist, unwissend, wo es vorher war und danach sein wird — das sind die verschiedenen Selbste, die unser zusammengesetztes Selbst ausmachen. Es gibt fortwährende und oft schockartige Übergänge zwischen diesen Selbsten: man denke an das nackte Körper-Selbst im Dunkeln oder wenn es plötzlich dem Licht ausgesetzt wird; man denke an das bekleidete Selbst unter Freunden oder in der Gesellschaft Höher- oder Niedrigerstehender; man denke an das soeben erwachte, schläfrige Selbst oder an das, das erfrischt aus der Brandung steigt, oder das, das sich erbricht und ohnmächtig wird; das Körper-Selbst in sexueller Erregung oder in Wut; das kompetente und das impotente Selbst; das zu Pferde und das beim Zahnarzt und das, das gefesselt und gefoltert wird — von Menschen, die auch »Ich« sagen. Es bedarf wahrlich einer gesunden Persönlichkeit für das »Ich«, um befähigt zu sein, aus all diesen Zuständen heraus in solch einer

---

gesetzten Begriffe Freudscher Prägung erwähnt werden, die auch der Autor nach altem Gebrauch mit *ego* bildet (*superego, ego ideal* und viele andere, und schließlich auch seinen eigenen Begriff der *ego identity,* von dem er einmal sagt, er habe ihn nach dem »Ichideal« gebildet), und die wir doch wieder mit Ichideal, Über-Ich und Ich-Identität etc. bezeichnen müssen. Ich beschränke mich daher auf den Gebrauch des Ausdrucks »das Ego« ausschließlich an den Stellen, wo der Autor von *»the ego«* (meist in Anführungszeichen) im Gegensatz zu *»the I«* spricht, während für die mit *ego* zusammengesetzten Begriffe die ursprünglichen Freudschen Bezeichnungen benutzt werden. Auch in anderen Kapiteln meint der Autor mit *ego* meist eindeutig das Freudsche »Ich«.

Art zu sprechen, daß es in jedem gegebenen Augenblick Zeugnis ablegen kann für ein vernünftiges, zusammenhängendes Selbst.

Die Gegenspieler der »Selbste« sind die »Anderen«, mit denen das »Ich« die Selbste beständig vergleicht — im guten wie im schlechten. Auch aus diesem Grunde würde ich Heinz Hartmanns Vorschlag folgen, daß die Psychoanalytiker nicht mehr das Wort »ich« verwenden sollten, wenn sie das Selbst als Objekt des »Ichs« meinen, und zum Beispiel besser von einem Idealselbst sprechen sollten, statt von einem Ichideal, als das Bild dessen, wovon wir wünschten, daß unser Selbst ihm gliche; und von Selbst-Identität statt von Ich-Identität, insofern das »Ich« seine Selbste als kontinuierlich in der Zeit und einheitlich in der Substanz wahrnimmt. Denn wenn das »Ich« die Bilder seines Körperselbsts bewundert (wie Narziß), dann ist das nicht Liebe zu seinem Ego (denn dann hätte Narziß sein Gleichgewicht behalten können), sondern zu einem seiner Selbste, zum wiedergespiegelten Körper-Selbst, wie die autoerotisierten Augen es wahrnehmen.

Erst wenn wir das »Ich« und die Selbste vom »Ego« getrennt haben, können wir dem Ego jene Domäne zuweisen, die es immer besessen hat, seit es in Freuds frühesten Tagen von der Neurologie in die Psychiatrie und Psychologie geriet: die Domäne einer inneren Organisation, die unsere zusammenhängende Existenz sichert, indem sie in jeder Reihe von Augenblicken all die Eindrücke, Gefühle, Erinnerung und Impulse abschirmt und synthetisiert, die in unser Denken einzudringen suchen und unser Handeln erfordern und die uns zerreißen würden, wenn sie nicht von einem langsam herangewachsenen und zuverlässig wachsamen Abschirmsystem sortiert und gelenkt würden.

Man sollte wirklich entschieden sein und sagen, daß das »Ich« voll bewußt ist, und daß wir nur insofern wirklich bewußt sind, als wir »ich« sagen können und es auch meinen. (Ein Betrunkener sagt »ich«, aber seine Augen strafen ihn Lüge und später wird er sich nicht erinnern, was er in berauschter Überzeugung sagte.) Die Selbste sind meist vorbewußt, was heißt, daß sie bewußt werden können, wenn das »Ich« sie bewußt macht *und* insoweit als das Ego dem zustimmt. Das Ego hingegen ist unbewußt. Wir werden seiner Wirkung gewahr aber niemals seiner selbst. In irgendeiner Hinsicht den Begriff des unbewußten Ego zu opfern, das zustande bringt, für uns zu tun, wie Herz und Hirn tun, was wir uns niemals »ausrechnen« oder bewußt planen könnten, würde bedeuten, die Psychoanalyse als ein Instrument aufzugeben, ebenso wie die Schönheit (um thomistisch zu sprechen), die nur es uns sehen lassen kann. Auf der anderen Seite würde ein Ignorieren des bewußten »Ichs« in seiner Beziehung zu seiner Existenz (wie die psychoanalytische Theorie das getan hat) bedeuten, daß man den Kern der menschlichen Selbstbewußtwerdung, die Fähigkeit, die schließlich die Selbstanalyse möglich macht, verleugnet.

Wer oder was aber ist der Gegenspieler des Ego? Zuerst einmal natürlich das Es und das Über-Ich, und dann, so sagt die Theorie, die »Umwelt«. Die ersten beiden sind im Englischen ungeschickte Ausdrücke, das nicht die akademisch-mythische Größe des Deutschen hat, wo »das Es« oder »das Über-Ich« niemals dingartige Entitäten, sondern dämonische Urgegebenheiten sind. Die übergeordnete Aufgabe des Ego besteht, wenn man es einfach ausdrückt, darin, passiv in aktiv zu verwandeln, das heißt die Bürden, die die Gegenspieler auferlegen, in solcher Art auszulesen, daß sie zu Willensentschlüssen werden. Das gilt an der inneren Grenze, wo das, was als »Es« erlebt wird, vertraut, ja zahm werden muß, und doch in höchstem Maße zu genießen; wo das, was sich wie eine zermalmende Gewissenslast anfühlt, zum erträglichen, ja zum »guten« Gewissen werden muß. Soviel ist unter psychoanalytischen Bedingungen deutlich bewiesen worden, in denen man erkennen konnte, daß ein gelähmtes Ego passiv geworden ist, oder wie ich sagen würde, in seinen defensiven und adaptiven Funktionen inaktiviert wurde. Doch können das Es und das Über-Ich tatsächlich auch zu Verbündeten des Ego werden, wie man das bei der sexuellen Hingabe und bei der gerechtfertigten Handlung sehen kann.

Es ist also wieder die »Umwelt« der es, wie in diesen Seiten angedeutet, an Spezifität als Gegenspieler des Ego gebricht. Wie auch schon festgestellt, ist dies eine Folgeerscheinung einer wirklich überholten naturalistischen Angewohnheit, von »dem« Organismus und »seiner« Umgebung zu sprechen. Die Ökologie und die Ethologie sind entscheidend über diese Simplifizierung hinausgegangen. Mitglieder der gleichen Spezies und anderer Spezien sind immer Teil der Umwelt des jeweils anderen. Auf die gleiche Weise und unter Annahme der Tatsache, daß die menschliche Umgebung sozial ist, besteht die *Außenwelt des Ego* aus den *Egos anderer*, die für es bedeutsam sind. Sie sind bedeutsam, weil mein ganzes Sein auf vielen Stufen grober oder subtiler Kommunikation in ihnen eine Gastfreundlichkeit wahrnimmt für die Art, in der meine innere Welt geordnet ist und sie mitumschließt, was mich meinerseits gastfreundlich macht für die Art, wie sie ihre Welt ordnen und mich miteinschließen — eine wechselseitige Bestätigung also, die zuverlässig mein Sein aktiviert, so wie man sich auf mich verlassen kann, das ihre zu aktivieren. Darauf, auf alle Fälle, würde ich den Ausdruck *Gegenseitigkeit* beschränken, die das Geheimnis der Liebe ist. Als *gegenseitige Negation* würde ich andererseits die Weigerung seitens der anderen bezeichnen, ihren Platz in meiner Ordnung einzunehmen und mich den meinen in der ihren einnehmen zu lassen. Aller Wahrscheinlichkeit nach gleicht nichts in der Natur dem Haß, den dies erregt, und nichts der Ambivalenz, die uns unsicher macht, *wo* wir in dieser Hinsicht in der Beziehung zueinander stehen, obgleich die Mischung von Wut, Unbehagen und Furcht, die manche Tiere in zweideutigen Lagen zeigen, und der enorme Aufwand an Affekt im Begrüßungszeremoniell — bei ihnen und bei uns — eine gute Vorstellung von den phylogenetischen Vorläufern der »Ambivalenz« vermitteln.

Auf alle Fälle steht unter allen verwickelten Problemen des menschlichen Lebens die Kommunikation auf der Egostufe in erster Reihe, wo jedes Ego alle Informationen, die es sensorisch und sensuell, sprachlich und subliminal empfängt, auf die Bestätigung oder Verneinung seiner Identität hin prüft. Was wir unter Gruppen-Ego verstehen, ist also das fortwährende Bemühen, diese Prozesse gemeinschaftlich in ein psychosoziales »Territorium« vertrauter Gegenseitigkeiten und festgelegter gegenseitiger Negationen einzuordnen; und ich habe auf die weitere Schwierigkeit hingewiesen, daß die Grenze dieses Territoriums genau durch jedes konstituierende Ego hindurchgeht und es in eine positive und eine negative Identität aufteilt. Auch hier erregt der Konflikt im Inneren (wie die Ambivalenz draußen) eine spezifisch menschliche Angst, und nur wenn wir in unseren untereinander verknüpften Ordnungen uns selbst bestätigen oder negieren, besteht Identität — psychosoziale Identität.

Aber »ich« bedeutet nichts Geringeres als die verbale Versicherung, der gemäß ich fühle, daß ich der Mittelpunkt der Bewußtheit in einem Universum von Erfahrung bin, in dem ich eine kohärente Identität habe, und daß ich im Besitz meines Denkvermögens bin und in der Lage zu sagen, was ich sehe und was ich denke. Kein quantifizierbarer Aspekt dieses Erlebnisses kann dieser subjektiven Glorie gerecht werden, denn sie bedeutet nichts Geringeres, als daß ich lebendig bin, daß ich das Leben *bin*. Der Gegenspieler des »Ichs« kann daher, genau gesagt, nur die Gottheit sein, die einem Sterblichen diese Glorie verliehen hat und die selbst mit einer ewigen Numinosität begabt ist, die von allen »Ichs« bestätigt wird, die diese Gabe dankbar anerkennen. Darum hat Gott, als Moses ihn fragte, wie er den nennen solle, der ihn gerufen hatte, zur Antwort gegeben: *Ich bin der ich bin;* und er befahl Moses, der Menge zu sagen: »*Ich Bin* hat mich zu euch gesandt.« Und tatsächlich teilt nur eine Menge, die durch einen gemeinsamen Glauben zusammengehalten wird, in derartigem Maß ein gemeinsames »Ich«; weswegen »Brüder und Schwestern in Gott« in wechselseitigem Mitleiden und gemeinsamer Anbetung einander zu wahren »Dus« ernennen können. Der Gruß der Hindus, der darin besteht, daß sie einander in die Augen sehen — die Hände mit zusammengelegten Handflächen vors Gesicht erhoben — und sagen »Ich erkenne den Gott in Dir«, drückt den Kernpunkt der Sache aus. Aber das tut ja auch ein Liebender, der durch den bloßen Blick die Numinosität im Antlitz des Geliebten erkennt und zugleich fühlt, daß sein ganzes Leben wiederum davon abhängt, so erkannt zu werden. Jene wenigen aber, die ihr Antlitz völlig dem der Gottheit zuwenden, müssen alle Liebe, außer der der Bruderschaft vermeiden: »es sei denn, du bist bereit zu entsagen ...«

4. Eine Gemeinschaftlichkeit von Egos

Die sogenannte grundlegende biologische Orientierung der Psychoanalyse ist offenbar allmählich (aus reiner Gewohnheit) zu einer Art von Pseudobiologie geworden, und dies besonders in der Verbegrifflichung der »Umgebung« des Menschen. Im psychoanalytischen Schrifttum werden die Ausdrücke »Außenwelt« oder »Umgebung« oft dazu benutzt, ein nicht festgelegtes Gebiet zu bezeichnen, von dem behauptet wird, es sei draußen, bloß weil es nicht innen ist — nicht innerhalb der Körperhaut des Individuums oder innerhalb seines psychischen Systems oder innerhalb seines Selbsts im weitesten Sinn. Solch eine undeutliche und doch allgegenwärtige »Außenheit« nimmt notwendigerweise eine Anzahl ideologischer und sicherlich unbiologischer Nebenbedeutungen an, wie etwa den Antagonismus zwischen Organismus und Umgebung. Manchmal wird die »Außenwelt« als die Verschwörung der »Realität« gegen die triebhafte Wunschwelt des kindlichen Organismus aufgefaßt und manchmal als die gleichgültige oder irritierende Tatsache der Existenz anderer Menschen. Aber selbst in dem neuerlichen Eingeständnis, daß es die, zumindest teilweise wohlwollende, mütterliche Fürsorge gibt, bleibt eine eigensinnige Tendenz erhalten, die »Mutter-Kind-Beziehung« als eine biologische Entität zu behandeln, mehr oder weniger isoliert von ihrer kulturellen Umgebung, die dann wieder zu einem *»environment«* undeutlicher Unterstützungen oder blinder Bedrängungen und bloßer »Konventionen« wird. So werden wir, Schritt um Schritt, durch die Überreste von Zuordnungen behindert, die einmal notwendig und fruchtbar genug waren, denn es war wichtig festzustellen, daß moralistische und verlogene Forderungen der Gesellschaft imstande sind, die Triebhaftigkeit des Erwachsenen zu zerstören und die des Kindes auszubeuten. Es war wichtig, gewisse wesentliche Antagonismen zwischen den Interessen des Individuums und den der Gesellschaft in Begriffe zu fassen. Aber die implizite Schlußfolgerung, daß das Ego eines Individuums ohne eine oder gegen eine spezifisch menschliche Umwelt, und das heißt soziale Organisation, leben könnte, ist sinnlos; und als pseudobiologische Orientierung droht solch eine implizite Annahme, die psychoanalytische Theorie von den fruchtbaren ökologischen Einsichten der modernen Biologie zu isolieren.

Es ist wiederum Heinz Hartmann, der den Zugang zu neuen Überlegungen eröffnet[9]. Seine Feststellung, daß der menschliche Säugling vorangepaßt an eine »durchschnittlich zu erwartende Umgebung« geboren wird, bedeutet sowohl eine echte biologische als auch eine unentrinnbare gesellschaftliche Formulierung. Denn nicht einmal die beste aller Mutter-Kind-Beziehungen könnte an sich das subtile und komplexe »Milieu« erklären, das einem menschlichen Neugeborenen nicht nur erlaubt zu überleben, sondern auch seine latenten Möglichkeiten zu Wachstum und Einmaligkeit zu entwickeln. Die Ökologie des Menschen erfordert eine ständige natürliche, historische und technologische Neuanpassung, was gleichzeitig einleuchten läßt, daß nur eine beständige, wenn auch noch so unmerkliche Restrukturierung der Tradition jeder neuen Generation von Geborenen irgend etwas sichern kann, das einer »durchschnittlichen Erwartbarkeit« hinsichtlich der Umgebung nahekommt. Heute, wo die rapiden technologischen Veränderungen in der ganzen Welt die Führung übernommen haben, ist das Problem der Errichtung und Bewahrung einer »durchschnittlich zu

9 Heinz Hartmann. Ich-Psychologie und Anpassungsproblem, Stuttgart 1960 (Ernst Klett).

erwartenden« Kontinuität der Kinderaufzucht und -erziehung in elastischen Formen zu einer Frage des menschlichen Überlebens geworden.

Die spezifische Art der Vorangepaßtheit des menschlichen Neugeborenen — nämlich die Bereitschaft, in epigenetischen Schritten durch psychosoziale Krisen hindurch heranzuwachsen — verlangt nicht nur nach einer Grund-Umgebung, sondern nach einer ganzen Reihenfolge von »erwartbaren« Umgebungen, denn wie das Kind sich in plötzlichen Anstrengungen und Stadien anpaßt, so hat es in jedem erreichten Stadium einen Anspruch auf die nächste »durchschnittlich zu erwartende Umgebung«. Mit anderen Worten: die menschliche Umgebung als Ganzes muß eine Reihe mehr oder weniger diskontinuierlicher und doch kulturell und psychologisch übereinstimmender Entwicklungen zulassen und sicherstellen, von denen jede sich weiter entlang dem Radius der sich erweiternden Lebensaufgaben erstreckt. All das macht die sogenannte biologische Anpassung des Menschen zu einer Angelegenheit von Lebenszyklen, die sich innerhalb der sich wandelnden Geschichte ihrer Gemeinschaft entwickeln. Infolgedessen steht eine psychoanalytische Soziologie vor der Aufgabe, die Umwelt des Menschen als das fortwährende Bemühen der Generationen zu verbegrifflichen, sich in der organisatorischen Leistung zusammenzufinden, eine integrierte Reihe von »durchschnittlich zu erwartenden Umgebungen« zu beschaffen. In einem Aufsatz, der einen Überblick über Versuche gibt, der Beziehung zwischen Kultur und Persönlichkeit näherzukommen, stellen Hartmann, Kris und Loewenstein fest: »Kulturelle Bedingungen sollten auch auf die Frage hin angesehen werden, welche und was für eine Art von Möglichkeiten für Ichfunktionen in einer konfliktfreien Sphäre sie anregen oder hemmen.[10]« Hinsichtlich der Möglichkeit, die Widerspiegelung solcher »kulturellen Bedingungen« in der Psychoanalyse des einzelnen zu untersuchen, scheinen die Autoren weniger optimistisch. Sie stellen fest:

Auch die Analytiker sind sich der Unterschiede des Verhaltens bewußt, die durch kulturelle Bedingungen verursacht werden; der gesunde Menschenverstand, der schon immer diese Unterschiede betont hat, fehlt ihnen ja nicht; aber ihr Einfluß auf den analytischen Beobachter tendiert dahin abzu-

---

10 H. Hartmann, E. Kris und R. M. Loewenstein, »Some Psychoanalytic Comments on ›Culture and Personality‹«, in: G. B. Wilbur and W. Muensterberger (Herausgeber), Psychoanalysis and Culture, New York 1951 (International Universities Press), S. 3—31.

nehmen, während die Arbeit fortschreitet und während die verfügbaren Daten sich von der Peripherie zum Zentrum hin bewegen, das heißt vom manifesten Verhalten zu Angaben, die zum Teil nur einer analytischen Untersuchung zugänglich sind.

Ich wage zu behaupten und ich hoffe, daß die in diesem Buch vorgelegten bloßen Bruchstücke von Material aus Krankengeschichten dazu beigetragen haben zu beweisen, daß ziemlich zentrale Probleme der Ich-Entwicklung — die tatsächlich »nur einer analytischen Untersuchung zugänglich sind« — fordern, daß das Bewußtsein der kulturellen Unterschiede beim Analytiker ziemlich weit über den »gesunden Menschenverstand« hinausgeht, den die drei Autoren für dieses besondere Beobachtungsgebiet für hinreichend zu halten scheinen, während sie für andere Gebiete sicherlich einen »analysierten« gesunden Menschenverstand dringend empfehlen würden. Denn wie wir schon angedeutet haben, ist die Beziehung zwischen den organisierten Werten und den institutionalisierten Leistungen der Gesellschaften auf der einen Seite und dem Wesen der Ich-Synthese auf der anderen systematischer, und grundlegende soziale und kulturelle Prozesse können, auf alle Fälle vom psychosozialen Standpunkt aus, *nur* als die gemeinsame Bemühung erwachsener Egos angesehen werden, durch gemeinschaftliche Organisation ein Maximum an konfliktfreier Energie in einem wechselseitig sich stützenden psychosozialen Gleichgewicht zu entwickeln und aufrechtzuerhalten. Nur solch eine Organisation kann den Egos wachsender und gewachsener Wesen bei jedem Schritt ihrer Entwicklung konsequente Unterstützung gewähren. Denn wie wir schon in Kapitel III sahen, bedarf die ältere Generation der jüngeren ebenso sehr, wie die jüngere, um der Stärke ihrer jeweiligen Egos willen, von der älteren abhängt; und es scheint mir, daß gerade in der Sphäre dieser Wechselseitigkeit von Trieben und Ich-Interessen während der Entwicklung sowohl der älteren als der jüngeren Generationen bestimmte grundlegende und allgemeingültige Werte, in all ihrer kompensatorischen Macht und defensiven Stärke, zu gemeinsamen Errungenschaften der individuellen Ich-Entwicklung und des »Gruppen-Ichs« werden und es bleiben. Unsere klinischen Krankengeschichten beginnen darauf hinzudeuten, daß diese Werte tatsächlich eine unentbehrliche Unterstützung für die Ich-Entwicklung der heranwachsenden Generationen bilden, insofern sie dem Verhalten der Eltern eine gewisse spezifische überindividuelle Folgerichtigkeit verleihen, obgleich verschiedene Arten von Folgerichtigkeit — einschließlich der konsequenten Arten, inkonsequent zu sein — mit Wertsystemen und Persönlichkeitstypen variieren.

Nur gesellschaftsbildende Prozesse also, die eine mehrfache Wechselseitigkeit repräsentieren, werden die »durchschnittliche Erwartbarkeit« der Umgebungen wiedererschaffen, entweder durch zeremonielle neue Weihen oder durch systematische Neuformulierung. In beiden Fällen fühlen sich gewählte oder selbsterwählte Führer und Eliten immer wieder aufgerufen, eine überzeugende »charismatische« Art generalisierter Schöpferkraft zu demonstrieren, das heißt ein überpersönliches Interesse an der Aufrechterhaltung und der Verjüngung von Institutionen. In der aufgezeichneten Geschichte werden manche dieser Führer als »groß« bezeichnet; sie sind, so scheint es, fähig, aus ihren tiefsten persönlichen Konflikten die Energie zu beziehen, die dem spezifischen Bedürfnis ihrer Periode nach einer neuen Synthese des herrschenden Weltbildes gerecht wird. Auf alle Fälle werden Institutionen nur durch beständige neue Weihen die aktive und begeisterte Investierung neuer Energien durch ihre jungen Mitglieder erreichen. Theoretischer ausgedrückt: nur durch die Aufrechterhaltung einer sinnvollen Übereinstimmung zwischen ihren Werten und den Hauptkrisen der Ich-Entwicklung gelingt es einer Gesellschaft, ein Maximum an konfliktfreier Energie zur Verfügung ihrer besonderen Gruppenidentität zu halten, die ihr aus den Kindheitskrisen der Mehrheit ihrer jungen Mitglieder zugeflossen ist.

Man kann nur zu dem Schluß kommen, daß das funktionierende Ego, während es die Individualität bewahrt, alles andere als isoliert ist, denn eine Art von Gemeinschaftlichkeit verbindet die Egos in wechselseitiger Aktivierung. Irgend etwas im Ichprozeß also und etwas im Gesellschaftsprozeß ist — nun ja, identisch [11].

5. Theorie und Ideologie

Bei der Untersuchung der Beziehung des Ichs zu der sich wandelnden historischen Realität trifft die Psychoanalyse auf eine neue Phalanx unbewußter Widerstände. Es liegt im Wesen der psychoanalyti-

[11] In meinem Buch »Einsicht und Verantwortung«, Stuttgart 1966 (Ernst Klett), habe ich diese wechselseitige Aktivierung später als *Aktualität* bezeichnet, wodurch ich diesen Aspekt dessen, was alles in allem Realität ist, von der bloßen Erkenntnis des *Faktischen* trenne.

schen Forschung, daß derartige Widerstände zuerst beim Beobachter und bei seinen *Gewohnheiten des Verbegrifflichens* lokalisiert und bewertet werden, ehe ihr Vorhandensein beim Beobachteten verstanden und behandelt werden kann. Wenn der Psychoanalytiker die Triebhaftigkeit des Menschen erforscht, dann weiß er, daß sein Forscherdrang teilweise triebhafter Natur ist. Er weiß, daß er auf die Übertragung des Patienten mit einer teilweisen Gegenübertragung reagiert, das heißt daß er aus speziellen eigenen Gründen nachgiebig gegenüber dem ambivalenten Wunsch des Patienten sein kann, infantile Strebungen in eben der therapeutischen Situation zu befriedigen, die den Kranken heilen soll. Der Therapeut gibt das alles zu, arbeitet aber methodisch auf jenen Spielraum an Freiheit zu, wo die klare Abgrenzung des Unvermeidlichen zerstörerische Widerstände überflüssig macht und Energie für schöpferische Arbeit freisetzt.

Es ist daher eine Binsenweisheit, daß der Psychoanalytiker der historischen Determinanten dessen gewahr sein muß, was ihn zu dem gemacht hat, was er ist, ehe er hoffen kann, jene menschliche Gabe zu vervollkommnen: die Fähigkeit, das zu verstehen, was anders ist als er selbst.

Eine neue Art gesunden Menschenverstandes, erhellt durch einen neuen Trend der Selbstanalyse, war das Kennzeichen des Fortschritts, wo immer ein neuer begrifflicher Trend Teil der psychoanalytischen Praxis wurde. Wenn ich ernsthaft vorschlage, daß ein psychoanalytischer Gesichtspunkt zum Anteil des psychoanalytischen Anliegens werden sollte, dann werde ich auch die Möglichkeit in Betracht ziehen müssen, daß früher spezifische Widerstände solch einer Einsicht im Wege gestanden haben, und daß nur das Wesen der Einsicht, der widerstrebt wurde, auf das Wesen des Widerstands hinweisen kann. In diesem Fall würde es sich um die Beziehung der beruflichen Identität einer Generation von Beobachtern zu den ideologischen Tendenzen ihrer Zeit handeln.

Die Frage der »Zulassung« sozialer Überlegungen zur »offiziellen« Psychoanalyse hat schon immer seit der Veröffentlichung der Arbeiten Alfred Adlers eine stürmische Geschichte durchlebt, und man kann sich dem Eindruck nicht entziehen, daß es sich hier weiterhin sowohl um eine ideologische wie um eine methodologische Streitfrage handelt. Es ging dabei offenbar einerseits um Freuds — von ihm hoch eingeschätzte — Annahme, daß die Psychoanalyse eine Wissenschaft wie jede andere sei, ohne irgendeine andere Weltanschauung als die der Naturwissenschaften; und auf der anderen Seite um die fortdauernde Überzeugung bei vielen der begabtesten jüngeren Analytikern, daß sich die Psychoanalyse als Gesellschaftskritik der revolutionären Orientierung anschließen sollte, die in Europa die Solidarität mancher der originellsten Geister gewonnen hatte. Dahinter steht eine ziemlich gigantische Marx-Freud-Polarisierung, die das Ergebnis eines eingeborenen Antagonismus zwischen diesen beiden Ansichten war, als handelte es sich um zwei wechselseitig sich ausschließende Ideologien — was sie, bis zu einem gewisen Punkt, am Anfang in der Tat waren, wofür der totale Ausschluß jeder der beiden Ideologien durch die andere Zeugnis ablegt, der bis zu einer dogmatischen Vernachlässigung der ziemlich offensichtlichen gemeinsamen Interessen und Einsichten ging.

Es sieht daher so aus, als hätten am Ende manche der hitzigsten und halsstarrigsten Antworten auf die Fragen, woraus das Wesen der Psychoanalyse besteht oder nicht besteht, ihren Ursprung in einer anderen Frage von großer Dringlichkeit, nämlich was die Psychoanalyse für einen bestimmten Mitarbeiter sein, oder bleiben, oder werden muß, weil für seine Identität als Mann, als Berufszugehöriger und als Bürger ein bestimmtes Weltbild unerläßlich geworden ist.

Nun hat die Psychoanalyse reichliche Möglichkeiten für eine Vielfalt an beruflichen Identitäten geboten. Sie hat so auseinanderstrebenden Unterfangen wie der Naturphilosophie und der talmudischen Beweisführung, der medizinischen Tradition und der missionierenden Lehre, der literarischen Demonstration und der Theoriebildung, der Sozialreform und dem Geldverdienen eine neue Funktion und einen neuen Wirkungskreis verschafft. Die Psychoanalyse als Bewegung hat einer Vielzahl an Weltbildern und Utopien Zuflucht geboten, die aus den verschiedenen Stadien ihrer Geschichte in einer Vielzahl von Ländern entsprangen. Das ist meiner Ansicht nach das Ergebnis einer unentrinnbaren Notwendigkeit, denn der Mensch muß, um erfolgreich auf andere Menschen einwirken zu können, und besonders, wenn er heilen und lehren will, aus einem gegebenen Stadium von Teilwissen dann und wann eine totale Orientierung machen. Einzelne Schüler Freuds fanden ihre Identität am besten in isolierten Thesen ihres Lehrers bestätigt, die eine besondere psychoanalytische Ideologie zu versprechen schienen, und damit die Möglichkeit einer stabilen beruflichen Orientierung. Ähnlich haben übertriebene Gegenthesen zu manchen versuchsweisen und bald wieder aufgegebenen Thesen Freuds als dogmatische Grundlage für die berufliche und wissenschaftliche Orientierung anderer Arbeiter auf diesem Gebiet gedient. So werden neue »Schulen« zu irreversiblen Systematisierungen, die sich selbst jenseits jeder Beweisführung stellen — oder jenseits der Selbstanalyse.

Wenn ich auf meine frühen Tage als eingewanderter Psychoanalytiker in diesem Lande zurückblicke, dann wird mir verspätet ein anderer ideologischer Faktor in der Geschichte der Diaspora der Psychoanalyse bewußt. Meine Patienten gewährten mir eine Art von Moratorium, während dessen ich meine abgrundtiefe Unkenntnis der englischen Sprache, nicht zu reden von all den Nuancen der Umgangssprache, die allein das Milieu eines Patienten vermitteln, bemänteln konnte und mich zäh an das klammerte, wovon die Bücher behaupten, daß es jedermann überall gemeinsam sei, und je unbewußter desto besser. Ich verstehe jetzt, daß die Patienten und Ausbildungskandidaten mit mir konspirierten, weil ich ein integriertes Glaubenssystem repräsentierte, das versprach, die brüchigen Überreste der Glaubensgrundlagen ihrer Eltern und Großeltern zu ersetzen, seien sie politische oder religiöse. Wenn ich im Stande war, mich dem überzeugenden kulturellen Relativismus mancher meiner amerikanischen Freunde anzuschließen (Margaret Mead, John Dollard, Scudder Mekeel), und lernte, die kulturellen Unterschiede zu erkennen, die ich in meinem »Notizbuch« beschrieben habe, dann verdanke ich das zweifellos speziellen Motivationen, die in meiner eigenen Lebensgeschichte wurzeln, die mich in Hinsicht auf Familie, Nation, Religion und Beruf zu einer randständigen Existenz gemacht hat und mich darauf vorbereitete, mich in einer Immigranten-Ideologie daheim zu fühlen.

Das scheint nun eine ziemlich personalistische Art, einige theoretische Bemerkungen abzuschließen. Ich versuche aber nicht, diese Dinge zu »relativieren«, sondern vielmehr, die nötige soziale und historische Relativität in sie einzuführen. Am allerwenigsten möchte ich die ursprüngliche ideologische Kraft und Quelle der Inspiration unerwähnt lassen, die von den theoretischen und technischen Lehren der Freudschen Psychoanalyse ausstrahlten. Gerade weil manche der psychoanalytischen »Revisionisten« meiner Überzeugung nach diese Grundlagen unnötigen Gefahren ausgesetzt haben (indem sie gewichtig als wissenschaftliche Differenzen diskutierten, was ideologische waren), war ich außerstande, der Frage viel Nachdenken zu widmen, wie meine methodologischen und terminologischen Vorschläge zu den ihrigen passen oder nicht passen. Für mich war es wichtiger, mein

Lehren in psychoanalytischen Instituten in kleinen Schritten voranzutragen, ohne unsere einzigartigen ideologischen Grundlagen aufzugeben. Denn die beste Arbeit beginnt oft in den Katakomben und manche von uns haben Heimweh nach den Tagen, als wir in gesellschaftlicher und akademischer Isolierung saßen und lernten. Solch eine Isolierung bildete einmal den fast religiösen Rahmen für eine wahrhaft schöpferische Idee, die *therapeutische* Idee, die den Patienten aufforderte, an einem ungeheuer anspruchsvollen psychotherapeutischen Vorgang teilzunehmen, durch den er und der Analytiker die Erscheinungen und die Gesetze der internalisierten Welt beobachteten, wodurch sie gleichzeitig die innere Freiheit und den äußeren Realismus stärkten (und ich denke gerne, daß wir das im besten Fall auch tun). Im besten Fall: das heißt, wenn der Patient zufällig die Art von Person ist, die imstande ist, mit der Art von Person, die wir Therapeuten sind, gemeinsam aus der Art von Klarlegung Nutzen zu ziehen, wie unsere Methode sie bietet. Und mit »Art von Person« meine ich in Wirklichkeit »Identität«, denn die psychoanalytische Behandlung setzt beim Therapeuten und Patienten nicht nur eine Gemeinschaftlichkeit der Beobachtung voraus, sondern auch eine Stärke und Richtung einer therapeutischen Ideologie, die diese Gemeinschaftlichkeit für beide fruchtbar macht. Das hat in Generationen von Mitarbeitern eine nichterträumte intellektuelle Energie geschaffen, aber es setzt auch voraus, daß der Prozeß lebendig erhalten wird und daß Analytiker und Patient (und Ausbildungsanalytiker und Kandidat) nicht abhängig von der üblichen dogmatischen Verschwörung werden, nur das real zu nennen, was zufällig in einen verflossenen ideologischen Zustand der Theorie hineinpaßt und in eine bestimmte lokale oder regionale Tendenz in der politischen Organisation der Psychoanalyse selbst.

Es gibt noch eine andere Aufgabe zu erfüllen auf einem Gebiet, das sich nur weiterentwickeln kann, indem es seiner eigenen Geschichte bewußt wird. Jeder psychologische Ausdruck, der ein zentrales menschliches Problem betrifft, wird ursprünglich zusammen mit ideologischen Nebenbedeutungen übernommen, die sich von dem, was Freud die »jahrhundertealten Ideologien des Über-Ichs« nannte, bis zum Einfluß zeitgenössischer Ideologien erstrecken. Beide werden natürlich bald überlagert, wenn der Ausdruck gewohnt und ritualisiert wird, besonders in verschiedenen Sprachen. Man nehme das Über-Ich selbst: *Über* kann eine sehr andere Bedeutung haben (Über allen Gipfeln ...) als das englische »super« (»super-jet«). Eine relativ kleine Gruppe von Mitarbeitern kann natürlich darin übereinkommen, was der Ausdruck bedeutet, besonders wenn er gegen andere Punkte, wie hier das Es und das Ich, abgegrenzt wird. Aber während sich das Feld erweitert, schreiben einzelne Analytiker oder Gruppen jedem Ausdruck neue Bedeutungen zu, in Übereinstimmung mit ihrer eigenen Vergangenheit und Gegenwart. Ich habe wiederholt darauf hingewiesen, daß der grundlegendste unserer Ausdrücke, »Trieb« und sein Adjektiv »triebhaft« in ihrer ursprünglichen Verwendung eine naturphilosophische Qualität einer sowohl veredelnden wie elementaren Kraft besaßen (»Die süßen Triebe ...« konnte der Dichter sagen, und strenge Physiologen konnten von »würdigen Kräften« sprechen); weswegen Freud, zusätzlich zu Gründen der Sparsamkeit im Ausdruck, außerordentlich zurückhaltend war, ehe er ein neues Ur-Element zum Olymp der Triebe zuließ. Andere (amerikanische) Psychologen konnten sich lange Listen von Trieben vorstellen, wobei es auf die Verifizierung ankam, nicht auf die mythologische Überzeugung.

Ähnlich war »die Realität«, durch eben die Tatsache, daß sie mit einem Artikel gebraucht werden konnte, eine fast personalisierte Macht, vergleichbar der *Ananke* oder dem Schicksal und forderte viel mehr als bloße vernünftige Anpassung an die tatsächliche Wirklichkeit. Die Realität ist einer der verderblichsten Ausdrücke, die im Schwange sind, denn sie kann ein Weltbild bedeuten, das von all denen als real bestätigt wird, die gemeinsam und selbstverleugnend Vernunft anwenden, um festzulegen, worin man übereinstimmen und wodurch man leben kann, während sie für viele die Summe alles dessen bedeutet, womit man durchschlüpfen kann, ohne sich zu sündig zu fühlen oder in vermeidbare Konflikte mit Regeln und Vorschriften zu geraten, so weit sie zufällig auferlegt werden. Der Ausdruck, der am meisten wechselnden Nebenbedeutungen unterliegt, ist vermutlich das Ich, das Ego, denn für manchen wird es niemals ganz das Odium des Egoismus verlieren, für andere das der Selbstbezogenheit, während es für viele die Qualität eines geschlossenen Systems beibehält, im Prozeß der inneren Umformung. Schließlich ist da noch der Ausdruck »Mechanismus«. Wenn Anna Freud sagt, daß

> während der ganzen Kindheit ein Reifungsprozeß am Werk ist, der im Dienst des zunehmenden Wissens und der zunehmenden Anpassung an die Realität bestrebt ist, (Ich-) Funktionen zu vervollkommnen, sie mehr

und mehr objektiv und unabhängig von den Emotionen zu machen, bis sie so genau und zuverlässig werden, wie ein mechanischer Apparat ...[12],

dann beschreibt sie damit eine Tendenz, die das Ich, in mehr als einem Sinn, mit dem Nervensystem und mit dem Gehirn gemeinsam hat (weswegen der Mensch Maschinen schaffen kann), aber ganz gewiß hat sie nicht die Absicht, die mechanische Anpassung als Ziel des menschlichen Lebens zu empfehlen. Tatsächlich machen ihre »Abwehrmechanismen«, die ja ein höchst notwendiger *Teil* des Seelenlebens sind, den Menschen, der von ihnen *beherrscht* wird, zu einer verarmten und starren Persönlichkeit. Und doch kann der Mensch, wo er sich mit seinen Maschinen überidentifiziert, den Wunsch haben, lenksamer zu werden (und andere lenkbarer zu machen), indem er reibungslose Methoden der mechanischen Anpassung findet. Kurzum, ich leugne nicht, daß man sich darüber einigen kann, was ein Ausdruck logisch bedeutet, und ich empfehle auch nicht (Gott bewahre mich), daß völlig vieldeutige Ausdrücke in den Sozialwissenschaften vermieden werden sollten; aber ich weise darauf hin, daß das Wissen um die sich wandelnden Nebenbedeutungen ihrer wichtigsten Termini zu den Erfordernissen einer »selbstanalytischen« psychosozialen Orientierung gehört.

Wenn wir also von der wissenschaftlichen Stichhaltigkeit und dem wissenschaftlichen Fortschritt auf dem Gebiet sprechen, das direkt mit den unmittelbaren Bedürfnissen des Menschen zu tun hat, dann müssen wir nicht nur über methodologische, praktische und ethische Faktoren Rechnung ablegen, sondern auch über die Notwendigkeit einer beruflichen Ideologie. Aus diesem Grund wird die psychoanalytische Ausbildung nicht nur die Vielfalt der beruflichen Identitätsbildung umfassen müssen, während der theoretische Unterricht auch den ideologischen Hintergrund der prinzipiellen Differenzen in dem erhellen muß, was als das Praktischste, Wahrste und Richtigste in verschiedenen Stadien eines sich entwickelnden Gebiets empfunden wird. Wenn hier ein weiterer universeller Widerstand, nämlich der Identitäts-Widerstand analog den »Es«- und »Über-Ich«-Widerständen nach einer Analyse ruft, dann würde ich zum Abschluß wiederholen, daß alles, was die Identität betrifft, dem historischen Tage näherliegt als

---

12 Anna Freud, »Indications for Child Analysis«, in: The Psychoanalytic Study of the Child, Bd. 1 (1945), S. 127—149, New York (International Universities Press).

die anderen Gegenspieler des Ichs. Dieser Art von Widerstand kann also nicht nur durch eine zusätzliche Anstrengung in der individuellen Analyse begegnet werden, sondern vor allem durch die gemeinsame Bemühung, die angewandte Psychoanalyse wiederum auf die Psychoanalyse anzuwenden[13]. Ich könnte hinzufügen, daß ich mir der Tatsache nur zu bewußt bin, daß man beim Steuern in eine neue Richtung leicht einen einseitigen Kurs einschlägt und zeitweise wohlbefahrene Bahnen und Gegenrichtungen aus dem Auge läßt, die bei der Pionierarbeit anderer eingeschlagen wurden. Aber die wichtige theoretische Frage ist: Wird eine neue Richtung zu neuen Beobachtungen führen?

13 Siehe meine demnächst erscheinende Arbeit »Instrument of Peace: Origins of Gandhi's Militant Non-Violence«.

SECHSTES KAPITEL

ZU DEN PROBLEMEN UNSERER TAGE: DIE JUGEND

1.

Die Beschreibung und Analyse dessen, was bei Individuen und Zuständen am kränksten und verderbtesten ist, hat sich in Lehrbüchern wie in der Dichtung zu einem Stil der Gesellschaftskritik entwickelt, der sich häufig von sich selber nährt. Denn wenn die Jugendlichen sich in den Massenmedien sozusagen negativ glorifiziert sehen, dann kann ihr Identitätsgefühl aus der Macht, über die sie zu verfügen scheinen, das Beste nur machen, wenn sie sich wenigstens als lebende Symptome darstellen. Aber ich habe es aus anderen Gründen als denen der *»public relations«* als notwendig empfunden, mich selbst zu fragen, was wohl das Gegengewicht zu der Psychopathologie sein könnte, die zu erkennen wir gelernt haben, und worin die positiven Ziele wohl bestehen, die in jedes Entwicklungsstadium eingebaut sind. »Positiv« bedeutet in vielen Kreisen häufig eine wahnhafte Fortwendung von der häßlichen Wirklichkeit; aber ist es nicht ein Teil jeder umfassenden klinischen Haltung, die »natura« zu studieren, die mit unserer therapeutischen Hilfe die Heilung vollziehen soll? Ich habe schon im dritten Kapitel darauf hingewiesen, daß ich jedem Stadium seine eigene vitale Stärke zuschreiben möchte, und allen Stadien ein epigenetisches System solcher Stärken, die die menschliche Vitalität ausmachen (und hier bedeutet das die Vitalität, die die Generationen begründet). Wenn ich, in kriegerischer Stimmung, diese Stärken als grundlegende Tugenden bezeichnet habe (*basic virtues*), so wollte ich damit sagen, daß es ohne sie allen anderen Werten und Güten an Vitalität gebricht. Meine Rechtfertigung für die Verwendung dieses Wortes war, daß es früher einmal die Nebenbedeutung einer innewohnenden Stärke und einer aktiven Qualität in etwas, was beschrieben werden sollte, besaß: von einer Medizin oder einem Getränk zum Beispiel sagte man, sie seien ohne »virtue« (Kraft), wenn sie ihren Alkoholgehalt verloren hatten. In diesem Sinn kann man, glaube ich, den Ausdruck »vitale Tugenden« benutzen, um bestimmte Qualitäten zu bezeichnen, die während aufeinanderfolgender Stadien seines Lebens beginnen, den Menschen durchdringend zu beleben, wobei die Hoffnung die erste und die grundlegendste ist [1].

Die Verwendung solch eines Ausdrucks für die Verbegrifflichung einer Qualität, die aus der Wechselwirkung von individuellem Wachstum und sozialer Struktur hervorgeht, erinnert allerdings manchen Leser an die »naturalistischen Trugschlüsse«, das heißt an die naiven Versuche, der Evolution die Absicht zuzuschreiben, bestimmte Typen von ausschmückender Güte beim Menschen zu entwickeln. Doch ist in neueren Konzepten der Umgebung (wie etwa in der »Umwelt« der Ethologen) von einer optimalen Beziehung der angeborenen Potentialitäten zu der Struktur der Umgebung die Rede. Und selbst wenn der Mensch das Geschöpf ist, das sich an eine große Vielfalt von Umgebungen anpaßt, oder eigentlich, das im Stande ist, sich und seine Umgebung entsprechend seinen eigenen Erfindungen neu anzupassen, so bleibt er trotzdem ein Geschöpf, das sich *mit* einem spezifischen Lebenszyklus entwickelt hat, der auf seine Sorte von modifizierter Umgebung paßt — und das kann nur das Potential zu einer immer sich erneuernden vitalen Anpassung bedeuten. Wenn es ein Teil dieses entwickelten Arrangements ist, daß sich der Mensch krank machen und daß er in einer Weise überleben kann, die kein anderes Geschöpf »leben« nennen würde, so hat er auch die Fähigkeit zur Diagnose und Heilung, Kritik und Wandlung. Diese wiederum hängen von einer Neu-Vitalisierung der Stärken ab, einer Neubelebung von Werten, einer Wiederherstellung produktiver Kräfte. In diesem Sinne also beanspruche ich für den Lebenszyklus ein *»generationales«* Prinzip, das dahin tendieren würde, eine Reihe von vitalen Tugenden zu verewigen, von der *Hoffnung* in der Säuglingszeit bis zur *Weisheit* im

---

1 Virtue (die Tugend) bedeutete einmal gleichzeitig »innewohnende Stärke« und »aktive Qualität«. In diesem Sinne sehe ich die folgenden vitalen Tugenden als verankert in den aufeinanderfolgenden Lebensstadien: Hoffnung in der frühesten Kindheit; Wille und Zielgerichtetheit im Spielalter; Können (Geschicklichkeit) im Schulalter; Treue in der Jugend; Liebe im jungen Erwachsenenalter; Fürsorge beim Erwachsenen; Weisheit im Alter. Über die evolutionäre und genetische Grundlage für diese Auffassung des Lebenszyklus findet sich mehr in der Arbeit des Autors »The Roots of Virtue«, in: The Humanistic Frame, hgg. von Sir Julian Huxley, London 1961 (Allen and Unwin). Der Aufsatz erschien in revidierter Form unter dem Titel »Die menschliche Stärke und der Zyklus der Generationen« in dem Buch des Autors »Einsicht und Verantwortung«.

hohen Alter. Was die Jugend anbetrifft und die Frage, was im Mittelpunkt ihres leidenschaftlichsten und unberechenbarsten Strebens steht, so bin ich zu dem Schluß gekommen, daß die *Treue* die vitale Stärke ist, die zu entwickeln die Jugend eine Möglichkeit braucht — sie zu entwickeln, anzuwenden, zu erwecken und dafür zu sterben. Nachdem ich solch einen »grundlegenden« Anspruch erhoben habe, kann ich nur einige der Variationen über das Thema der Jugend wiederholen, die ich bisher erwähnt habe, um zu sehen, ob die Treue tatsächlich als alldurchdringend erkennbar ist.

Ich will die anderen Lebensstadien und die spezifischen Stärken und Schwächen, die jedes zu der prekären Anpassung des Menschen beiträgt, hier nicht nochmals besprechen. Wir wollen aber doch noch einen Blick auf das Lebensstadium werfen, das der Jugend unmittelbar vorangeht, nämlich das Schulalter, und uns dann der Adoleszenz selbst zuwenden.

Das Schulalter, das zwischen der Kindheit und der Adoleszenz liegt, findet das Kind, das vorher vom Spiel beherrscht war, bereit, willens und fähig, sich den rudimentären Geschicklichkeiten zu widmen, die die notwendige Vorbereitung für die Werkzeuge und Waffen, Symbole und Konzepte seiner Kultur bilden. Es findet das Kind auch eifrig bestrebt, aktuelle Rollen (die vorher nur im Spiel agiert wurden) zu realisieren, die ihm am Ende eine Anerkennung innerhalb der Spezialisierung der Technologie seiner Kultur versprechen. Ich würde daher sagen, daß das *Können*, die Kompetenz, die spezifische Stärke ist, die in der Schulzeit des Menschen hervortritt. Allerdings hinterläßt die stadienweise Erwerbung der evolutionären Zugewinne während der Kindheit jedem Menschen den Stempel des infantilen Erlebens auf seinen stolzesten Errungenschaften. So wie das Spielalter allen methodischen Unternehmungen eine Qualität von grandioser Selbsttäuschung hinterläßt, entläßt das Schulalter den Menschen mit der naiven Billigung alles dessen, »was funktioniert«.

Während das Schulkind sich Methoden aneignet, läßt es gleichzeitig zu, daß akzeptierte Methoden es sich aneignen. Für gut nur das zu halten, was funktioniert, und sich nur akzeptiert zu fühlen, wenn die Dinge funktionieren, kann dazu führen, daß das Lenken und Gelenktwerden, zu seinen dominierenden Freuden und Werten wird. Und da die technologische Spezialisierung ein wesentlicher Teil des Systems und Weltbildes der menschlichen Horde, Stammesvereinigung oder Kultur ist, erstreckt sich der Stolz des Menschen auf die Werkzeuge, die mit Materialien und Tieren arbeiten, auch auf die Waffen, die sich sowohl gegen andere menschliche Wesen als gegen andere Spezies auswirken. Daß dies kalte Schlauheit ebenso wie maßlose, in der Tierwelt seltene Grausamkeit erwecken kann, ist einer Kombination von Entwicklungen zuzuschreiben. Unter ihnen wird uns natürlich am meisten (weil es in der Jugend sichtbar wird) das Bedürfnis des Menschen beschäftigen, technologischen Stolz mit einem Identitätsgefühl zu kombinieren: ein Doppelgefühl aus persönlicher Selbstgleichheit, das langsam aus infantilen Erfahrungen sich entwickelt hat, und aus einer mit anderen geteilten Gleichheit, das in Begegnungen mit einer sich immer erweiternden Gemeinschaft erfahren wurde.

Auch dieses Bedürfnis ist eine evolutionäre Notwendigkeit, die erst noch verstanden und planend beeinflußt werden muß, denn die Menschen — die keine natürliche Spezies mehr, und noch keine Menschheit sind — brauchen das Gefühl, daß sie von irgendeiner besonderen Art (Stamm oder Nation, Klasse oder Kaste, Familie, Beruf oder Typus) sind, deren Insignien sie mit Eitelkeit und Überzeugung tragen und verteidigen werden (zusammen mit den ökonomischen Ansprüchen, die sie für ihre Art abgesteckt haben) — gegen die fremden, die feindlichen, die nicht-so-menschlichen Arten. So kann es geschehen, daß sie alle ihre stolzen Geschicklichkeiten und Methoden höchst systematisch gegen andere Menschen anwenden können, und das selbst im fortschrittlichsten Zustand der Vernunft und Zivilisation, getragen von der Überzeugung, daß sie es sich moralisch nicht leisten können, anders zu handeln.

Es ist aber nicht unsere Absicht, uns bei der leichten Pervertier- und Korrumpierbarkeit der menschlichen Moral aufzuhalten; wir wollen vielmehr feststellen, welches die Kern-Tugenden sind, die — in diesem Stadium der psychosozialen Entwicklung — unserer gemeinsamen Aufmerksamkeit und unserer ethischen Unterstützung bedürfen, denn sowohl Antimoralisten wie Moralisten übersehen leicht die Grundlagen für eine starke Ethik, die in der menschlichen Natur angelegt sind. Wie wir schon sagten, ist die Treue jene Tugend und Qualität der jugendlichen Ich-Stärke, die zur evolutionären Erbschaft des Menschen gehört, die aber — wie alle Grundtugenden — nur in der Wechselwirkung eines Lebensstadiums mit den Kräften des Individuums und mit den sozialen Kräften einer echten Gemeinschaft hervortreten kann.

Die Suche nach etwas und jemanden im jugendlichen Leben, dem man treu sein kann, wird in einer Vielfalt mehr oder weniger von der Gesellschaft sanktionierter Bestrebungen sichtbar. Häufig ist sie verborgen hinter einer beunruhigenden Kombination von flüchtiger Hingabe und plötzlicher Verderbtheit, manchmal hingebungsvoller verderbt, manchmal verderbter hingebungsvoll. Aber hinter all der scheinbaren Unbeständigkeit der Jugend ist ein Suchen nach irgendeiner Beständigkeit im Wechsel erkennbar, sei es in der Genauigkeit der wissenschaftlichen und technischen Methode oder in der Aufrichtigkeit des Gehorsams; sei es in der Wahrhaftigkeit historischer und dichterischer Rechenschaftsablegung oder in der Fairneß der Spielregeln; in der Echtheit der künstlerischen Produktion und der hohen Treue der Reproduktion oder in der Wahrhaftigkeit der Überzeugungen und der Zuverlässigkeit der Verpflichtungen. Diese Suche wird leicht mißverstanden und oft wird sie vom Individuum selbst nur undeutlich wahrgenommen, weil die Jugend, immer entschlossen, sowohl Vielfalt im Prinzip wie Prinzip in der Vielfalt zu erfassen, häufig Extreme ausprobieren muß, ehe sie sich auf einen wohlüberlegten Kurs festlegt. Diese Extreme können, besonders in Zeiten ideologischer Verwirrung und weitverbreiteter Randständigkeit der Identität, nicht nur aufrührerische, sondern auch abnorme, kriminelle und selbstzerstörerische Tendenzen einschließen. Aber all das kann im Wesen eines Moratoriums liegen, einer Periode des Aufschubs, in der die unerschütterlichen Grundlagen irgendeiner Wahrheit geprüft werden können, ehe man die Kräfte des Geistes und des Körpers einem Segment der bestehenden (oder kommenden) Ordnung widmet. »Loyal« und »legal« haben sprachlich und psychologisch die gleichen Wurzeln, denn die legale Verpflichtung ist eine unsichere Last, wenn man sie nicht mit einem Gefühl unabhängiger Wahl auf sich nimmt, und sie als Loyalität erlebt. Dies Gefühl zu entwickeln ist eine gemeinsame Aufgabe der Folgerichtigkeit der individuellen Lebensgeschichte und der ethischen Kraft des historischen Prozesses.

2.

Lassen Sie ein großes tragisches Schauspiel uns etwas über die elementare Natur der Krise sagen, auf die der Mensch hier trifft. Wenn es die Krise eines jungen Fürsten ist, so lassen Sie uns nicht vergessen, daß die »führenden Familien« des Himmels und der Geschichte einmal den Stolz des Menschen und sein tragisches Versagen repräsentierten. Prinz Hamlet steht in den zwanziger Jahren — manche sagen, er sei wenig über zwanzig gewesen, andere, er habe sich den dreißigern genähert. Wir wollen sagen, er stehe in der Mitte seines dritten Lebensjahrzehnts, ein Jugendlicher, der nicht mehr jung ist, der dabei ist, sein Moratorium zu verwirken. Wir finden ihn in einem tragischen Konflikt — er kann dem einen Prinzip des Handelns nicht folgen, das gleichzeitig von seinem Alter und seinem Geschlecht, seiner Position und seiner historischen Verantwortung gefordert wird, nämlich königliche Rache zu üben.

Shakespeares Einsicht in eines der »Menschenalter« deutlich zu machen, wird dem Dramen-Forscher als tadelnswertes Unterfangen erscheinen, besonders wenn ein ausgebildeter Psychologe es unternimmt. Jedermann sonst (wie könnte er auch anders?) deutet Shakespeare im Licht irgendeiner herrschenden, wenn auch gewöhnlich naiven Psychologie. Ich will allerdings nicht versuchen, das Rätsel von Hamlets unerforschlichem Wesen zu lösen, wenn schon aus keinem anderen Grund, als daß ich seine Unergründlichkeit für seine Natur halte. Ich fühle mich von Shakespeare selbst hinlänglich gewarnt, wenn er Polonius wie die Karikatur eines Psychiaters sprechen läßt:

> Und jetzo denk ich (oder dies Gehirn
> Jagt auf der Klugheit Fährte nicht so sicher
> Als es wohl pflegte) dass ich ausgefunden
> Was eigentlich an Hamlets Wahnwitz schuld ist.

Hamlets Entschluß, den Wahnsinnigen zu spielen, ist ein Geheimnis, das der Zuhörer von Anfang an mit ihm teilt, ohne daß beide je das Gefühl ganz los werden, daß er auf Messers Schneide steht, in den Zustand hineinzugleiten, den er vorgibt. »Sein Wahnsinn«, sagt T. S. Eliot, »ist weniger als Wahnsinn und mehr als nur geheuchelt.«

Wenn Hamlets Wahnsinn mehr als nur geheuchelt ist, so scheint er zumindest fünffach erschwert zu sein durch gewohnheitsmäßige Melancholie, eine introvertierte Persönlichkeit, Dänentum, einen akuten Trauerzustand und Liebe. All das macht eine Regression auf den Ödipuskomplex, den Ernest Jones zum Hauptthema dieser wie anderer großer Tragödien erklärte, völlig glaubwürdig[2]. Das würde bedeuten, daß Hamlet den rezenten illegitimen Betrug seiner Mutter nicht verzeihen kann, weil er ihr als Kind nicht vergeben konnte, daß sie ihn ganz legitim mit seinem Vater betrog; aber zur gleichen Zeit ist

2 Ernest Jones, Hamlet and Oedipus, New York 1949 (W. W. Norton).

er unfähig, den rezenten Mord an seinem Vater zu rächen, weil er als Kind ihn selbst in der Phantasie betrogen und aus dem Weg gewünscht hatte. So verschiebt er immer wieder — bis er die Schuldigen mit den Unschuldigen zugrunde richtet — die Exekution seines Onkels, die allein den Geist seines geliebten Vaters von dem Schicksal erlösen könnte,

> Verdammt auf eine Zeitlang nachts zu wandern
> Und tags gebannt zu fasten in der Glut.

Kein Zuhörer aber kann sich dem Gefühl entziehen, daß Hamlet ein Mann von überlegenem Gewissen ist, ja den Rechtsbegriffen seiner Zeit weit voraus, die ihm erlaubt haben würden, ohne Skrupel Rache zu üben. Ein weiterer Gedanke ist unabweislich, nämlich daß Hamlet etwas von der Persönlichkeit des Verfassers und des Schauspielers darstellt, denn wo andere Menschen führen und den Gang der Geschichte verändern, da bewegt er gedankenvoll Charaktere auf der Bühne (das Spiel im Spiel); kurzum, wo andere handeln, spielt er Handlung. Und tatsächlich könnte Hamlet, historisch gesprochen, durchaus für einen »mißglückten« Führer stehen, ein totgeborener Rebell. Statt dessen ist er der morbide junge Intellektuelle seiner Zeit, denn kehrte er nicht kürzlich von Studien in Wittenberg zurück, dem Treibhaus der humanistischen Korruption, dem Gegenpart seiner Tage zum Athen der Sophisten und zu den Universitäten von heute, die vom Existenzialismus, der Psychoanalyse — und Schlimmerem? — infiziert sind? Im Stück gibt es fünf junge Männer, alle Altersgenossen Hamlets und alle sicher (oder sogar überdefiniert) in ihren Identitäten als pflichtbewußte Söhne, Hofleute und künftige Führer. Aber sie werden alle in den moralischen Sumpf der Untreue hineingezogen, der bis in die Faser aller jener dringt, die dem »faulen« Dänemark lehnspflichtig sind, hineingezogen durch die vielfältige Intrige, die Hamlet durch seine eigene Intrige zu vereiteln hofft: das Spiel im Spiel.

Hamlets Welt ist also eine Welt von auseinanderstrebenden Wirklichkeiten und Treueverpflichtungen. Nur durch das Spiel im Spiel und den Wahnsinn in der Geistesverwirrung verrät Hamlet, der Schauspieler im Spieler der Handlung, die edle Identität in den nur vorgegebenen Identitäten — und die überlegene Treue in der verhängnisvollen Scheinexistenz.

Seine Entfremdung ist die der Identitätsverwirrung. Die Entfremdung vom Dasein selbst ist das Thema des berühmten Monologs. Er ist dem Mannsein und dem Menschlichsein entfremdet: »Ich habe keine Lust am Manne — und am Weibe auch nicht«; und entfremdet der Liebe und der Fortpflanzung: »Ich sage, wir wollen nichts mehr von Heiraten wissen«; entfremdet dem Wesen seines Landes, »bin ich eingeboren und drin erzogen schon«, und, sehr ähnlich unserer »entfremdeten« Jugend, hat er sich von dem überstandardisierten Menschen seiner Tage abgewandt und schildert ihn als »Entfremdeten«: »Auf diese Art hat er und viele andere von demselben Schlage, in die das schale Zeitalter verliebt ist, nur den Ton der Mode und den äußerlichen Schein der Unterhaltung erhascht.«

Aber Hamlets zielbewußte und tragisch verhängnisvolle Suche nach Treue bricht durch all das hindurch. Hier ist das Wesen des historischen Hamlet, das ursprüngliche Modell, der, Jahrhunderte bevor Shakespeare ihn modernisierte und unsterblich machte, ein Held der Volksbühnen war[3]:

> Er war dem abgeneigt, man könne glauben, er löge über irgendeine Sache und wollte fremd gehalten werden jeder Falschheit; drum mengte er Kunst und Aufrichtigkeit in solcher Weise, daß, ob sein Wort auch nicht der Wahrheit mangelte, so war doch nichts, was Wahrheit dran bezeugte und was verriet, wie weit sein Wagen ging.

Es stimmt mit der allgemeinen Auflösung der Wahrheit in *Hamlet* überein, daß dies zentrale Thema in der Botschaft des alten Narren an seinen Sohn angekündigt wird:

> Dies über alles: sei dir selber treu,
> Und daraus folgt, so wie die Nacht dem Tage,
> Du kannst nicht falsch sein gegen irgendwen.
> Leb wohl! mein Segen fördre dies an dir!

Aber es ist auch das zentrale Thema von Hamlets leidenschaftlichster Äußerung, die seinen Wahnsinn nur zu einem Nebenumstand seines Seelenadels macht. Er verabscheut den konventionellen Schein und tritt für die Ursprünglichkeit des Gefühls ein:

> Scheint, gnädige Frau? Nein, ist ... mir gilt kein »scheint«.
> Nicht bloß mein düstrer Mantel, gute Mutter,
> Noch die gewohnte Tracht von ernstem Schwarz,
> Noch stürmisches Geseufz beklemmten Odems,

---

3 Saxo Grammaticus, Danish History, ins Englische übersetzt von Oliver Elton, 1894. Zitiert bei Jones, a. a. O., S. 163 f. (vom Übersetzer nach dem Zitat ins Deutsche übertragen).

Nein, noch im Auge der ergiebige Strom,
Noch die gebeugte Haltung des Gesichts,
Samt aller Sitte, Art, Gestalt des Grams,
Ist das was wahr mich kundgibt: dies wohl *scheint.*
Es sind Gebärden die man spielen könnte.
Doch was kein Schein erreicht das birgt mein Herz:
All dies ist Kleid und Putz nur für den Schmerz.

Er sucht nach etwas, was nur eine Elite wirklich verstehen kann — »schlichte Manieren«:

Ich hörte dich einmal eine Rede vortragen — aber sie ist niemals aufgeführt, oder wenn es geschah, nicht mehr als einmal. Denn ich erinnere mich, das Stück gefiel dem großen Haufen nicht, es war Kaviar für das Volk. Aber es war, wie ich und andre es nahmen, deren Urteil in solchen Dingen den Rang über dem meinigen behauptete, ein vortreffliches Stück: in seinen Szenen wohlgeordnet, und mit ebensoviel Maß als Verstand abgefaßt. Ich erinnere mich, daß jemand sagte, es sei kein Salz und Pfeffer in den Zeilen, um den Sinn zu würzen, und kein Sinn in dem Ausdrucke der an dem Verfasser Ziererei verraten könnte, sondern er nannte es eine schlichte Manier.

Er besteht fanatisch auf Reinheit der Form und Treue der Wiedergabe:

Laßt euer eignes Urteil euren Meister sein: paßt die Handlung dem Wort, das Wort der Handlung an ..., wobei ihr sonderlich darauf achten müßt, niemals die Bescheidenheit der Natur zu überschreiten. Denn alles, was so übertrieben wird, ist dem Vorhaben des Schauspieles entgegen, dessen Zweck sowohl anfangs als jetzt war und ist, der Natur gleichsam den Spiegel vorzuhalten: der Tugend ihre eignen Züge, der Schmach ihr eignes Bild und dem Jahrhundert und Körper der Zeit den Abdruck seiner Gestalt zu zeigen.

Und schließlich die eifrige (und übereifrige) Anerkennung des lauteren Charakters seines Freundes:

Seit meine liebe Seele Herrin war
Von ihrer Wahl und Menschen unterschied,
Hat sie dich auserkoren. Denn du warst
Als littst du nichts, indem du alles littest ...
Ein Mann der Stöss und Gaben vom Geschick
Mit gleichem Dank genommen ... und Heil dem
Dess Blut und Urteil sich so gut vermischt,
Dass er zur Pfeife nicht Fortunen dient
Und tönt sowie sie greift! Gebt mir den Mann
Den Leidenschaft nicht knechtet, und ich heg ihn
Im Herzensgrund, ja in des Herzens Herzen,
Wie ich dich hege ... Schon zuviel hiervon.

Das also ist Hamlet innerhalb Hamlets. Es paßt zu der Kombination von Schauspieler, Intellektuellem, Jugendlichem und Neurotiker, die Hamlet darstellt, daß seine Worte seine besseren Taten sind, daß er klar sagen, was er doch nicht leben kann, und daß seine Treue denen, die er liebte, Verderben bringen muß, denn was er am Ende erreicht, ist das, was er zu Anfang vermeiden wollte. Es gelingt ihm nur, das zu verwirklichen, was wir seine negative Identität nennen würden, und genau das zu werden, was sein eigenes ethisches Gefühl nicht ertragen konnte: ein wahnsinniger Rächer. So verschwören sich innere Realität und historische Aktualität, um dem tragischen Menschen die positive Identität zu verweigern, für die er so vorzüglich ausgewählt schien. Natürlich hat der Zuschauer schon die ganze Zeit gerade in Hamlets Aufrichtigkeit ein tödliches Element gefühlt. Am Ende gibt er seine »sterbende Stimme« seinem Gegenspieler auf der historischen Bühne, dem siegreichen jungen Fortinbras, der seinerseits befiehlt:

> Laßt vier Hauptleute
> Hamlet als Krieger auf die Bühne tragen,
> Er hätte wohl sich, wenn hinaufgelangt,
> Höchst königlich bewährt.

Die festlichen Fanfaren verkünden schmetternd und schallend das Ende dieses einzigartigen Jünglings. Von seinen erwählten Pairs wird er mit den königlichen Insignien seiner Geburt bestätigt. Aber der Zuschauer fühlt, daß ein außerordentlicher Mensch begraben wird, als königlich ausgewiesen und doch jenseits aller Insignien.

3.

Wir haben gesagt, daß es ein wichtiges Element im menschlichen Bedürfnis nach persönlichen und kollektiven Identitäten ist, eine besondere »Art« zu sein — alle Identitäten sind in einem gewissen Sinn Pseudospezies. »Pseudo« läßt an Falschheit denken und könnte den Gedanken nahelegen, daß ich versuche, die Abweichung vom Faktum bei allem Mythologisieren hervorzuheben. Nun sollte es ja klar sein, daß der Mensch gerade darum das lügende Tier ist, weil er versucht, das einzige aufrichtige zu sein: sowohl die Entstellung wie die Richtigstellung sind Teil seiner verbalen und denkerischen Ausstattung. Um überhaupt stabile Werte zu besitzen, muß er sie verabsolutieren;

um Stil zu haben, muß er sich selbst für die Krone des Universums halten. In dem Maß also, in dem jeder Stamm oder jede Nation, Kultur oder Religion ein historisches und moralisches Grundprinzip für ihre ausschließliche, gottgewollte Einzigartigkeit erfindet, sind sie Pseudospezies, gleichgültig, was sie sonst tun oder vollbringen. Andererseits hat der Mensch auch eine vorübergehende Erfüllung in seinen höchsten Momenten kultureller Identität und zivilisierter Vollkommenheit gefunden und jede derartige Tradition der Identität und Vollkommenheit hat aufleuchten lassen, was der Mensch sein könnte, könnte er all das zugleich sein. Die Utopie unserer eigenen Ära sagt voraus, daß der Mensch eine einzige Spezies in einer Welt sein wird, mit einer universellen technologischen Identität, die die illusorischen Pseudoidentitäten ersetzen wird, die ihn gespalten haben, und einer internationalen Ethik, die anstelle aller Moralsysteme von Aberglauben, Repression und Verdrängung treten wird. Inzwischen wetteifern ideologische Systeme um den Vorzug, dieser zukünftigen Welt nicht nur die praktischste, sondern auch die universal überzeugendste politische und private Moral anzubieten; und universal überzeugend bedeutet vor allem in den Augen der Jugend, glaubwürdig zu sein.

In der Jugend erwachsen die Ich-Stärken aus der wechselseitigen Bestätigung von Individuum und Gemeinschaft, in dem Sinn, daß die Gesellschaft das junge Individuum als Träger frischer Energie anerkennt und daß das so bestätigte Individuum die Gesellschaft als lebendigen Prozeß anerkennt, der Treue einflößt, indem er sie empfängt, Ergebenheit aufrechterhält, indem er sie auf sich zieht, Vertrauen ehrt, indem er es fordert. Lassen Sie uns daher zu den Ursprüngen dieser Kombination von Getriebenheit und disziplinierter Energie, von Irrationalität und mutiger Fähigkeit zurückgehen, die zu den meistdiskutierten und verwirrendsten Erscheinungen des Lebenszyklus gehören. Das Verwirrende liegt, wie wir durchaus zugeben müssen, im Wesen der Erscheinung. Denn die Einheit der Persönlichkeit muß einzigartig sein, um geeint zu werden, und das Funktionieren jeder neuen Generation muß unvoraussagbar sein, um seine Funktion zu erfüllen.

Von den drei Quellen neuer Energie ist das körperliche Wachstum am leichtesten zu messen und systematisch zu üben, obgleich sein Beitrag zu den aggressiven Trieben noch wenig verstanden wird — abgesehen davon, daß es sicher scheint, daß jede Behinderung der Anwendung körperlicher Energien in wirklich bedeutungsvollen Aktivitäten zu einer unterdrückten Wut führt, die zerstörerisch oder selbstzerstörerisch werden kann. Die jugendlichen Kräfte des Verstehens und Erkennens lassen sich experimentell untersuchen und planmäßig auf Lehrzeit und Studium anwenden, aber ihre Beziehung zur ideologischen Vorstellungskraft ist weniger gut bekannt. Schließlich ist die lange hinausgezögerte genitale Reifung eine Quelle ungeheurer Energien, aber auch einer Getriebenheit, die von innerer Frustration begleitet ist.

Wenn der jugendliche Mensch in seiner körperlichen Zeugungsfähigkeit zur Reife gelangt, ist er doch noch nicht imstande, in jener bindenden Art zu lieben, die nur zwei Personen mit hinlänglich ausgebildeten Identitäten einander bieten können, oder beständig genug sorgen zu können, um Elternschaft aufrechtzuerhalten. Die beiden Geschlechter unterscheiden sich in dieser Hinsicht natürlich weitgehend, genau so wie die einzelnen Individuen, während die Gesellschaft unterschiedliche Möglichkeiten und Sanktionen schafft, innerhalb derer die Individuen für ihre Möglichkeiten — und für ihre Potenz — sorgen müssen. In den Plan der menschlichen Entwicklung scheint also ein psychosoziales Moratorium eingebaut zu sein. Wie alle »Latenzen« innerhalb der Zeitpläne der menschlichen Entwicklung kann die Verzögerung des Erwachsenseins nachdrücklich und verhängnisvoll verlängert und intensiviert werden; so ist sie verantwortlich für sehr spezielle menschliche Leistungen und auch für die sehr speziellen Schwächen in diesen Leistungen. Denn welche teilweisen Befriedigungen und teilweisen Abstinenzen auch das voreheliche Sexualleben in den verschiedenen Kulturen kennzeichnen — seien es Lust und Stolz ungestümer genitaler Betätigung ohne Hingabe, seien es erotische Situationen ohne genitalen Vollzug, oder disziplinierter hingebungsvoller Aufschub — immer wird die Ich-Entwicklung die psychosexuellen Kräfte der Adoleszenz benutzen, um ein Stil- und Identitätsgefühl zu steigern. Auch hierin ist der Mensch niemals ein Tier: selbst wo eine Gesellschaft die genitale Annäherung der Geschlechter fördert, tut sie das auf stilisierte Weise. Andererseits ist der Sexualakt, biologisch gesehen, ein Akt der Zeugung, und jede sexuelle Situation, die auf die Dauer dem zeugenden Vollzug und der Fürsorge für Erzeugtes keinen Vorschub leistet, enthält ein Element psychobiologischer Unbefriedigung — eine Unbefriedigung, die, wie alle partialen Abstinenzen, von sonst gesunden Menschen für eine gewisse Zeit und unter Bedingungen, die im übrigen den Zielen der Identitätsbildung günstig sind, ertragen werden kann. Zweifellos spielt diese Unbefriedigung bei der Frau eine viel größere Rolle, aufgrund ihrer physiologisch und emotional tieferen Beteiligung am Sexualakt als dem ersten Schritt im zeugerischen Einsatz, an den sie ihr monatlicher Zyklus regelmäßig körperlich und emotional erinnert. Wir werden im nächsten Kapitel ausführlicher darüber zu sprechen haben.

Die verschiedenen Behinderungen des vollen Vollzugs der jugendlichen genitalen Reifung bringen für den Menschen viele tiefe Konsequenzen mit sich, die ein wichtiges Problem zukünftiger Planungen bilden sollten. Am besten bekannt ist das regressive Wiederaufleben jenes früheren Stadiums der Psychosexualität, das den emotional ruhigen ersten Schuljahren vorausgeht, das heißt des infantilen genitalen und lokomotorischen Stadiums mit seiner Neigung zur autoerotischen Manipulation, Größenphantasien und kraftvollem Spiel[4]. Aber in der Adoleszenz werden die Autoerotik, die Größengefühle und die Verspieltheit ungeheuer erhöht durch die genitale Potenz und die lokomotorische Reifung und zugleich weitgehend kompliziert durch das, was wir gleich als die neue historische Perspektive des jugendlichen Geistes beschreiben wollen.

Der verbreitetste Ausdruck sowohl der unzufriedenen Suche der Jugend wie ihres eingeborenen Überschwanges ist das dringende Verlangen nach Fortbewegung, komme es nun in einem »im Gang sein«, »hinter etwas her sein«, »herumziehen« oder in Bewegung selbst zum Ausdruck, wie in kraftvollerArbeit, in anspruchsvollem Sport, wildem Tanzen, zielloser Wanderschaft und der Verwendung und dem Mißbrauch schneller Tiere und Maschinen. Aber es findet auch Ausdruck durch die Teilnahme an den Bewegungen des Tages (seien es die Aufstände lokaler Unruhen oder die Paraden und Kampagnen größerer ideologischer Kräfte), wenn sie nur an das Bedürfnis appellieren, sich »bewegt« zu fühlen und sich wesenhaft zu fühlen, indem man etwas auf eine offene Zukunft hin voranbewegt.

---

[4] Die klassischen psychoanalytischen Arbeiten, die sich mit der Psychosexualität und den Abwehrmechanismen des Ichs in der Jugend befassen, sind folgende: Sigmund Freud, »Drei Abhandlungen zur Sexualtheorie« (Gesammelte Werke, Bd. V) und Anna Freud, Das Ich und die Abwehrmechanismen. Eine neuere Untersuchung zu diesem Thema ist: Peter Blos, On Adolescenc, A Psychoanalytic Interpretation, New York 1962 (Free Press of Glencoe).

Es ist klar, daß die Gesellschaft jede Zahl von rituellen Kombinationen ideologischer Perspektiven und kraftvoller Bewegung anbietet (wie Tanz, Sport, Paraden, Demonstrationen, Aufstände), um die Jugend in den Dienst ihrer historischen Ziele einzuspannen, und daß, wo die Gesellschaft das verabsäumt, diese Grundverhaltensformen ihre eigenen Kombinationen in kleinen Gruppen suchen werden, die sich mit ernsthaften Spielen, harmlosen Narrheiten, grausamen und kriminellen Fehden beschäftigen. In keinem anderen Stadium des Lebenszyklus ist daher das Versprechen, sich selbst zu finden, und die Gefahr, sich selbst zu verlieren, so eng verbunden.

Im Zusammenhang mit der Lokomotion müssen wir zwei große industrielle Entwicklungen erwähnen: den Motor und den Film. Der Motor natürlich ist das Herz und Symbol unserer Technologie und seine Beherrschung das Ziel und Bestreben eines großen Teils der modernen Jugend. Im Zusammenhang mit der unreifen Jugend aber muß man erkennen, daß sowohl der Motor wie der Film denen, die dazu neigen, passive Lokomotion anbieten, mit der berauschenden Illusion, intensiv aktiv zu sein. Die weite Verbreitung von Autodiebstählen und Unfällen mit motorisierten Fahrzeugen unter Jugendlichen wird viel beklagt (obwohl es die Öffentlichkeit viel Zeit kostet, zu begreifen, daß ein Diebstahl eine Aneignung um des gewinnbringenden Besitzes willen ist, während Automobile in der Mehrzahl der Fälle von Jugendlichen auf der Suche nach einer Art von automotorischer Berauschung gestohlen werden, die buchstäblich mit Wagen und Burschen »durchgehen« kann). Aber während diese Dinge ein Gefühl der motorisierten Allmacht gewaltig hochtreiben, bleibt das Bedürfnis nach aktiver Fortbewegung häufig ungestillt.

Filme bieten speziell dem Zuschauer, der, während sozusagen die Maschine seiner Gefühle rast, stillsitzt, schnelle und rasende Bewegungen in einem künstlich erweiterten Blickfeld, durchsetzt von Nahaufnahmen von Gewalttat und sexueller Inbesitznahme — alles, ohne den geringsten Anspruch an Intelligenz, Phantasie oder Anstrengung zu stellen. Ich weise hier auf eine weitverbreitete Gleichgewichtsstörung im jugendlichen Erleben hin, weil ich glaube, daß sie neue Arten von jugendlichen Ausbrüchen erklärt und neue Formen der Beherrschung nötig erscheinen läßt. Eine solche Beherrschung kommt in den neuesten Stilarten des Tanzes zum Ausdruck, die ein maschinenartiges Stoßen mit etwas wie rhythmischer Ausgelassenheit und ritualistischer Ehrlichkeit verbinden. Die Isolierung jedes Tänzers, unterstrichen durch flüchtige Melodien, die ihm erlauben, sich sporadisch seinem Partner zu nähern, scheint mir die Bedürfnisse der Adoleszenz echter auszudrücken, als es die falsche Intimität von Partnern tat, die sich aneinanderpreßten und doch leer aneinander vorbeischauten.

Die Gefahr, sich gleichzeitig durch innere Impulse und den unaufhörlichen Puls der Motorisierung überwältigt zu fühlen, ist bei dem Teil der Jugend bis zu einem gewissen Maß ausgeglichen, der sich der technischen Entwicklungen aktiv annehmen kann und es zustande bringt, zu lernen und sich mit dem Scharfsinn der Erfindungen, der Verbesserung der Produktion und der Pflege der Maschinerie zu identifizieren, und so über eine neue und unbegrenzte Anwendung der jugendlichen Fähigkeiten verfügt. Wo die Jugend in bezug auf solche technische Erfahrung unterprivilegiert ist, muß sie in aufrührerischer Bewegung explodieren; wo sie unbegabt ist, wird sie sich der modernen Welt entfremdet fühlen, bis die technologische und die nichttechnische Intelligenz zu einer gewissen Konvergenz gekommen sind.

Die kognitiven Fähigkeiten, die sich während der ersten Hälfte der zweiten Dekade (zwischen 10 und 15 Jahren) entwickeln, fügen den Aufgaben der Jugend ein machtvolles Werkzeug hinzu. Piaget nennt die Steigerungen im Wahrnehmungsvermögen, die gegen die Mitte des zweiten Jahrzehnts eintreten, die Leistungen »formaler Operationen«[5]. Das bedeutet, daß der Jugendliche nun mit hypothetischen Thesen operieren und sich mögliche Variablen und potentielle Beziehungen vorstellen kann und sie sich im Denken allein vorstellen kann, unabhängig von gewissen konkreten Nachprüfungen, die früher notwendig waren. Wie Jerome S. Bruner das ausdrückt: das Kind kann jetzt systematisch die ganze Reihe von alternativen Möglichkeiten heraufbeschwören, die zu jeder gegebenen Zeit existieren konnten[6]. Diese kognitive Orientierung bildet keinen Gegensatz sondern eine Ergänzung zu dem Bedürfnis der jungen Person, ein Gefühl der Identität zu entwickeln, denn aus allen möglichen und vorstellbaren Beziehungen muß sie eine Reihe von sich immer verengernden Auswahlen persönlicher, beruflicher, sexueller und ideologischer Bindungen treffen.

---

[5] B. Inhelder und J. Piaget, De la logique de l'enfant à la logique de l'adolescent, Paris (Presse Universitaire de France).

[6] Jerome S. Bruner, The Process of Education, Cambridge (Mass.) 1960 (Harvard University Press).

Hier sind wiederum Vielfalt und Treue polarisiert: sie machen einander bedeutsam und halten einander lebendig. Treue ohne ein Gefühl der Vielfalt kann zur Besessenheit und Last werden; Vielfalt ohne ein Gefühl der Treue zum leeren Relativismus.

4.

Das Gefühl der Identität wird also um so notwendiger (und problematischer), wo eine große Reihe von möglichen Identitäten ins Auge gefaßt werden muß. Im vorangehenden Kapitel habe ich darauf hingewiesen, wie wahrhaft kompliziert der Sachverhalt in Wirklichkeit ist; hier fügen wir die ausschlaggebende Bedeutung des Gefühls der gleichbleibenden »Selbheit« hinzu, einer Einheit der Persönlichkeit, die, wenn möglich mit Stolz, als eine irreversible historische Tatsache akzeptiert werden kann.

Wir haben daher als primäre Gefahr dieser Altersstufe die Identitätsverwirrung beschrieben, die in übermäßig verlängerten Moratorien zum Ausdruck kommen kann (Hamlet bot ein großartiges Beispiel), oder in wiederholten impulsiven Versuchen, das Moratorium durch eine plötzliche Wahl zu beenden — das heißt, mit historischen Möglichkeiten zu spielen — und dann zu leugnen, daß schon irgendeine irreversible Verpflichtung stattgefunden hat, oder manchmal auch in schweren regressiven pathologischen Zuständen, wie sie im vorangehenden Kapitel dargestellt sind. Das dominante Problem dieses wie jedes anderen Stadiums ist daher die Versicherung, daß das aktive, das selektive Ich die Führung hat und daß es durch eine Gesellschaftsstruktur, die jeder gegebenen Altersgruppe den Platz bewilligt, den sie braucht und an dem sie gebraucht wird, befähigt wird, die Führung innezuhaben.

In einem Brief an Oliver Wendell Holmes spricht William James davon, daß er sich wünscht, in ihrer Freundschaft »sich selbst wiederzutaufen«, und dies eine Wort sagt viel über das aus, was in der radikalen Richtung der sozialen Bewußtheit und der sozialen Bedürfnisse der Jugend enthalten ist. Von der Mitte des zweiten Jahrzehnts an reicht die Denkfähigkeit und die Vorstellungskraft über die Personen und Persönlichkeiten hinaus, in die die Jugend sich so tief versenken kann. Die Jugend liebt und haßt in Menschen das, wofür diese »stehen«, und wählt sie für eine bedeutsame Begegnung aus, wobei es um Fragen geht, die in der Tat oft größer sind als ich und du. Wir haben Hamlets Liebeserklärung an seinen Freund Horatio gehört, die schnell abgebrochen wurde als »schon zu viel hiervon«. Es ist also eine neue Realität, für die das Individuum wiedergeboren sein möchte, mit denen und durch die, die es als seine neuen Vorfahren und wahren Zeitgenossen erwählt.

Diese gegenseitige Wahl, obgleich sie häufig als eine Rebellion gegen die oder ein Rückzug aus der elterlichen Umwelt gedeutet, oder mit ihr assoziiert wird, ist der Ausdruck einer wahrhaft neuen Perspektive, die ich schon als »historische« bezeichnet habe — in einer dieser lockeren Verwendungen eines alten und übermäßig spezialisierten Wortes, wie sie manchmal notwendig werden, wenn man neue Bedeutungen spezifisch machen will. Unter »historischer Perspektive« verstehe ich etwas, das zu entwickeln das menschliche Wesen nur während der Adoleszenz Gelegenheit hat. Es ist ein Gefühl der Unwiderruflichkeit bedeutsamer Ereignisse und ein oft dringendes Bedürfnis, völlig und schnell zu verstehen, was für eine Art von Geschehnissen in der Wirklichkeit und in Gedanken andere Menschen determinieren und warum. Wie wir sahen, billigen Psychologen wie Piaget der Jugend die Fähigkeit zu, wahrzunehmen, daß jeder Vorgang verstehbar ist, wenn er in seinen einzelnen Schritten zurückverfolgt und so gedanklich umgekehrt wird. Es ist aber kein Widerspruch, wenn man sagt, daß der, der solch eine Umkehrung versteht, auch realisiert, daß in Wirklichkeit unter all den Ereignissen, die man sich vorstellen kann, einige wenige einander mit historischer Unwiderruflichkeit determinieren und einengen werden, seien sie (im menschlichen Fall) verdient oder unverdient, beabsichtigt oder unbeabsichtigt.

Die Jugend ist daher empfindlich gegen jede Andeutung, daß sie durch das, was in Lebensgeschichten oder in der Gesamtgeschichte vor sich ging, hoffnungslos festgelegt sein könnte. Psychologisch gesprochen würde das bedeuten, daß irreversible Identifizierungen in der Kindheit ein Individuum seiner eigenen Identität berauben können, historisch, daß durch Tradition gesicherte Mächte eine Gruppe daran verhindern könnten, ihre komponierte historische Identität zu verwirklichen. Aus diesem Grund lehnt die Jugend oft Eltern und Autoritäten ab und möchte sie als unwichtig abtun, denn sie ist auf der Suche nach Individuen und Bewegungen, die den Anspruch erheben — oder zu erheben scheinen — voraussagen zu können, was unwiderruflich ist, womit sie die Zukunft überholen — das heißt, sie umkehren. Das wiederum erklärt, warum die Jugend Mythologien und Ideologien aufgreift, die den Lauf der Welt oder den historischen Trend voraussagen; denn selbst die intelligente und praktische Jugend kann froh sein, wenn der größere Rahmen für sie festgelegt ist, so daß sie sich selbst den Einzelheiten widmen kann, die sie beherrscht, wenn sie erst einmal weiß (oder überzeugend erklärt bekommt), für was diese Einzelheiten stehen und wo sie selber steht. So werden »wahre« Ideologien durch die Geschichte verifiziert — für einige Zeit; denn wenn sie die Jugend inspirieren können, dann wird die Jugend die vorausgesagte Geschichte mehr als wahr machen.

Wenn ich darauf hinweise, wofür Menschen in der Vorstellung der Jugend »stehen«, dann will ich damit nicht die ideologische Bestimmtheit und Klarheit der bewunderten Individuen in ihrer Bedeutung für die Jugend überbetonen. Die Wahl bedeutsamer Individuen kann im Rahmen des deutlich Praktischen vor sich gehen, wie in der Schule oder bei der Berufswahl, ebenso wie in religiöser oder ideologischer Verbundenheit, während die Methoden, einen Helden zu wählen, vom banalen Angesprochensein oder dem Haß bis zum gefährlichen Spiel mit den Grenzen der gesunden Vernunft und der Legalität reichen. Gemeinsam aber ist den Gelegenheiten ein gegenseitiges Abschätzen und ein gegenseitiges dringendes Verlangen nach Anerkennung als Individuen, die mehr sein könnten, als sie zu sein scheinen, und deren potentielle Möglichkeiten von der bestehenden oder künftigen Ordnung benötigt werden. Die Vertreter der Erwachsenenwelt, die hier eine Rolle spielen, können Verfechter und Praktiker technischer Akuratesse sein, irgendeiner Methode wissenschaftlicher Forschung, einer überzeugenden Darstellung der Wahrheit, eines Codex des fairen Verhaltens, eines Standards künstlerischer Wahrhaftigkeit oder einer Art von persönlicher Echtheit. Sie werden in den Augen der Jugendlichen zu Vertretern einer Elite, ganz unabhängig davon, ob sie das auch in den Augen der Familien, der Öffentlichkeit oder der Polizei sind oder nicht. Die Wahl kann gefährlich sein, aber für manche Jugendliche ist die Gefahr ein notwendiger Bestandteil des Experiments. Elementare Dinge sind gefährlich, und wenn sich die Jugend nicht übermäßig der Gefahr preisgeben könnte, dann könnte sie sich nicht dem Überleben echter Werte verschreiben — einer der primären Steuermechanismen der psychosozialen Evolution. Die elementare Tatsache besteht, daß das menschliche Wesen erst dann, wenn die Treue ihr Manifestationsgebiet gefunden hat, so weit ist wie, sagen wir, der junge Vogel in der Natur, wenn er sich auf seine eigenen Flügel verlassen und seinen Platz in der ökologischen Ordnung einnehmen kann.

Wenn in der menschlichen Adoleszenz dies Gebiet der Manifestation entweder ein Gebiet des hingebungsvollen Konformismus oder der extremen Widersetzlichkeit, der neuen Weihung oder der Rebellion ist, dann müssen wir uns erinnern, daß der Mensch auf die Verschiedenheit der Bedingungen reagieren muß (und am intensivsten in seiner Jugend). Im Rahmen der psychosozialen Entwicklung können wir sowohl dem eigenständigen Individualisten und Rebellen, wie dem Konformisten eine Bedeutung auf lange Sicht zuschreiben, obgleich unter verschiedenartigen historischen Bedingungen. Denn der gesunde Individualismus und die überzeugte Abweichung von der Norm tragen in sich eine Entrüstung im Dienst einer wiederherzustellenden Ganzheit, ohne die die psychosoziale Entwicklung verloren wäre. So hat die menschliche Anpassung ihre treuen Widersacher, ihre Rebellen, die sich weigern, sich dem einzuordnen, was so oft mit einem entschuldigenden und fatalistischen Mißbrauch eines einst guten Ausdrucks, als »der menschliche Zustand« bezeichnet wird. Die loyale Abtrünnigkeit und die Identitätsbildung bei außerordentlichen Individuen ist häufig mit neurotischen und psychotischen Symptomen verbunden, oder mindestens mit einem verlängerten Moratorium relativer Isolierung, in der all die Entfremdungen der Jugend durchlitten werden. In meinem Buch »Der junge Mann Luther« habe ich versucht, das Leiden eines bedeutenden jungen Mannes in den Zusammenhang seiner Größe und seiner historischen Position zu stellen[7]. Unglücklicherweise aber läßt solch eine Arbeit die Frage unbeantwortet, die für viele Jugendliche die dringlichste bleibt, nämlich die Frage nach der genauen Beziehung zwischen spezieller Begabung und Neurose. Man kann nur sagen, daß es oft eine innere Beziehung zwischen der Originalität der Begabung eines Menschen und der Tiefe seiner persönlichen Konflikte gibt. Aber Biographien, die im Detail auf das Hervortreten dieser beiden Züge im Leben eines Menschen eingehen, dessen Originalität oder Größe schon bezeugt ist, nützen denen wenig, die heute tiefe Konflikte und ungewöhnliche Gaben zu bewältigen haben, und können sie verwirren. Wie auch immer, wir haben heute die psychiatrische Aufklärung und tatsächlich eine psychiatrische Form des

[7] Erik H. Erikson, Der junge Mann Luther, München o. J. (Szczesny).

Sich-seiner-selbst-bewußt-seins, das zu all den anderen Faktoren hinzutritt, die zur Identitätsverwirrung beitragen. Es hat also wenig Sinn, zu fragen (wie es der Rektor von St. Paul's Chathedral in einer Besprechung meines Buches halb scherzhaft tat), ob der Genius des jungen Luther wohl die Anwendungen der Psychiatrie überlebt hätte. Noch hilft es jungen Zeitgenossen eben viel, ihre Zweifel mit der Art von Skrupeln zu vergleichen, wie sie vor unserem »therapeutischen« Zeitalter erlebt wurden. Es mag herzlos scheinen, es auszusprechen, aber Originalität und schöpferische Begabung müssen heute ihr unumschränktes Risiko mit *unseren* herrschenden Werten eingehen — und das kann das Risiko mit einschließen, eine Therapie zu akzeptieren oder abzulehnen. In der Zwischenzeit gibt es den einfachen Test, daß man sich selber fragt, ob man zusammen mit anderen beherrschbaren Schwierigkeiten irgendeine Art von Neurose zu *haben* scheint, oder ob *sie einen hat,* in welchem Falle es nicht zu herabsetzend oder gefährlich sein sollte, Hilfe zu akzeptieren, um die zweite, passive Kategorie in die erste, aktive zurückzuverwandeln. Die Originalität trägt für sich selber Sorge und auf alle Fälle wäre sie eine verdächtige Stütze der Identität, wenn sie von einer Verweigerung des Bedürfnisses nach Hilfe abhinge.

5.

Um nochmals auf die Geschichte der Psychiatrie zurückzukommen: angesichts des klassischen Falles einer jugendlichen Neurose, Freuds erster veröffentlichter Begegnung mit einem achtzehnjährigen Mädchen, das unter einer *»petite hystérie* mit den allergewöhnlichsten somatischen und psychischen Symptomen« litt, ist es interessant, sich zu erinnern, daß Freud am Ende der Behandlung verwirrt feststellte: »Welche Art Hilfe sie von mir verlangen wollte, weiß ich nicht ...« Er hatte ihr seine Deutung hinsichtlich der Struktur ihrer neurotischen Störungen mitgeteilt, eine Deutung die zum zentralen Thema seiner klassischen Publikation über die psychosexuellen Faktoren bei der Entwicklung der Hysterie wurde[8]. Freuds klinische Berichte bleiben über die Jahrzehnte hinweg erstaunlich frisch und heute offenbart uns seine Krankengeschichte deutlich, daß die Geschichte des Mädchens in psychosozia-

[8] Sigmund Freud, »Bruchstück einer Hysterie-Analyse«, in: Gesammelte Werke, Bd. V, S. 160—286.

ler Hinsicht um Fragen der Treue kreiste. Man kann tatsächlich, ohne ernsthaft zu übertreiben, sagen, daß drei Worte ihre soziale Entwicklungsgeschichte kennzeichnen: sexuelle *Untreue* seitens einiger für ihr Leben bedeutsamster Erwachsener; die *Heimtücke,* die darin lag, daß ihr Vater die Versuche seines Freundes ableugnete, das Mädchen zu verführen, die tatsächlich die auslösende Ursache der Krankheit gewesen waren; und eine merkwürdige Tendenz auf seiten aller Erwachsenen um das Mädchen herum, sie zu einer *Vertrauten* in allen möglichen Angelegenheiten zu machen, ohne genug Vertrauen in sie zu haben, die Wahrheiten anzuerkennen, die eine wichtige Rolle in ihrer Krankheit spielten.

Freud natürlich richtete seine Aufmerksamkeit auf andere Probleme, als er mit der Konzentration eines Seelenchirurgen die symbolische Bedeutung ihrer Symptome und ihrer Geschichte erschloß; aber, wie immer, zeichnete er auch bedeutsame Daten auf, die mehr an der Peripherie seines Interesses lagen. So berichtet er unter den Dingen, die ihn etwas verblüfften, daß die Patientin fast außer sich geriet bei dem Gedanken, daß man vermuten könne, sie habe sich die Zustände, die sie krank gemacht hatten, nur eingebildet (und also erfunden), und daß sie »sich ängstlich zu vergewissern (suchte), ob ich auch ganz aufrichtig gegen sie sei« — oder heimtückisch wie ihr Vater. Als sie am Ende den Analytiker und die Analyse verließ, um die Erwachsenen rings um sich her mit den Geheimnissen zu konfrontieren, von denen sie wußte, hielt Freud diese aggressive Aufrichtigkeit für einen Racheakt gegen die Beteiligten und gegen sich selbst; und innerhalb der Tendenz seiner Deutungen hat auch diese ihre Richtigkeit. Trotzdem bedeutete aber, wie wir jetzt erkennen können, das Beharren auf der historischen Wahrheit mehr als nur die Ableugnung einer inneren Wahrheit, besonders bei einem Jugendlichen. Denn die Frage nach dem, was sie unwiderruflich als einen wahrhaftigen oder einen schwindlerischen, einen kranken oder einen rebellischen Typus festlegt, steht im Denken der Jugendlichen in vorderster Linie; und die weitere Frage — ob sie mit dem Abscheu gegen die Zustände, die sie krank machten, recht hatten oder nicht — ist für sie ebenso wichtig, wie es irgendeine Einsicht in die »tiefere« Bedeutung ihrer Krankheit je sein kann. Mit anderen Worten: sie bestehen darauf, daß die Tatsache ihrer Krankheit Anerkennung innerhalb einer Neuformulierung einer historischen Wahrheit findet, die über sich selbst hinaus auf die Möglichkeit neuer und veränderter Bedingungen weist, und daß sie nicht entsprechend den korrupten Bedingungen der Umgebung beurteilt werden, die wünscht, daß sie sich anpassen, oder wie Doras Vater das ausdrückte, als er seine Tochter zu Freud brachte: »Suchen Sie sie jetzt auf bessere Wege zu bringen.«

Kein Zweifel, Dora *war* zur Hysterikerin geworden und die unbewußte symbolische Bedeutung ihrer Symptome *war* psychosexuell; aber die sexuelle Natur ihrer Störung und der vorangehenden Ereignisse in ihrem Fall sollte uns nicht blind machen gegenüber der Tatsache, daß das gemeinsame Thema in all den angedeuteten sexuellen Situationen Untreue war, und daß andere Treulosigkeiten (in der Form weiterer Verrätereien in der Familie wie in der Gemeinschaft) ebenfalls Jugendliche an anderen Orten und in anderen Zeitaltern veranlaßt, auf vielfältige Art krank zu werden.

Tatsächlich tritt die Fähigkeit zur systematischen Symptombildung erst auf, wenn die Adoleszenz erreicht ist: erst wenn die historische Funktion des Seelischen konsolidiert ist, können bedeutsame Unterlassungen und Verdrängungen bestimmend genug werden, um bleibende Symptombildungen und erkennbare Charakterdeformierungen zu verursachen. Die Tiefe der Regression bestimmt die Schwere der Pathologie und damit die anzuwendende Therapie. Das pathographische Bild, das wir im vierten Kapitel als zutreffend für die ganze kranke Jugend skizziert haben, ist in Doras Gesamtzustand deutlich erkennbar, obgleich die Hysterie, als das »höchste« (im Gegensatz zu »tiefen«) aller neurotischen Leiden, die verschiedenen Komponenten weniger bösartig und sogar ein wenig theatralisch macht. Wir sagten schon, daß dies Bild charakterisiert ist durch die Weigerung, den Fluß der Zeit anzuerkennen, während alle elterlichen Prämissen überprüft werden; und Dora litt unter einem »wahrscheinlich nicht ernst gemeinte(n) Taedium vitae«. Aber solch eine Verlangsamung macht das Moratorium der Krankheit zu einem Selbstzweck. In dieser Zeit können Tod und Selbstmord — wir sagten es schon — zu einem unechten ständigen Sich-damit-Befassen werden, das »wahrscheinlich nicht ernst gemeint« ist, und doch manchmal und unvorhersehbar zum Selbstmord führt. Doras Eltern fanden »einen Brief ... in dem sie Abschied von ihnen nahm, weil sie das Leben nicht mehr ertragen könne«. Ihr Vater meinte, »daß kein ernsthafter Selbstmordvorsatz das Mädchen beherrsche«. Solch eine endgültige Entscheidung würde das Leben selbst abbrechen, ehe es zu einer erwachsenen Hinwendung und Verpflichtung führen kann. Es gibt auch eine soziale Isolierung, die jedes Gefühl der Solidarität ausschließt und zu snobistischer Vereinzelung führen kann. Von Dora wird gesagt: »Verkehr suchte sie zu vermeiden«; sie war distanziert und »unfreundlich«. Das Aufflammen einer leidenschaftlichen Ablehnung, das die ersten Schritte einer Identitätsbildung begleiten kann, wendet sich beim Neurotiker gegen das Selbst — »Sie war offenbar weder mit sich noch mit den Ihrigen zufrieden.«

Ein abgelehntes Selbst wiederum kann keine Treue bieten und fürchtet natürlicherweise die Verschmelzung in der Liebe oder in der sexuellen Begegnung. Die Arbeitshemmung, die oft das Bild ergänzt (Dora litt unter »Müdigkeit und Zerstreutheit«), ist in Wirklichkeit eine »Karrierehemmung«, in dem Sinn, daß jede Ausübung von Können oder Methode den ängstlichen Verdacht erregt, das Individuum an die Rolle und den Status zu binden, auf den die jeweilige Aktivität hindeutet; so wird wiederum ein echtes Moratorium unmöglich. Wo fragmentarische Identitäten ausgebildet werden, werden sie mit äußerster Befangenheit empfunden und sofort einem Test unterworfen: Dora bekämpfte offensichtlich ihren eigenen Wunsch, eine intellektuelle Frau zu sein und mit ihrem erfolgreichen Bruder in Wettkampf zu treten. Diese Art von Befangenheit ist eine merkwürdige Mischung von snobistischer Überlegenheit — eine Überzeugung, daß man wirklich zu gut für seine Gemeinschaft, seine geschichtliche Periode, ja für dies Leben sei — und einem ebenso tiefen Gefühl, niemand zu sein.

6.

Wir haben die augenfälligsten sozialen Symptome der jugendlichen Psychopathologie skizziert, teils um zu zeigen, daß die unbewußte Bedeutung und die komplexe Struktur neurotischer Symptome von einem so offenbaren Verhaltensbild begleitet werden, daß man sich manchmal fragt, ob der Patient lügt, wenn er eine so einfache Wahrheit mitteilt, oder die Wahrheit sagt, selbst wenn er sie so augenfällig umgeht. Die Antwort lautet, daß man auf das horchen muß, was Patienten *tatsächlich sagen*, und nicht nur auf die Symbolik, die in ihrer Mitteilung enthalten ist.

Die vorgetragene Skizze dient aber auch als Vergleich zwischen dem isolierten jugendlichen Leiden und jenen Jugendlichen, die versuchen, ihren Zweifel an den Älteren dadurch zu lösen, daß sie sich

Außenseitercliquen und Banden anschließen. Freud fand, daß »Psychoneurosen sozusagen das Negativ der Perversionen« sind[9], was heißen soll, daß Neurotiker unter der Verdrängung der Strebungen leiden, die die Perversen »auszuleben« suchen. Diese Formel kann auch auf die Tatsache angewendet werden, daß vereinsamte Leidende durch ihren Rückzug von der Außenwelt das zu lösen versuchen, was die Mitglieder von Außenseitercliquen und Banden durch rechtswidriges Handeln erreichen möchten.

Wenn wir uns nun dieser Form der jugendlichen Verwirrung zuwenden, dann scheint die Leugnung der Nicht-Umkehrbarkeit der Zeit dadurch zum Ausdruck zu kommen, daß sich eine Clique oder eine Bande selbst zu einem »Volk« oder zu einer »Klasse« ernennt, mit absolut eigener Tradition und Ethik. Der pseudohistorische Charakter solcher Gruppen äußert sich in Namen wie »Die Navajos«, »Die Heiligen«, »Die Edwardians«, während ihre Provokation von der Gesellschaft mit einer Mischung aus machtloser Wut (so oft ein mörderischer Exzeß vorkommt) und einer phobischen Überbesorgtheit beantwortet wird, gefolgt von bösartiger Unterdrückung, auch wenn diese »geheimen Gesellschaften« in Wirklichkeit nicht mehr sind als Moden, denen jeder organisierte Zweck fehlt. Aber sie tragen ein unerschütterliches inneres Gefühl harter Unbeugsamkeit zur Schau, das eine psychologische Notwendigkeit für jedes Mitglied und die logische Grundlage ihrer Solidarität ist, was man am besten versteht, wenn man die Qualen des vereinsamten Jugendlichen mit den zeitweisen Vorteilen vergleicht, die der Anhänger einer Gruppe aus der bloßen Tatsache bezieht, in eine Pseudogesellschaft aufgenommen worden zu sein. Die Zeit-Diffusion, die die Unfähigkeit des Einsamen begleitet, sich eine Laufbahn vorzustellen, wird dadurch »geheilt«, daß sich das Cliquenmitglied »Jobs« zuwendet — Diebstählen, Zerstörungen, Kämpfen, Morden oder perversen Handlungen oder einer Sucht, im Augenblick erdacht und sogleich ausgeführt. Diese »Job«-Orientierung nimmt sich auch der Arbeitshemmung an, da die Mitglieder einer Clique immer »beschäftigt« sind, wenn sie auch nur »herumhängen«. Daß sie keineswegs bereit sind, unter irgendeiner beschämenden Anklage zusammenzuzucken, gilt häufig als Zeichen ihrer totalen persönlichen Verderbnis, während es tatsächlich das Kennzeichen, gera-

9 Sigmund Freud, »Drei Abhandlungen zur Sexualtheorie«, in: Gesammelte Werke, Bd. V, S. 65.

dezu das Insignum, der »Spezies« ist, der der Junge eher bis zum Tode angehören möchte, als sich auf eine Gesellschaft einzulassen, die so erpicht darauf ist, ihn als Kriminellen zu bestätigen und ihn dann als ehemaligen Kriminellen zu »rehabilitieren«.

Was die quälenden Gefühle der Bisexualität oder eines unausgereiften Liebesbedürfnisses beim Vereinsamten anbelangt, so hat der Jugendliche, der sich einer sozial-pathologischen Gruppe anschließt, gerade durch diesen Akt des Anschlusses eine klare Entscheidung getroffen: der Junge ist nachdrücklich männlich, das Mädchen ein weibliches Wesen ohne Sentimentalität. In beiden Fällen können sie sowohl die Liebe wie die Fortpflanzung als Funktionen der Genitalität ablehnen und aus dem Rest eine halbperverse Pseudokultur machen. Auf gleiche Weise werden sie Autorität nur in der ausdrücklichen Form anerkennen, die sie durch den Akt des Anschlusses gewählt haben, während sie die Autorität der offiziellen Welt verwerfen; der Vereinsamte andererseits verwirft die Existenz als solche, und mit ihr sich selbst.

Die Rechtfertigung für die Wiederholung dieser Vergleiche liegt im gemeinsamen Nenner der Treue: die machtlose Sehnsucht des isolierten Leidenden, sich selbst gegenüber treu zu sein, und der energische Versuch des Anhängers, einer Gruppe, ihren Abzeichen und Gesetzen treu zu sein. Ich will mit dieser Feststellung keineswegs leugnen, daß der Vereinsamte krank ist (wie es seine körperlichen und seelischen Symptome bestätigen), oder daß der Gruppenanhänger auf dem Weg sein kann, ein Krimineller zu werden, wie seine zunehmend unwiderruflichen Handlungen und Entscheidungen es bestätigen. Aber sowohl der Theorie wie der Therapie fehlt es am richtigen Ansatzpunkt für eine Wirkung, wenn das Bedürfnis nach (empfangender und gebender) Treue nicht begriffen wird, und besonders, wenn der Jugendliche statt dessen mit radikalen Diagnosen konfrontiert wird, die ihm in jedem Akt der straferziehenden oder therapeutischen Autoritäten bestätigen, daß er ein zukünftiger Krimineller oder ein lebenslanger Patient ist.

Junge Menschen, die zum Extrem ihres Zustands getrieben werden, können am Ende ein größeres Gefühl der Identität darin finden, vereinsamt oder aber ein Verbrecher zu sein, als in irgend etwas, was die Gesellschaft ihnen zu bieten hat. Aber wir unterschätzen die verborgene Empfindlichkeit dieser jungen Menschen gegenüber dem Urteil der Gesellschaft als Ganzes. Wie Faulkner das ausdrückte: »Manchmal glaub' ich, keiner von uns ist reinweg verrückt, und keiner ist reinweg vernünftig, bis der Rest von uns ihn da hinein redet.« Wenn »der Rest von uns« diese jungen Leute als psychotisch oder kriminell diagnostiziert, um wirkungsvoll über sie zu verfügen, kann dies der endgültige Schritt zur Bildung einer negativen Identität sein. Einem hohen Prozentsatz junger Menschen bietet die Gesellschaft nur diese eine schlagende »Bestätigung«. Natürlich werden die Banden zur Subgesellschaft jener, die so bestätigt wurden.

In Doras Fall habe ich versucht, die Phänomenologie des Bedürfnisses nach Treue aufzuzeigen. Was die jungen Kriminellen anbetrifft, so kann ich nur wieder einen jener seltenen Zeitungsberichte zitieren, der genug von einer Geschichte vermittelt, um die Elemente zu zeigen, die dabei eine Rolle spielen. Kai T. Erikson und ich haben dieses Beispiel als Einleitung zu unserem Artikel »Die Bestätigung des Kriminellen« benutzt [10].

Richter verhängt Zwangsarbeit für freche Antwort

Wilmington, D. D. (UP) — Ein »kesser« Jugendlicher, der enge Hosen und einen Elvis-Presley-Haarschnitt trug, trat heute sechs Monate Zwangsarbeit im Straßenbau an, weil er dem verkehrten Richter eine freche Antwort gegeben hatte.

Michael A. Jones, 20, aus Wilmington wurde im Junior's Superior Court des Richters Edwin Jay Roberts wegen rücksichtslosen Fahrens eines Wagens zu 25 Dollar und den Kosten des Verfahrens verurteilt. Er konnte die Sache aber einfach nicht auf sich beruhen lassen. »Ich kann mir vorstellen, wie das war, mit ihren engen Hosen und ihrem Haarschnitt«, sagte Roberts, als er die Summe festsetzte. »Machen Sie nur so weiter, und ich sage ihnen voraus, daß Sie in fünf Jahren im Gefängnis sitzen.«

Während Jones hinüberging, um seine Strafe zu bezahlen, hörte er, wie der Bewährungsbeamte Gideon Smith dem Richter erzählte, wieviel Schwierigkeiten ihm der jugendliche Missetäter bereitet habe. »Ich möchte Ihnen nur mitteilen, daß ich kein Dieb bin«, unterbrach Jones, zum Richter gewendet.

Die Stimme des Richters dröhnte zum Gerichtsschreiber hinüber: »Ändern Sie das Urteil auf sechs Monate Zwangsarbeit im Straßenbau.«

Ich zitiere diese Geschichte hier, um die Deutung zuzufügen, daß der Richter in diesem Fall (weder Richter noch Fall unterscheiden sich von einer Unzahl anderer) als Beleidigung der Würde der Autorität auffaßte, was auch eine verzweifelte »historische« Abwehr gewesen sein kann, ein Versuch, die Forderung anzubringen, daß eine wirk-

---

10 Erik H. Erikson und Kai T. Erikson, »The Confirmation of the Delinquent«, in: The Chicago Review, Bd. 10 (1957), S. 15—23.

lich antisoziale Identität noch nicht gebildet sei, und daß genug Unterscheidungsvermögen und potentielle Treue übrig seien, aus denen jemand, dem daran läge, etwas machen könnte[11]. Aber was der junge Mann und der Richter statt dessen daraus machten, würde vermutlich die Unwiderruflichkeit besiegeln und das Verhängnis bestätigen. Ich sage »vermutlich«, weil ich nicht weiß, was in diesem Fall geschah; wir kennen aber die hohe Rückfallquote bei jugendlichen Kriminellen, die während der Jahre der Identitätsbildung durch die Gesellschaft in eine ausschließliche Identifizierung mit verhärteten Verbrechern hineingezwungen werden.

7.

Die Psychopathologie der Jugend legt also eine Erwägung des gleichen Problems nahe, das wir bei den evolutionären und entwicklungsmäßigen Aspekten dieses Lebensstadiums wirksam fanden. Und wenn wir uns jetzt zur Geschichte zurückwenden, so läßt sich nicht übersehen, daß zu Zeiten politische Untergrund-Bewegungen aller Art nicht nur das »sichere« Bedürfnis nach Treue nützen können und nützen, das sich bei jeder neuen Generation findet, die nach neuen Anliegen Ausschau hält, sondern auch den Vorrat an Wut, der sich bei denen angesammelt hat, die in ihrem Bedürfnis, irgendeinen Glauben zu entwickeln, vollständig im Stich gelassen worden sind. Hier kann die

---

11 24. Januar 1967: Während ich dies wieder lese, berichtet die *London Times* von folgender Selbstbestätigung eines negativen Vorschlags: Ein 23-jähriger künftiger Erbe eines Vermögens von 40 000 Pfund Sterling befindet sich in ernsten Schwierigkeiten. Gemäß dem Testament seines Pflegevaters sollte ihm dies Geld zufallen, wenn er 48 Jahre alt ist, »vorausgesetzt, daß er in der Zwischenzeit nicht zu einer Gefängnisstrafe von zwei Jahren oder mehr verurteilt wird«. Diese Bedingung hatte, wie der Berichterstatter sagt, »eine erschreckende Auswirkung auf den jungen Mann und machte ihn für sich selbst und die Gesellschaft völlig wertlos«. Und tatsächlich hatte er es schon zu 15 Monaten Gefängnis gebracht, als das Appellationsgericht offenbar einen selbstzerstörerischen Impuls bei dem jungen Mann bemerkte und ihm eine dreijährige Bewährungsfrist zubilligte unter der Bedingung, daß er in eine psychiatrische Klinik eintrat. Aber er brauchte nur zwei Wochen, bis er von einem Komitee aus Ärzten und Patienten hinausgeworfen wurde, weil er auf der Krankenabteilung Rauschgift verteilt hatte. Der Spruch des Komitees lautete: Ein Mensch, der das tut, will nicht hierbleiben. Wird es dem jungen Mann gelingen, seinen Willen gegen den letzten Willen seines Pflegevaters durchzusetzen?

soziale Erneuerung die soziale Pathologie nutzen und ausgleichen, ebenso wie beim einzelnen eine Begabung in Beziehung zur Neurose stehen und diese ausgleichen kann. Da aber die Adoleszenz ein Zwischenstadium ist, kann die ganze Hingabe, der Mut und die Erfindungskraft der Jugend auch von Demagogen ausgenützt werden, während aller ideologische Realismus ein jugendliches Element beibehält, das, wenn die historische Aktualität sich ändert, zur bloßen Vorspiegelung werden kann.

Als die Stärke der disziplinierten Hingabe kann Treue also in der Beteiligung der Jugend an vielen Arten von Erfahrungen erworben werden, wenn sie nur das Wesen irgendeines Aspekts der Ära aufweisen, der die Jugend einmal angehören soll — als Nutznießer und Hüter der Tradition, als Praktiker und Erfinder in der Technologie, als Wiederhersteller und Erneuerer der ethischen Stärke, als Rebellen, die entschlossen sind, das Überlebte zu zerstören und als von der Norm abweichende Außenseiter mit fanatischen Überzeugungen. Dies, zumindest, scheint das Potential der Jugend in der psychosozialen Evolution zu sein; und wenn das wie eine Rationalisierung klingt, die jede hochtönende Selbstillusion in der Jugend bestärkt, jede Selbstverwöhnung, die sich als Hingabe maskiert oder jede selbstgerechte Entschuldigung für blinde Zerstörung, so macht es wenigstens die ungeheure Vergeudung verständlich, die damit verbunden ist, wie ja auch mit jedem anderen Mechanismus der menschlichen Anpassung riesige Verluste verbunden sind. Unser Verständnis dieser verlustreichen Prozesse wird, worauf ich schon hinwies, durch die »klinische« Zurückführung der Phänomene der Adoleszenz auf ihre infantilen Vorgänger und auf eine zugrundeliegende Dychotomie von Trieb und Gewissen nur teilweise gefördert. Wir müssen auch die Funktion der Adoleszenz in Gesellschaft und Geschichte verstehen, denn die jugendliche Entwicklung umfaßt eine neue Reihe von Identifikationsprozessen, sowohl mit bedeutsamen Personen wie mit ideologischen Kräften, die dadurch sowohl die Stärke (wie wir jetzt spezifizieren müssen) wie die Schwächen des jugendlichen Denkens übernehmen.

In der Jugend überschneidet sich die Lebensgeschichte mit der Gesamtgeschichte; hier werden die einzelnen in ihren Identitäten bestätigt und die Gesellschaften in ihrem Lebensstil regeneriert. Aber dieser Prozeß bedeutet auch ein verhängnisvolles Fortleben adoleszenter Denkweisen und jugendlicher Enthusiasmen in den historischen und ideologischen Perspektiven des Menschen, und eine Spaltung zwischen erwachsener Vernunft und idealistischer Überzeugung, was sowohl in der politischen wie auch der klerikalen Redekunst nur zu offensichtlich wird.

Wie schon im zweiten Kapitel ausgeführt, sind historische Prozesse schon in der Kindheit in den Kern des Individuums eingedrungen. Die vergangene Geschichte lebt in den idealen und den schlechten Prototypen fort, die die Bilderwelt der Eltern beherrschen und Märchen und Familienüberlieferung, Aberglaube und Klatsch und die einfachen Lehren der frühen Spracherziehung tönen. Die Historiker machen im allgemeinen wenig aus dieser Tatsache; sie legen nur Rechnung ab über den Wettkampf autonomer historischer Ideen und kümmern sich nicht darum, daß diese Ideen in das Leben von Generationen hinabreichen und durch das tägliche Erwecken und Üben historischer Bewußtsein bei jungen Individuen wieder hervortreten: auf dem Weg über die Mythenbildner der Religion und der Politik, der Künste und Wissenschaften, des Schauspiels, des Kinos und der Dichtung — die alle mehr oder weniger bewußt, mehr oder weniger verantwortlich zur historischen Logik beitragen, die die Jugend aufnimmt. Und heute müssen wir, mindestens in den Vereinigten Staaten, auch die Psychiatrie und die Sozialwissenschaft hinzufügen, sowie — und das gilt für die ganze Welt — die Presse, die alles signifikante Verhalten an die Öffentlichkeit zwingt und sofort die Entstellung durch die Art des Berichts und die Reaktion des Herausgebers hinzufügt. Wir sagten, daß jede Generation, um in die Geschichte einzutreten, eine Identität finden muß, die in Einklang mit ihrer eigenen Kindheit steht, und in Einklang mit einem ideologischen Versprechen in dem wahrnehmbaren historischen Prozeß. Aber in der Jugend beginnen die Gesetzestafeln der Kindheitsabhängigkeit sich langsam zu wenden: es ist nicht länger nur Sache der Alten, den Jungen den Sinn des Lebens zu erläutern. Es sind die Jungen, die durch ihre Reaktionen und Aktionen den Alten sagen, ob das Leben, wie es ihnen dargestellt wird, ein vitales Versprechen bietet, und es sind die Jungen, die in sich die Macht tragen, diejenigen zu bestätigen, die sie bestätigen, die Macht zu erneuern und zu regenerieren, zu verwerfen, was verrottet ist, zu reformieren und zu rebellieren.

Und dann gibt es die »Jugendführer«, die auf die eine oder andere Weise »mit der Jugend identifiziert« sind. Ich habe von Hamlet als einem mißglückten ideologischen Führer gesprochen. Sein Drama vereinigt all die Elemente, aus denen erfolgreiche ideologische Führer gemacht sind: es sind häufig jene Postadoleszenten, die gerade aus den Widersprüchen ihrer verzögerten Adoleszenz die Polaritäten ihres Charismas ableiten. Individuen mit einer ungewöhnlichen Tiefe des Konflikts, besitzen sie häufig auch unheimliche Gaben und unheimliches Glück, womit sie der Krise einer ganzen Generation die Lösung ihrer eigenen persönlichen Krise anbieten — immer, wie Woodrow Wilson das ausdrückte, »verliebt in die Aktivität in großem Maßstab«, immer vom Gefühl erfüllt, daß ihr eigenes Leben so gestaltet werden muß, daß es im Leben aller zählt, immer überzeugt, daß das, was sie als Jugendliche erschütterte, ein Fluch, ein Sturz, ein Erdbeben, ein Blitzschlag war, kurzum, eine Offenbarung, die mit ihrer Generation und vielen kommenden geteilt werden muß. Ihr bescheidener Anspruch, gegen ihren eigenen Willen erwählt zu sein, schließt einen Wunsch nach weltweiter Macht nicht aus. »In fünfzig Jahren«, schrieb Kierkegaard in den Aufzeichnungen seines spirituellen Monologs, »wird die ganze Welt mein Tagebuch lesen.« Er empfand vielleicht, und nicht unbedingt mit einem Gefühl des Triumphs, daß der drohende Stillstand der Massenideologien ein Vakuum schaffen würde, das für die Ideologie der nebeneinander herlaufenden Isolierung, für den Existentialismus, bereit stünde. Wir müssen die Frage untersuchen (ich habe sie in meiner Studie über den jungen Luther angeschnitten), was ideologische Führer der Geschichte antun — ob sie zuerst nach Macht streben und dann geistigen Zweifeln unterliegen, oder ob sie zuerst der spirituellen Verdammnis gegenüberstehen und dann weltweiten Einfluß suchen. Ihren Antworten gelingt es oft, unter der Überschrift einer umfassenderen Identität alles zu subsumieren, was den Menschen, besonders den jungen, in kritischen Zeiten bedrängt: Gefahr von seiten der neuen Erfindungen und Waffen; Angst vor den Kindheitstraumata, die für die Zeit typisch sind, und existentielle Angst vor den Beschränktheiten des Ichs, die in Zeiten sich auflösender Superidentitäten vergrößert ist.

Und bedarf es übrigens nicht eines besonderen, merkwürdigen Gefühls, berufen zu sein, um zu wagen — und sich darum zu bemühen — so umfassende Antworten zu erteilen? Ist nicht zu vermuten und tatsächlich nachzuweisen, daß sich unter den leidenschaftlichsten Ideologen Jugendliche finden, die nicht zu einer neuen Synthese gelangt sind, die den stolzen Augenblick ihrer vorübergehenden Ich-Wiederherstellung auf ihre Ideen übertragen, den Augenblick ihres zeitweisen Sieges über die Kräfte des Daseins und der Geschichte, aber auch die Pathologie ihrer tiefsten Isolierung, die Abwehrhaltung ihres für immer im Zustand der Adoleszenz verharrenden Ichs — und ihre Angst vor der Ruhe des Erwachsenseins. »Über vierzig hinaus zu leben«, bemerkt Dostojewskis Tagebuchschreiber aus dem Untergrund, »zeugt von schlechtem Geschmack.« Es würde sowohl historische wie psychologische Untersuchungen rechtfertigen, um festzustellen, wie manche der einflußreichsten politischen Führer sich von der Elternschaft abgewandt haben, um dann in mittleren Jahren auch am Problem ihrer Führerschaft zu verzweifeln.

Es ist deutlich, daß heute die ideologischen Bedürfnisse der ganzen Jugend (mit Ausnahme der jungen Intellektuellen humanistischer Tradition) zunehmend durch eine Unterordnung der Ideologie unter die technologische Superidentität erledigt werden, in der selbst der amerikanische Traum und die marxistische Revolution zusammentreffen. Wenn ihr Wettkampf aufgehalten werden kann, ehe er zur wechselseitigen Vernichtung führt, ist es durchaus möglich, daß eine neue Menschheit, die einsieht, daß sie jetzt in gigantischem Maßstab sowohl aufbauen wie zerstören kann, ihre (männliche und weibliche) Intelligenz auf die ethische Frage konzentrieren wird, wie die menschlichen Generationen funktionieren — abgesehen von Produkten, Mächten und Ideen. Ideologien haben auch in der Vergangenheit ein ethisches Korrektiv umfaßt, aber eine neue Ethik muß am Ende das Bündnis von Ideologie und Technologie transzendieren, denn die große Frage wird sein, wie der Mensch, aus ethischen und die Generationenfolge berücksichtigenden Gründen die Anwendung der technologischen Expansion *beschränken* wird, selbst wo sie für eine Weile Prestige und Profit zu erhöhen verspricht.

Morallehren überleben sich selbst früher oder später, die Ethik niemals: darauf scheint das Bedürfnis nach Identität und nach Treue, das mit jeder Generation wiedergeboren wird, hinzudeuten. Man kann nachweisen, daß die Moral im moralistischen Sinn auf Aberglauben und irrationale innere Mechanismen gegründet ist, die tatsächlich immer wieder die ethische Struktur von Generationen untergraben; aber man kann auf die alte Moral nur verzichten, wo eine neue und umfassendere Ethik herrscht. Das ist die Weisheit, die die Aussagen vieler Religionen dem Menschen zu vermitteln suchten. Er hat sich beharrlich an die ritualisierten Worte geklammert, obgleich er sie nur undeutlich verstanden und in seinen Taten nicht beachtet oder völlig pervertiert hat. Aber in alten Weisheiten ist vieles enthalten, was jetzt, vielleicht, zu Wissen werden kann.

Wenn in der nahen Zukunft Völker verschiedener stammesmäßiger und nationaler Vergangenheit sich zu dem zusammenschließen, was am Ende die Identität einer einzigen Menschheit werden muß, dann können sie zu Beginn eine gemeinschaftliche Sprache nur im Funktionieren der Wissenschaft und der Technik finden. Das wiederum könnte ihnen durchaus helfen, den Aberglauben ihrer traditionellen Morallehren transparent zu machen und könnte es ihnen sogar ermöglichen, eine historische Periode schnell zu überwinden, während derer sie an die Stelle ihrer vielberufenen historischen Identitätsschwäche eine großspurige Superidentität von Neonationalismen setzen müssen. Aber sie müssen auch über die Hauptideologien der jetzt »etablierten« Welt hinausschauen, die als Zeremonienmasken angeboten werden, um sie anzulocken und zu erschrecken. Das ausschlaggebende Problem ist nicht die Schaffung einer neuen Ideologie, sondern einer weltgültigen Ethik, die aus einer weltweiten technologischen Zivilisation hervorgeht. Sie kann nur von Männern und Frauen getragen werden, die weder ideologische Jugendliche noch moralistische Greise sind, die aber wissen, daß von Generation zu Generation die Bestätigung dessen, was du hervorbringst in der *Fürsorge* liegt, die es einflößt. Wenn es überhaupt eine Hoffnung gibt, so ist es die auf eine Welt, die stärker herausfordert, brauchbarer und verehrenswürdiger ist als alle retrospektiven und prospektiven Mythen: es ist die Hoffnung auf eine historische Realität, um die man sich endlich ethisch bemüht.

SIEBTES KAPITEL

DIE WEIBLICHKEIT UND DER INNERE RAUM

1.

Es gibt eine große Zahl ökonomischer und praktischer Gründe dafür, daß die Situation der Frau in der modernen Welt intensiver wahrgenommen wird. Aber es gibt auch weniger leicht zu fassende und dunklere Gründe. Die Allgegenwart der nuklearen Bedrohung, der Durchbruch ins Weltall und die wachsende weltumspannende Kommunikation bringen einen totalen Wandel im geographischen Raum- und im historischen Zeitgefühl mit sich, und so fordern sie nichts Geringeres als eine Neudefinition der Identität der Geschlechter innerhalb eines neuen Bildes vom Menschen. Ich kann hier nicht auf die Bündnisse und Gegensätze der beiden Geschlechter in früheren Stilarten von Krieg und Frieden eingehen. Das ist eine Geschichte, die erst noch geschrieben, ja, noch entdeckt werden muß. Aber es ist klar, daß die Gefahr von Giften, die der Mensch herstellt und die aus dem Weltraum ins Innere der Ungeborenen in den Schößen der Frauen dringen, plötzlich eine der männlichen Hauptbeschäftigungen, nämlich die »Lösung« von Konflikten durch periodische »größere und bessere Kriege«, ihren eigenen Grenzen nahegerückt hat. Die Frage erhebt sich, ob solch eine Vernichtungsmöglichkeit, wie sie jetzt in der Welt besteht, weiterhin so fortbestehen soll, ohne daß die Mütter der Spezies Mensch in den Ratsversammlungen vertreten sind, in denen das Bild der Welt geprägt und die Entscheidungen gefällt werden.

Die besonderen Gefahren des nuklearen Zeitalters haben der männlichen Führung die Grenze ihrer adaptiven Phantasie gezeigt. Die herrschende männliche Identität beruht auf der Zuneigung zu dem, was »funktioniert« und was der Mensch machen kann, ob es nun dazu beiträgt zu bauen oder zu zerstören. Gerade aus diesem Grunde stellt die nur allzu offensichtliche Notwendigkeit, einige der möglichen Höhepunkte des technologischen Triumphs und der politischen Hegemonie um der reinen Bewahrung der Menschheit willen zu opfern, nicht an sich ein Unternehmen dar, das das männliche Identitätsgefühl steigert. Es trifft zwar zu, daß ein amerikanischer Präsident sich gedrängt fühlte zu sagen: »Ein Kind ist keine Statistik« (und es mit tiefer Empfindung zu sagen); aber die fast verzweifelte Dringlichkeit seiner Einwendungen machten deutlich genug, daß wir einer neuen Art von politischer und technologischer Ethik bedürfen. Vielleicht, wenn die Frauen nur die Entschlossenheit entwickeln würden, öffentlich zu vertreten, wofür sie privat schon immer, in der Entwicklung und in der Geschichte, einstanden (Realismus im Haushalten, Verantwortung in der Erziehung, Erfindungsgabe im Friedenhalten und Hingabe in der Heilung), dann könnten sie durchaus eine ethisch einschränkende, weil wirklich übernationale, Macht zur Politik im weitesten Sinn beisteuern.

Ich glaube, daß viele Männer und Frauen dies öffentlich erhoffen, und sehr viel mehr noch im Geheimen. Aber ihre Hoffnungen kollidieren mit herrschenden Tendenzen unserer technologischen Zivilisation und auch mit tiefen inneren Widerständen. Der »selfmade« Mann, der der Frau eine relative Emanzipation »zubilligte«, konnte nur sein selbstgeschaffenes Bild als Modell der Angleichung bieten, und so scheint heute ein Großteil der Freiheit, die die Frauen gewonnen haben, dafür verausgabt worden zu sein, Zugang zu einem begrenzten Wettbewerb in der Laufbahn, zu standardisiertem Konsum und zu einem unentwegten Bau von Einfamilienhäusern zu erringen. So hat die Frau auf viele Weisen ihren Platz innerhalb der Typologien und Kosmologien beibehalten, die zu kultivieren und zu idolisieren ausschließlich die Männer Gelegenheit hatten. Mit anderen Worten: selbst wo die Gleichheit der Realisierung nähergerückt ist, hat sie doch nicht zur Gleichwertigkeit geführt, und gleiche Rechte haben keineswegs gleiche Vertretungen sichergestellt, in dem Sinn, daß die tiefsten Anliegen der Frauen Ausdruck in ihrem Einfluß fänden oder gar in ihrer aktuellen Rolle im Spiel der Macht. Angesichts der gigantischen Einseitigkeit, die droht, den Menschen zum Sklaven seiner triumphierenden Technologie zu machen, ist die im Augenblick modische Diskussion darüber, ob und wie die Frau »völlig menschlich« werden könnte, wirklich eine kosmische Parodie und man sehnt sich, ausnahmsweise, nach Göttern mit einem Sinn für Humor. Schon die Frage, was es hieße, »völlig menschlich« zu sein, und wer das Recht hat, es wem zuzubilligen, zeigt an, daß eine Diskussion der männlichen und der weiblichen Elemente in den Möglichkeiten der menschlichen Natur ziemlich grundlegende Probleme umfassen muß.

Wenn man sich diesen Problemen zuwendet, kann man daher nicht umhin, gewisse emotionale Reaktionen oder Widerstände zu erforschen, die eine gemeinsame Diskussion behindern. Wir haben alle die Tatsache beobachtet, daß es fast unmöglich scheint, Wesen und Erziehung der Frau zu diskutieren, ohne die Schlagworte für und gegen die allzu kürzlich erfolgte Emanzipation auf den Plan zu rufen. Der moralistische Eifer überlebt die gewandelten Bedingungen und das feministische Mißtrauen überwacht den Versuch jedes Mannes, die Einzigartigkeit der Frau zu definieren, als wäre zu erwarten, daß er unter der Einzigartigkeit eine angeborene Ungleichheit verstünde. Doch scheint es noch erstaunlich schwierig für viele Frauen, deutlich zu sagen, was sie am tiefsten fühlen, und für das, was für sie akut und aktuell ist, die richtigen Worte zu finden, ohne zu viel oder zu wenig zu sagen und ohne es mit Herausforderung oder mit Entschuldigungen zu sagen. Manche Frauen, die lebhaft und tief denken und beobachten, scheinen nicht den Mut zu ihrer angeborenen Intelligenz zu haben, als hätten sie irgendwie Angst, daß sich bei einer letzten Gegenüberstellung ergeben könnte, daß sie keine »wirkliche« Intelligenz besitzen. Selbst der erfolgreiche akademische Wettstreit hat das bei vielen nicht korrigieren können. So sind Frauen noch immer schnell bereit, auf »ihren Platz« zurückzugehen, wann immer sie sich fehl am Platz fühlen. Auch in der Beziehung führender Frauen zueinander und zu ihren Anhängerinnen scheint ein großes Problem zu bestehen. Soweit ich es beurteilen kann, neigen »führende« Frauen allzuoft dazu, auf zu sprunghafte, moralisierende oder scharfe Art zu führen (als stimmten sie der Behauptung zu, daß nur außerordentliche und harte Frauen denken können), statt sich über das zu informieren und dem Stimme zu verleihen, was die Masse der unentschiedenen Frauen gerne ausdrücken möchte, und wozu zu stehen sie bereit sind, und wofür sie also eine gleichberechtigte Stimme in den Weltaffären verwenden würden.

Das Zögern vieler Männer andererseits, verantwortlich auf die neue »feministische« Unruhe zu reagieren, ebenso wie die erregte Ablehnung anderer legt Erklärungen auf vielen Ebenen nahe. Zweifellos gibt es bei Männern den aufrichtigen Wunsch, um jeden Preis eine sexuelle Polarität zu retten, eine vitale Spannung und einen wesenhaften Unterschied, die ihrer Meinung nach in zu viel Gleichheit, Gleichberechtigung und Gleichwertigkeit untergehen könnten, oder auf alle Fälle in zu viel befangenem Reden. Darüber hinaus hat die Abwehrbereitschaft der Männer (und hier müssen wir die besterzogenen einschließen) viele Facetten. Wo Männer begehren, möchten sie Begehren erwecken, nicht sich einfühlen und nicht um Einfühlung bitten. Wo sie nicht begehren, scheint es ihnen schwierig mitzuempfinden, besonders wenn das Mitgefühl erfordert, daß man den anderen in sich selbst und sich selbst im anderen sieht, und wo daher der Schrecken vor verwischten Abgrenzungen imstande ist, sowohl die Freude an der Andersheit wie die Sympathie für die Gleichheit zu töten. Es ist ja auch verständlich, daß da, wo dominante Identitäten davon abhängen, daß man dominant ist, es schwer wird, dem Dominierten Gleichberechtigung zuzubilligen. Und schließlich: wo man sich exponiert, bedroht oder in die Enge getrieben fühlt, da kann man nicht leicht Einsicht üben.

Für all das gibt es jahrtausendealte psychologische Gründe. Es scheinen da so seltsame Themen aufzutauchen, daß der vernünftige Mensch sie lieber ignoriert und sich auf irgendeiner Tangente absetzt. Unter diesen Themen haben die physiologischen Veränderungen jenes Alltagswunders, der Schwangerschaft und der Geburt, und die damit verbundenen emotionalen Bedrohungen, jeden Mann während seiner Kindheit und Jugend und auch darüber hinaus beunruhigt. In seinen Berichten über Kulturen und Geschichtsperioden nimmt der Mann davon nur Kenntnis als von einer vermutlich notwendigen Neben-Vorführung. Er schreibt das Überleben des Menschen gewohnheitsmäßig der stolzen Gedankenarbeit der menschlichen Pläne zu, ohne sich der Tatsache zu erinnern, daß, während jeder Plan ausprobiert und viele verworfen wurden, die Frauen der Aufgabe gerecht geworden sind, einiges Wesentliche zusammenzuhalten, wiederaufzubauen und Wiederaufbauer großzuziehen. Offensichtlich kündigt sich ein neues Gleichgewicht des Männlichen und Weiblichen, des Väterlichen und Mütterlichen nicht nur in den sich anbahnenden Veränderungen in der Beziehung der Geschlechter zueinander an, sondern auch in der umfassenderen Bewußtheit, die sich überall ausbreitet, wo Wissenschaft, Technologie und echte Selbsterforschung voranschreiten. Aber eine Diskussion im heutigen Klima erfordert noch das Eingeständnis, daß Ambivalenzen und Doppeldeutigkeiten durch den Versuch, begrenzte Einsichten in diesen Dingen miteinander zu teilen, zeitweise eher verstärkt als gelöst werden können.

2.

Es gibt noch eine andere allgemeine Überlegung, die der Diskussion eines so unvollständig formulierten Themas vorangehen muß, eines Themas außerdem, das immer seine intensive Aktualität beibehalten wird. Jeder Bearbeiter muß und wird da anfangen, wo er steht, das heißt, wo er das Gefühl hat, daß sein Arbeitsbereich und seine Bemühungen, das Problem, so wie er es nun sieht, zu klären, Erfolg hatten, beziehungsweise dem Problem nicht gerecht wurden. Aber so oft er auch anfängt, er kann leicht die Antwort erhalten, die ein Farmer aus Vermont dem Autofahrer gab, der ihn nach dem Wege fragte: »Na ja, wenn ich dahin möchte, wo Sie hin möchten, würde ich nicht von hier aus starten.« Hier ist, wo ich bin, und von wo aus ich anfangen muß. In meinem Vorwort zu dem Buch, das sich aus der Jugendproblematik von *Daedalus*[1] entwickelte, habe ich darauf hingewiesen, daß es diesem außergewöhnlichen Symposion nicht gelungen sei, das Problem der Identität der weiblichen Jugend völlig zu entwickeln — obgleich Bruno Bettelheim einen entschlossenen Anfang gemacht hatte. Ich empfand das als ein ernsthaftes theoretisches Hindernis. Denn der Entwicklungsforscher und Praktiker der Psychoanalyse weiß, daß das Lebensstadium, das für das Auftreten einer integrierten weiblichen Identität entscheidend ist, im Schritt von der Jugend zur Reife besteht, dem Stadium, in dem die junge Frau, unabhängig von ihrer Arbeitskarriere, auf die Fürsorge verzichtet, die sie von ihrer elterlichen Familie empfing, um sich selbst der Liebe eines Fremden und der Fürsorge für seine und ihre Nachkommen zuzuwenden.

Ich habe darauf hingewiesen, daß die geistige und emotionale Fähigkeit, Treue zu empfangen und zu geben, den Abschluß der Adoleszenz bezeichnet, während das Erwachsensein mit der Fähigkeit beginnt, Liebe und Fürsorge zu empfangen und zu geben. Denn die Stärke der Generationen (und damit meine ich ein Urvermögen, das allen Mannigfaltigkeiten der menschlichen Wertsysteme zugrunde liegt) hängt von dem Prozeß ab, durch den die Jugendlichen beiderlei Geschlechts ihre individuellen Identitäten finden, sie in Intimität, Liebe und Ehe verschmelzen, ihre jeweiligen Traditionen wieder mit Leben

[1] Vorwort zu »Youth: Change and Challenge«, hgg. von Erik H. Erikson, New York 1963 (Basic Books).

erfüllen und zusammen die nächste Generation erschaffen und großziehen. Was immer sich an sexuellen Unterschieden und Dispositionen im bisherigen Leben entwickelt hat, das wird hier endgültig polarisiert, denn sie müssen zum Teil des Gesamtprozesses von Produktion und Fortpflanzung werden, der das Erwachsensein kennzeichnet. Aber wie unterscheidet sich die Identitätsbildung der Frauen kraft der Tatsache, daß ihr somatischer Grundplan einen »inneren Raum« beherbergt, dazu bestimmt, die Nachkommen erwählter Männer zu tragen, und damit eine biologische, psychologische und ethische Verpflichtung, für die Kindheit des Menschengeschlechts Sorge zu tragen? Ist nicht das Vermögen zu dieser Verpflichtung (ob sie nun mit einem Beruf kombiniert ist und selbst ob sie in aktueller Mutterschaft verwirklicht wird oder nicht) das Kernproblem der weiblichen Treue?

Die psychoanalytische Psychologie der Frauen allerdings »fängt nicht von hier aus an«. In Übereinstimmung mit ihrer »ursprungsgerichteten« Orientierung, das heißt dem Bestreben, die Bedeutung eines Problems aus seinen Ursprüngen abzuleiten, beginnt sie mit den frühesten Erfahrungen der Differenzierung, die größtenteils aus den Äußerungen von Patientinnen rekonstruiert werden, die mit ihrer Weiblichkeit und der fortdauernden Ungleichheit, zu der sie sie zu verurteilen scheint, zwangsläufig auf Kriegsfuß stehen. Da aber die psychoanalytische Methode nur in der Arbeit mit akut leidenden Individuen, seien es Erwachsene oder Kinder, entwickelt werden konnte, war nicht zu umgehen, daß man klinisches Material als ursprünglichen Ausgangspunkt für die Untersuchung dessen akzeptierte, was das kleine Mädchen, wenn es der Geschlechtsunterschiede gewahr wird, als beobachtbare Tatsache kennen, durch das Auge oder durch Berührung untersuchen, als intensive Lust oder unlustvolle Spannung fühlen, oder mit den kognitiven oder vorstellungsmäßigen Mitteln, die ihm zur Verfügung stehen, erschließen oder intuitiv erfassen kann. Ich glaube, man darf gerechterweise sagen, daß die psychoanalytische Ansicht von der Weiblichkeit sehr stark durch die Tatsache beeinflußt ist, daß die ersten und grundlegenden Beobachtungen von Therapeuten gemacht wurden, deren Aufgabe es war, Leiden zu verstehen und ihnen ein Heilmittel anzubieten, und daß sie gezwungenermaßen die weibliche Psyche mit männlichen Mitteln der Einfühlung verstehen und daß sie anbieten mußten, was das Ethos der Aufklärung vorschrieb, nämlich »die Hinnahme der Realität«. Es stimmt mit dieser historischen Position überein, daß sie in dem rekonstruierten Leben des kleinen Mädchens in erster Linie einen Versuch sahen, das zu beobachten, was man sehen und anfassen konnte (nämlich was bei Jungens vorhanden ist und bei Mädchen nur kaum), und auf diese Beobachtung »infantile Sexualphantasien« von gewaltiger Konsequenz zu begründen.

Von diesem Standpunkt aus hat die augenfälligste Tatsache, daß nämlich Kinder beiderlei Geschlechts früher oder später »wissen«, daß dem einen Geschlecht der Penis fehlt und an seiner Stelle eine wundenartige Öffnung hinterläßt, zu Generalisierungen hinsichtlich des Wesens und der Erziehung der Frauen geführt. Von einem adaptiven Standpunkt aus allerdings scheint es nicht vernünftig anzunehmen, daß Beobachtung und Einfühlung, außer in Augenblicken akuter oder vorübergehender Störung, sich so ausschließlich auf das richten sollten, was nicht da ist. Das weibliche Kind neigt unter allen, außer den extremsten städtischen Bedingungen dazu, an älteren Mädchen, Frauen und weiblichen Tieren Zeugnisse der Tatsache zu beobachten, daß im Körperinneren ein Raum vorhanden ist, der sowohl produktive wie gefährliche Möglichkeiten enthält. Hier denken wir nicht nur an Schwangerschaft und Geburt, sondern auch an das Stillen und all die üppig konvexen Teile der weiblichen Anatomie, die an Fülle, Wärme und Freigiebigkeit denken lassen. Man fragt sich zum Beispiel, ob Mädchen sich über beobachtete Symptome der Schwangerschaft oder der Menstruation ebenso beunruhigen wie (gewisse) Jungen, oder ob sie derartige Beobachtungen in die Rudimente einer weiblichen Identität aufnehmen — außer, natürlich, sie werden vor der Möglichkeit »beschützt«, die Allgegenwärtigkeit und Bedeutung dieser natürlichen Erscheinungen zu verstehen. Nun werden zweifellos in verschiedenen Stadien der Kindheit beobachtete Gegebenheiten mit den dann zur Verfügung stehenden Mitteln der Erkenntnis gedeutet, in Analogie mit den in dieser Zeit am intensivsten erfahrenen Organen wahrgenommen und mit den gerade vorherrschenden Impulsen ausgestattet. Träume, Mythen und Kulte bestätigen die Tatsache, daß die Vagina (für beide Geschlechter) Nebenbedeutungen eines verschlingenden Mundes und eines eliminierenden Sphinkters hat, zusätzlich zu der Vorstellung, daß sie eine blutende Wunde ist. Aber die kumulative Erfahrung, ein Mann oder eine Frau zu sein oder zu werden, kann, meiner Meinung nach, nicht völlig von angsterregenden Analogien und Phantasien abhängig sein. Der sensorischen Realität und der logischen Schlußfolgerung werden durch kinästhetisches Erleben und durch Reihen von Erinnerungen, die »einen Sinn ergeben«, Form verliehen;

und in diesem Gesamtrahmen hat die Existenz eines produktiven, innerleiblichen Raumes, der sicher in den Mittelpunkt der weiblichen Form und Haltung eingebettet ist, meiner Ansicht nach mehr Wirklichkeit, als sie das fehlende äußere Organ hat.

Wenn ich also meinen Ausgang von hier nehme, so ist es, weil ich glaube, daß eine künftige Formulierung der Geschlechtsunterschiede zumindest nach-Freud'sche Einsichten enthalten muß, um nicht den Verdrängungen und Verleugnungen der vor-Freud'schen Tage zu verfallen.

3.

Lassen Sie mich hier von einer Beobachtung sprechen, die ohne Worte meine Ansicht bestätigt, der Beobachtung von Kindern beim Spiel. Die Kinder waren kalifornische Knaben und Mädchen, zehn, elf und zwölf Jahre alt, die zweimal im Jahr zur *»Guidance Study«* an der *University of California* kamen, um gemessen, interviewt und getestet zu werden. Es spricht für das weibliche Genie der Leiterin der Untersuchungen, Jean Walker Macfarlane, daß während mehr als zwei Jahrzehnten die Kinder (und ihre Eltern) nicht nur regelmäßig kamen, sondern ihre Gedanken mit wenig Vorbehalt und tatsächlich mit »Genuß« — um Jean Macfarlanes Lieblingswort zu benutzen — preisgaben. Das heißt, daß sie darauf vertrauten, als wachsende Individuen anerkannt zu werden, und voll Eifer waren mitzuteilen und zu zeigen, was (wie man ihnen überzeugend erklärt hatte) für andere nützlich zu wissen und hilfreich sein konnte. Da ich mir, ehe ich mich der *California Study* anschloß, zur Aufgabe gesetzt hatte, Spielverhalten zu deuten — eine nonverbale Methode, die mir geholfen hat zu verstehen, was meine ganz kleinen Patienten nicht in Worten mitteilen konnten — wurde beschlossen, daß ich eine Anzahl von Spielkonstruktionen von jedem Kind beschaffen und dann ihre Form und ihren Zusammenhang mit anderen erreichbaren Daten vergleichen sollte. Während einer Zeitspanne von zwei Jahren sah ich 150 Jungen und 150 Mädchen dreimal und stellte ihnen — jeweils einem — die Aufgabe, mit Spielsachen eine Szene auf einem Tisch aufzubauen. Die Spielsachen waren ziemlich gewöhnlich — eine Familie, ein paar »uniformierte« Figuren (Polizist, Flieger, Indianer, Mönch etc.), wilde Tiere und Haustiere, Möbel, Autos — aber ich beschaffte auch eine große Zahl von Bauklötzen. Die Kinder wurden aufgefordert, sich vorzustellen, daß der Tisch ein Filmstudio wäre; die Spielsachen Schauspieler und Requisiten und sie selber Filmdirektoren. Sie sollten auf dem Tisch »eine aufregende Szene aus einem erdachten Film« aufbauen und dann den Inhalt der Szene erzählen. Die Erzählung wurde aufgenommen, die Szene fotografiert und das Kind gelobt. Es ist vielleicht nötig hinzuzufügen, daß keine »Deutungen« gegeben wurden [2].

Der Beobachter verglich dann die einzelnen Konstruktionen mit den biographischen Daten aus etwa zehn Jahren, um zu sehen, ob dies einen Schlüssel zu den Hauptdeterminanten der inneren Entwicklung des Kindes liefern könnte. Im ganzen erwies es sich als nützlich, aber das ist nicht der Punkt, um den es sich hier dreht. Das Experiment ermöglichte auch einen Vergleich aller Spielkonstruktionen untereinander.

Manche Kinder machten sich an die Aufgabe mit der etwas verächtlichen Haltung von jemanden, der etwas tut, was nicht so ganz der Bemühungen einer jungen Person wert ist, die schon über zehn ist; aber fast alle diese gescheiten und bereitwilligen Bürschchen und Mädchen in ernsten Bluejeans und bunten Kleidern wurden durch den Eifer, zu helfen und gefällig zu sein, der die ganze Population der Untersuchung auszeichnete, zur Lösung der Aufgabe gedrängt. Und nachdem sie einmal beteiligt waren, übernahmen gewisse Eigentümlichkeiten der Aufgabe die Führung und lenkten die Kinder.

Es wurde bald deutlich, daß unter diesen Eigentümlichkeiten die räumliche vorherrschte. Nur die Hälfte der Szenen war »aufregend«, und nur eine Handvoll hatten irgend etwas mit Filmen zu tun. Tatsächlich waren die am Ende erzählten Geschichten zum großen Teil kurz und in keiner Weise dem thematischen Reichtum, der in den verbalen Tests bezeugt war, vergleichbar. Aber die Sorgfalt und (man möchte am liebsten sagen) ästhetische Verantwortung, mit der die Kinder Bausteine und Spielsachen auswählten und dann, entsprechend einem offenbar tief empfundenen Gefühl räumlicher Richtigkeit arrangierten, war erstaunlich. Am Ende schien es eine plötzliche Empfindung von »nun ist's richtig« zu sein, die sie zu einem Gefühl des Abschlusses gelangen ließ, so daß sie sich, wie erwachend aus einem wortlosen Erlebnis, zu mir wendeten und sagten »Ich bin jetzt fer-

[2] Skizzen typischer Spielkonstruktionen finden sich in Erik H. Erikson, Kindheit und Gesellschaft.

tig« — was bedeutete: ich bin bereit, Dir zu sagen, um was es sich hier handelt.

Ich selbst war am interessiertesten daran, nicht nur phantasierte Themen, sondern auch räumliche Gestaltungen in Beziehung zu Stadien des Lebenszyklus im allgemeinen und zu den Formen neurotischer Spannung in der Vorpubertät im besonderen zu beobachten. Die Unterschiede zwischen den Geschlechtern standen daher anfänglich nicht im Mittelpunkt meines Interesses. Ich konzentrierte meine Aufmerksamkeit darauf, wie die fortschreitenden Konstruktionen sich zum Rand des Tischs hin bewegten oder rückwärts auf die Wand zu, wie sie sich zu schwankenden Höhen erhoben oder nahe an der Tischfläche blieben. Daß all das etwas über den Errichter der Konstruktion »aussagt«, ist das offene Geheimnis aller »projektiven Techniken«. Auch dies kann hier nicht weiter besprochen werden. Aber bald wurde mir deutlich, daß ich bei der Auswertung der Spielkonstruktion eines Kindes die Tatsache mit berücksichtigen mußte, daß Jungen und Mädchen den Raum verschiedenartig nutzten und daß gewisse Strukturen erstaunlich oft bei den Bauten des einen Geschlechts und selten bei denen des anderen auftraten.

Die Unterschiede an sich waren so einfach, daß sie zuerst als selbstverständlich erschienen. Die Geschichte hat inzwischen ein Schlagwort dafür geprägt: die Mädchen betonen den *inneren,* die Jungen den *äußeren* Raum.

Ich war bald imstande, diesen Unterschied in so einfache gestaltungsmäßige Ausdrücke zu fassen, daß andere Beobachter, wenn man ihnen Fotografien der Konstruktionen zeigte, ohne daß sie das Geschlecht des Kindes kannten (ja, ohne daß sie irgendeine Vorstellung von meinen Gedanken hinsichtlich der möglichen Bedeutung der Unterschiede hatten), die Fotografien entsprechend den in ihnen vorherrschenden Konstruktionen zuordnen konnten, und dies signifikant im statistischen Sinn. Diese unabhängigen Zuordnungen zeigten, daß beträchtlich mehr als zwei Drittel dessen, was ich später die männlichen Gestaltungen nannte, bei Szenen auftraten, die von Jungen gebaut worden waren, und mehr als zwei Drittel der »weiblichen« Gestaltungen bei Konstruktionen von Mädchen (ich werde hier die feineren Unterscheidungsmerkmale weglassen, die auch noch die atypischen Szenen als deutlich von einem Jungen oder einem Mädchen gebaut kennzeichnen). Dies also ist typisch: die Szene des Mädchens ist das *Innere* eines Hauses, entweder dargestellt als eine Struktur aus Möbeln ohne irgendwelche umgebenden Mauern, oder durch eine einfache *Umfassung*, die aus Bausteinen errichtet ist. In den Szenen der Mädchen befinden sich Menschen und Tiere meist innerhalb solch eines Inneren oder solch einer Umfassung, und es sind meistens Menschen oder Tiere in einer statischen (sitzenden oder stehenden) Position. Die Umfassungen der Mädchen bestehen aus niedrigen Wänden, das heißt sie sind nur einen Baustein hoch, abgesehen von einem gelegentlichen, *sorgfältig ausgebauten Eingangstor*. Dieses Innere von Häusern, mit oder ohne Wände, war in den meisten Fällen ausgesprochen *friedlich*. Oft spielte ein kleines Mädchen Klavier. In einer Anzahl von Fällen aber drangen Tiere oder gefährliche Männer in das Innere ein. Aber die Vorstellung eines eindringenden Geschöpfs führte nicht unbedingt zu der abwehrenden Errichtung von Mauern oder zum Schließen der Tore. Die Mehrzahl dieser Situationen des Eindringens haben eher ein Element von Humor und lustvoller Erregung.

Die Szenen von Jungen sind entweder Häuser mit komplizierten Mauern, oder Fassaden mit *vorspringenden Teilen*, wie Zapfen oder Zylinder, die Ornamente oder Kanonen darstellen sollen. Es gibt *hohe Türme* und es gibt Szenen, die völlig *im Freien* spielen. Bei den Konstruktionen der Jungen befinden sich mehr Menschen und Tiere außerhalb von Umfassungen oder Gebäuden, und es gibt mehr *sich selbst bewegende* Objekte und Tiere, die sich auf den Straßen und Kreuzungen fortbewegen. Es gibt komplizierte automotorische *Unfälle*, aber es gibt auch Verkehr, der vom Polizisten gelenkt oder aufgehalten wird. Während die hohen Strukturen bei den Gestaltungen der Jungen vorherrschen, wird auch viel mit der Gefahr des *Zusammenbruchs* und des Absturzes gespielt; Ruinen wurden ausschließlich von den Jungen konstruiert.

Die männlichen und die weiblichen Räume wurden also beherrscht von Höhe und Absturz, starker Bewegung und ihrer Bahnung oder Arretierung, beziehungsweise von statischen Innenräumen, die offen oder einfach umschlossen, friedlich oder von Eindringendem bedroht waren. Manchen wird es verblüffen und anderen selbstverständlich erscheinen, daß hier Geschlechtsunterschiede in der Organisation eines Spiel-Raumes der Morphologie der genitalen Differenzierung selbst parallel zu gehen scheinen: im männlichen Fall ein äußeres Organ, eregierbar und eindringend, das der Lenkung der beweglichen Samenzellen dient; im weiblichen Fall innere Organe, mit einem Zugang durch einen Vorraum, der zu den statisch wartenden Eizellen führt. Die Frage ist: was ist daran wirklich erstaunlich und was nur zu offensichtlich, und in jedem Fall, was sagt es uns über die beiden Geschlechter?

4.

Seit ich diese Daten vor anderthalb Jahrzehnten Forschern auf verschiedenen Gebieten vortrug, haben sich manche standardisierten Deutungen nicht um ein Jota verändert. Es gab natürlich spöttische Reaktionen, die es für selbstverständlich hielten, daß ein Psychoanalytiker die bösen alten Symptome auch in diese Art von Daten hineinlesen möchte. Und tatsächlich hat Freud vor über einem halben Jahrhundert bemerkt, daß ein Haus das einzige, regelmäßig auftretende Symbol für den ganzen menschlichen Körper in Träumen ist. Aber es ist ein ziemlich weiter methodologischer Schritt vom Auftreten eines Symbols in Träumen bis zu einer Gestaltung, die im wirklichen Raum geschaffen wird. Trotzdem wurde die rein psychoanalytische oder somatische Erklärung vorgebracht, daß diese Szenen die überwiegende Beschäftigung des Voradoleszenten mit seinen eigenen Sexualorganen widerspiegelten.

Die rein »soziale« Deutung andererseits leugnet die Notwendigkeit ab, in diesen Gestaltungen irgend etwas Symbolisches oder tatsächlich Körperliches zu sehen. Sie hält es für selbstverständlich, daß Jungen das Draußen lieben und Mädchen das Drinnen, oder auf alle Fälle, daß sie ihre jeweiligen Rollen dem Inneren des Hauses zugewiesen sehen, beziehungsweise dem großen Draußen der Abenteuer, der geruhsamen weiblichen Liebe zu Familie und Kindern oder dem hohen männlichen Streben.

Man kann nicht umhin, beiden Deutungen zuzustimmen — bis zu einem gewissen Punkt. Natürlich wird jede soziale Rolle, die mit unserer Körperlichkeit verbunden ist, thematisch in jeder künstlerischen oder spielerischen Darstellung zum Ausdruck kommen. Und natürlich wird, bei speziellen Spannungen oder überwiegender Beschäftigung mit einem Teil des Körpers, dieser Teil unter Umständen in Spielgestaltungen erkennbar sein: darauf beruht die Spieltherapie. Die Fürsprecher der anatomischen wie der sozialen Deutungen haben somit beide recht, wenn sie darauf bestehen, daß keine der beiden Möglichkeiten übersehen werden darf. Aber das gibt auch keiner von beiden ausschließlich recht.

Eine bloße Deutung im Sinne der sozialen Rolle läßt viele Fragen unbeantwortet. Wenn die Jungen in erster Linie an ihre gegenwärtigen oder zu erwartenden Rollen dachten, warum, zum Beispiel, ist der Polizist ihr Lieblingsspielzeug, gestoppter Verkehr eine häufige Szene? Wenn kraftvolle Aktivität im Freien eine Determinante ihrer Szenen ist, warum bauten sie nicht irgendein Sportfeld auf dem Spieltisch auf? (Ein bubenhaftes Mädchen machte es.) Warum führte die Liebe der Mädchen zum häuslichen Leben nicht zu einer Erhöhung der Wände und zu verschlossenen Türen als Garanten der Intimität und Sicherheit? Und konnte die Rolle der Klavierspielerin im Schoß der Familie wirklich als repräsentativ für das gelten, was diese Mädchen (manche leidenschaftliche Reiterinnen und alle künftige Autofahrerinnen) am liebsten tun würden, oder wovon sie dachten, sie müßten behaupten, sie täten es am liebsten? So läßt die Vorsicht der Jungen im Freien und die Bravheit der Mädchen im Haus als Reaktion auf die ausdrückliche Aufforderung, eine aufregende Filmszene zu bauen, dynamische Dimensionen und akute Konflikte vermuten, die sich durch eine Theorie der bloßen Unterwerfung unter kulturelle und bewußte Rollen nicht erklären lassen.

Ich würde eine überhaupt umfassendere Deutung vorschlagen, der zufolge im Erlebnis des Grundplanes des menschlichen Körpers ein tiefer Unterschied zwischen den Geschlechtern besteht. Der Akzent liegt dabei auf der Prädisposition und der Vorliebe, nicht auf einer exklusiven Fähigkeit, denn beide Geschlechter (wenn sie sich sonst in Reifegrad und Intelligenz entsprechen) lernen schnell, den räumlichen Modus des anderen Geschlechts zu imitieren. Nichts in unserer Deutung will also behaupten, daß jedes Geschlecht zu dem einen oder dem anderen räumlichen Modus verurteilt ist; vielmehr soll es heißen, daß in Zusammenhängen, bei denen Nachahmung oder Wettstreit keine Rolle spielen, diese Modi »natürlicher« auftreten, aus natürlichen Gründen, die unser Interesse beanspruchen müssen. Die hier beobachteten räumlichen Phänomene würden also zwei Prinzipien der Anordnung des Raumes ausdrücken, die dem männlichen und dem weiblichen Prinzip in der Körperstruktur entsprechen. Sie erhalten unter Umständen in der Vorpubertät, und wohl auch in anderen Lebensstadien, besonderen Nachdruck, aber sie sind während des ganzen Lebens bedeutsam für die Vervollkommnung der Geschlechterrollen in den kulturellen Raum-Zeiten. Natürlich kann solch eine Deutung nicht durch die eine hier dargebotene Beobachtung »bewiesen« werden. Die

Frage ist, ob sie mit Beobachtungen des räumlichen Verhaltens in anderen Medien und auf anderen Altersstufen übereinstimmt; ob sie sich zum einleuchtenden Teil einer Entwicklungstheorie machen läßt; und ob sie anderen Geschlechtsunterschieden, die in naher Beziehung zu der männlichen und weiblichen Struktur und Funktion stehen, eine überzeugendere Ordnung verleiht. Andererseits würde diese Deutung nicht durch die Tatsache widerlegt, daß andere Medien der Beobachtung, die zur Prüfung männlichen und weiblichen Verhaltens verwendet werden, wenig oder keine Geschlechtsunterschiede auf Gebieten des Geistigen aufdecken, Gebieten, die die Funktion haben, verbale oder erkenntnismäßige Übereinstimmung in Dingen sicherzustellen, die von der mathematischen Natur des Universums oder der verbalen Übereinkunft der kulturellen Traditionen beherrscht werden.

Die eigentliche Funktion solch einer Übereinkunft könnte tatsächlich die Korrektur dessen sein, was das Erleben der beiden Geschlechter unterscheidet, ebenso wie sie auch die intuitiven Urteile korrigiert, die andere Klassen von Menschen trennen.

Die spielend-bauenden Kinder in Berkeley werden uns zu einer Anzahl räumlicher Überlegungen führen, die besonders die weibliche Entwicklung und Lebensanschauung betreffen. Über die Männer will ich hier wenig sagen; ihre Leistungen in der Eroberung des geographischen Raumes und der Gebiete der Wissenschaften sowie in der Ausbreitung von Ideen sprechen laut für sich selbst und bekräftigen die traditionellen Werte der Männlichkeit. Aber die spielend-konstruierenden Knaben in Berkeley sollten uns eine Pause gönnen: Sehen wir nicht auf der Weltbühne eine hochbegabte, aber etwas knabenhafte Menschheit erregt mit der Geschichte und der Technologie spielen, wobei sie einer männlichen Grundform folgen, die so bestürzend einfach (wenn auch technisch kompliziert) ist, wie die Spielkonstruktionen der Präadoleszenten? Sehen wir nicht die Themen des Spielmikrokosmos den sich erweiternden menschlichen Raum beherrschen: Höhe, Eindringen und Geschwindigkeit; Zusammenstoß, Explosion — und kosmische Superpolizei? Inzwischen haben die Frauen ihre Identitäten in der Fürsorge gefunden, die ihre Körper und die Bedürfnisse ihrer Nachkommenschaft nahelegen, und scheinen es für selbstverständlich gehalten zu haben, daß der Raum der äußeren Welt den Männern gehört.

5.

Ehe ich von hier weitergehe, muß ich meine Schritte bis zu meiner früheren Feststellung zurückverfolgen, daß die Beobachtungen, von denen wir berichten, »während sie unerwartet waren, doch etwas lange Erwartetes zu bestätigen schienen«. Sie halfen viele früher erwähnte Zweifel in bezug auf die psychoanalytischen Theorien der Weiblichkeit zu klären. Viele der ursprünglichen Schlußfolgerungen der Psychoanalyse, die die Weiblichkeit betrafen, drehen sich um den Angelpunkt des sogenannten genitalen Traumas, das heißt um die plötzliche Einsicht des kleinen Mädchens in die Tatsache, daß es keinen Penis besitzt oder je besitzen wird. Die angenommene Vorherrschaft des Neides bei jeder Frau, die Vermutung, daß das künftige Kind ein Penisersatz sei, die Annahme, daß das Mädchen sich von der Mutter weg zum Vater wendet, weil es findet, daß die Mutter es nicht nur um den Penis betrogen hat, sondern selbst betrogen wurde, und schließlich die Tendenz der Frau, die (männliche) Aggressivität zugunsten einer »passiv-masochistischen« Orientierung aufzugeben: all das hängt von dem »Trauma« ab und all das wurde in komplizierte Erklärungen der Weiblichkeit eingeordnet. Tatsächlich ist all das bei allen Frauen irgendwo vorhanden und dies Vorhandensein ist auch immer wieder in Psychoanalysen nachgewiesen worden. Nun muß man aber immer den Verdacht hegen, daß eine spezielle Methode Wahrheiten an den Tag bringt, die unter den von der Methode geschaffenen Umständen besonders wahr sind, hier der Abfluß verborgener Ressentiments und verdrängter Traumen in der freien Assoziation. Innerhalb einer normativen Theorie der weiblichen Entwicklung, in der diese gleichen Wahrheiten als untergeordnet unter die frühe Vorherrschaft des »produktiven Inneren« erscheinen würden, nehmen sie den Charakter von sehr teilweisen Wahrheiten an. Das würde eine Verschiebung der theoretischen Betonung des Verlusts eines äußeren Organs zu einer Betonung des Gefühls innerer Möglichkeiten zulassen, von haßerfüllter Verachtung der Mutter zu einer Solidarität mit ihr und anderen Frauen, von einem passiven Verzicht auf männliche Aktivität zu sinnvoller und gekonnter Ausübung von Aktivitäten, die mit dem Besitz von Eierstöcken, einer Gebärmutter und einer Vagina in Einklang stehen, und von einer masochistischen Lust am Leiden zu der Fähigkeit, Schmerzen als einen bedeutungsvollen Aspekt des menschlichen Erlebens im allgemeinen und der weiblichen Rolle im besonderen zu ertragen und zu verstehen. Und so ist es bei der »völlig weiblichen Frau«, wie das eine so hervorragende Autorin wie Helene Deutsch erkannt hat, auch wenn ihre Nomenklatur an den psychopathologischen Ausdruck »Masochismus« gebunden war — ein Wort übrigens, das bedeutsamerweise vom Namen eines österreichischen Mannes und Romanciers abgeleitet ist, der die Perversion der sexuellen Erregung und Befriedigung durch ihm zugefügten Schmerz beschrieb (obgleich die Tendenz, Schmerz zuzufügen, nach dem Marquis de Sade benannt ist).

Wird dies erst einmal gesehen, dann treten auch heute noch zerstreute Daten in sinnvollen Zusammenhang. Der Kliniker allerdings muß sich beiläufig fragen, was für eine Form des Denkens solch eine Nomenklatur und solch eine Entwicklungstheorie und darüber hinaus ihre bereitwillige Annahme durch hervorragende Analytikerinnen zugelassen hat. Ich vermute, daß sich diese Denkform nicht nur auf die psychiatrischen Anfänge der Psychoanalyse zurückführen läßt, sondern auch auf die ursprüngliche analytisch-atomistische Methode, die sie verwendete. In der Naturwissenschaft entspricht unsere Fähigkeit, atomistisch zu denken, in hohem Maße dem Wesen der Sache und führt so zur Herrschaft über die Materie. Aber wenn wir das atomistische Denken auf den Menschen anwenden, zerbrechen wir ihn in isolierte Fragmente statt in konstituierende Elemente. Ja, wenn wir den Menschen im pathologischen Zustand ansehen, ist er schon fragmentiert, so daß in der Psychiatrie ein atomisierender Geist auf ein Phänomen der Fragmentation stoßen und die Fragmente dann irrtümlich als Atome auffassen kann. In der Psychoanalyse wiederholen wir zu unserer eigenen Ermutigung und als Argument gegen andere, daß die menschliche Natur am besten im Zustand des teilweisen Zusammenbruchs untersucht werden kann, oder auf alle Fälle im Zustand des erkennbaren Konflikts, weil — wie wir zu sagen pflegen — ein Konflikt die Grenzen abzeichnet und die Kräfte klärt, die an diesen Grenzen zusammenstoßen. Wie Freud selbst das ausdrückte: wir sehen die Struktur eines Kristalls nur, wenn es bricht. Aber ein Kristall einerseits und ein Organismus oder eine Persönlichkeit andererseits unterscheiden sich, insofern das eine unbelebt ist und das andere ein organisches Ganzes, das nicht zerbrochen werden kann, ohne daß seine Teile zugrunde gehen. Das Ich, im psychoanalytischen Sinn eines Hüters der inneren Kontinuität, ist, soweit es sich in einem pathologischen Zustand befindet, mehr oder weniger inaktiviert; das heißt es verliert seine Fähigkeit, Persönlichkeit und Erleben zu organisieren und sich mit anderen Egos in wechselseitiger Aktivierung zu verbinden. In dem Maße sind seine irrationalen Abwehrmechanismen im Zustand des Konflikts und der Isolierung tatsächlich »leichter zu untersuchen«, als es das Ich einer Person in lebhafter Wechselwirkung mit anderen Personen ist. Aber ich glaube nicht, daß wir die Normalfunktion des Ichs aus dem Verständnis seiner Dysfunktionen heraus vollständig rekonstruieren, noch daß wir alle vitalen Konflikte als neurotische Konflikte auffassen können.

Eine nach-Freud'sche Position würde also durch folgendes gekennzeichnet: die Komplexe und Konflikte, die durch die Psychoanalyse in ihrem ersten Durchbruch zur menschlichen Natur ans Tageslicht gehoben wurden, werden als existierend anerkannt; sie drohen die entwicklungsmäßigen und zufälligen Krisen des Lebens zu beherrschen. Aber die Frische und Ganzheit des Erlebens und die Möglichkeiten, mit einer Lösung aus der Krise hervorzugehen, können in einem weiterführenden Leben Trauma und Abwehr übertreffen. Lassen Sie mich, um das zu illustrieren, eine kurze Bemerkung zu der oft wiederholten Feststellung machen, daß sich das kleine Mädchen in einem bestimmten Stadium seinem Vater »zuwendet«, während es sich in allen vorhergehenden Stadien in erster Linie an seine Mutter anschloß. Tatsächlich behauptete Freud nur, daß eine theoretische Libido sich in dieser Weise von einem »Objekt« zu einem anderen wendet, eine Theorie, die zu einer Zeit wissenschaftlich erfreulich war, weil sie einer einfachen und (im Prinzip) meßbaren Übertragung von Energie entsprach. Entwicklungsmäßig gesehen aber wendet sich das Mädchen seinem Vater in einer Zeit zu, wo es eine ganz andere Person ist als diejenige, die ursprünglich von der Mutter abhängig war. Normalerweise hat das Mädchen das Wesen einer »Objektbeziehung« ein für allemal von der Mutter gelernt. Die Beziehung zu seinem Vater ist also von anderer Art, insofern sie besonders bedeutsam wird, wenn das Mädchen schon gelernt hat, seiner Mutter zu trauen und nicht mehr das Bedürfnis fühlt, Grundbeziehungen erneut zu prüfen. Es kann jetzt eine neue Form der Liebe zu einem Wesen entwickeln, das seinerseits bereit ist — oder sein sollte — der knospenden, drängenden Frau in ihm Antwort zu geben. Der Gesamtprozeß hat also viel mehr Aspekte, als sie in der Feststellung zusammengefaßt werden können, daß das Mädchen seine Libido von der Mutter zum Vater wendet. Diese Umlagerung kann tatsächlich als isolierter »Mechanismus« nur da rekonstruiert werden, wo das Ich in einem Teil seiner Fähigkeit inaktiviert ist, Erfahrung in Übereinstimmung mit der emotionalen, körperlichen und erkenntnismäßigen Reifung zu organisieren; und nur dann kann man sagen, daß sich das Mädchen seinem Vater zuwendet, weil es von seiner Mutter enttäuscht ist, die sich scheinbar geweigert hat, ihm einen Penis zu geben. Jetzt spielen zweifellos manche alte Enttäuschungen und neue Erwartungen eine ungeheure Rolle in all den Wandlungen der Zuneigung, die sich von einer alten zu einer neuen Person oder Tätigkeit wendet; aber bei jeder gesunden Veränderung werden die frischen Möglichkeiten der neuen Beziehung den beharrlichen Drang zur Wiederholung alter Enttäuschungen überwiegen. Zweifellos bringen auch die neuen Zuwendungen neue Enttäuschungen in der Zukunft mit sich, denn die Rolle der inneren Produktivität, von der wir annehmen, daß sie früh in rudimentärer Form vorhanden ist, wird die kleine Frau zu Phantasien veranlassen, die der Verdrängung und Versagung anheimfallen müssen — zum Beispiel in der Einsicht, daß keine Tochter ihres Vaters Kinder gebären sollte. Zweifellos auch gibt gerade die Existenz des inneren produktiven Raumes die Frauen früh einem spezifischen Gefühl der Einsamkeit preis, einer Angst, leergelassen oder ihrer Schätze beraubt zu sein, unausgefüllt zu bleiben und auszutrocknen. Das hat nicht weniger verhängnisvolle Folgen für das menschliche Individuum und für die ganze Rasse als die Sehnsüchte und Enttäuschungen der kleinen »Elektra«. Gerade aus diesem Grund scheint es entscheidend, diese Gefühle nicht mißdeutend ausschließlich dem Ressentiment zuzuschreiben, kein Junge oder sonstwie verstümmelt zu sein.

Es wird jetzt verständlich sein, in welcher Weise die Spielkonstruktionen der Kinder unvorhergesehen und doch erwartet waren. Was nicht vorauszusehen war, war die Beherrschung des gesamten Raumes durch die Geschlechtsunterschiede — eine »Feld«-Beherrschung, die weit über die Macht irgendeiner symbolischen Darstellung der Geschlechtsorgane hinausgeht. Die Daten waren »erwartet«, vor allem als nichtklinische und nichtverbale Unterstützung eindringlicher Beobachtungen in bezug auf die Wichtigkeit des »inneren Raumes« während des ganzen weiblichen Lebenszyklus. Ohne solch eine Annahme ergaben die Lebensgeschichten der Mädchen in der *Guidance*-Untersuchung keinen Sinn, aber das gleiche gilt auch für die Krankengeschichten weiblicher Patienten aller Altersstufen. Denn wie schon gesagt, legt die klinische Beobachtung den Gedanken nahe, daß im weiblichen Erleben der »innere Raum« im Zentrum der Verzweiflung steht, ebenso wie er das Zentrum der potentiellen Erfüllung schlechthin ist. Leer zu sein ist die weibliche Form der Verdammung — zu Zeiten von Männern des inneren Lebens (über die wir später sprechen werden) gekannt, aber maßgebendes Erlebnis aller Frauen. Verlassen zu sein bedeutet für sie, leergelassen zu sein, des Bluts ihres Körpers, der Wärme des Herzens, des Safts des Lebens entleert zu sein. Wie eine Frau derartig in der Tiefe verletzt sein kann, ist für manchen Mann unbegreiflich und wird unter Umständen seinen nachdrücklichen Schrecken wie seine Weigerung zu verstehen erregen. Bei jeder Menstruation kann diese Verletzung neu erlebt werden; sie wird zum Schrei gen Himmel in der Trauer über ein Kind und hinterbleibt als dauernde Narbe in der Menopause. Klinisch ist diese »Leere« etwas so Offensichtliches, daß Generationen von Ärzten und Therapeuten einen besonderen Grund dafür gehabt haben müssen, sie nicht in den Brennpunkt ihres Interesses geraten zu lassen. Vielleicht haben die aufgeklärten Männer einer von technologischem Stolz durchdrungenen Kultur dieser Leere nur mit der Deutung begegnen können, daß die leidende Frau vor allem das begehre, was der Mann hat, nämlich äußere Ausstattung und traditionellen Zugang zum »äußeren« Raum — gerade wie der primitive Mann sie mit phobischen Vermeidungen und magischen Reinigungsritualen bannte. Um es zu wiederholen: dieser weibliche Neid besteht bei allen Frauen und wird in manchen Kulturen vertieft; aber seine Erklärung in männlichen Begriffen oder der Vorschlag, daß er mit Ergebung ins Schicksal ertragen und durch verdoppelten Genuß der weiblichen Ausstattung (entsprechend als zweitklassig bestätigt und angenommen) kompensiert werden sollte, haben den Frauen nicht geholfen, ihre Plätze in der modernen Welt zu finden, denn sie haben aus der Weiblichkeit eine allgegenwärtige Kompensationsneurose gemacht, gekennzeichnet durch ein verbittertes Beharren darauf, »wiederhergestellt« zu werden.

Ich möchte also in zwei Richtungen verallgemeinern. Ich behaupte, daß wir in der Psychoanalyse den zeugerischen Grundformen, die wesentlich für die sexuelle Morphologie sind, nicht die entsprechende Wichtigkeit zugemessen haben, und ich möchte die Annahme zu formulieren suchen, daß zeugerische Grundformen in wechselnder Intensität jeden Zustand von Erregung und Inspiration durchdringend beeinflussen und, wenn sie *integriert sind,* allem Erleben und seiner Übermittlung an andere Kraft verleihen.

Wenn ich den generativen Modalitäten einen zentralen Platz zuweise, so scheine auch ich die oft besessene Überbetonung der Sexualsymbole in der Psychoanalyse zu wiederholen und die Tatsache zu übersehen, daß Frauen wie Männer einen rein menschlichen Organismus haben, der für Aktivitäten geeignet ist — und die meiste Zeit auch dazu verwendet wird —, die dem Sexuellen fernstehen. Aber während sowohl die sexuelle Repression wie die sexuelle Monomanie die Sexualität vom Gesamtplan der menschlichen Wirklichkeit *isolieren,* müssen wir uns dafür interessieren, wie die sexuellen Unterschiede, wenn man sie einmal als gegeben ansieht, in diesen Plan *integriert* sind. Die sexuellen Unterschiede indessen, abgesehen davon, daß sie eine Polarisierung der Lebensstile und die höchste Steigerung des wechselseitigen Genusses bieten (der jetzt, mehr als je, von der Zeugung getrennt werden kann), behalten trotz allem die Morphologie der Zeugung bei. Es scheint sogar, daß die von Scham nicht belastete Erforschung des inneren Raumes, wie die ärztlich geleiteten Untersuchungen der menschlichen Sexualreaktion in St. Louis, eine kraftvolle Beteiligung der prokreativen Organe an der Erregung durch jede Art von Sexualakt beweisen.

6.

Wenn der »innere Raum« eine so alles durchdringende Struktur ist, dann müßte sich herausstellen, daß er seinen Platz in den evolutionären Anfängen der sozialen Organisation hat. Auch hier können wir visuelle Daten heranziehen.

Vor kurzem von Washburn und de Vore in Afrika aufgenommene Filme[3] zeigen höchst lebendig die Morphologie der Urorganisation bei Pavianen. Die ganze wandernde Truppe auf der Nahrungssuche in einem bestimmten Territorium ist so organisiert, daß die Weibchen, die zukünftigen Nachwuchs in ihren Körpern tragen, oder ihre heranwachsenden Jungen transportieren, innerhalb eines sicheren inneren Raumes verbleiben. Sie werden von mächtigen Männchen schützend umgeben, die ihrerseits ihre Augen auf den Horizont richten, die Herde zu zugänglichen Futterplätzen führen und sie vor möglicher Gefahr behüten. In Friedenszeiten schützen die starken Männchen den »inneren Kreis« trächtiger und säugender Weibchen auch ge-

[3] Drei in Kenia 1959 aufgenommene Filme: »Verhalten der Paviane«, »Soziale Organisation bei Pavianen« und »Ökologie der Paviane«.

gen die Annäherung der relativ schwächeren und entschieden zudringlicheren Männchen. Wird Gefahr entdeckt, bleibt die ganze wandernde Gruppe stehen und bildet einen inneren Raum der Sicherheit und einen äußeren des Kampfes. Im Zentrum sitzen die trächtigen Weibchen und Mütter mit Neugeborenen. An der Peripherie sind die Männchen, die am besten zum Kampf geeignet sind, oder Raubtiere abschrecken.

Diese Filme beeindruckten mich nicht nur durch ihre Schönheit und Überzeugungskraft, sondern weil ich hier im Busch Strukturen sehen konnte, die denen der Spielkonstruktionen von Berkeley entsprachen. Die Pavianbilder können uns aber noch einen Schritt weiter führen. Worin auch die morphologischen Unterschiede zwischen den weiblichen und männlichen Skelettstrukturen, Haltungen und Verhaltensweisen bei den Pavianen bestehen, sie sind ihren jeweiligen Aufgaben angepaßt, die konzentrischen Kreise zu hegen und zu verteidigen, vom zeugenden Schoß zu den Grenzen des verteidigbaren Territoriums. So »passen« morphologische Züge auf die gegebenen Notwendigkeiten und werden daher durch die soziale Grundorganisation herausgearbeitet. Und es verdient der Erwähnung, daß selbst unter den Pavianen die größten Krieger eine Ritterlichkeit zeigen, die den weiblichen Pavianen zum Beispiel gestattet, schwächere Schultern und eine geringere Kampfausrüstung zu haben. So gilt also sowohl für die vorhumane wie für die humane Existenz die Formel, daß, ob, wann und in welcher Hinsicht ein weibliches Wesen als »schwächer« erklärt werden kann, dies eine Angelegenheit ist, die nicht auf der Grundlage vergleichender Prüfungen isolierter Muskeln, Fähigkeiten oder Züge zu entscheiden ist, sondern auf der Grundlage der funktionellen Geeignetheit jeder Einzelheit des Organismus, der seinerseits in eine Ökologie geteilter Funktion passen muß. Die menschliche Gesellschaft und Technologie hat natürlich das evolutionäre Arrangement überschritten und Raum sowohl für kulturelle Triumphe der Anpassung wie für körperliche und geistige Fehlanpassung in großem Maßstab geschaffen. Aber wenn wir von biologisch gegebenen Stärken und Schwächen beim weiblichen Menschen sprechen, werden wir doch als den einen Maßstab für alle Verschiedenheit den biologischen Urgrund der sexuellen Differenzierung akzeptieren müssen. In dieser Hinsicht könnte der produktive innere Raum der Frau durchaus ein unumgängliches Kriterium bleiben, ob die Bedingungen ihr nun erlauben, ihr Leben teilweise oder gänzlich rings um ihn aufzubauen oder nicht. Auf alle Fälle läßt sich nachweisen, daß viele der nachprüfbaren Einzelheiten auf der langen Liste der »angeborenen« Unterschiede zwischen Männern und Frauen eine bedeutsame Funktion innerhalb einer Ökologie haben, die — wie jede Säugetier-Ökologie — um die Tatsache herum aufgebaut ist, daß der menschliche Fötus eine bestimmte Anzahl von Monaten innerhalb des Schoßes getragen wird, und daß das Neugeborene innerhalb einer mütterlichen Welt gesäugt oder auf alle Fälle großgezogen werden muß, die am besten zuerst von der Mutter gebildet wird (und dies auch um ihrer eigenen erwachten Mütterlichkeit willen), mit einer allmählichen Hinzufügung anderer Frauen. Hier handelt es sich um Jahre an spezialisierten Frauenstunden der Arbeit. Es ist durchaus einleuchtend, daß das kleine Mädchen, die künftige Trägerin von Ei und mütterlichen Kräften, seine Geburt mit größerer Sicherheit überlebt und sich als zäheres Geschöpf erweist, zwar wohl geplagt von vielen kleinen Leiden, aber widerstandsfähiger gegen manche männertötende Krankheit (des Herzens zum Beispiel) und mit längerer Lebenserwartung. Es leuchtet auch ein, daß sie sich früher als die Knaben auf Einzelheiten unmittelbar in Raum und Zeit konzentrieren kann und überhaupt ein feineres Unterscheidungsvermögen für gesehene, gehörte und berührte Dinge hat. Darauf reagiert sie lebhafter, persönlicher und mit mehr Mitgefühl. Leichter berührt und berührbar, sagt man ihr doch nach, daß sie sich schneller erholt, bereit ist von neuem und anderswo zu reagieren. Daß all dies wesentlich ist für die biologische Aufgabe, auf die unterschiedlichen Bedürfnisse anderer, besonders Schwächerer, zu reagieren, ist keine unvernünftige Deutung; noch sollte es in diesem Zusammenhang als beklagenswerte Ungleichheit erscheinen, daß die Frauen im Gebrauch der größeren Muskeln weniger Kraft, Geschwindigkeit und Koordination aufweisen. Das kleine Mädchen lernt auch, innerhalb eines begrenzten Umkreises von Aktivitäten leichter zufrieden zu sein, und es zeigt weniger Widerstand gegen Kontrolle und weniger Impulsivität von der Art, die später Knaben und Männer zur »Kriminalität« verleitet. Es ließe sich zeigen, daß all diese und andere nachgewiesene »Unterschiede« ihre Konsequenzen in unseren Spielkonstruktionen haben.

Nun ist klar, daß ein Großteil des Grundschemas, das hier als weiblich erklärt wird, in irgendeiner Form auch bei allen Männern vorliegt und entschieden bei Männern von besonderer Begabtheit — oder Schwäche. Das innere Leben, das manche künstlerischen und schöpferischen Männer kennzeichnet, ist sicherlich auch eine Kompensation dafür, daß sie biologisch Männer sind, indem es ihnen hilft, sich auf jene Innerlichkeit und sensitive »Innigkeit« zu spezialisieren, die gewöhnlich den Frauen zugeschrieben werden. Sie unterliegen zyklischen Stimmungsschwankungen, während sie empfangene Ideen in sich ausreifen lassen, bis zum Akt der disziplinierten Schöpfung. Es ist nun aber so, daß bei Frauen das Grundschema innerhalb einer optimalen Gesamtgestaltung existiert, die bei *der Mehrheit der Frauen* zu unterstützen und zu hegen die Kulturen allen Grund haben, sowohl um des kollektiven Überlebens als um der individuellen Erfüllung willen. Es hat also wenig Sinn, bei der Besprechung der grundlegenden Geschlechtsunterschiede die Normabweichungen und die Vollkommenheiten (oder beides) außerordentlicher Männer oder Frauen zu zitieren, ohne eine genaue Darstellung ihrer vielseitigen Persönlichkeiten, ihrer speziellen Konflikte und ihrer komplexen Lebensgeschichten zu geben. Andererseits sollte man hervorheben, daß die aufeinanderfolgenden Lebensstadien den wachsenden und reifenden Individuen einen breiten Spielraum für freie Variationen einer im Wesen vorhandenen Gleichheit bieten; zum Beispiel umfaßt auch das Leben der Frau ein Stadium der Adoleszenz, das ich als psychosoziales Moratorium bezeichne, eine Periode des sanktionierten Aufschubs des erwachsenen Funktionierens. Das heranreifende Mädchen und die junge Frau können so, im Gegensatz zum kleinen Mädchen und der reifen Frau, relativ freier von der Tyrannei des inneren Raumes sein. Sie können sich tatsächlich mit einer Haltung und einer Neugier in den »äußeren Raum« hinauswagen, die oft hermaphroditisch, wenn nicht geradezu »männlich« erscheinen. So wird dem Inventar ihres räumlichen Verhaltens eine spezielle ambulatorische Dimension hinzugefügt, gegen die sich viele Gesellschaften mit besonderen Vorschriften über die jungfräuliche Zurückhaltung wenden. Wo die Sitten es aber erlauben, probiert das junge Mädchen eine Vielfalt von möglichen Identifikationen mit dem phallisch-ambulatorischen Manne aus, ebenso wie es mit dem Erlebnis experimentiert, sein Gegenpart und seine Hauptattraktion zu sein — ein scheinbarer Widerspruch, der schließlich in Polarität und in einen sexuellen und persönlichen Stil umgeformt wird. Bei all dem bleibt der innere Raum im Mittelpunkt des subjektiven Erlebens, offen manifestiert er sich aber nur in der dauernden und selektiven Anziehungskraft. Denn ob die junge Frau durch magnetische Innerlichkeit zu sich heranzieht oder durch herausfordernde

Äußerlichkeit, oder durch einen dramatischen Wechsel zwischen beiden, immer fordert sie selektiv das heraus, was auf der Suche nach ihr ist.

Junge Frauen fragen oft, ob sie, ehe sie wissen, wen sie heiraten und für wen sie ein Heim schaffen werden, »eine Identität haben« können. Auch wenn man zugibt, daß etwas in der Identität der jungen Frau sich für die Sonderheiten des Mannes, mit dem sie sich vereinigen wird, und der Kinder, die aufgezogen werden sollen, offenhalten muß, glaube ich doch, daß ein großer Anteil der Identität der jungen Frau schon in ihrer Art von Anziehungskraft und in der selektiven Art ihrer Suche nach dem Mann (oder nach Männern), von dem (denen) sie gesucht werden möchte, bestimmt ist. Das ist natürlich nur der psychosexuelle Aspekt ihrer Identität und sie kann darin weit gehen, deren Abschluß hinauszuschieben, während sie sich selbst als Arbeitende und als Bürgerin erzieht und als Person innerhalb der Rollenmöglichkeiten ihrer Zeit entwickelt. Die eigentümliche Lieblichkeit und die Brillanz, die junge Frauen in einer großen Reihe von Tätigkeiten entwickeln, die offensichtlich ihrer künftigen Funktion des Austragens von Kindern fernliegen, ist eines jener ästhetischen Phänomene, die fast alle Ziele und Zwecke zu überschreiten scheinen und daher dazu gelangt sind, das In-sich-selbst-Ruhen des reinen Seins zu symbolisieren. So haben junge Frauen in der Kunst aller Zeitalter als sichtbare Darstellung von Idealen und Ideen und als die Muse, die Anima, das Rätsel des schöpferischen Mannes gedient. Man zögert daher etwas, dem, das so bedeutungsvoll in sich selbst erscheint, eine darüber hinausgehende Bedeutung zuzuschreiben und anzudeuten, daß in all dem der innere Raum schweigend gegenwärtig sei. Ein echtes Moratorium muß eine zeitliche Grenze und einen Abschluß haben: die Fraulichkeit tritt ein, wenn es Anziehungskraft und Erfahrung gelungen ist, das auszuwählen, was »auf Dauer« zur Bewillkommnung durch den inneren Raum zugelassen werden soll.

So kann uns nur eine totale gestalthafte Angehungsweise — die somatisch, historisch und individuell vorgeht — dazu verhelfen, die Unterschiede des Funktionierens und Erlebens im Zusammenhang zu sehen, statt im isolierten und sinnlosen Vergleich. Die Frau ist also nicht »passiver« als der Mann, einfach weil ihre zentrale biologische Funktion sie zwingt, oder ihr erlaubt, aktiv in einer Weise zu sein, die auf die inner-körperlichen Vorgänge abgestimmt ist, oder weil sie mit einer bestimmten Intimität und innerlichen Gefühlsintensität begabt ist, oder weil sie sich entschlossen hat, im beschützten inneren Raum zu verbleiben, in dem die mütterliche Fürsorge gedeihen kann. Noch auch ist sie »masochistischer«, weil sie die innere Periodik akzeptieren muß und dazu die Schmerzen der Geburt, die in der Bibel als die ewige Strafe für Evas verbrecherisches Verhalten erklärt und von so neuzeitlichen Autoren wie Simone de Beauvoir als »ein feindliches Element innerhalb ihres Körpers« gedeutet werden. Zusammen mit den Phänomenen des Sexuallebens und der Mutterschaft gesehen, wird offensichtlich, daß das Wissen der Frau um den Schmerz sie zu einer »Dolorosa« in einem tieferen Sinn macht als dem, sich kleinen Schmerzen hinzugeben. Sie ist vielmehr jemand, der sich leidenschaftlich bemüht, Leiden zu verstehen und zu lindern, und der anderen die notwendige Geduld lehren kann, unvermeidliche Schmerzen zu ertragen. Sie ist also nur dann ein »Masochist«, wenn sie den Schmerz pervers oder rachsüchtig ausnutzt, was bedeutet, daß sie aus ihrer weiblichen Funktion heraustritt, statt sie tiefer zu verwirklichen. Gleicherweise ist eine Frau nur dann pathologisch passiv, wenn sie innerhalb einer Sphäre von Wirksamkeit und persönlicher Integration, die ihre Disposition zur weiblichen Tätigkeit mit einschließt, zu passiv wird. Einem Argument allerdings ist schwer zu begegnen. Die Frau hat sich durch die Jahrtausende (mindestens die patriarchalen) zu einer Vielzahl von Rollen hergegeben, die zu einer Ausbeutung masochistischer Möglichkeiten führten: sie hat sich einschließen und unbeweglich machen lassen, versklaven und infantilisieren, prostituieren und ausbeuten, wobei sie im besten Falle das erzielen konnte, was wir in der Psychopathologie »sekundäre Gewinne« durch abwegige Herrschaft nennen würden. Diese Tatsache aber könnte nur innerhalb einer neuen Art von biokultureller Geschichte befriedigend erklärt werden, die (und das ist einer meiner Hauptpunkte) erst einmal die vorurteilsvolle Meinung überwinden müßte, daß die Frau das sein muß oder sein will, was sie unter bestimmten historischen Bedingungen ist oder gewesen ist.

7.

Behaupte ich also, daß die Anatomie das Schicksal ist? Ja, sie ist Schicksal, indem sie nicht nur die Spannweite und Struktur des physiologischen Funktionierens und seine Grenzen bestimmt, sondern auch, in einem gewissen Maß, Persönlichkeitsstrukturen. Die Grundmodalitäten der Hingabe und Beteiligung der Frau spiegeln natürlicherweise auch den Grundplan ihres Körpers wider. In anderem Zusammenhang habe ich das »In-sich-Aufnehmen« als eine schon im frühesten Leben und im Kinderspiel dominante Modalität identifiziert[4].

Wir können da beiläufig die Fähigkeit der Frau erwähnen, auf vielen Daseinsebenen aktiv *zu umschließen*, anzunehmen, *»zu haben und zu halten«* — aber auch, sich *festzuklammern* und etwas am Zügel zu halten. Sie kann äußerst selektiv beschützend sein und überprotektiv ohne Unterschied. Daß sie beschützen muß, bedeutet, daß sie sich auf Schutz verlassen muß — und sie kann übermäßige Beschützung fordern. Freilich besitzt sie auch ein Organ um einzudringen — die Brustwarze, die nährt, und ihr Wunsch zu helfen kann in der Tat eindringend und bedrückend werden. Es sind diese Übertreibungen und Abweichungen von der Norm, an die viele Männer — und auch Frauen — denken, wenn die einzigartigen Möglichkeiten der Weiblichkeit zur Diskussion stehen.

Wie schon angedeutet, hat es aber wenig Sinn zu fragen, ob eine Frau in irgendeiner dieser Hinsichten »mehr so« ist als ein Mann; man muß vielmehr fragen, wie sehr sie innerhalb der Weiblichkeit variiert und was sie aus ihr innerhalb des Spielraums ihres Lebensstadiums und ihrer historischen und ökonomischen Möglichkeiten macht. Soweit habe ich nur den physiologischen Urgrund noch einmal dargestellt, der weder verleugnet noch ausschließlich hervorgehoben werden sollte. Denn abgesehen davon, daß es einen Körper hat, ist ein menschliches Wesen *jemand*, was bedeutet: eine unteilbare Persönlichkeit und ein bestimmtes Mitglied einer Gruppe. In diesem Sinn ist Napoleons Ausspruch, daß die Geschichte das Schicksal ist, den Freud, glaube ich, mit seinem Ausspruch kontrapunktieren wollte, daß das Schicksal in der Anatomie liegt (und man muß oft wissen, was für einen Ausspruch ein Mann mit *seinem* einseitigsten Diktum zu kontrapunktieren sucht), ebenfalls gültig. Mit anderen Worten: die Anatomie, die Geschichte und die Persönlichkeit sind gemeinsam unser Schicksal.

Natürlich haben sich Männer an einigen der Dinge, für die die Frauen einstehen, beteiligt und für sie Sorge getragen: jedes Geschlecht kann sich selbst übertreffen, um die Anliegen des anderen zu empfinden und darzustellen. Denn ebenso wie echte Frauen über eine so-

[4] Kindheit und Gesellschaft, S. 82.

wohl legitime wie kompensatorische Männlichkeit verfügen, können echte Männer an der Mütterlichkeit teilnehmen, wenn mächtige Sitten es ihnen erlauben.

Auf der Suche nach einer Beobachtung, die Biologie und Geschichte zusammenfügt, fällt mir ein extremes historisches Beispiel ein, in dem Frauen ihre zeugerische Funktion zu einem Lebensstil erhoben, als ihre Männer völlig unterworfen schienen.

Bei zwei Gelegenheiten trat diese Geschichte für mich ins helle Licht, als ich an Konferenzen auf den Karibischen Inseln teilnahm und von Grundformen des Familienverhaltens erfuhr, die auf den ganzen Inseln vorherrschen. Diese Grundformen des karibischen Familienlebens, das Männer der Kirche beklagenswert und Anthropologen erforschenswert gefunden hatten, wurden abwechselnd als afrikanisch oder als Erzeugnis der Zeiten der Sklaverei auf den amerikanischen Plantagen gedeutet, die sich von der Nordostküste Brasiliens über den karibischen Halbkreis bis in den südöstlichen Teil des heutigen Amerikas erstreckt haben. Plantagen waren natürlich landwirtschaftliche Fabrikbetriebe, die das Eigentum von Gentlemen waren, deren kulturelle und ökonomische Identität in einer überregionalen Oberklasse wurzelte. Die Plantagen wurden von Sklaven bearbeitet, das heißt von Männern, die als bloße Werkzeuge galten, und eingesetzt wurden, wo und wann es nötig war, und die häufig jede Hoffnung aufgeben mußten, Herr ihrer Familien und Gemeinschaften zu sein. So wurden die Frauen mit den Abkömmlingen einer Vielzahl von Männern alleingelassen, die ihnen weder Versorgung noch Schutz beschaffen, noch irgendeine Identität bieten konnten, außer der einer untergeordneten Spezies. Das sich ergebende Familiensystem wird in der Literatur in Umschreibungen dargestellt: die Leistung »sexueller Dienste« zwischen Personen, die nicht als etwas Definitiveres bezeichnet werden können, als eben »Liebende«; »maximale Unbeständigkeit« im Sexualleben der jungen Mädchen, die die Sorge für ihre Sprößlinge oft ihren Müttern überlassen; und Mütter und Großmütter, die den »standardisierten Modus des Zusammenwirkens« bestimmen, der die Minimalforderung darstellt, um eine Gruppe von Individuen als Familie zu bezeichnen. Das also sind die »Haushaltsgruppen« — einzelne Wohnstätten, die von Leuten benutzt werden, die an einer gemeinsamen Nahrungsversorgung teilnehmen, und die »matrifokal« verwaltet werden — ein Wort, das die grandiose Rolle der allmächtigen Großmutterfigur unterbewertet, die ihre Töchter ermutigt, die Säuglinge bei ihr zu lassen, oder auf alle Fälle so lange bei ihr zu bleiben, als sie noch Kinder tragen. So wurde die Mutterschaft zum Gemeinschaftsleben, und wo Kirchenmänner wenig oder keine Moral entdecken konnten und zufällige Beobachter wenig oder überhaupt keine Tradition, da mußten die Mütter und Großmütter zu Vätern und Großvätern werden, in dem Sinn, daß sie den einzigen kontinuierlichen Einfluß ausübten, der eine immer neu improvisierte Reihe von Regeln hervorbrachte, um die ökonomischen Verpflichtungen der Männer festzulegen, die die Kinder gezeugt hatten. Sie hielten die Gesetze der inzestuösen Vermeidung aufrecht. Vor allem aber, scheint mir, boten sie die einzige Superidentität, die nach der Versklavung der Männer offenstand, nämlich die des Wertes eines Menschenkindes, gleichgültig wer seine Eltern waren.

Es ist bekannt, wieviele kleine weiße Herrensöhnchen Nutzen aus der weitherzigen Leidenschaft der nährenden Negerin zogen — der Mammies des Südens, der kreolischen *Das*, der brasilianischen *Babas*. Diese phänomenale Fürsorge wird natürlich von den Rassisten als bloße Dienstschaft abgewertet, während sie von Moralisten als afrikanische Sinnlichkeit angeklagt oder aber von weißen Flüchtlingen vor der »kontinentalen« Weiblichkeit als echte Fraulichkeit vergöttert wird. Man kann aber an der Wurzel dieses »Maternalismus« auch eine grandiose Geste der menschlichen Anpassung erkennen, die dem Gebiet der Karibischen Inseln (die jetzt auf der Suche nach einer politischen und ökonomischen Grundform sind, um ihrer kulturellen Einheit gerecht zu werden) sowohl das Versprechen einer positiven mütterlichen Identität wie die Drohung einer negativen männlichen verliehen hat; denn die Tatsache, daß die Identität auf dem bloßen Wert, geboren zu sein beruht, hat zweifellos das ökonomische Streben vieler Männer beeinträchtigt.

Daß dies ein wichtiges historisches Thema war, läßt sich am Leben Simon Bolivars erkennen. Dieser »Befreier Südamerikas« wurde im Küstengebiet von Venezuela geboren, wo der große karibische Halbkreis seinen einen Ankerpunkt hat. Als Bolivar 1827 Caracas befreite und im Triumph einzog, erkannte er die Negerin Hipolita, seine ehemalige Amme, in der Menge. Er stieg vom Pferd und »warf sich in die Arme der Negerfrau, die vor Freude weinte«. Zwei Jahre zuvor hatte er an seine Schwester geschrieben: »Ich füge einen Brief an meine Mutter Hipolita bei, damit Du ihr alles gibst, was sie braucht und mit ihr umgehst, als wäre sie meine Mutter; ihre Milch hat mein Leben genährt und ich kenne keinen anderen Vater als sie.« Was immer die persönlichen Gründe für Bolivars Überschwenglichkeit gegenüber Hipolita waren (er hatte seine Mutter mit 9 Jahren verloren usw.) — die biographische Gewichtigkeit dieser Einzelheit wird von der historischen Bedeutung der Tatsache noch übertroffen, daß er diese Beziehung als ein Stück Propaganda innerhalb der merkwürdigen Ideologie von Rasse und Ursprung ausspielen konnte, die zu seinem Charisma überall in dem Kontinent beitrug, den er befreite — von seinen eigenen Vorfahren.

Dieser Kontinent beschäftigt uns hier nicht. Was aber das Gebiet der Karibischen Inseln anbelangt, so erklärt das matrifokale Thema weitgehend das fehlende Gleichgewicht zwischen dem extremen Vertrauen und dem Mangel an Initiative, das sich sowohl durch eingeborene Diktatoren wie durch fremdes Kapital leicht ausbeuten ließ, und inzwischen zur Sorge der ehemaligen Kolonialherren wie der emanzipierten Führer der verschiedenen Inselgruppen geworden ist. Wenn wir das wissen, sollten wir verstehen, daß die Gruppe bärtiger Männer und Knaben, die eine der Inseln übernommen haben, einen wohlerwogenen Typus des neuen Mannes repräsentiert, der sowohl in der Produktion wie in der Zeugung seines Lohnes wert ist, ohne die Auferlegung »kontinentalen« Führertums und kontinentaler Besitzerschaft.

Bei dieser Transformation eines farbenprächtigen Inselgebietes in einen inneren Raum, der von der Frau strukturiert ist, handelt es sich um ein beinahe klinisches Beispiel, das mit Vorsicht anzuwenden ist. Und doch ist es nur eine einzige Episode aus der inoffiziellen Geschichte, die noch für alle Gebiete und Zeiten zu schreiben wäre: die Geschichte von Territorien und Besitzgebieten, Märkten und Imperien; die Geschichte der schweigenden Schöpferkraft der Frauen, mit der sie bewahren und wiederherstellen, was die offizielle Geschichte auseinandergerissen hat. Gewisse Regungen in der Geschichtsschreibung unserer Tage, Versuche, die Alltagsatmosphäre eines bestimmten Ortes in einer bestimmten historischen Ära genau darzustellen, scheinen von einer wachsenden Einsicht in die Notwendigkeit einer, wollen wir sagen, integrierten Geschichte zu sprechen.

Es besteht nun wirklich die Frage, ob irgendein Gebiet die Daten liefern könnte, auf die sich gültige Annahmen hinsichtlich der Unterschiede zwischen den Geschlechtern begründen ließen. Wir sprechen von anatomischen, historischen und psychologischen Fakten und doch muß uns klar sein, daß Fakten, die durch die Methoden eines dieser Gebiete zuverlässig ermittelt wurden, auf dem gleichen Weg eine entscheidende wechselseitige Verknüpfung einbüßen. Der Mensch ist zu ein und derselben Zeit Teil einer somatischen Ordnung der Dinge wie auch einer persönlichen und einer sozialen Ordnung. Um zu vermeiden, daß diese Ordnungen mit bereits festgelegten Gebieten identifiziert werden, will ich sie Soma, Psyche und Polis nennen, denn zumindest können sie dazu dienen, neue Untersuchungsfelder zu bezeichnen, wie das psychosomatische Gebiet, das schon existiert, und das psychopolitische, das sicherlich in Erscheinung treten wird. Jede Ordnung bewahrt eine gewisse Intaktheit und bietet zugleich einen Spielraum für freie oder zumindest durchführbare Wahlen, während der Mensch in allen drei Ordnungen lebt und ihre wechselseitige Ergänzung und ihre »ewigen« Widersprüche ausschöpfen muß.

Soma ist das Prinzip des Organismus, der seinen Lebenszyklus durchläuft. Aber das weibliche Soma besteht nicht nur aus dem, was in der Haut einer Frau umschlossen ist, und aus der Vielfalt der Erscheinungen, die der modische Wechsel ihrer Kleider suggeriert; es umfaßt auch eine Mittlerschaft sowohl in der genetischen wie der soziogenetischen Entwicklung, durch die sie in jedem Kind die somatische (sinnliche und sensorische) Grundlage für seine physische, kulturelle und individuelle Identität erschafft. Diese Mission muß, ist ein Kind erst einmal empfangen, vollendet werden. Das ist das einzigartige Geschäft der Frau. Aber keine Frau lebt ausschließlich in dieser erweiterten somatischen Sphäre oder muß in ihr leben. Die moderne Welt bietet ihr einen immer wachsenden Spielraum, um ihre somatischen Aufgaben wissender und verantwortlicher zu wählen, zu planen oder auf sie zu verzichten. So kann und muß sie Entscheidungen als Bürger und Arbeiter und natürlich als Individuum treffen, oder aber vernachlässigen.

In der Sphäre der Psyche haben wir das organisierende Prinzip besprochen, das als Ich bezeichnet wird. Im Ich hat die individualisierte Erfahrung ihr organisierendes Zentrum, denn das Ich ist der Hüter der Unteilbarkeit der Person. Die Ichorganisation vermittelt zwischen somatischer und persönlicher Erfahrung und politischer Aktualität im weitesten Sinn. Um das zu erreichen, verwendet es psychologische Mechanismen, die beiden Geschlechtern gemeinsam sind — eine Tatsache, die intelligente Kommunikation, wechselseitiges Verständnis und gesellschaftliche Organisation ermöglicht. Der militante Individualismus und das fanatische Streben nach Gleichheit haben diesen Kern der Individualität in einer Weise aufgebläht, daß er fast frei von somatischen und sozialen Unterschieden erscheint. Es ist einleuchtend, daß die aktive Stärke des Ichs und besonders die Identität innerhalb der Individualität die Macht der somatischen Entwicklung und der sozialen Organisation braucht und benutzt. Hier schafft also die Tatsache, daß eine Frau, was immer sie sonst auch sein kann, niemals nicht-eine-Frau ist, einzigartige Beziehungen zwischen ihrer Individualität, ihrer somatischen Existenz und ihren sozialen Potentialen und fordert, daß die weibliche Identität aus eigenem Anrecht untersucht und definiert wird.

Ich nenne die Sphäre der Bürgerschaft Polis, weil ich betonen will, daß sie bis zu den Grenzen dessen reicht, was man als die »Stadt« des Menschen bezeichnet. Die modernen Kommunikationsmittel gestalten diese Gemeinschaft immer größer — ja weltumspannend. Es läßt sich nachweisen, daß die Frauen in dieser Sphäre eine weitgehend übereinstimmende Gleichheit der intellektuellen Orientierung und der Fähigkeit zur Arbeit und Führerschaft mit den Männern teilen. Aber auch in dieser Sphäre wird der Einfluß der Frauen nicht voll verwirklicht werden, wenn er nicht ohne Entschuldigung und Schuldgefühl die Fakten des »inneren Raumes« und die Möglichkeiten und Bedürfnisse der weiblichen Psyche widerspiegelt. Es ist noch gar nicht vorherzusagen, was es für Aufgaben und Rollen, Möglichkeiten und berufliche Spezialisierungen geben wird, wenn sich die Frauen erst einmal nicht nur an männliche Beschäftigungen in der Wirtschaft und der Politik anpassen, sondern lernen, die Beschäftigungen sich selbst anzupassen. Solch eine revolutionäre Neubewertung könnte sogar zu der Einsicht führen, daß Beschäftigungen, die heute männlich genannt werden, auch Männer zu unmenschlichen Anpassungen zwingen.

Es sollte deutlich geworden sein, daß ich meine Definition in bezug auf die zentrale Bedeutung der zeugerischen Gabe der Frau, nicht als einen neuen männlichen Versuch verwende, jede Frau zu dauernder Mutterschaft zu »verurteilen« und ihr die Gleichwertigkeit der Individualität und die Gleichheit der Bürgerschaft abzusprechen. Aber da eine Frau niemals nicht-eine-Frau ist, kann sie ihre Ziele auf weite Sicht nur in solchen Arten der Aktivität sehen, die ihre natürlichen Anlagen einbegreifen und integrieren. Ich glaube, daß eine wirklich emanzipierte Frau es ablehnen würde, Vergleiche mit »aktiveren« männlichen Neigungen als Maßstab ihrer Gleichwertigkeit zu akzeptieren, selbst wenn, oder gerade weil es ganz deutlich geworden ist, daß sie den Leistungen und dem Können des Mannes auf den meisten Gebieten Gleichwertiges zur Seite stellen kann. Wahre Gleichheit kann nur das Recht bedeuten, in eigener und einzigartiger Weise schöpferisch zu sein.

Die meisten verifizierbaren Geschlechtsunterschiede (abgesehen von denen, die für die Sexualität und die Zeugung wesentlich sind) setzen für jedes Geschlecht nur eine Reihe von Haltungen und Attributen fest, die für die meisten Mitglieder »natürlich« sind, das heißt, die Prädispositionen, Vorlieben und bevorzugte Neigungen sind. Viele von diesen können natürlich mit mehr oder weniger Anstrengung und besonderem Talent abgewöhnt oder neu gelernt werden. Das läßt sich nicht leugnen; mit den immer zunehmenden Auswahlmöglichkeiten, die ihr durch die Technologie und die Aufklärung zu Gebote stehen, ist die Frage nur, wieviel und welche Teile ihrer angeborenen Neigungen die Frau von morgen, aus dem Gefühl heraus, daß sie die ihr natürlichsten sind, bewahren und kultivieren wird — wobei »natürlich« das bedeutet, was in den erwähnten drei Grundaspekten integriert und kontinuierlich gemacht werden kann.

Als ein Körper durchläuft die Frau also Lebensstadien, die mit den Leben derjenigen, deren körperliche Existenz in wechselseitiger Abhängigkeit von der ihrigen steht, wechselseitig verknüpft sind. Aber als Arbeiter, sagen wir einmal, auf einem durch mathematische Gesetze strukturierten Gebiet, ist die Frau so verantwortlich wie jeder Mann für beweisende Kriterien, die intersexuell sind, oder besser, suprasexuell. Als individuelle Person schließlich verwendet sie ihre (biologisch gegebenen) Neigungen und ihre (technologisch und politisch gegebenen) Möglichkeiten, die Entscheidungen zu treffen, die ihr Leben am kontinuierlichsten und sinnvollsten zu machen scheinen, ohne Vernachlässigung der Aufgaben der Mutterschaft und der Bürgerschaft. Die Frage ist, wie diese drei Lebensgebiete ineinandergreifen — sicherlich niemals ohne Konflikt und Spannung und doch mit einer gewissen Kontinuität des Entschlusses.

Um zum Schluß eine der Fronten der Frauenarbeit zu bedenken: das Wesen der Technik und Wissenschaft zum Beispiel hat wenig mit den Geschlechtsunterschieden der Mitarbeiter zu tun, selbst wenn auch die wissenschaftliche Ausbildung sich mehr oder weniger peripher zu den intimen Aufgaben der Weiblichkeit und Mutterschaft verhält. Ich bin ziemlich sicher, daß von Frauen gebaute Computer keine »weibliche Logik« verraten würden (obwohl ich nicht weiß, wie vernünftig diese meine Annahme ist, da die Frauen sich nicht besonders darum bemüht haben, Computer zu erfinden); die Logik des Computers ist wohl oder übel von übersexueller Art. Aber bei dem Problem, was man die Ungeheuer fragen soll und was nicht und wann man ihnen bei lebenswichtigen Entscheidungen trauen soll oder nicht, könnten meiner Meinung nach gut ausgebildete Frauen durchaus zu einer neuen Art von Einsicht in die differenzierende Anwendung des wissenschaftlichen Denkens auf humanitäre Aufgaben beitragen.

Aber ich würde noch weiter gehen. Wissen wir und können wir wirklich wissen, was mit der Wissenschaft oder irgendeinem anderen Gebiet geschehen wird, wenn Frauen wirklich in ihm vertreten sind — nicht durch ein paar ruhmwürdige Ausnahmen, sondern im Rang und in der Reihe der wissenschaftlichen Elite? Ist die wissenschaftliche Inspiration wirklich so unpersönlich und methodengebunden, daß die Persönlichkeit keine Rolle bei der wissenschaftlichen Schöpfung spielt? Und wenn wir zugeben, daß eine Frau niemals nicht-eine-Frau ist, selbst wenn sie ein vorzüglicher Wissenschaftler und Mitarbeiter geworden ist, und besonders, wenn sie über alle speziellen Entschuldigungen oder Ansprüche hinausgewachsen ist, warum sollen wir dann so angestrengt leugnen, daß es auch Wissenschaftsgebiete geben kann (an der wissenschaftlichen Peripherie mancher Aufgaben, und vielleicht gerade im Kern anderer), wo die Einsicht und Schöpferkraft der Frauen doch, zwar nicht zu neuen Beweisen, aber zu neuen Forschungsgebieten und zu neuen Anwendungen führen könnte. Solch eine Möglichkeit könnte nur bestätigt oder widerlegt werden, wenn Frauen in den Wissenschaften hinlänglich vertreten sind, so daß sie aufhören können, sich erst um die Aufgabe und die Rolle zu bemühen, und sich dem Unbekannten ohne Spannung zuwenden.

Mein wichtigster Gesichtspunkt ist, daß man, wo die Einschränkungen durchbrochen werden, von den Frauen vielleicht doch erwarten darf, daß sie die volle Bedeutung der biologischen und anatomischen Gegebenheiten kultivieren werden. Die Frau wird vielleicht auf neuen Tätigkeitsgebieten das unterschiedslose Bestreben des Mannes, seine Herrschaft über den äußeren Raum nationaler und technologischer Expansion zu vervollkommnen (um den Preis, die Vernichtung der Art zu riskieren), ausgleichen mit der Entschlossenheit, diejenigen Formen der Fürsorge und Pflege hervorzuheben, die sich für jedes einzelne, in einer geplanten Menschheit geborene Kind verantwortlich fühlen. Es wird viele Schwierigkeiten bei einer neuen gemeinsamen Anpassung der Geschlechter an sich wandelnde Bedingungen geben, aber das rechtfertigt keine Vorurteile, die die Hälfte der Menschheit von der Teilnahme an der Planung und der Fällung von Entscheidungen ausschließen, besonders in einer Zeit, wo die andere Hälfte durch ihre Eskalation des Wettbewerbs und die Beschleunigung des technischen Fortschritts uns und unsere Kinder an den Rand eines gigantischen Abgrunds versetzt hat, an dem wir, in all unserem Überfluß, leben.

Immer entwickeln sich neue Kräfte der Anpassung in historischen Zeiten, in denen individuelle Energien mit den Potentialen einer neuen technischen und sozialen Ordnung zusammenfließen. Neue Generationen erreichen das volle Maß ihrer Vitalität im inneren Zusammenhang neuer Freiheiten mit einer sich entwickelnden Technologie und einer historischen Vision. Auch die persönliche Synthese wird gestärkt und mit ihr ein erhöhtes Gefühl der Humanität, das auch die Kinder empfinden werden, selbst wenn in der Sphäre der Mutterschaft neue Anpassungen gefordert werden. In einer Gesellschaft, die ihrer Werte sicher ist, kann soziale Erfindungskraft und neues Wissen dazu verhelfen, notwendige Anpassungen zu planen. Aber ohne diese Werte hat die Verhaltenswissenschaft wenig zu bieten.

Wir können daher wohl hoffen, daß es in dem spezifischen Schöpfertum der Frau etwas gibt, das nur auf eine Klärung ihrer Beziehung zur Männlichkeit (einschließlich ihrer eigenen) gewartet hat, damit sie ihren Teil der Führerschaft in den schicksalsträchtigen menschlichen Angelegenheiten übernehme, die bisher gänzlich in den Händen begabter und angetriebener Männer lag, und oft in den Händen von Männern, deren Führungsgenie schließlich rücksichtsloser Selbsterhöhung Platz machte. Die Menschheit hängt heute offensichtlich von neuen Arten sozialer Schöpfungen und von Institutionen ab, die das hüten und kultivieren, was stillt und nährt, versorgt und duldet, umfaßt und bewahrt.

In meinem letzten Gespräch mit Paul Tillich äußerte er sich beunruhigt über die überhandnehmende klinische Beschäftigung mit einem

»adaptiven Ich«, das seinem Gefühl nach (dies sind meine Worte) weitere Versuche fördern könnte, eine Menschheit hervorzubringen, die sich so angepaßt fühlt, daß sie die Fähigkeit verliert, den »letzten Dingen« gegenüberzutreten. Ich gab zu, daß die Psychoanalyse Gefahr läuft, zum Teil solch einer hohlen, stromlinienförmigen Existenzgestaltung zu werden, aber daß sie ihrem Ursprung und ihrem Wesen nach das Ziel verfolgt, den Menschen für die »letzten Dinge« freizumachen. Denn diese Dinge können nur in den seltenen Augenblicken beginnen, zu den »höchsten« zu werden, wo die neurotischen Ressentiments enden und die bloße Wiederanpassung transzendiert wird. Ich glaube, daß er mir zustimmte. Man könnte hinzufügen, daß »das Höchste« des Menschen allzuoft als eine Unendlichkeit vorgestellt wurde, die da beginnt, wo die männliche Eroberung des äußeren Raumes endet, als ein Bereich, wo ein »noch« allmächtigeres und allwissenderes Wesen in Unterwerfung anerkannt werden muß. Es könnte sich aber durchaus finden, daß das Höchste auch im Unmittelbaren wohnt, das so weitgehend die Domäne der Frau und der Innerlichkeit ist.

ACHTES KAPITEL

DIE RASSE UND DIE UMFASSENDE IDENTITÄT

1.

Der Begriff oder zumindest der Ausdruck Identität scheint im Schrifttum der Neger-Revolution in diesem Lande weit verbreitet und repräsentiert inzwischen auch in anderen Ländern etwas im psychologischen Kern der Revolution der farbigen Rassen und Nationen, die nach der Befreiung von den Überresten der kolonialen Denkgewohnheiten streben. Was dies Wort auch immer andeutet, es scheint die Situation vieler ernsthafter Beobachter an diesem Schnittpunkt der Geschichte anzusprechen. Wenn Nehru zum Beispiel (wie man mir erzählte) gesagt hat, daß »Gandhi Indien eine Identität gab«, dann stellt er offensichtlich den Ausdruck in den Mittelpunkt jener Entwicklung einer Technik der Gewaltlosigkeit, sowohl in religiöser wie in politischer Hinsicht, durch die Gandhi eine einzigartige Einheit unter den Indern zu schmieden bestrebt war, während er gleichzeitig auf ihrer vollständigen Autonomie innerhalb des britischen Imperiums bestand. Aber was meinte Nehru?

Robert Penn Warren reagiert (in seinem Buch *Wer spricht für den Neger?*) auf die erste Erwähnung des Wortes durch einen seiner Informanten mit dem Ausruf:

> Ich ergreife das Wort *Identität.* Es ist ein Schlüsselwort. Du hörst es immer und immer wieder. Um dieses Wort gruppieren sich, an diesem Wort kristallisieren sich ein Dutzend Streitfragen, die sich ineinander verschieben, einander überblenden. Entfremdet der Welt, in die er geboren ist, dem Land, dessen Bürger er ist, und doch umgeben von den erfolgreichen Werten dieser neuen Welt, dieses Landes, wie kann der Neger sich selbst definieren? [1]

Es ist natürlich unmöglich festzustellen, wie oft der bloße Gebrauch des Ausdrucks Identität etwas bezeichnet, das irgendwie der Bedeutung gleichkommt, die wir ihm zuschreiben. Wo das Wort in Verbin-

---

1 Robert Penn Warren, Who Speaks for the Negro?, New York 1956 (Random House), S. 17.

dung mit dem Ausdruck »Krise« erscheint, ist eine Übereinstimmung in der Bedeutung eher zu vermuten. Und tatsächlich handelt es sich oft um eine nationale oder rassische Krise, die die Menschen zu einer Art von *Revolution der Bewußtheit* zwingt. In Indien, wie auch anderswo, ist der Zusammenhang der eines Erwachens »aus dem vierfachen Ruin«, wie Gandhi das nannte: aus dem politischen und wirtschaftlichen, wie aus dem kulturellen und spirituellen Ruin, den die Kolonisation in jeder Form bewirkt hatte.

Es scheint also gerechtfertigt, einige der Dimensionen des Problems der Identität noch einmal zu formulieren und sie in Beziehung zu diesem plötzlichen Aufbruch der nationalen Bewußtwerdung der Lage des Negers in den Vereinigten Staaten zu setzen.

Um mit dem Biographischen zu beginnen: ich habe am Anfang dieses Buches darauf hingewiesen, daß so positive Feststellungen wie William James' überschwengliches und Sigmund Freuds ernsthaftes Bekenntnis eines inneren Gefühls der Einheit mit sich selbst und einem Teil der Welt um sich her, von farbigen Autoren kaum zu erwarten ist, die, um ebenso aufrichtig zu sein, mit gleicher Leidenschaft versuchen müßten, das haßvolle Ergebnis jenes psychologischen Prozesses zu formulieren, das wir Identität nennen. Und tatsächlich sind entsprechende Aussagen farbiger Autoren in Ausdrücke gefaßt, die so negativ sind, daß sie zuerst an ein Fehlen der Identität denken lassen, oder auf alle Fälle an fast totale Vorherrschaft *negativer* Identitätselemente. Da gibt es Du Bois' klassische Äußerung über die Unhörbarkeit des Negers und man muß sich daran erinnern, daß gerade Du Bois ein fast so »integriertes«, ja bevorzugtes Leben in seiner Heimatstadt in Berkshire lebte, wie es nur irgendein amerikanisches Negerkind haben konnte. Und doch gibt es bei ihm diese Stelle:

> Es ist schwierig, andere die volle psychologische Bedeutung der Kastentrennung einsichtig zu machen. Es ist, als ob man, aus einer dunklen Höhle in der Seite eines überhängenden Berges hinausspähend, die Welt vorübergehen sieht und zu ihr spricht; höflich und überredend spricht, um ihr zu zeigen, wie diese begrabenen Seelen in ihrer natürlichen Bewegung, ihrem Ausdruck, ihrer Entwicklung behindert sind; und wie ihre Befreiung aus dem Gefängnis nicht nur einfach eine Sache der Höflichkeit, der Sympathie und Hilfe für sie wäre, sondern eine Hilfe für die ganze Welt. Man spricht gleichmäßig und logisch auf diese Art weiter, aber bemerkt, daß die vorüberziehende Menge nicht einmal den Kopf wendet, oder wenn sie's tut, neugierig schaut und weitergeht.
>
> Allmählich dringt es in das Denken der Gefangenen ein, daß die vorüber-

gehenden Leute nichts hören; daß eine dicke Scheibe aus unsichtbarem aber fürchterlich greifbarem Glas zwischen ihnen und der Welt ist. Sie werden erregt, sie sprechen lauter, sie gestikulieren. Einige aus der vorüberkommenden Welt bleiben neugierig stehen; dies Gestikulieren scheint so sinnlos; sie lachen und gehen weiter. Entweder hören sie immer noch überhaupt nichts oder sie hören nur undeutlich, und selbst was sie hören, verstehen sie nicht. Dann werden die Leute innen vielleicht hysterisch. Sie schreien und werfen sich gegen die Schranken und sind sich in ihrer Erregung kaum darüber im klaren, daß sie in einem Vakuum ungehört schreien und daß ihre Grimassen tatsächlich denen draußen, die hereinschauen, komisch erscheinen können. Es kann sogar hier und dort geschehen, daß sie, blutend und entstellt, nach außen durchbrechen und sich einer entsetzten, unversöhnlichen und ganz überwältigenden Menschenmasse gegenübersehen, die um ihre eigene Existenz bangt [2].

Von Du Bois' unhörbarem Neger ist es nur ein Schritt zu Baldwins und Ellisons Buchtiteln, die von der Unsichtbarkeit, der Namenlosigkeit, der Gesichtslosigkeit zu handeln scheinen. Aber ich würde diese Themen nicht bloß als einen klagenden Ausdruck des Gefühls der »Niemandhaftigkeit« des farbigen Amerikaners deuten, einer Rolle, die, weiß Gott, seine Erbschaft war. Ich würde dazu neigen, die verzweifelte aber entschiedene Beschäftigung mit der Unsichtbarkeit seitens dieser schöpferischen Menschen als eine höchst aktive und kraftvolle Forderung zu deuten, gehört und gesehen und als *Individuen, die eine Wahl haben,* erkannt zu werden, statt als Menschen, die durch das gekennzeichnet sind, was allzu oberflächlich sichtbar ist, nämlich ihre Farbe. Auf quälende Weise verteidigen sie eine latent bestehende, aber irgendwie stimmlose Identität gegen die festgefahrenen Meinungen, die sie verbergen. Sie sind in einem Kampf begriffen, für ihr Volk, aber vor allem für sich selbst (wie Schriftsteller das müssen), eine »unterworfene Identität« zurück zu erobern. Ich liebe diesen Ausdruck, den Vann Woodward geprägt hat, weil er nicht ein totales Fehlen annimmt, wie viele zeitgenössische Schriftsteller das tun — etwas das erst gesucht und gefunden, gewährt oder geschenkt, erschaffen oder fabriziert werden müßte — sondern etwas, das wiederzuentdecken ist. Das muß betont werden; denn was latent ist, kann zu einer lebendigen Wirklichkeit werden und damit zu einer Brücke von der Vergangenheit zur Zukunft.

Die weitverbreitete Beschäftigung mit der Identität kann deswegen nicht nur als ein Symptom der Entfremdung, sondern auch als ein

2 W. E. B. Du Bois, Dusk of Dawn, New York 1940, S. 130 f.

korrigierender Zug in der historischen Entwicklung gesehen werden. Vielleicht sind aus diesem Grund die revolutionären Autoren und die Autoren aus nationalen und ethnischen Minoritätengruppen (wie die irischen Expatriierten oder die farbigen und jüdischen Schriftsteller Amerikas) zu den künstlerischen Wortführern und Propheten der Identitätsverwirrung geworden. Die künstlerische Schöpfung geht über Klage und Anprangerung hinaus, und sie schließt die moralische Entscheidung mit ein, daß eine gewisse schmerzliche Identitäts-Befangenheit unter Umständen ertragen werden muß, um dem Gewissen eine Kritik an den Bedingungen einzuflößen, dem Menschen die Einsicht und die nötigen Konzeptionen zu verleihen, um sich selbst von dem zu heilen, was ihn am tiefsten spaltet und bedroht, nämlich seine Aufteilung in das, was wir als Pseudospezies bezeichnet haben.

In dieser neuen Literatur werden früher nicht bewußte oder nicht verbalisierte Tatsachen offen gesehen und in einer Weise symbolisiert, die oft dem Vorgang der Psychoanalyse gleicht; aber der »Fall« wird durch die menschliche Revolte übertroffen, die innere Wiedereinordnung durch den intensiven Kontakt mit der historischen Wirklichkeit. Und proklamieren diese Schriftsteller nicht am Ende auch eine wesenhafte Überlegenheit der Identität-in-der-Qual über die Identitäten, die sich so sicher und unberührbar anfühlen, wie ein säuberliches Heim in der Vorstadt?

Hier handelt es sich um nichts Geringeres als um die Realisierung der Tatsache der gleichen Artzugehörigkeit des Menschen und der Verpflichtung, die daraus erwächst. Große religiöse Führer haben versucht, die Widerstände gegen diese Einsicht zu durchbrechen, aber die von ihnen gegründeten Kirchen hatten die Neigung, sich eher der Entwicklung anzuschließen statt sie zu vermeiden, an die wir hier denken, nämlich der tief verwurzelten Überzeugung des Menschen, daß irgendeine Vorsehung seinen Stamm oder seine Rasse oder Kaste, ja sogar seine Religion anderen überlegen gemacht hat. Das scheint, wie wir schon bemerkt haben, Teil einer psychosozialen Evolution zu sein, durch die der Mensch sich zu vielen *Pseudospezies* entwickelt hat. Diese Tatsache hat natürlich ihre Wurzeln im Stammesleben und beruht auf all den entwicklungsmäßigen Eigentümlichkeiten, die den Menschen hervorgebracht haben. Unter diesen ist seine verlängerte Kindheit, während welcher das Neugeborene, das »natürlicherweise« darauf angelegt ist, das »verallgemeinertste« aller Tiere zu sein und an weit sich unterscheidende Umgebungen anpaßbar, als Mitglied einer menschlichen Gruppe spezialisiert wird, mit ihrem komplizierten Wechselspiel von »innerer Welt« und sozialer Umgebung. Es wird mit der Überzeugung indoktriniert, daß nur allein *seine* »Art« von einer all-weisen Gottheit geplant war, durch ein besonderes kosmisches Ereignis geschaffen und von der Geschichte berufen wurde, die einzig echte Version der Menschlichkeit unter der Führerschaft erwählter Eliten und Anführer zu wahren. Nun läßt uns »pseudo« an Pseudologie denken, eine Form der Lüge mit zumindest vorübergehender Überzeugung von der Wahrheit des Gesagten; und tatsächlich hat gerade der Fortschritt des Menschen ihn in einer Kombination von Entwicklungen fortgerissen, bei denen es schwierig scheint, das, was er an Vernunft und Menschlichkeit aufbringen kann, gegen Illusionen und Vorurteile zum Tragen zu bringen, die nicht länger den Namen Mythologie verdienen. Ich meine natürlich jene gefährlichen Kombinationen aus technologischer Spezialisierung (einschließlich aller Bewaffnung), moralischer Rechtschaffenheit und dem, was wir die *Territorialität der Identität* nennen könnten, die zusammen *hominem hominis lupum* weit schlimmer als irgend etwas machen, das typisch für Wölfe unter Wölfen wäre[3]. Denn der Mensch, wenn er erst einmal von dieser Kombination tödlicher Bewaffnung, moralischer Lüge und Identitätspanik ergriffen wird, ist nicht nur imstande, alles Gefühl der Artzugehörigkeit zu verlieren, sondern auch, sich mit einer Wildheit gegen eine andere Untergruppe zu wenden, die im allgemeinen der sozialen Tierwelt fremd ist. Die technologische Raffinesse scheint tatsächlich das Problem gerade in dem Moment noch zu steigern, wo (und das ist wohl kein Zufall) eine universellere, umfassendere menschliche Identität eben durch das Bedürfnis zu überleben, eindringlich nahegelegt ist. Das nationalsozialistische Deutschland ist die abstoßendste Manifestation der mörderischen Massenpseudologie, die eine moderne Nation befallen kann.

Während wir immer Tendenzen und Neigungen in uns tragen, die unsere Identitäten in irgendwelchen Pseudospezies verankern, spüren wir zugleich bis in die Knochen, daß der Zweite Weltkrieg solch eine Nachsicht sich selbst gegenüber aller Unschuld beraubt hat und jede Drohung eines dritten Krieges dieser Art den adaptiven Genius des Menschen in seinen eigenen Untergang führen muß. Wer aber sieht, was

[3] Erik H. Erikson, »Psychoanalysis and Ongoing History: Problems of Identity, Hatred and Nonviolence«, in: »The American Journal of Psychiatry«, Bd. 122 (1965), S. 241—250.

die »kompakte Majorität« weiterhin ableugnen und verschleiern möchte, der muß auch zu verstehen suchen, daß der Mensch, um seine Zugehörigkeit zur gleichen Art zu verwirklichen und für seine Pseudospezies eine umfassendere Identität einzutauschen, nicht nur eine neue gemeinsame technologische Welt schaffen, sondern auch Vorurteile ablegen muß, die in der Vergangenheit wesentlich für alle (oder beinahe alle) Identitäten waren. Denn jede positive Identität wird auch, wie wir sahen, durch *negative* Bilder definiert, und wir müssen jetzt die unerquickliche Tatsache besprechen, daß unsere gottgegebenen Identitäten oft von der Erniedrigung anderer leben.

2.

Beinahe hätte ich, um meine Behauptung von der konstruktiven Rolle der Hervorhebung des Negativen und des Verwirrten durch die farbigen Autoren zu unterstützen, Ellisons Aussage zitiert, daß seine Schriften tatsächlich ein Versuch seien, Zustände zu transzendieren »wie die sehnsüchtigen Gesänge der Negersklaven die schmerzlichen Bedingungen transzendierten, von denen sie handelten«; aber ich habe mir Einhalt geboten. Und nun habe ich ihn zitiert, um eine Schwierigkeit aufzuzeigen, die die vertiefte Bewußtheit-seiner-selbst im Sinne der »Befangenheit« begleitet, die wir als Identitäts-Befangenheit bezeichnet haben. Mit der Ausnahme außerordentlicher Augenblicke des klaren Gesprächs, werden die ganze Bilderwelt, die einst die gültige Tauschwährung zwischen der Welt des amerikanischen Negers und der unsrigen war, und besonders solch scheinbar unschuldige Einzelheiten wie die Klagegesänge der Sklaven (blues) mit kaleidoskopischer Schnelligkeit vor unseren Augen entwertet oder umgewertet. Die »blues« können zu ihrer Zeit durchaus die Bestätigung einer positiven Identität und einer überlegenen Einzigartigkeit gewesen sein, selbst wenn sie von Gefühlen der Niedergeschlagenheit und Hoffnungslosigkeit »handelten«. Kein Schriftsteller kann aber heute dem entgehen, die alten Bilder zu verwenden oder ihrer Verwendung zuzustimmen, die jetzt zu einem Zeichen der Diskriminierung geworden sind, als sollte damit gesagt werden, daß der Neger lieber bei seinen Klagegesängen oder sonst einer gedankenlosen Anpassung an die Periode der Nachsklaverei bleiben sollte, aus der wir alle erst heraustreten. Aber was früher eine eher unbewußte Mischung aus Schuldgefühl und Furcht auf der weißen Seite, und eine Mischung von Haß und Furcht auf der anderen war, wird heute durch bewußtere und doch nicht immer nützlichere Gefühle von Reue und Mißtrauen ersetzt. Wir haben im Augenblick keine andere Wahl, als mit diesen Stereotypien und Affekten zu leben: die Konfrontierung wird einige widerlegen, die Geschichte andere auflösen. In der Zwischenzeit kann es vielleicht etwas helfen, Begriffe wie den der Identitäts-Befangenheit auf das Problem anzuwenden, so daß uns das Kaleidoskop sowohl Grundverhaltensformen wie beunruhigende Veränderungen verrät.

Diese Identitäts-Befangenheit kann natürlich nur durch ein Identitätsgefühl überwunden werden, das im Handeln errungen wird. Nur der weiß, »wohin er geht und wer mit ihm geht«, zeigt eine unmißverständliche, wenn auch nicht immer einfach zu definierende Einheitlichkeit und etwas Ausstrahlendes in Erscheinung und Wesen. Und doch kann man von einem Menschen, der allem Anschein nach »sich selbst zu finden« scheint, auch sagen, daß er sich selbst in neuen Aufgaben und Zuwendungen zu neuen Zielen »verliert«: er transzendiert die Identitäts-Befangenheit. So ist es sicherlich in den Frühtagen jeder Revolution und war so im Falle der Jungen in der Revolution der Neger, die sich selbst, ja ihre Generation vor eben der Entscheidung fanden, sich selbst in der Intensität des Kampfes zu verlieren. Hier wird die Identitätsbefangenheit von der Aktualität absorbiert. Es gibt lebendige und bewegende Schilderungen dieses Zustands; keine hat mich mehr berührt als Howard Zinns Bericht über die Anfänge des SNCC[4]. Zweifellos erlebten diese zuerst anonymen Helden später eine verdoppelte Identitäts-Befangenheit, eine Art von zweitem Blick auf die Bühne der Geschichte, und sie müssen jetzt die unschuldige Einheitlichkeit des Lebens einer revolutionären Bewußtheit opfern.

Es ist nur zu verständlich, daß solch ein »Psychologisieren« nicht immer willkommen ist, und das Schicksal, Theorien kultivieren zu müssen, wo es des unbefangenen Handelns bedürfte, ist nicht immer angenehm. Das umstrittene Problem des »Moynihan Reports«, eines ausführlichen und zuerst geheimen Berichts für Präsident Johnson, der ihn mit den bösartigen Folgen des Fehlens des Vaters in so vielen Negerfamilien der unteren Klasse bekannt machte, hat derartige Wi-

---

[4] Howard Zinn, SNCC, The New Abolitionists, Boston 1964 (Beacon Press).

derstände deutlich werden lassen. Patrick Moynihans Absichten konnten nicht angezweifelt werden, gleichgültig welche Methoden er anwendete. Aber in kritischen Zeiten wird jede Erklärung, die ein Ergebnis der vergangenen Geschichte als beinahe irreversibel ausweist, als nur ein weiterer Versuch aufgefaßt werden (und kann auch tatsächlich den Effekt haben), die Zukunft im voraus fatalistisch zu verunmöglichen — wie es das rassische Vorurteil getan hatte.

Wir dürfen auch nicht übersehen, daß es sich hier nur um vertiefte Widerstände handelt, wie sie bei uns allen gegen das plötzliche Gewahrwerden unserer Identitätsprobleme in ihren unbewußteren Aspekten entstehen. Selbst Wissenschaftler, die sich aufs eifrigste um Aufklärung bemühen und durchdrungen sind von der Ideologie der uneingeschränkten Forschung, können nicht umhin, die Frage aufzuwerfen: wenn sich herausstellen sollte, daß tatsächlich gerade in unserem Selbstgefühl und im Pathos unserer Werte unbewußte Determinanten wirksam sind, verschiebt das nicht das Problem der Determination bis zu einem Punkt, wo der freie Wille und die moralische Entscheidung illusorisch erscheinen müssen? Oder: wenn behauptet wird, daß die individuelle Identität eines Menschen mit den gemeinschaftlichen Identitäten verknüpft ist, treffen wir da nicht wieder auf einen Kryptomarxismus, der gerade das Bestimmungsgefühl des Menschen zu einer blinden Funktion der Dialektik der Geschichte macht? Oder schließlich: könnten solche unbewußten Determinanten tatsächlich nachgewiesen werden, wäre solch eine Bewußtwerdung gut für uns?

Die Philosophen haben zweifellos Antworten auf diese Fragen bereit. Aber es muß klar sein, daß niemand derartigen Skrupeln entgehen kann, die in Wirklichkeit nur ein Teil einer umfassenderen Tendenz der Untersuchung der menschlichen Motivation sind, von Darwins Entdeckung unserer evolutionären Vorfahren in der Tierwelt und Marx' Aufdeckung des klassenbestimmten Verhaltens bis zu Freuds systematischer Erforschung des Unbewußten.

3.

Bei einer Diskussion über die Neger-Familie platzte ein höchst informierter und einflußreicher amerikanischer Jude mit *seiner* Art von ethnischer Ungläubigkeit heraus: »Irgendein Instinkt sagt jeder jüdischen Mutter, daß sie ihr Kind dazu bringen muß zu studieren, daß seine Intelligenz sein Paß für die Zukunft ist. Warum kümmert sich eine Negermutter nicht darum? Warum hat sie nicht das gleiche instinktive Gefühl?« Ich wendete dagegen ein, daß angesichts der Geschichte des amerikanischen Negers dasselbe »instinktive Gefühl« der Mehrheit der Negermütter vielleicht geraten hat, ihre Kinder, und besonders die begabten und die, die zum Fragen neigten, vom nutzlosen und gefährlichen Wettstreit *abzuhalten* — das heißt, sie um des Überlebens willen auf ihrem Platz hielten, wie ihn eine gleichgültige und gehässige »kompakte Majorität« bestimmt hatte.

Daß der Mann von »Müttern« sprach, kennzeichnet unmittelbar eines der Probleme, auf das wir stoßen, wenn wir uns mit der Identität des Negers befassen. Die jüdischen Mütter, an die er dachte, konnten erwarten, von ihren Ehemännern unterstützt zu werden, ja in ihrem Sinn zu handeln. Für viele Negermütter trifft das nicht zu. Negermütter sind imstande, die »unterworfene Identität« zu kultivieren, die dem männlichen Neger durch Generationen aufgezwungen wurde. Dies hat, wenn man der Literatur Glauben schenken will, viele Neger zu einem Spiegelbild der »negativen« Anerkennung reduziert, die sie wie eine endlose Tiefe von entstellenden Spiegeln umgibt. Wie seine positive Identität systematisch untergraben wurde — zuerst unter dem unbeschreiblichen System der Sklaverei in Nordamerika und dann durch das System der fortgesetzten Versklavung im ländlichen Süden und in den Städten des Nordens — das ist ausführlich, sorgfälig und vernichtend dokumentiert worden.

Hier kann der Begriff der negativen Identität vielleicht helfen, eine Anzahl verwandter Komplikationen zu klären:

Die psychosoziale Identität jedes Menschen enthält, wie wir schon im Umriß darstellten, eine Hierarchie positiver *und* negativer Elemente. Die letzteren resultieren aus dem Umstand, daß das heranwachsende menschliche Wesen während seiner ganzen Kindheit sowohl mit schlechten wie mit idealen Prototypen konfrontiert wird. Diese stehen, wie wir schon sagten, in Beziehung zur jeweiligen Kultur: in einem jüdischen Milieu, das der intellektuellen Leistung den Vorrang gibt, fehlt es nicht an so negativen Rollen wie dem »Schlemihl«. Das menschliche Wesen wird tatsächlich davor gewarnt, *nicht* das zu werden, was es oft keineswegs beabsichtigte zu werden, so daß es lernen kann, vorwegzunehmen, was es vermeiden muß. So liegt die positive Identität, weit davon entfernt eine statische Konstellation von Charakterzügen oder Rollen zu sein, immer in Konflikt mit jener Vergangenheit, die überwunden werden muß, und mit einer möglichen Zukunft, der es vorzubeugen gilt.

Das Individuum, das einer unterdrückten und ausgebeuteten Minderheit angehört, die sich der herrschenden kulturellen Ideale wohl bewußt ist, aber daran verhindert wird, ihnen nachzueifern, neigt dazu, die negativen Bilder, die ihm die herrschende Mehrheit vorhält, mit der negativen Identität zu vermischen, die in seiner eigenen Gruppe gepflegt wird. Hier können wir an die vielerlei Nuancen denken, mit denen ein Neger einen anderen als »Nigger« anreden kann.

Die Ursache dieser Ausbeutbarkeit (und der Verführung dazu auszubeuten) liegt gerade in der Evolution des Menschen und in seiner Entwicklung zu Pseudospezies. Es gibt vielfältige Beweise für die »Minderwertigkeitsgefühle« und den krankhaften Selbsthaß bei allen Minoritätengruppen; und zweifellos setzt sich die selbstgerecht und bösartig erfolgreiche Art, in der der Negersklave in Amerika in Bedingungen hineingezwungen und in ihnen festgehalten wurde, die in den meisten Fällen den Ansporn zu unabhängigem Streben verhinderten, in einer weitverbreiteten und tiefverwurzelten Hemmung fort, die Gleichheit zu nutzen, selbst wo sie »zugebilligt« wird. Wieder liefert die Literatur eine Fülle von Darstellungen, wie der Neger statt dessen Zuflucht in einer musikalischen oder spirituellen Welt fand oder seine Rebellion in Verhaltenskompromissen zum Ausdruck brachte, die jetzt als spöttische Karikaturen gelten, wie etwa eigensinnige Demut, übertriebene Kindlichkeit oder oberflächliche Unterwürfigkeit. Und doch, wird »der Neger« nicht häufig allzu summarisch und allzu ausschließlich in einer Weise diskutiert, daß seine negative Identität *nur* im Sinn seiner defensiven Anpassungen an die herrschende weiße Mehrheit definiert wird? Wissen wir und können wir genug wissen über die Beziehung von positiven und negativen Elementen innerhalb der Negerpersönlichkeit und innerhalb der Negergemeinschaft? Das allein würde uns erkennen lassen, wie negativ negativ ist und wie positiv positiv.

Aber es besteht auch noch die weitere Tatsache, daß der Unterdrükker ein wohlbegründetes Interesse an der negativen Identität des Unterdrückten hat, weil diese negative Identität eine Projektion seiner eigenen unbewußten negativen Identität ist — eine Projektion, die ihn bis zu einem bestimmten Punkt sich überlegen fühlen läßt, aber auch auf verletzliche Weise heil. Die Diskussion der Pseudospezies hat vielleicht einiges hiervon theoretisch geklärt, aber ein geschichtlicher Notstand erzwingt die unmittelbare Anwendung auf uns selbst.

Man beginnt zum Beispiel, sich über die Art und Weise zu wundern, in der eine Majorität, die sich plötzlich der lebensbedrohlichen Spaltung in sich selbst über die Tatsache, daß sie eine beinahe tödliche Spaltung bei einer Minorität veranlaßt hat, bewußt wird, in ihrem plötzlichen Eifer, ihre moralische Position wieder zu erlangen und den »Tatsachen ins Gesicht zu sehen«, unabwendbar dazu neigt, das negative Bild der Minorität von sich selbst zu *bestätigen*, und das gerade durch den Akt, ausschließlich und sogar genießerisch bei den Sünden der Majorität zu verweilen. Vielleicht wird es einem Kliniker verziehen, wenn er den restaurativen Wert einer übermäßigen Dosis an moralischem Eifer bezweifelt. Schon die Bezeichnung »kulturell beraubt« zum Beispiel kann etwas ironisch erscheinen (auch wenn man einen großen Teil der Arbeit, die unter diesem Motto geleistet wurde, bewundert), wenn man sich der Tatsache bewußt ist, daß die Kultur der Mittelklasse, deren die Slum-Kinder beraubt sind, auch einige weiße Kinder der Erfahrungen beraubt, die ein gut Teil neurotischer Fehlanpassungen verhindern könnten. Es liegt tatsächlich mehr als nur poetische Gerechtigkeit in der historischen Tatsache, daß viele junge weiße Menschen, die sich *wegen* der »Kultur« ihrer Familien tief beraubt fühlen, ihre Identität und Solidarität im Leben und in der Arbeit mit denen finden, von denen es heißt, sie seien aufgrund des Fehlens einer solchen Kultur »Beraubte«. Derartige Konfrontationen (die den Erfahrungen im Friedenskorps entsprechen) sind natürlich ein wichtiger Schritt zur Schaffung einer umfassenderen Identität, und ich habe in meinem ganzen Leben von nichts gehört, das der Unmittelbarkeit der gemeinschaftlichen menschlichen Erfahrung gleichkäme, wie man es aus Berichten aus dem heutigen Süden entnehmen kann — ausgenommen vielleicht das, was ich bei meinen Untersuchungen über die frühe Entdeckung der indischen Massen durch Gandhi erfahren habe.

4.

Selbst eine von Reue erfüllte Majorität muß also wachsam sein, damit sie nicht unbewußt in den gewohnten Verhaltensformen verharrt. Es scheint, daß das verborgene Vorurteil sich selbst in die Maßstäbe einschleicht, mit denen der angerichtete Schaden bemessen werden soll. Und wir müssen uns daran erinnern, daß die Diagnose die Prognose bestimmt.

In seiner bewundernswerten Zusammenstellung *A Profile of the Negro American* (Profil des farbigen Amerikaners) benutzt Thomas Pettigrew Identitätsausdrücke nur beiläufig. Er bringt eine Fülle solider und um so schockierenderer Beweise für den Mißbrauch der Intelligenz des farbigen Amerikaners und der Desorganisation seines Familienlebens. Wenn ich aus Pettigrews Beispielen eines der fragwürdigsten und sogar amüsantesten auswähle, so nur, um die Beziehung einzelner nachprüfbarer *Züge* zu der Geschichte eines Volkes zu verdeutlichen.

Pettigrew diskutiert, wobei er Burton und Whiting folgt, das Problem, daß Knaben aus vaterlosen Familien spät in ihrer Kindheit mühsam ein männliches Selbst-Bild gewinnen müssen, nachdem sie auf der Grundlage des einzigen elterlichen Modells, das ihnen zur Verfügung stand — ihrer Mutter — ein ursprüngliches Selbst-Bild errichtet hatten. Mehrere Untersuchungen deuten auf die Anwendbarkeit dieses *Geschlechts-Identitätsproblems* auf die männlichen Neger der Unterklasse hin.

Pettigrew berichtet, daß bei zwei objektiven Testbewertungen sehr unterschiedlicher Gruppen — Gefangener im Zuchthaus von Alabama und invalidisierter tuberkulöser Arbeiter aus Wisconsin — festgestellt wurde, daß die männlichen Neger im *Ausmaß der Weiblichkeit* höher rangierten als die männlichen Weißen. Diese Einstufung ist ein Teil des Minnesota Multiphasic Inventory (MMPI), eines sehr bekannten psychologischen Testverfahrens, bei dem der Befragte die Anwendbarkeit von über fünfhundert einfachen Feststellungen auf sich selbst beurteilen muß. So stimmten Neger bei diesen Untersuchungen im allgemeinen häufiger derartigen »femininen« Wahlmöglichkeiten zu wie etwa: *Ich wäre gerne ein Sänger* oder *Ich glaube, daß ich intensiver fühle als die meisten Leute*[5].

Pettigrew setzt das »feminin« klugerweise in Anführungszeichen. Wir wollen annehmen, daß der MMPI tatsächlich, wie er das beansprucht, eine objektive Testbewertung für sehr unterschiedliche Gruppen liefert, einschließlich von Gefängnisinsassen aus Alabama und Patienten einer Tuberkulosestation, und daß zufällige Unvollkom-

[5] Thomas F. Pettigrew, A Profile of the Negro American, Princeton 1964 (Van Nostrand), S. 19.

menheiten des Tests alle »bei der Wäsche« durch die Statistik »herausgehen«. Die Gesamtfolgerungen können tatsächlich auf signifikante Unterschiede zwischen Negern und Weißen und zwischen Anzeichen der Weiblichkeit und Männlichkeit hinweisen. Daß ein Test aber den Wunsch, ein Sänger zu sein und »intensiver als die meisten Leute zu fühlen«, als »feminin« bezeichnet, legt den Gedanken nahe, daß die Wahl der Einzelpunkte und die aus ihnen abgeleiteten Verallgemeinerungen mindestens so viel über den Test und die Tester aussagen, wie über die Getesteten. Ein »Sänger sein« zu wollen und »intensiv zu fühlen« scheint etwas zu sein, das, innerhalb jener Mehrheit der Beantworter, an denen der Test zuerst entwickelt und standardisiert wurde, nur ein Mann mit femininen Zügen zugeben würde. Aber man fragt sich, warum ein ins Gefängnis oder in eine Tuberkulosestation eingeschlossener Neger sich nicht zu dem Wunsch bekennen sollte, ein Mann wie Sidney Poitier oder Harry Belafonte zu sein, und zugeben, daß er intensiver fühlt (falls er weiß, was das bedeutet) als die meisten Leute seiner gegenwärtigen Umgebung? Ein Sänger zu sein und intensive Gefühle zu haben, könnten Facetten eines männlichen Ideals sein, zu dem sich jemand freudig bekennt, der in einer südlichen Negergemeinde (oder, übrigens, in Neapel) aufgewachsen ist, während es für eine Majorität, die sich an andere Männlichkeitsideale gewöhnt hat, ein Makel sein kann. Tatsächlich dürfte in Harlem oder in Neapel die Betonung des künstlerischen Selbstausdrucks und der intensiven Empfindungen — und darauf kommt es an — nahe an den Kern der positiven Identität eines Mannes rühren, so nahe, daß der Verlust oder die Entwertung dieser Akzentuierung durch »Integration« ihn zu einem ziellos Treibenden auf dem trüben Meer anpaßbarer »Rollen« machen könnte. Im Fall der kompakten weißen Majorität hingegen kann die Ableugnung »intensiver Gefühle« Teil eines negativen Identitätsproblems sein, das auf signifikante Weise zu der von Vorurteilen erfüllten Ablehnung der Intensität des Negers beiträgt. Tests, die ähnliche Unterscheidungen enthalten, können unter Umständen »objektive« Beweise für die rassischen Unterschiede liefern und doch zugleich symptomatisch für sie sein. Wenn man das gänzlich übersieht, dann wird der Testleiter nur von dem Abstand berichten (und der weiße oder farbige Leser des Berichts wird nur diesen Abstand wahrnehmen), der zwischen der »desintegrierten« Bilderwelt vom Selbst beim Neger und dem, was für die »integrierte« des Weißen gilt, besteht.

Wie Pettigrew in anderem Zusammenhang unumwunden sagt, wobei er sich in die Rolle eines Negerkindes versetzt, das getestet werden soll:

> Schließlich ist ein Intelligenz-Test ein Instrument des weißen Mannes der Mittelklasse; es ist ein Mittel, das Weiße benutzen, um ihre Fähigkeiten zu beweisen und in der weißen Welt voranzukommen. Ein hohes Ergebnis beim Test zu erreichen, bedeutet für ein Negerkind von niederem Status nicht das gleiche; es kann sogar eine ausgesprochen persönlich bedrohliche Nebenbedeutung haben. In diesem Sinn kann eine niedrige Einstufung bei Intelligenzmessungen bei einem begabten Negerkind eine vernüftige Reaktion auf eine wahrgenommene Gefahr darstellen [6].

Das ganze *Test-Ereignis* selbst unterliegt also einer gewissen historischen und sozialen Relativität, die eine Klärung im Sinn der Aktualität unterschiedlicher Identitäts-Gestaltungen fordert. Desgleichen ist es keineswegs sicher, daß das Kind, das solch einer Prozedur unterworfen wird, überhaupt die gleiche Person ist, wenn es den Kategorien des Testvorgangs entflieht und sich, sagen wir, mit Gleichaltrigen auf dem Spielplatz oder an der Straßenecke trifft. Andererseits wird allzu häufig als selbstverständlich angenommen, daß der *Untersuchende* und seine Identitätskonflikte sich unsichtbar hinter seinen Methoden verbergen, sogar wenn er selbst einer sprachlich hochentwikkelten, vielleicht sogar sprachlich defensiven Untergruppe von Weißen angehört, und als solcher von seinen Untersuchungsobjekten, die fast Analphabeten sind oder aus einem analphabetischen Milieu stammen, (sowohl bewußt wie »subliminal«) erkannt wird.

In diesem Zusammenhang möchte ich Kenneth Clarks bewegende Charakterisierung des Sexuallebens der »randständigen jungen Leute im Ghetto« zitieren. Als verantwortliche Vater-Figur weiß er, daß er nicht gutheißen darf, was er trotzdem auch gegen tödliche erstarrte Ansichten verteidigen muß.

> Unehelichkeit im Ghetto kann nicht vom Standpunkt strafender Feindseligkeit aus verstanden oder behandelt werden, wie bei dem Vorschlag, daß unverheiratete Mütter keine Wohlfahrtsunterstützung mehr erhalten sollen, wenn sie weitere uneheliche Kinder bekommen. Derartige Methoden verschleiern mit ihrem leeren und manchmal verlogenen Moralisieren die verzweifelte Sehnsucht der Jugendlichen nach Angenommensein und Identität, das Bedürfnis, für irgendeinen anderen bedeutungsvoll zu sein, und wäre es auch nur für einen Augenblick, ohne die Verwicklungen eines Versprechens

[6] Ebd., S. 115.

unsterblicher Treue und Beständigkeit... Sich selbst auch noch den Chancen einer Niederlage in einer fortgeführten und treuen Beziehung auszusetzen, wäre ein zu großes Risiko. Der *innerliche Wert* der Beziehung ist der einzige Wert, weil es keinen anderen geben kann [7].

Das setzt eine moralische oder juristische Angelegenheit in ihren »aktuellen« Zusammenhang, einen Zusammenhang, der immer auch etwas über die verrät, die lieber verurteilen und typisieren, statt zu verstehen: denn ist nicht *der innere Wert der Beziehung* genau das Moment, das bei manchen privilegierteren Jugendlichen, die unter einem beunruhigenden und sie ständig antreibenden Pluralismus der Werte leiden, verloren gehen kann? [8]

5.

Um uns nun den neuen jungen Negern zuzuwenden: »Mein Gott«, rief neulich eine farbige Studentin bei einer kleinen Zusammenkunft, »aus was soll ich mich denn nun *heraus* integriert haben? Ich lache wie meine Großmutter — und ich würde lieber sterben, als nicht zu lachen wie sie.« Es entstand eine Stille, in der man die festgefahrenen Meinungen ticken hören konnte, denn selbst das Lachen gehört neuerdings zu den Aspekten der Negerkultur und Negerpersönlichkeit, die dem Verdacht unterliegen, Kennzeichen der Unterwerfung und des Fatalismus, des Wahns und der Flucht zu sein. Aber das junge Mädchen gab nicht hastig nach und brachte nicht irgendeine mechanische Entschuldigung vor, wie etwa »womit ich natürlich nicht sagen will...«, und das Schweigen war trächtig von jener Unmittelbarkeit,

---

[7] Kenneth B. Clark, Dark Ghetto, New York 1965 (Harper and Row), S. 73.

[8] Auch in der Bilderwelt des überlegtesten Denkers schleichen sich neue Stereotypien ein. C. F. Silbermann diskutiert in seiner Untersuchung »Crisis in Black and White«, New York 1964 (Random House), das grundlegende Buch von S. M. Elkin, Slavery, und benutzt, halb zitierend und halb redaktionell, den stereotypen Ausdruck »kindlich« als gemeinsamen Nenner für die Negerpersönlichkeit und für die vorübergehende Regression der Insassen von Konzentrationslagern. Zusammen mit tatsächlich *kindischen* Eigenschaften, wie etwa Torheit, finden wir kriecherisches, serviles, unehrliches, lügenhaftes, egoistisches und diebisches Tun unter »diesem kindlichen Verhalten« subsummiert (S. 76). Hier tritt das Kindliche an die Stelle von Kindischem, wie das Weibliche oft an die Stelle des Effiminierten tritt, was sowohl irreführend wie zerstörerisch für das Bild des ursprünglichen Gegenstandes ist.

die die Augenblicke charakterisiert, wo ein Identitätskonflikt greifbar wird. Dann wurde gelacht — verlegen, amüsiert, abwehrend.

Für mich hatte die junge Frau eine der Ängste zum Ausdruck gebracht, die eine rapide Rekonstitution von Identitätselementen begleiten: »was soll ich denn« spiegelt ein Gefühl wider, als habe man die Aktivität verloren, die wählende Rolle, die das Wesentliche in einem Identitätsgefühl als einer Kontinuität der lebendigen Vergangenheit und der voraussehbaren Zukunft ist. Ich habe darauf hingewiesen, daß Einzelpunkte des Verhaltens oder der Bilderwelt ihre Qualität innerhalb neuer Identitätsgestaltungen verändern können und doch haben diese gleichen Indizien einst die einzige damals mögliche innere Integration dargestellt, die der Neger heute, um den Erwartungen zu entsprechen, gegen eine unsichere äußerliche Integration austauschen soll. Aufhebung der Rassentrennung, Ausgleich, Gleichgewicht, Versöhnung — scheinen all diese Unternehmungen nicht manchmal den Neger auf Kosten einer Absorbierung retten zu wollen, die seinem Gefühl nach vielleicht nicht viel von ihm selber übrigläßt? Was Ellison die »komplizierten Versicherungen und Verleugnungen der Identität« des farbigen Schriftstellers nennt, hat somit einfachere, aber deswegen nicht weniger tragische Vorläufer.

Der Ausruf der jungen Frau erinnert uns daran, daß die Identitätsentwicklung ihre bestimmte Zeit hat, oder vielmehr, zwei Arten von Zeit: ein *entwicklungsmäßiges Stadium* im Leben des Individuums und eine Periode in der Geschichte. Es besteht, wie ich schon angedeutet habe, eine Komplementarität zwischen Lebensgeschichte und Gesamtgeschichte. Wenn sie nicht vorzeitig und unheilvoll provoziert wird (und die Biographien farbiger Schriftsteller wie die direkte Beobachtung an Negerkindern legen Zeugnis für solche tragische Frühreife ab), dann ist die Identitätskrise nicht vor dem Beginn der Adoleszenz möglich, ebenso wie sie nach ihrem Ende unerläßlich ist, wenn der nun völlig erwachsene Körper sich zu seiner individuellen Erscheinung zusammenfügt; wenn die herangereifte Sexualität nach Partnern im Spiel der Sinnlichkeit und früher oder später nach dem Partner zur gemeinschaftlichen Elternschaft sucht; wenn der voll entwickelte Geist beginnen kann, sich eine Laufbahn für das Individuum innerhalb der historischen Perspektive vorzustellen — alles höchst persönliche Entwicklungen, die sich im Fall eines Kindes aus einer Minoritätengruppe unmittelbar als ebensoviele Konflikte erweisen.

Aber die Krise der Jugend ist auch die Krise einer Generation und der ideologischen Stichhaltigkeit ihrer Gesellschaft: es besteht auch eine Komplementarität zwischen Identität und Ideologie. Und wenn wir festgestellt haben, daß die Krise in dem Teil der Jugend am wenigsten ausgesprochen erscheint, der in der Lage ist, in einem bestimmten Zeitalter seine Treue in einer ideologischen Richtung zu investieren, die mit einer neuen technischen und ökonomischen Expansion Hand in Hand geht — wie etwa dem Merkantilismus, dem Kolonialismus oder der Industrialisierung — dann erkennen wir die katastrophalen Folgen jedes systematischen Ausschlusses aus solchen ideologischen Trends. Die Jugend, die begierig nach den dominanten Techniken der Gesellschaft ist, aber keinen Zugang zu ihnen findet, wird sich nicht nur der Gesellschaft entfremden, sondern sich auch in ihrer Sexualität beunruhigt fühlen, und vor allem unfähig, Aggression konstruktiv anzuwenden. Es ist möglich, daß sich heute ein großer Teil der farbigen Jugend, ebenso wie ein künstlerisch-humanistischer Teil der weißen Jugendlichen im Nachteil fühlen und daher eine gewisse Solidarität in bezug auf »die Krise« oder »die Revolution« entwickeln: denn es könnte sein, daß junge Menschen aus privilegierten Mittelklasse-Familien, ebenso wie aus unterprivilegierten Negerfamilien jenes Gleichbleibende und Kontinuierliche während ihrer ganzen Entwicklung vermissen, das sowohl die Warmherzigkeit einer Großmutter wie ein einfaches technisches Bestreben zum Teil einer identischen Welt macht. Man könnte noch weiter gehen und sagen, daß dieser ganze Ausschnitt der amerikanischen Jugend versucht, seine eigene Ideologie und seine eigenen Riten der Bestätigung zu entwickeln, indem er dem offiziellen Ruf an die äußeren Grenzen des *American Way of Life* folgt (durch den Eintritt in das *Peace Corps*), indem er an die inneren Grenzen geht (in den tiefen Süden) oder indem er in Colleges versucht, eine offenbare Leere in deren Leben auszufüllen (Kalifornien). Aber wann werden junge Amerikaner imstande sein, den Realismus, die Solidarität und die Überzeugung zu teilen, die eine funktionierende radikale Opposition zusammenschweißt?

Die Identität enthält somit eine Komplementarität von Vergangenheit und Zukunft, sowohl im einzelnen wie in der Gesellschaft: sie verknüpft die Aktualität einer lebendigen Vergangenheit mit der einer verheißungsvollen Zukunft. Irgendeine Romantisierung der Vergangenheit oder irgendeine Verkaufstüchtigkeit bei der Schaffung zukünftiger »Positionen« werden die Rechnung nicht begleichen. Es entspricht dieser Geisteshaltung, daß in Pettigrews »Profilen« zum Beispiel keine Aufzählung solcher, auf alle Fälle unnachprüfbarer, Einzelheiten enthalten ist, wie etwa Kameradschaftlichkeit, Humor, Mutterschaft, Musik, Sinnlichkeit, Geistigkeit und Sport. Sie alle stehen unter dem Verdacht, Züge einer Anpassung zu sein, die von den Weißen romantisiert wird. Aber das macht die augenblicklich erreichbaren »Profile« in Wirklichkeit zu Richtigstellungen von Karikaturen, statt zu Versuchen, auch nur die Skizze eines Porträts zu zeichnen. Und man muß sich fragen, ob aus korrigierten Karikaturen eine neue oder erneute Identität hervorgehen kann? Und man denkt an alle jene, die nicht imstande sind, aus der »Akzeptierung der Realität« in ihrer schlimmsten Form Identitätsgewinne zu beziehen (wie es Schriftsteller und Forscher tun), und für die eine Entlarvung *aller* älteren Strukturen nur eine weitere *Bestätigung* der Wert- und Hilflosigkeit bedeuten kann.

In diesem Zusammenhang muß ich auch die Tatsache, daß in vielen Tabellen der Negervater *nur* unter der Überschrift »abwesend« erscheint, als fragwürdig bezeichnen. Andererseits ist die Beziehung zwischen Familienzerfall, Abwesenheit des Vaters und allen Arten von sozialer und psychiatrischer Pathologie überwältigend. Die »Abwesenheit des Vaters« gehört in jede Tabelle und zur Tagesordnung der nationalen Sorge, aber tut sie nicht, als der *einzige* Punkt, der auf Vater- oder Mutterschaft Bezug nimmt, der Anwesenheit so vieler, vieler Mütter und zumindest einiger Väter Unrecht? Wie immer die historische, soziologische oder juristische Auslegung des Vorhandenseins der Negermutter und -großmutter in dem ganzen Halbkreis der Plantagenkultur, von Venezuela über die Karibischen Inseln bis in den amerikanischen Süden, lauten mag, ist sie ein Punkt, der aus der Tagesordnung der traditionellen Negeridentität gestrichen werden darf? Kann die Negerkultur es sich leisten, die »starke Mutter« als eine Belastung abstempeln zu lassen. Denn die Identität eines Menschen und eines Volkes beginnt in den Ritualen der frühen Kindheit, wenn Mütter es dem Neugeborenen mit vielen vorsprachlichen Mitteln deutlich machen, daß es gut ist, geboren zu sein, und daß ein Kind Wärme verdient, möge die Welt es farbig nennen oder als unehelich registrieren. Selbst der »Unsichtbare Mensch« sagt:

> Im Unterschied zu Mary hatte ich keine Freunde und wünschte mir keine. Auch dachte ich an Mary nicht als einen »Freund«; sie war mehr — eine Kraft, eine gleichbleibende, vertraute Kraft, wie etwas aus meiner Vergan-

genheit, das mich davor bewahrte, in irgend etwas Unbekanntes fortgewirbelt zu werden, das ich mir nicht vorzustellen wagte. Es war eine höchst schmerzliche Lage, denn gleichzeitig erinnerte mich Mary dauernd daran, daß etwas von mir erwartet wurde, ein Akt der Führerschaft, irgendeine erwähnenswerte Leistung; und ich war zerrisen zwischen dem Gefühl, es ihr übel zu nehmen und sie um der nebelhaften Hoffnung willen zu lieben, die sie lebendig erhielt[9].

Die systematische Ausbeutung des männlichen Negers als Haustier und die Weigerung, ihm den Status der verantwortlichen Vaterschaft zuzubilligen, sind andererseits zwei der beschämendsten Kapitel in der Geschichte dieser christlichen Nation. Denn ein fehlendes Gleichgewicht in der Gegenwart von Mutter und Vater ist niemals gut und wird zunehmend schädlicher, wenn das Kind älter wird, denn dann kann das Vertrauen in die Welt, das in der Kindheit errichtet wurde, umsomehr enttäuscht werden. Unter städtischen und industriellen Bedingungen kann es tatsächlich zum bedrohlichsten Faktor für die Desorganisation der Persönlichkeit werden. Aber wiederum darf man die »Desorganisation« der Negerfamilie nicht allein an ihrem Abstand von der weißen oder farbigen Mittelklasse-Familie messen, mit deren Einfamilienhaus-Existenz und juristischen und religiösen Legitimierungen. Die Desintegration muß auch als eine Entstellung der *traditionellen,* wenn auch häufig inoffiziellen *Grundform der Negerfamilie* bemessen und verstanden werden. Die traditionelle Weisheit der Mütter wird ebenso benötigt werden, wie die Hilfe der Negermänner, die (trotz dieser Umstände) tatsächlich zu Vätern im vollen Sinn wurden.

In der Zwischenzeit ist das Problem der Funktion der beiden Eltern, beide auf ihre Weise stark und beide liebevoll in der Familie gegenwärtig, wenn sie am meisten benötigt werden, ein Problem, dem die Familie in jeder industriellen Gesellschaft überall gegenübersteht. Die ganze große Gesellschaft muß Wege entwickeln, um eine Gleichheit in den Anstellungs- und Arbeitsmöglichkeiten zu schaffen, und doch auch unterschiedliche Arten, Vätern und Müttern zu ermöglichen, ihren Pflichten gegenüber ihren Kindern nachzukommen. Die mütterlich-väterliche Dimension könnte durchaus auch dazu dienen, die Tatsache zu klären, daß jedes Entwicklungsstadium seine eigene optimale Umwelt braucht, und daß ein Gleichgewicht zwischen mütterlicher und väterlicher Stärke zu finden, auch bedeutet, jeder von bei-

---

9 Ralph Ellison, Invisible Man, New York 1947 (Random House), S. 225.

den eine Herrschaftsperiode im Leben der Kinder zuzuweisen. Die Periode der Mutter ist die früheste und daher die grundlegendste. Wie wir gesehen haben, besteht eine tiefe Beziehung zwischen der ersten »Identität«, die im frühen sinnlichen und sensorischen Austausch mit der Mutter erfahren wird — im ersten Erkennen —, und jener endgültigen Integration in der Adoleszenz, wenn alle früheren Identifikationen vereinigt sind und der junge Mensch seiner Gesellschaft und seiner historischen Ära gegenübertritt.

6.

In seinem Buch *Wer spricht für den Neger?* berichtet Warren über einen Ausruf einer jungen Negerstudentin:

> Das Auditorium war überfüllt — meist Neger, aber mit ein paar Weißen dazwischen. Ein junges Mädchen mit blasser Haut, angezogen wie jede Schülerin aus einer Koedukationsschule bei einer öffentlichen Gelegenheit, steht auf dem Podium. Sie lehnt sich auf ihren hohen Absätzen ein wenig nach vorn und spricht mit einer sonderbar vibrierenden Stimme, in eigentümlich unregelmäßigem Rhythmus, aus einer inneren Erregung heraus, irgendeinem wütenden, angespannten Elan: »... und ich sage euch, ich habe eine große Wahrheit entdeckt. Ich habe eine große Freude entdeckt. Ich habe entdeckt, daß ich schwarz bin. Ich bin schwarz! Ihr da — oh ja, ihr mögt schwarze Gesichter haben, aber eure Herzen sind weiß, euer Inneres ist weiß, ihr seid weiß gewaschen worden!«

Warren spricht von der Reaktion einer weißen Frau auf diesen Ausbruch und vermutet, daß, wenn sie in diesem Augenblick irgend etwas in ihrem Kopf hörte, es vermutlich das Echo der Worte von Malcolm X sein müßte: »Weiße Teufel.« Und wenn sie irgendein Gesicht vor sich sah, würde es wohl das lange Gesicht von Malcolm X sein, das in sardonischer Selbstsicherheit grinst [10].

Obgleich sie nur eines der Gesichter Malcolm X's sieht, glaube ich, daß wir ihre Angst verstehen. Sie ist Zeuge dessen geworden, was wir eine »totalistische« Neuordnung von Bildern genannt haben, die tatsächlich manchen der ideologischen Bewegungen der modernen Geschichte zugrundeliegt. Als Totalismus haben wir eine innere Umgruppierung der Bilderwelt bezeichnet, fast eine *negative Bekehrung*, durch die ehemals negative Identitätselemente total dominant werden, wäh-

10 Robert Penn Warren, Who Speaks for the Negro?, S. 20 f.

rend ehemalige positive Elemente total verworfen werden [11]. Das kann, wie wir sahen, vorübergehend bei vielen jungen Menschen aller Farben und Klassen auftreten, die rebellieren und sich zusammenschließen, fortwandern oder sich isolieren; es kann sich mit dem Sturm der Entwicklung wieder legen oder zu irgendeiner totalen Bindung führen. Abhängend von historischen und sozialen Bedingungen kann der Prozeß seine bösartigen Entwicklungsmöglichkeiten haben, wie wir das am Beispiel der »bestätigten«, ins Kriminelle verkehrten oder bizarr-extremen Geisteszustände und Verhaltensformen nachgewiesen haben.

Der Schauer, den dieser Vorgang uns in seinen politischen Folgeerscheinungen einflößt, verweist uns auf unser Gefühl eines historischen Schocks zurück, als die deutsche Jugend nach dem Ersten Weltkrieg, die einst so empfindlich gegenüber fremder Kritik gewesen war, nun in einem Rückschlag von der Liebe zur Kultur, die keine realistische Identität mehr versprach, den Umwertungen der Kulturwerte durch die Nazis verfiel. Der vergänglichen Nazi-Identität allerdings, die auf einem *Totalismus* basierte, der durch den radikalen *Ausschluß* des Fremden, und besonders des Jüdischen, gekennzeichnet war, gelang es nicht, die vielfältigen Identitätselemente des wirklichen Deutschtums zu integrieren; sie griff statt dessen nach einer pseudologischen Perversion der Geschichte. Offensichtlich sind die beiden radikal auf Rassentrennung beharrenden Bewegungen Amerikas, mit ihren brennenden Kreuzen und ihrem Schwarzen Muslimismus die Gegenstücke solch eines totalistischen Phänomens in unserem Land.

In der Person von Malcolm X wurde die *spezifische Wut* theatralisch demonstriert, die sich überall erhebt, wo die Identitätsentwicklung das Versprechen einer traditionell gesicherten Ganzheit verliert, obgleich dieser faszinierende Mann als Person und Führer offensichtlich über die Bewegung hinausdeutete, aus der er hervorging. Und doch waren auch die Schwarzen Muslim imstande, manche der besten Möglichkeiten der Menschen anzusprechen, die sich »dazugehörig« fühlten.

Dieses Land als Ganzes aber ist nicht sehr aufnahmebereit für solche totalistischen Wendungen, und die Unfähigkeit, ja fehlende Bereitschaft der »Jugend in Revolte«, zu systematischen ideologischen Schlußfolge-

11 Siehe Robert J. Lifton, Thought Reform and the Psychology of Totalism, New York 1961 (W. W. Norton).

rungen zu kommen, ist an sich eine wichtige historische Tatsache. Uns fehlen noch die Ingredienzen für eine gewichtige »loyale Opposition«, die den Radikalismus mit dem Wunsch zu regieren verbinden würde. Die zeitweilige Degeneration der *free speech movement* (Bewegung für freie Sprache) in Kalifornien zu einer Revolte »schmutziger« Worte, verriet vermutlich das Eindringen eines machtlosen Totalismus in einen vielversprechenden Radikalismus. Diese Abneigung aber, im Dienst einer politischen Ideologie reglementiert zu werden, kann die latente Gewalttätigkeit bei unserer unterprivilegierten Jugend um so zerstörerischer für die persönliche Einheitlichkeit machen, und zeitweilig auch für »Recht und Ordnung«. Aber man denke auch daran, daß die Zahl der Verbrechen und Vergehen in manchen südlichen Ländern den Berichten nach scharf absank, als die Negerbevölkerung mit ihren sozialen Protesten begann. Unglücklicherweise hält eine gewalttätige Gesellschaft den Verzicht auf Gewalttätigkeit für Schwäche und erzwingt gewalttätige Lösungen.

Die Alternative zu einem exklusiven Totalismus ist, unserer Meinung nach, die Ganzheit einer *umfassenderen Identität.* Auf welche *historische Wirklichkeit* kann der amerikanische Neger zählen und welche umfassendere Identität wird ihm erlauben, selbstsicher als ein Neger (oder ein Nachkomme von Negern) zu sein *und* integriert als ein Amerikaner? Denn wir müssen uns im klaren darüber sein, daß, wenn erst einmal all die *Realitäten* klassifiziert und erforscht sind und alle Untersuchungen ausgewertet, die Frage bestehen bleibt: Was sind die *historischen Wirklichkeiten,* auf die eine sich entwickelnde Identität zählen kann?

Wenn ich noch einmal die komplementäre Beziehung von Lebensgeschichte und Gesamtgeschichte betone, stelle ich bei mir eine gewisse Ungeduld gegenüber der modischen Gleichsetzung des Ausdrucks Identität mit der Frage »Wer bin ich?« fest, die ich niemals vorgeschlagen habe. Niemand würde sich selbst diese Frage stellen, außer in einem mehr oder weniger flüchtigen Krankheitszustand, in schöpferischer Selbstkonfrontation oder in einer jugendlichen Phase, die manchmal beides vereinigt. Ich stelle fest, daß ich einen Studenten, der behauptet, sich in einer »Identitätskrise« zu befinden, frage, ob er sich beklagt oder ob er prahlt. Die angemessene Frage, wenn man sie überhaupt in die erste Person Einzahl fassen kann, wäre: »Was will ich aus mir selber machen und was habe ich, um damit zu arbeiten?« Aber eine solche Bewußtwerdung der inneren Motivationen ist im besten Fall nützlich, um infantile Wünsche und jugendliche Phantasiegebilde durch realistische Ziele zu ersetzen. Darüber hinaus kann nur ein erneuertes oder besser geübtes Gefühl für die historische Wirklichkeit zu einer Entfaltung der Energien führen, die die potentiellen Entwicklungen sowohl aktivieren, wie von ihnen aktiviert werden. Wie potentielle Entwicklungen zu einer historischen Tatsache werden, zeigt die Art, in der »kulturell zu kurz gekommene« Negerkinder einer plötzlichen historischen Forderung mit erstaunlicher Würde und Seelenkraft begegnen. Robert Coles hat durch die Untersuchung der Lebensgeschichten von Negerkindern, die in den Frühtagen »integriert« wurden, einen bedeutsamen Beitrag geleistet. Wären die verfügbaren »Daten« entsprechend den weitverbreiteten psychiatrischen Gebräuchen ausgedeutet worden, so hätten sie jeden von uns leicht dazu verführt, zum Beispiel für einen alleinstehenden Negerjungen aus sehr pathologischem Milieu ein unvermeidliches und entschuldbares Versagen vorauszusehen in seiner Aufgabe, die Überwindung der Rassentrennung in einer feindseligen Oberschule zu personifizieren. Aber Coles, der als eine neue Art von »teilnehmendem Beobachter« Zeuge der Situation war, beschreibt, wie der Junge sich (für Coles unvergeßlich) aufrechterhielt und es bis zum Abschlußexamen durchstand [12].

In vielen Teilen der Welt dreht sich der Kampf jetzt um voraussehbare und *umfassendere Identitäten:* was einmal eine treibende Kraft in Revolutionen und Reformationen, bei der Gründung von Kirchen und der Errichtung von Imperien gewesen ist, ist zu einem zeitgenössischen weltweiten Wettkampf geworden. Revolutionäre Lehren versprechen der Jugend aus Ländern, die ihre feudale, kolonial oder stammesmäßig organisierte Vergangenheit überwinden müssen, die neue Identität des »Arbeiter-und-Bauern«: neue Nationen versuchen, Regionen zu absorbieren; neue Märkte, Nationen; und der Raum der Welt dehnt sich aus und schließt den Weltraum mit ein, als die richtige »Umwelt« für eine universelle technologische Identität.

An diesem Punkt sind wir über die Frage hinaus (und Gandhi hat viel dazu beigetragen, dies wenigstens die Briten zu lehren), wie ein von Reue geplagter, geängstigter Kolonialist ausgleichende Wohlfahrt verteilen könnte, um das Bedürfnis nach umfassenderer Identität zu beschwichtigen. Das Problem ist vielmehr, wie er sich selbst in die um-

---

12 Robert Coles, Children of Crisis: A Study of Courage and Fear, Boston 1967 (Atlantic-Little, Brown), II. Teil, 4. Kapitel.

fassendere Verhaltensform einpaßt, denn eine umfassendere Identität ist eine Entwicklung, durch die zwei Gruppen, die vorher von ihren wechselseitigen negativen Identitäten abhingen (indem sie in einer traditionellen Situation der gegenseitigen Feindschaft oder in einer symbiotischen Anpassung an einseitige Ausbeutung lebten), ihre Identitäten in solch einer Art verbinden, daß in beiden neue Potentiale aktiviert werden.

Welche umfassenderen Identitäten wetteifern nun um die Zugehörigkeit des farbigen Amerikaners? Manche, scheint es, sind zu umfassend, um »wirklich« zu sein, manche zu eng. Als zu weitgefaßt würde ich die Identität eines »menschlichen Wesens« bezeichnen, die, entsprechend den merkwürdigen Bräuchen eines neuen humanistischen Narzißmus, von Menschen auf Menschen, Patienten, Frauen, Neger und so weiter angewendet wird. Während diese merkwürdige Phraseologie, man sei ein »menschliches Wesen«, zu Zeiten eine echte Überwindung der Mentalität der Pseudospezies darstellen kann, bedeutet sie häufig auch, daß der Sprecher, nachdem er sich einigen offenbarenden Bemühungen unterzogen hat, nun in der Lage sei, anderen die Mitgliedschaft in der Menschheit zuzubilligen. Ich wäre nicht erstaunt, wenn unsere Negerkollegen und Freunde häufig solch einen Überrest von intellektuellem Kolonialismus bei den »Besten« von uns fühlten. Das aber hat die Tendenz, unseren »menschlichen« Beziehungen alle Spezifität zu nehmen. Denn selbst innerhalb einer umfassenderen Identität begegnet der Mensch dem Menschen immer in Kategorien (seien sie Erwachsener und Kind, Mann und Frau, Arbeitgeber und Angestellter, Führer und Anhänger, Majorität und Minorität), und die menschlichen Wechselbeziehungen können in Wahrheit nur der Ausdruck geteilter Funktion und der konkreten Überwindung der spezifischen Ambivalenz sein, die in ihnen inhärent sind: darum habe ich die »Goldene Regel« als die Aufforderung neu formuliert, die uns befiehlt, immer so zu handeln, daß die Identitäten sowohl des Handelnden wie dessen, auf den die Handlung einwirkt, erweitert werden.

Vermutlich das umfassendste und absorbierendste Identitäts-Potential in der heutigen Welt ist das des *technischen Könnens*. Das ist zweifellos das, was Lenin meinte, als er empfahl, vor allem einmal den Muschik auf einen Traktor zu setzen. Sicherlich, er faßte es als eine Vorbereitung für die Identität eines klassenbewußten Proletariers auf. Aber heute bedeutet es mehr, nämlich die Teilnahme an einer

Ära der Aktivität und Erfahrung, die (wohl oder übel, und ich glaube, ich habe beide Möglichkeiten berührt) den modernen Mann als Arbeiter und Planer bestätigt. Es ist *eine* Sache, sich selber von solch einer Bestätigung auszuschließen, weil man sich als begabt in nicht-mechanischen Hinsichten erwiesen hat und befähigt, die traditionelle Bestätigung, die der Humanismus oder die Aufklärung boten, beruflich und ästhetisch zu verwerten — mindestens so weit, daß die Entfremdung von der Technologie irgendeine hinlänglich komfortable »menschliche Identität« ergibt. Es ist aber etwas ganz anderes, davon *ausgeschlossen zu sein,* zum Beispiel durch Bildungsanforderungen, die den Beweis verhindern, daß man mechanisch begabt ist, oder durch von Vorurteilen gelenkte Praktiken der Beschäftigung, die die Verwendung der Begabung ausschließen, nachdem sie bewiesen ist. Israel, ein kleines Land mit einer großen Begabung dafür, Identitäten zu erneuern, hat in der Verwendung der Armee als erzieherische Institution, unter zugegebenermaßen einzigartigen Bedingungen, bewiesen, daß das Analphabetentum in dem Prozeß behoben werden kann, Menschen an Plätze zu stellen, wo sie fühlen, daß sie gebraucht werden, und die Kampfmoral hat dadurch keineswegs gelitten.

Harold Isaaks hat nachgewiesen, daß die *afrikanische Identität* ein starker Streiter im Kampf um die Identität des amerikanischen Negers ist. Sie bildet einen sehr realen Hintergrund für die Solidarität der schwarzen Hautfarbe und wahrscheinlich bietet sie den Farbigen Amerikas auch ein Äquivalent für das, dessen sich alle anderen Amerikaner rühmen, oder das sie, wenn sie das bevorzugen, ablehnen können: ein Heimatland, auch wenn es noch so fern ist. Denn die Art, in der der amerikanische Neger von Afrika getrennt wurde, hat ihn selbst des Identitäts-Elementes des *Einwanderers* beraubt. Es scheint allerdings die Frage zu bestehen, ob der amerikanische Neger für die Afrikaner mehr schwarz oder mehr amerikanisch ist und ob er selbst in wirklichen Kontakten mit Afrikanern mehr amerikanisch oder mehr schwarz sein möchte. Selbst die »Schwarzen Muslims« bezeichneten sich selbst als Mitglieder des Islams, um die umfassendere mystische Einheit zu betonen, die jeder Totalismus fordert (siehe die deutschen »Arier«).

Die breite *Mittelklasse,* als der Verleiher einer Identität des Verbrauchers, die Klasse, auf die tatsächlich Pettigrews Rezept gegen alle Leiden, nämlich »Dollars und Würde«, am zutreffendsten scheint, ist in ihren Beschränktheiten schon vielfach diskutiert worden. Diese

Mittelklasse, die in erster Linie mit Angelegenheiten des Haus- und Grundbesitzes und des Konsums, mit Fragen des Status und der Position beschäftigt ist, wird mehr und mehr der Begabten und der vom Glück Begünstigten in sich aufnehmen, aber wenn sie sich der umfassenderen Identität des amerikanischen Negers nicht öffnet, dann schafft sie offensichtlich neue Schranken zwischen diesen Wenigen und der Masse der Neger, deren Abstand vom weißen Wettbewerb dadurch nur vergrößert wird. »Arbeit und Würde« wäre vielleicht unter der Voraussetzung ein geeigneteres Schlagwort, daß die Arbeit, sowohl durch die Schaffung eines »lebendigen« Dollars wie als Herausforderung zum Wettbewerb, Würde verleiht, denn ohne die beiden bleiben alle Möglichkeiten doch eine fortgesetzte Sklaverei.

Aber hier wie überall geht die Frage der Identität des farbigen Amerikaners unmerklich in die Frage über, was *der* Amerikaner überhaupt in der Technologie der Zukunft aus sich machen will. In diesem Sinn könnte der größte Gewinn ringsumher in dem bestehen, was die Doktoren der *Howard University* als »prosoziale Aktion« seitens der Neger bezeichnet haben[13]. Ich spreche von der Tatsache, daß der Protest der Neger, der, so weit vertretbar, vom Geist der Gewaltlosigkeit durchdrungen ist und sich doch vergesellschaftlichten Gesetzen und Bräuchen klar widersetzt, von der Nation als amerikanisch akzeptiert worden ist. Sowohl oratorische wie juristische exekutive und legislative Maßnahmen haben versucht, »die Revolution« in großem Maßstab zu absorbieren. Aber Absorption kann bloße Einordnung bedeuten, ja abwehrend sein, oder sie ist adaptiv und schöpferisch; das muß man noch sehen.

Inzwischen sollte der Erfolg der prosozialen Aktion das gewichtige *antisoziale* Element nicht überdecken, das in den Autobiographien farbiger Amerikaner so eindrucksvoll dargestellt wurde — ich meine das tragische Opfer der Jugend, die als kriminell und verbrecherisch gekennzeichnet wurde. Sie verteidigen zweifellos oft, was ihnen an Identitätselementen zugänglich ist, indem sie auf die einzige ihnen offenstehende Weise revoltieren — eine zerstörerisch gefährliche Art, und doch oft die einzige Art der faßbaren Selbstachtung und Solidarität. Wie die gesetzlosen Helden der amerikanischen Grenze sind manche antisozialen Typen unter den Negern nicht aus der Geschichte

[13] Siehe J. Fishman und F. Solomon, »Youth and Social Action«, in: Journal of Social Issues, 20 (Oktober 1964), S. 1—27.

ihres Volkes abzuschreiben — noch nicht. Unsere wirklich humanistische Jugend aber wird weiterhin ein *religiöses Identitätselement* in die Rassenbeziehungen hineintragen, denn künftige Gesamtprobleme der Identität werden das Gleichgewicht zwischen technologischen Bestrebungen und ethischen und höchsten Anliegen im Menschen mitumfassen. Ich glaube (aber man darf es ihnen nicht verraten, denn sie mißtrauen solchen Worten), daß der Aufbruch jener Jugendlichen, die aus der vollständigsten Anonymität direkt in unsere nationalen Angelegenheiten eintraten, ein neues religiöses Element enthält, das nicht weniger beinhaltet, als das Versprechen einer Menschheit, die freier ist von den Attitüden einer Pseudospezies: das Utopia der weltumspannenden Einheit, das alle Weltreligionen zum würdigsten Ziel erklärten und doch immer wieder in neuen dogmatischen Imperien begruben, die sich in neue Pseudospezies verwandeln oder sich mit ihnen verbünden. Auch die Kirchen sind zu der Einsicht gekommen, daß irdische Vorurteile — seien sie fanatisch oder verbärgen sie sich hinter Gleichgültigkeit — jene tödliche Kombination nähren, die heute den Menschen zum »tödlichen Faktor« (Loren Eisele) im Universum machen. Dieser Faktor bindet, wie wir gesehen haben, den unbegrenzten technischen Ehrgeiz (einschließlich des Supremats der Vernichtungswaffen) und die Unaufrichtigkeit eines überholten moralistischen Dogmas an die Territorialität von wechselseitig sich ausschließenden Identitäten. Die Gegenkraft, die Gewaltlosigkeit, wird vielleicht nur in kritischen Momenten und nur für »das Salz der Erde« zur zwingenden und schöpferischen Wirklichkeit werden. Aber Gandhi unternahm den ersten Schritt in Richtung auf eine weltweite Anwendung einst rein religiöser Prinzipien auf die Politik.

Das weltweite Schicksal *postkolonialer und farbiger Identitäten* ist angesichts des Aufeinanderprallens neuer nationaler Interessen in Afrika und Asien schwer vorherzusagen. Hier darf man die mögliche Auswirkung der fortgesetzten amerikanischen Aktion in Vietnam auf eine weltweite Identifizierung farbiger Menschen mit dem nackten Heroismus der Vietkong-Revolutionäre nicht übersehen. Schon die bloße Forderung, daß sich Nordvietnam einem superorganisierten Angriff durch einen Überfluß an tödlichen Waffen zu unterwerfen habe, könnte einfach zu sehr an die Funktion der Feuerwaffen bei der kolonialen Expansion im allgemeinen erinnern; an die Funktion der Polizeigewalt im besonderen und an eine gewisse (implizit verächtliche) Haltung, die voraussetzt, daß »Eingeborene« unter Pressionen nachgeben müssen, denen gegenüber sich die Herrenrassen unempfindlich glauben (siehe die Engländer im Blitzkrieg). Es ist offensichtlich, daß Meinungsverschiedenheiten in diesem Land hinsichtlich der amerikanischen militärischen Beteiligung in Asien nicht bloß eine Sache falscher Auffassung der Tatsachen sind oder eines Mangels an moralischer Entschlossenheit auf der einen oder der anderen Seite, sondern auch eines massiven Identitätskonflikts. Wesentlich für den dominanten politisch-technologischen Kern einer amerikanischen Identität ist die Erwartung, daß die Macht, die heute entfesselt werden kann, auf begrenzten Anwendungsgebieten vorteilhaft zu verwenden wäre und daß sie eingebaute Sicherheitsventile gegen eine unvorstellbare Feuersbrunst besäße. Paradoxerweise bezieht ein bedeutsamer Ausschnitt der farbigen Bevölkerung einen Identitätsgewinn aus der Tatsache, daß sich so viele Negersoldaten sowohl im Kampf wie im technischen Dienst bewähren, während ihr Land ihnen außermilitärische Möglichkeiten dazu verweigerte. Aber es wird dringliche Stimmen draußen und aufrichtige Proteste zuhause geben, die die Verwirrung derjenigen zum Ausdruck bringen, die nur eine einzige aktive moralische Front der Gleichheit und des Friedens sehen, die vom Mittelpunkt des täglichen Lebens Amerikas bis zu den Peripherien seiner auswärtigen Belange reicht. Hier teilt der farbige Amerikaner das Schicksal eines neuen amerikanischen Dilemmas.

Am Anfang dieses Buches habe ich versprochen, die Unentbehrlichkeit von Begriffen wie »Identität« und »Identitätsverwirrung« in der Krankengeschichte, in der Lebensgeschichte und in der Gesamtgeschichte aufzuzeigen. Wo mir das gelungen ist, habe ich wahrscheinlich auch den Leser in Probleme einführen können, die so aktuell sind, daß es gefühllos scheint, sie mitten in der Diskussion zu verlassen. Und doch stammen die meisten Verwendungen des Begriffs, die hier vorgeschlagen werden, aus arbeitsgruppenartigen Symposien, bei denen der Psychoanalytiker versuchte, eine Dimension beizutragen, nicht eine Schlußfolgerung. Diese Art von Teilnahme ist an sich selbst »ein Zeichen der Zeit« — aber die beizutragende Dimension bleibt die gleiche. Selbst wenn er sich Problemen zuwendet, die unter konzertierter Diskussion stehen und damit der historischen »Oberfläche« und der Partisanenschaft des Mitarbeitenden näherliegen, bleibt der psychoanalytische Blickpunkt auf das konzentriert, was am meisten dahin tendiert, im gleichen Zeitpunkt unbewußt zu werden oder zu bleiben, wo eine neue Bewußtwerdung einen bis dahin vernachlässigten Aspekt der menschlichen Erfahrung erhellt. Daß in diesem Prozeß gerade unsere Begriffe unter die Überprüfung durch eine neue historische Bewußtwerdung geraten, habe ich in den mehr theoretischen Teilen dieses Buches tastend angedeutet. Aber unser Vorgehen bleibt, selbst wo es auf die Einschätzung eines sozialen Problems angewendet wird, klinisch in der Methodologie, das heißt, es kann nur dazu verwendet werden, das Denken eines interdisziplinären Teams auf einen Punkt zu konzentrieren. In der Klinik erfordert die Abschätzung von Identitätsproblemen die »Aufnahme einer Krankengeschichte«, die Lokalisierung und die diagnostische Abschätzung der Desintegration, die Prüfung der intakten Hilfsquellen, eine versuchsweise Prognose und das Abwägen des möglichen Handelns — jedes auf Besonderheiten des Vorgehens und oft des Temperaments beruhend. Die soziale Anwendung ist nicht weniger anspruchsvoll in der Forderung nach einer analogen Vielfalt in den Methoden. Während die klinischen und die entwicklungsmäßigen, die sozialen und die historischen Methoden sich einander anzunähern suchen, werden einige neue Termini nötig; aber ein Begriff ist nur so gut wie die vorläufige Ordnung, die er in sonst verwirrende und scheinbar beziehungslose Erscheinungen bringt — eine Ordnung überdies, die Kräfte der Wiederherstellung in der Anarchie der Krise enthüllt.

NACHWEISE

Folgende Aufsätze und Niederschriften wurden in erweiterter Form in dieses Buch aufgenommen:

Erstes Kapitel:

Transcript of a Workshop on Identity, San Francisco Psychoanalytic Institute, 1966. Letter to the Commetee on the Year 2000, 1967. — Bisher unveröffentlicht.

Zweites Kapitel:

»Ego Development and Historical Change — Clinical Notes«, in: The Psychoanalytical Study of the Child, Bd. 2, S. 359—396; deutsche Übersetzung: »Ichentwicklung und geschichtlicher Wandel«, in: Identität und Lebenszyklus, Frankfurt/Main 1966 (Suhrkamp), S. 11—54.
»On the Sense of Inner Identity«, in: Health and Human Relations, Bericht einer in Hiddensen bei Detmold im August 1951 abgehaltenen Konferenz über Gesundheit und zwischenmenschliche Beziehungen, veranstaltet von der Josiah Macy, Jr. Foundation, New York (Blakiston) 1953.
»Wholeness and Totality«, in: Totalitarianism, Proceedings of a Conference held at the American Academy of Arts and Sciences, hg. von C. J. Friedrich, Cambridge 1954 (Harvard University Press).

Drittes Kapitel:

»Growth and Crises of the ›Healthy‹ Personality«, in: Symposion on the Healthy Personality, Supplement II, hg. von M. J. E. Senn, Ney York 1950 (Josiah Macy, Jr. Foundation); deutsche Übersetzung: »Wachstum und Krisen der gesunden Persönlichkeit«, in: Beiheft zur Psyche, Stuttgart 1953 (Ernst Klett).

Viertes Kapitel:

»The Problem of Ego Identity«, in: J. Amer. Psa. Assoc., Bd. 4 (1956), S. 56 bis 121; deutsche Übersetzung: »Das Problem der Identität«, in: Psyche, Bd. 10 (1956/57), S. 114—176.
»The Dream Specimen in Psychoanalysis«, in: J. Amer. Psa. Assoc., Bd. 2 (1954), S. 5—56; deutsche Übersetzung: »Das Traummuster der Psychoanalyse«, in: Psyche, Bd. 8 (1954/55), S. 561—604.
»The Syndrom of Identity Confusion«, in: Discussions on Child Development, World Health Organisation 1955, New York 1958 (International Universities Press).
»Ego Identity and the Psychosocial Moratorium«, in: New Perspectives for Research in Juvenile Delinquency, hg. von H. L. Witmer und R. Kosinsky, U. S. Children's Bureau, Publication 356 (1956), S. 1—23.

»Preface« to Emotional Problems of the Student, Graham B. Blaine, Jr. und Charles C. McArthur, New York 1961 (Appleton-Century-Crofts).

Fünftes Kapitel:

»The Problem of Ego Identity«, in: J. Amer. Psa. Assoc., Bd. 4, S. 56—121; deutsche Übersetzung: »Das Problem der Identität«, in: Psyche, Bd. 10 (1956/57), S. 114—176; und unveröffentlichte Aufzeichnungen.

Sechstes Kapitel:

»Youth: Fidelity and Diversity«, in: Daedalus, Bd. 91 (1962), S. 5—27.

Siebtes Kapitel:

»The Inner and the Outer Space: Reflections on Womanhood«, in: Daedalus, Bd. 93, 2 (1966), S. 582—606.

Achtes Kapitel:

»The Concept of Identity in Race Relations«, in: Daedalus, Bd. 95, 1 (1966).

NAMENREGISTER

SACHREGISTER